Volker Schürmann
Die Unergründlichkeit des Lebens

Sozialphilosophische Studien
Herausgegeben von Thomas Bedorf und Kurt Röttgers | Band 5

Editorial

Die Reihe Sozialphilosophische Studien siedelt sich auf einem Problemfeld an, das durch das Soziale im weitesten Sinne markiert ist – auf einem offenen Feld, auf dem sich Überschneidungen und Konvergenzen, Konfliktzonen und Kritikpotenziale mehrerer wissenschaftlicher Disziplinen begegnen.
Sozialphilosophie, wie sie die Reihe vertritt, versteht sich demnach nicht als eine philosophische Disziplin unter anderen, sondern als Querschnittsprogramm. Wie »die Kultur« in den Kulturwissenschaften, so ist »das Soziale« ein Operator und kein Gegenstand: Das Soziale lässt sich nicht sagen, sondern es zeigt sich in seinen Vollzugsformen. Entsprechend werden in der Reihe sowohl grundlegende systematische Studien zu den Möglichkeiten und Unmöglichkeiten des Sprechens über das Soziale als auch materiale Untersuchungen publiziert, an denen sich Erscheinungsweisen und Strukturformen des Sozialen ablesen lassen.
Die Reihe wird herausgegeben von Thomas Bedorf und Kurt Röttgers.

Volker Schürmann (Prof. Dr. phil.) lehrt Philosophie, insbesondere Sportphilosophie, an der Deutschen Sporthochschule Köln. Seine Forschungsschwerpunkte sind Philosophische Anthropologie, Hermeneutik (des Sports), Sportphilosophie und Moderne.

Volker Schürmann

Die Unergründlichkeit des Lebens

Lebens-Politik zwischen Biomacht und Kulturkritik

[transcript]

Bibliografische Information der Deutschen Nationalbibliothek
Die Deutsche Nationalbibliothek verzeichnet diese Publikation in der Deutschen Nationalbibliografie; detaillierte bibliografische Daten sind im Internet über http://dnb.d-nb.de abrufbar.

Umschlagkonzept: Kordula Röckenhaus, Bielefeld
Lektorat & Satz: Volker Schürmann
Druck: Majuskel Medienproduktion GmbH, Wetzlar
ISBN 978-3-8376-1905-8

Gedruckt auf alterungsbeständigem Papier mit chlorfrei gebleichtem Zellstoff.
Besuchen Sie uns im Internet: *http://www.transcript-verlag.de*
Bitte fordern Sie unser Gesamtverzeichnis und andere Broschüren an unter: *info@transcript-verlag.de*

Inhalt

Die realisierte Tätigkeit ist reicher, wahrer als das sie vorwegnehmende Bewusstsein.
(A.N. Leont'ev: *Tätigkeit*, 125)

Den Primat hat das Prinzip der offenen Frage oder das Leben selbst.
(H. Plessner: *Macht* [1931], 202)

Man macht sich ein Bildnis. Das ist das Lieblose, der Verrat.
(M. Frisch: *Tagebuch* [1950], 28)

Das Unwahre ist das Unerreichbare; und es ist einzusehen, dass solches Unendliche das Unwahre ist.
(Hegel: *Werke*, Bd. 5, 164)

Vorwort

Das vorliegende Buch erschien 2004 in einer ersten Fassung in anderer Perspektive als Studienbrief der FernUniversität in Hagen, konzipiert als Einführung in die Lebensphilosophie.[1] Ich danke dem *Lehrgebiet Philosophie, insbesondere praktische Philosophie*, namentlich Kurt Röttgers, diese Fassung angeregt, betreut und gemeinsam diskutiert zu haben. Ich danke der FernUniversität für die Genehmigung, weite Teile dieses Studienbriefes hier wiederverwenden zu dürfen. Ich danke Tobias Arenz für wertvolle Mitarbeit bei der Manuskripterstellung.

Das Buch verhandelt den lebensphilosophischen Topos der ›Unergründlichkeit des Lebens‹. Anliegen ist, die grundsätzliche Ambivalenz dieses Topos herauszuarbeiten. Er postuliert einerseits eine grundsätzliche Unverfügbarkeit gewisser Phänomene, etwa von Lebensvollzügen oder des Individuums. Er macht damit geltend, dass diese Phänomene nicht restlos in unserer Verfügungsgewalt stehen, also nicht restlos ins Kalkül gezogen werden können. Der Topos der Unergründlichkeit sichert insofern beispielsweise die unaustauschbare Einmaligkeit, d.h. Würde der Person, oder auch die Einsicht der heutigen Performanz-Debatte, dass gewisse Phänomene nur im Vollzug das sind, was sie sind. Für ein als unergründlich konzipiertes Leben der Gesellschaft hätte das erhebliche Konsequenzen. Die Maßstäbe eines gelingenden Miteinander würden nämlich als politisch umkämpfte sichtbar; Programme einer »angewandten Ethik«[2] erweisen sich dann demgegenüber als Herrschaftstechnologien, weil immer nur Umsetzungen vorgegebener Maßstäbe in den Blick geraten. Zugespitzt formuliert: Die ›Unergründlichkeit des gesellschaftlichen Lebens‹ ist der Lackmustest jeder Demokratietheorie. Andererseits aber, und keineswegs zufällig, hat dieser Topos immer

1 Volker Schürmann: Lebensphilosophie, Kurseinheit 1: Lebensphilosophien im tragischen Ton; Kurseinheit 2: Lebensphilosophien im heiteren Ton. Studienbrief 3372-3-01 und -02 der FernUniversität in Hagen, Hagen 2004.

2 Helmuth Plessner: »Macht und menschliche Natur. Ein Versuch zur Anthropologie der geschichtlichen Weltansicht [1931]«, in: ders., Gesammelte Schriften, Frankfurt/M. 1980-1985, Bd. 5 (1981), 135-234, hier: 140.

wieder – und gerade dafür steht die Lebensphilosophie – irrationalistische Lesarten gefunden. Ein gutes, haltbares und hoch aktuelles Anliegen verknotet sich in der Lebensphilosophie auf etwas undurchsichtige Weise mit einer schlechten, unhaltbaren und fatalen Weise der Durchführung. Die folgenden Überlegungen machen einen diagnostischen Vorschlag dazu, wodurch die irrationalistischen Lesarten generiert werden. Entscheidende Grundlage dieses Vorschlages ist die Hegelsche Unterscheidung von wahrer und schlechter Unendlichkeit. Man kann dann am Topos der Unergründlichkeit in der Weise festhalten, dass er systematisch vor irrationalistischen Lesarten geschützt ist. Dies ist kein bloßes Wunschdenken, sondern auch historisch mit dem Konzept der sog. *Göttinger Lebenslogik* (Misch, König) und der philosophischen Anthropologie Plessners belegt. Vorausgesetzt ist dabei jedoch, sich nicht dabei zu beruhigen, dass niemand der beteiligten Autoren es irrationalistisch *meint* (so jüngst wieder Fellmann[3]). Um die irrationalistische Spreu vom Weizen zu trennen, muss man vielmehr auf feinen Unterschieden beharren, die den entscheidenden Unterschied machen – z.B. vorbildlich von Fitzi in einer Abgrenzung von Bergson praktiziert,[4] dessen Philosophie nach wie vor mancherorts, prominent etwa bei Deleuze, als attraktiv gilt.

Einen wichtigen Anstoß zur Veröffentlichung bot der 2. Workshop der Plessner-Gesellschaft *Lebensphilosophie und Philosophische Anthropologie* im November 2008 (TU Dresden). Das große Verdienst dieses Workshops liegt darin, dass er überhaupt stattfand. Allzu lange war die Auseinandersetzung mit der Lebensphilosophie ein Unthema, weil sie von der akademischen Philosophie pauschal und generell als irrationalistisch abgetan wurde. So weit, so schlecht. Der Workshop drehte nun aber den Spieß um: Es war anstößig, den potentiell faschistoiden Charakter von Lebensphilosophien auch nur als einen Aspekt zu benennen, und man wurde belehrend ermahnt, dass man sich doch getroffen habe, um sich dem systematischen Gehalt von Lebensphilosophien zu widmen, nicht aber dem, was politisch-weltanschaulich daraus gemacht wurde. Das Buch *Die Zerstörung der Vernunft* von Lukács sei *nur* schädlich gewesen und habe uns *nichts* mehr zu sagen. – Ein wesentlicher Aspekt der Grundthese des hier vorgelegten Buches ist, dass sachlicher und weltanschaulicher Gehalt von Philosophien nicht zu trennen ist, und dass man das von Lebensphilosophien lernen kann.

3 Ferdinand Fellmann: »Leben«, in: Christian Bermes u. Ulrich Dierse (Hg.), Schlüsselbegriffe der Philosophie des 20. Jahrhunderts, Hamburg 2010, 189-206.

4 Gregor Fitzi: »Zur Überwindung des Widerspruchs zwischen Intimität und ›iron cage‹. Plessners Rezeption der Lebensphilosophie Henri Bergsons«, in: Bruno Accarino u. Matthias Schloßberger (Hg.), Expressivität und Stil. Helmuth Plessners Sinnes- und Ausdrucksphilosophie, Berlin 2008, 139-149.

Einleitung

> Nur im Hinblick darauf verstehe ich die Funktion der Anthropologie, jeden Versuch, der Zukunft die Unvorhersehbarkeit zu nehmen, ein für alle Mal – was aber von jeder Generation irgendwie neu gemacht werden muss – zu liquidieren.[1]

Dass das Leben unergründlich sei, ist die frohe Botschaft jeder Lebensphilosophie. Mit dieser Botschaft kann die Tradition kritischer Philosophie nicht recht froh werden, da die einzig mögliche Konsequenz des Postulats der Unergründlichkeit zu sein scheint, dass wir kein gemeinsam geteiltes Wissen vom Grund des Lebens haben können. Diese naheliegende Konsequenz wird von vielen – keineswegs von allen – Lebensphilosophien affirmativ gefeiert, wie sie umgekehrt von vielen kritischen Philosophien als irrationalistisch bekämpft wird.

---

1 Plessner, Brief an König v. 9.8.1934; zit. n. Bernd Westermann: »Anschlüsse und Erfahrungen. Grenzen und Spielräume einer anthropologischen Diskussion in Deutschland«, in: Jürgen Friedrich u. Bernd Westermann (Hg.), Unter offenem Horizont. Anthropologie nach Helmuth Plessner, Frankfurt/M. 1995, 21-35, hier: 35. Dieser Brief ist nicht mit aufgenommen worden in Josef König u. Helmuth Plessner: Briefwechsel 1923-1933. Mit einem Briefessay von Josef König über Helmuth Plessners ›Die Einheit der Sinne‹, hrsg. v. Hans-Ulrich Lessing u. Almut Mutzenbecher, Freiburg, München 1994. – Die Rechtschreibung in Zitaten ist hier und auch sonst der neuen Rechtschreibung angepasst.

PROGRAMMATISCHE HINSICHTEN

Dass der Topos der ›Unergründlichkeit des Lebens‹ in diesem Gezänk nicht aufgeht, ist die, historisch belehrte, Überzeugung der hier vorgelegten Systematik. Dies mag man schon daran ablesen, dass der Topos der Unergründlichkeit kein Privileg von Lebensphilosophien ist. Prominent wären hier etwa alle *Praxisphilosophien* zu nennen. Das Marxsche Verdikt gegen vormalige Philosophie, die – so *Marx* – unterstellte, Wahrheit sei rein theoretisch-kontemplativ zu haben, zieht ebenfalls diesen Joker, nämlich den der Unergründlichkeit der gesellschaftlichen Praxis: Dass sich Wahrheit im gesellschaftlich-praktischen Vollzug allererst bilde, nicht aber allein aus einer Betrachtung dieser Praxis ableitbar sei. – Exakt diese Einsicht ist der logische Kern von *Gramscis* Konzept von Hegemonie. – *Leont'ev* hat diesen Impuls auf die griffige Formel gebracht, die eingangs als Motto zitiert ist. – *Althusser* hat die zwingende Konsequenz auf die provokante Formel vom »Klassenkampf in der Theorie« gebracht,[2] was gerade keinen Ideologie-Darwinismus propagiert. ›Klassenkampf‹ steht dort nicht für die demokratietheoretisch desaströse These, dass sich in der Praxis erst herausstellt, welche bereits feststehende ›Wahrheit‹ sich durchsetzt. Vielmehr ist jeder Vorstellung einer pur theoretischen, vor-praktischen Wahrheit gekündigt: Wahrheit wird definitiv performativ.[3] – *Bourdieu* geißelt den so genannten »scholastischen Fehlschluss«, der die Logik der Theorie bereits für die Logik der Praxis nimmt. Bourdieu macht zudem auf die strukturelle Verwandtschaft mit Lebensphilosophien aufmerksam, da dort Pascal den *Meditationen* Pate steht.[4]

In sachlich naher Verwandtschaft begegnet der Topos auch als ›Unergründlichkeit des Menschen‹. Dass das Individuum als »ineffabile« zu gelten habe (u.a. Goethe, Max Frisch), ist auch dort ein Schutz vor restloser Verfügbarkeit und sichert damit die Würde der Person vor restloser Instrumentalisierung[5] – im psychoanalytischen Grundsatz, dass das Ich nicht Herr im eigenen Hause sei,

---

2 Louis Althusser: »Anmerkungen zum Verhältnis von Marxismus und Klassenkampf [1971]«, in: ders., Elemente der Selbstkritik, übers. u. eingel. v. Peter Schöttler, Berlin 1975, 104-111.

3 Vgl. Volker Schürmann: »Praxis«, in: Behinderung und Anerkennung (Enzyklopädisches Handbuch der Behindertenpädagogik, Bd. 2), hrsg. v. Markus Dederich u. Wolfgang Jantzen, Stuttgart 2009, 199-203.

4 Pierre Bourdieu: Meditationen. Zur Kritik der scholastischen Vernunft, Frankfurt/M. 2001.

5 Vgl. Theo Kobusch: Die Entdeckung der Person. Metaphysik der Freiheit und modernes Menschenbild [1993], Darmstadt ^{2}1997.

auch noch vor restloser Selbstinstrumentalisierung. »Das Individuum ist – ganz im Widerspruch zu den Ursprüngen des Begriffs als atomon – seit Leibniz und Goethe von innerer Unendlichkeit und Differenziertheit und daher von allen anderen Individuen unterschieden.«[6]

Als historischen Befund kann man festhalten, dass mit den Lebensphilosophien, mit den Praxisphilosophien (und hier insbes. dem Marxismus) und der Psychoanalyse drei Grundansätze vorliegen, die a) affirmativ am Topos der ›Unergründlichkeit‹ festhalten, und b) versprechen, theoretische Mittel an die Hand zu geben, diesen Topos theoretisch und praktisch handhaben zu können.[7]

Als Medium der Klärung und historisch-systematischen Bestimmung des Topos der ›Unergründlichkeit (des Lebens)‹ dienen im Folgenden die Lebensphilosophien.[8] Nur gelegentlich werde ich einen Seitenblick auf Praxisphilosophien werfen, die jedoch systematisch mit gemeint sind.[9] – Generell kann man sagen, dass das drohende Folgeproblem des Topos der Unergründlichkeit in Praxisphilosophien nicht, wie in Lebensphilosophien, ein drohender Irrationalismus, sondern eine drohende Technologisierung ist. Der Topos steht in Praxisphilosophien

---

6 Kurt Röttgers: »Derridas Doppelgänger [2010]«, online unter ‹http://www.fernuni-hagen.de/imperia/md/content/philosophie/textdokumente/doppelg__nger_mit_bildern.pdf›, abgerufen am 01.05.2011; erscheint 2012 in der Zeitschrift für Kulturphilosophie.

7 Vgl. ergänzend auch Christian Danz: »Unergründlichkeit«, in: Historisches Wörterbuch der Philosophie, hrsg. v. Joachim Ritter u. Karlfried Gründer, Darmstadt, Bd. 11 (2001), 147-150.

8 Zu neuerer Literatur zur Lebensphilosophie vgl. ausführlich Jürgen Große: »Revitalisierung der Lebensphilosophie? (Teil 1 und 2)«, in: Philosophische Rundschau 53 (2006), 12-33, 108-129; und ergänzend Volker Schürmann: »Sammelrezension zu Einführungen in die Lebensphilosophie (Thurnher u.a., Kozljanič, Kühn) sowie zu C. Möckel: Cassirers Lebensbegriff«, in: Philosophisches Jahrbuch 113 (2006) 2, 468-475.

9 Eine Analyse lebensphilosophischer Denkfiguren lässt Einsichten in Bezug auf Praxisphilosophien erhoffen; dies zumal dort, wo es hergestellte Bezüge zur Lebensphilosophie gibt, etwa in der *Kulturhistorischen Schule*. Für Vygotskij und Leont'ev waren die Topoi *Erleben* und *Leben* von zentraler Relevanz und schlugen sich primär als methodologischer Grundsatz nieder: »Nicht möglich ist eine aufsteigende Bewegung [...]. Nein – vom Leben zum Gehirn, und niemals vom Gehirn zum Leben.« (Leont'ev, zit. n. Elena E. Sokolova: »Leont'evs frühe Arbeiten und ihre Rolle in der Entwicklung seiner Psychologie«, in: Aleksej N. Leont'ev: Frühschriften, hrsg. v. Georg Rückriem, Berlin 2001, 11-37, hier: 21; vgl. 14, 19, 30, 33, 36, pass.)

vor dem Folgeproblem, entgegen der eigenen Einsicht verraten zu werden: *Weil* ›Unergründlichkeit‹ nicht in einen Irrationalismus umschlagen soll, droht dort, die Praxis letztlich doch als fabrizierbar vorzustellen. Der entscheidende Lackmustest für Praxisphilosophien ist insofern nicht so sehr, wie für Lebensphilosophien, wie sie es mit der Unverfügbarkeit des Geschichtsverlaufs, sondern wie sie es mit der Unverfügbarkeit des Individuums halten. Selbst bei einem Denker wie Leont'ev droht noch die theoretische Herrschafts-Technologisierung der Person. Ausdrücklich unterscheidet er zwar zwischen *gesellschaftlicher Bedeutung* und *persönlichem Sinn*, und er postuliert auch eine prinzipielle Nicht-Identität beider, aber gleichwohl verdeckt so manch schwankende Formulierungen die radikale Unableitbarkeit des persönlichen Sinns aus gesellschaftlichen Bedeutungen.[10]

Die Gegenstände der Klärung sind im Folgenden *Denkfiguren*, wie sie sich typischerweise in Lebensphilosophien zeigen. In den Blick geraten sollen positiv die Anliegen und negativ die Abgrenzungen und Stoßrichtungen dieser Figuren. Dass ich diese Denkfiguren mit den Namen sogenannter Lebensphilosophen verbinde, dient der historischen und textuellen Verortung. Die Namen sind daher lediglich als Index zu nehmen, denn die einzelnen Untersuchungen sind werkbiographisch unbekümmert. Zwar beanspruchen sie die philologische Genauigkeit eines *close reading* der jeweiligen Figur, sind aber nicht daran interessiert, ob und wie sich diese Denkfigur im Werk des jeweiligen Autors entwickelt. Ob etwa Bergson gar kein ›Bergsonianer‹ im Sinne der unten mit seinem Namen in Verbindung gebrachten *Denkfigur* ist oder ob er das doch ist, spielt hier für das sachliche Argument keine Rolle – und ist insofern auch nicht als These zur (Gesamt-)Philosophie Bergsons misszuverstehen.

Anliegen ist dabei eine *Logik* der Unergründlichkeit, was sachlich und historisch an die Philosophien von Georg Misch und Josef König anschließen kann. Ziel ist *im Durchgang durch*[11] einen ernst zu nehmenden Irrationalismusverdacht eine kritisch-wissenschaftliche Philosophie des Lebens bzw. der Praxis, die zugleich ein solidarisches Verhältnis zum Postulat der Unergründlichkeit und zur Unkalkulierbarkeit des Lebensvollzuges pflegt.

10 Aleksej N. Leont'ev: Tätigkeit, Bewußtsein, Persönlichkeit [1979], Köln 1982, 144ff.

11 Zu dieser *logischen* Figur s.u., Kap. 2.5.

SEITENBLICKE

Für die hier vorgelegte Studie möge das gelten, was sie sagen will: Dann wäre das, was mit ihr gesagt ist, reicher als das, was ich mit ihr sagen wollte. Die Studie hätte dann mehr Anschlussmöglichkeiten als die von mir vorgedachten, und erst recht mehr als die im Folgenden explizit gemachten. Nehme ich selber ernst, was ich am Ende gesagt haben werde, dann habe ich dafür immerhin die Minimalbedingung erfüllt: Ich wollte nicht primär etwas mit der Studie sagen, sondern in allererster Linie wollte ich etwas sagen. Ich suchte nämlich nach einer, hier vorgelegten, Antwort auf die Frage, was mit der Formel von der »Unergründlichkeit des Lebens« eigentlich gemeint war, wie sie wörtlich oder der Sache nach bei so unterschiedlichen Denkern wie Hegel, Feuerbach, Marx, Dilthey oder Plessner auftaucht.

Immerhin aber wollte ich auch etwas mit der Studie sagen. Sie bettet sich nämlich ein in ein größeres Projekt, das man unter die programmatischen Titel einer *Praxiskonzeption personaler Erfahrung* oder auch einer *Kulturhistorischen Theorie des Wissens* stellen kann. Im Ergebnis wäre dies die Verschränkung von Plessners positionierter Exzentrizität als Bestimmung von Personalität,[12] von Misch-Königscher Logik des Lebens als Ausdrucks-, nicht aber Erlebnis-Hermeneutik[13] und von Leont'evs Tätigkeitstheorie als realisierter Prozess-Ontologie.[14]

Es ist sicher kein Zufall, aber noch weniger war es Absicht: Weder wusste ich davon, dass Andreas Hetzel seine *Wirksamkeit der Rede* geschrieben hatte, noch war mir bekannt, dass sie als Band 2 in derselben Reihe erscheinen wür-

12 Vgl. Volker Schürmann: »Positionierte Exzentrizität«, in: Hans-Peter Krüger u. Gesa Lindemann (Hg.), Philosophische Anthropologie im 21. Jahrhundert, Berlin 2006, 83-102; und Volker Schürmann: »Personen der Würde«, in: Frank Kannetzky u. Henning Tegtmeyer (Hg.), Personalität, Leipzig 2007, 165-185.

13 Vgl. Volker Schürmann: »Logik des Ausdrucks«, in: Sabine Huschka (Hg.), Wissenskultur Tanz. Historische und zeitgenössische Vermittlungsakte zwischen Praktiken und Diskursen, Bielefeld 2009, 107-116; und Volker Schürmann: »Bewegungsvollzüge verstehen. Bausteine einer Hermeneutik des Sports«, in: Zeitschrift für Kulturphilosophie 4 (2010) 1, 55-64; und Volker Schürmann: »Ausdruck im Medium des Geistes«, in: Divinatio. Studia Culturologica 32 (2011), 147-167.

14 Vgl. Volker Schürmann: »Prozess und Tätigkeit«, in: Behindertenpädagogik 47 (2008) 1, 21-30.

de.[15] So hat sich eine derjenigen glücklichen Fügungen des Lebens ergeben, die man nicht zu mystifizieren braucht, sondern als Resonanzen in der Sache rekonstruieren kann. Das topologische Äquivalent zu dem, was Hetzel als Verhältnis von Rede und Sprache thematisiert, ist hier das Verhältnis des Lebens (oder: der Praxis) gegenüber den Objektivationen des personalen (auch nicht-wortsprachlichen) Tuns – also ein Entsprechungsverhältnis von Rhetorik und Lebensphilosophie.

Was bei Hetzel der Performanzcharakter der Rede ist, der von der Rhetorik gegen alle »handlungstheoretische Sprachpragmatik« eingeklagt wird, ist hier der Vollzugscharakter des Lebens, der von den Lebensphilosophien gegen alle handlungstheoretischen Intentionalismen eingeklagt wird. Und das, was bei Hetzel der Negativitätscharakter der Rede ist, ist hier die Unergründlichkeit des Lebens.

Die hier vorgelegte Studie ist gegenüber Hetzel zum einen eine Ergänzung, zum anderen aber auch eine Erweiterung. Zum einen kommt ein weiterer Baustein zur Geschichte der Rhetorik hinzu. Liest man Mischs *Logik auf dem Boden der Philosophie des Lebens*[16] und Königs *Studien im Grenzgebiet von Logik, Ontologie und Sprachphilosophie*[17] auf dem Hintergrund der von Hetzel vorgelegten Geschichte klassischer Rhetorik, spätestens dann entdeckt man dort exakt jenen Primat der Rede vor der Sprache, der diese Philosophie des *logos* zu einer rhetorischen Philosophie in der Moderne macht. Die »moderne Sprachphilosophie«, die Hetzel im Blick hat, kann also auch, ergänzend, mit einer ihrerseits modernen Version von Rhetorik konfrontiert werden; und umgekehrt ist die Tatsache, dass Misch und König in der heute hegemonialen Sprachphilosophie kaum präsent sind, ein weiteres Symptom für die Verdrängungsgeschichte der Rhetorik durch die herrschende Philosophie – falls man denn Interesse an dieserart Sammelleidenschaft hätte.

Die Erweiterung gegenüber Hetzel liegt nun aber in der Tat in der dort nicht vollzogenen Versetzung der Rhetorik in die Moderne. Um es als These zu formulieren: Die entscheidende Differenz zwischen politischer Vor-Moderne, insbesondere der Antike, und politischer Moderne ist diejenige, die sich innerhalb

15 Andreas Hetzel: Die Wirksamkeit der Rede. Zur Aktualität klassischer Rhetorik für die moderne Sprachphilosophie, Bielefeld 2011.

16 Georg Misch: Der Aufbau der Logik auf dem Boden der Philosophie des Lebens. Göttinger Vorlesungen über Logik und Einleitung in die Theorie des Wissens, hrsg. v. Gudrun Kühne-Bertram u. Frithjof Rodi, Freiburg, München 1994.

17 Josef König: Sein und Denken. Studien im Grenzgebiet von Logik, Ontologie und Sprachphilosophie [1937], Tübingen [2]1969.

der modernen Lebensphilosophien als Differenz von melancholischem und heiterem Ton dieser Philosophien reproduziert. Der sachliche Unterschied zwischen dem, was Hegel als Unterschied von schlechter und wahrer Unendlichkeit auf den Begriff bringt, war in der politischen Vor-Moderne nicht vollziehbar. Da Gott noch nicht gestorben war, musste jeder Verweis auf eine Unendlichkeit bzw. auf einen unabschließbaren Prozess einen melancholischen Unterton annehmen, den die antiken Rhetoriker als »Akosmismus« fassten. Unabschließbarkeit in melancholischem Unterton bedeutet Unvollkommenheit, eine Unvollständigkeit im Hier und Jetzt. Der so charakterisierte Modus von Negativität ist dann: »eine Art negative Kosmologie, die von der Unvollständigkeit, Mangelhaftigkeit und Kontingenz des Weltganzen ausgeht«.[18] Und dies ist bei Hetzel keineswegs nur Referat vormoderner Positionen, sondern bestimmt auch den Ton in eigener Sache. Durchgehend wird *Negativität der Rede* verknüpft mit »als sich selbst unangemessene«,[19] mit »Trugbild« und »Chimäre«[20] – eine »sprachliche Praxis«, die in ihrer »Selbstaufklärung allerdings nie an ein Ende kommt und sich immer wieder neu verfehlt«.[21] Hetzel nimmt die Frage Valérys nicht nur als wichtigen Hinweis, sondern tatsächlich melancholisch-wörtlich: »Woher ist dir, du einsamer Geist, die Sprache, die du sprichst, überkommen?«[22]

Der demgegenüber heitere – und ich würde zuspitzen: eigentlich moderne – Modus von *Negativität* ist die von Hegel konzipierte strikt immanente Welt der Rede: Das Absolute ist ganz gegenwärtig – der *logos* kann im Vollzug der Rede nicht nicht realisiert sein – die logischen Bestimmungen gehen uns bei jedem Satze, den wir sprechen, aus dem Munde heraus – es gebe gar keine Rede, wäre sie nicht im Augenblick ganz da, wenn auch als Ganze nur ex negativo.

Mit Hetzel kann man daher zuspitzen: Es gibt sie schon, eine Version entschieden moderner rhetorischer Philosophie des *logos* (s.u., Kap. 4).

Wenigstens angemerkt sei, dass ich hier noch am eigentlichen Thema vorbeirede. Zwar sind die Praxisphilosophien bei der Analyse der Lebensphilosophien systematisch mitgemeint (s.o.), aber eben nicht explizit Thema. Die dort besonders pompös begrabene politische Dimension des Theorems der Unergründlichkeit wäre das eigentliche Thema.

---

18 A. Hetzel: *Rede*, 11.

19 Ebd., 42.

20 Ebd., 50.

21 Ebd., 55.

22 Zit. n. ebd., 49.

Die berühmt-berüchtigten Marxschen Feuerbach-Thesen postulieren das Praxiskriterium als das Kriterium philosophischer Wahrheit. Legionen von Kritikern und Aberlegionen von begeisterten Anhängern haben das so verstanden, als beweise eine (logisch, nicht zwingend zeitlich) nachträgliche Praxis eine aufgestellte Theorie. Um dieser Ansicht zu sein, muss man nicht Stalinist sein – aber um den Stalinismus mit dem Marxismus zu identifizieren, muss man u.a. dieses Verständnis von »Praxiskriterium der Wahrheit« mit Stalin teilen. Der beliebteste Satz von Marxisten aller Fraktionen war *The proof of the pudding is in the eating* – und dieser Satz ergoss sich immer dann aus den Gebetsmühlen, wenn es theoretisch oder praktisch kompliziert wurde, bis hin zur Legitimation real-sozialistischer Atomkraftwerke.[23] Das Theorie-Praxis-Verhältnis ist das »Kreuz der Geschichte des Marxismus«[24] – der Leidensweg einer auch philosophisch ›legitimierten‹ Vorstellung von Besitztum von Wahrheit.

Dass Wahrheit selbst praktisch sein könnte, also analog zu einem in der klassisch-antiken Tragödie inszenierten moralischen Konflikt performativ-agonal, und also demokratisch,[25] strukturiert, dies ist nur von einer Minderheit von Marxisten in Erwägung gezogen worden, etwa von Gramsci, von Althusser oder, eher implizit, von Leont'ev. Anerkannte Verbindlichkeit der Unergründlichkeit der Praxis wäre – wie vermittelt auch immer, und ganz sicher zunächst nur in der Theorie – eine Schutzmaßnahme gegen philosophische Stalinismen (s.u., Kap. 1.3, insbes. Anm. 71). Das ist, wie gesagt, hier nicht Thema, aber das wollte durchaus mitgesagt sein.

RÜCKSICHTEN, ZUGLEICH EIN AUSBLICK

Brisant ist der Topos der Unergründlichkeit des Lebens heute aber vor allem in nicht-philosophischen Praktiken, insbesondere in denen der Lebenswissenschaften und Biotechnologien.[26] Neben allen mehr oder weniger wichtigen, brisanten,

---

23 Kritisch dazu Klaus Peters: »Über die Erkennbarkeit der Welt. Anmerkungen zur Logik der marxistischen Agnostizismus-Kritik aus Anlaß der Diskussion um die Beherrschbarkeit der Technik«, in: Dialektik 14 (1987), 143-156.

24 André Tosel: »Theorie-Praxis-Verhältnis«, in: Europäische Enzyklopädie zu Philosophie und Wissenschaften, hrsg. v. Hans Jörg Sandkühler, Hamburg 1990, Bd. 4, 585-592, hier: 589.

25 Vgl. A. Hetzel: *Rede*, Kap. 3.

26 Vgl. Jutta Weber: »Leben«, in: Enzyklopädie Philosophie. In drei Bänden mit einer CD-ROM, hrsg. v. Hans Jörg Sandkühler, Hamburg 2010, Bd. 2, 1377-1382.

aufregenden Einsichten im Einzelnen ist dort durchgehend Anlass, Frage und Ziel, das technologisch Reproduzierbare des (menschlichen) Lebens vom Unverfügbaren zu sondern und die Grenze zwischen beiden ›Sphären‹ zugunsten des technologisch Machbaren zu verschieben. Was sich in der Frage, ob Computer denken können, schon lange ankündigte, ist durch die Entzifferung des menschlichen Genoms auf die Metapher und auf ein vermeintliches Ideal gekommen: Das (menschliche) Leben schon bald restlos verstehen und in der Folge technologisch gestalten zu können – zum Wohle der Menschheit, versteht sich. Was sich am Ende des 19. Jahrhunderts als primär ideologisches Programm abzeichnete – die Abschaffung jeglicher »geheimnisvoller Mächte« als *Erklärungs*größen zugunsten einer »Entzauberung der Welt« –, verdichtet sich am Ende des 20. Jahrhunderts zu einem technologischen Programm,[27] nämlich der Abschaffung jeglicher »geheimnisvoller Mächte«, sprich: Unverfügbarkeiten, zugunsten einer Herstellbarkeit des (menschlichen) Lebens – notorisch begleitet von den vornehmen Tönen mahnender Worte und den Stilblüten der Kulturkritik.

Ein tragfähiges Konzept einer Unergründlichkeit verspricht ein kritisches Potential im Kontext solcher neuen »Ökonomien des ›Lebens‹«, in denen ein biowissenschaftlich und biotechnisch verstandenes ›Leben‹ uns u.a. in Form von zirkulierenden Körperstoffen und Körperdaten begegnet, und »tatsächlich über seine eigene Form der Wertschöpfung verfügt«.[28] Gehring vermutet den spezifischen Mehrwert dieser Ökonomien einhergehend mit der Warenförmigkeit biologisch gewonnener Lebenszeit,[29] so dass sich das »Phantasma« abzeichnet, »dieser Bio-Körper könnte letztlich ein tod-loser Körper sein«.[30] Gegen solche Wiedergeburten von Unsterblichkeitsphantasien sollte ein Konzept der Unergründlichkeit des Lebens ein nüchternes Bollwerk sein.

Freilich hilft es nicht, über solcherart Phantasien bloß zu spotten oder auf die empirisch-faktische Sterblichkeit des Menschen zu verweisen. Mit Foucault kann hinreichend deutlich werden, dass solcherart ›Biomacht‹ real wirkmächtig ist – und also hilft kein milde lächelnder oder gar trotziger Verweis darauf, dass das menschliche Leben unverfügbar *ist*. Auch der Verweis auf die Unergründlichkeit menschlichen Lebens ist ein prinzipiell vermittelter. Das Leben »ist« nicht – weder kalkulierbar noch unverfügbar, sondern es wird unter unseren Au-

---

27 Vgl. Jürgen Große: Der Tod im Leben. Philosophische Deutungen von der Romantik bis zu den ›life sciences‹, Hamburg 2008, 194.

28 Petra Gehring: Was ist Biomacht? Vom zweifelhaften Mehrwert des Lebens, Frankfurt/M. 2006, 33.

29 Vgl. ebd., 34.

30 Ebd.; vgl. auch J. Große: *Tod*, 169-207.

gen machtvoll als restlos kalkulierbar inszeniert. Das mag einem nicht geheuer sein. Gefragt ist dann die Gegenmacht einer Politik verbindlicher Unergründlichkeit. – Die heiteren Versionen der Unergründlichkeit des Lebens lassen es aussichtsreich erscheinen, ein Konzept eines *gelingenden Lebens* zu gewinnen, das das Maß des Gelingens an sich selber hat, zu gewinnen in Reflexion seines Vollzuges. Das wäre eine Absage an alle moralische »Gedrücktheit«,[31] die einhergeht mit einem von Außen gesetzten Ideal plus disziplinierender resp. kontrollierender Maßnahmen zur gezielten unendlichen Annäherung an solches Ideal.

Wie schon damals, so ruft jene Biomacht auch heute Gegenbewegungen auf den Plan, die an einer grundsätzlichen Unergründlichkeit des Lebens meinen festhalten zu sollen oder diese gar positiv beschwören. Diese Gegenbewegungen bilden eine Gemengelage vielfältiger Impulse und Grundansätze, die nicht über einen Kamm geschoren werden können. Es fanden und finden sich dort anti-moderne Irrationalismen, die alsbald sumpfig-braun zu stinken beginnen; es finden sich die Kompensationsempfehlungen, die die Errungenschaften der Moderne – wie wir doch alle – einstreichen und ihre Leiden polstern möchten: Wissenschaft plus Religion damals, Technologisierung plus spielerischer Umgang mit uns und der Welt heute; es finden sich ernsthafte post-moderne Strategien, real wirkmächtige Unverfügbarkeiten zu inszenieren; und es findet sich so manches mehr.

Zu beobachten ist, bei aller Vielfalt solcher Gegenbewegungen, eine gewisse Hegemonie. Bewegungen, die in der einen oder anderen Weise an der Unergründlichkeit des (menschlichen) Lebens festhalten, finden sich von vornherein in der Lage, verfügbar gemacht zu werden für jenes Programm der technologischen Entzauberung des Lebens. Wer nur vehement genug am Postulat der Unergründlichkeit festhält, der zwingt sich und andere, solche Unverfügbarkeiten real zu demonstrieren, sprich: an der Grenze des Verfügbaren und Unverfügbaren zu arbeiten und diese real zu verschieben. Was gewünscht war.

Heerscharen begeisterter, leidenschaftlicher, freudvoller, kindlich-unschuldiger Programmierer basteln daran, dass Roboter immer besser gegeneinander Fußball spielen. Sie tragen Turniere aus, sogar in verschiedenen Spielklassen, ehren ihre Sieger, haben Spaß und trauern bei Niederlagen – wie im richtigen Leben. Da liegt doch der Verdacht nicht fern, dass das alles nichts weiter ist als ein militärisches Programm. In dem Maße, in dem Roboter ›richtig‹ Fußball spielen, in dem Maße finden auch intelligente Bomben selber ihren Weg ins Ziel.

31 Georg W. F. Hegel: Werke: in 20 Bänden, hrsg. v. Eva Moldenhauer u. Karl M. Michel, Frankfurt/M. 1986, Bd. 7, 298.

1. Unergründlichkeit: Eine Topologie

> Allein wir wollen dieses behaupten, dass, wenn verschiedene Personen, auch nach ihrer richtigen Erkenntnis, eine Geschichte erzählen, in ihren wahren Erzählungen sich dennoch ein Unterschied befinden könne.[1]

Auch der Topos der ›Unergründlichkeit des Lebens‹ sagt nicht selber, wie er interpretiert werden will. Insofern ist der »Sehepunkt« (Chladenius) anzugeben, von dem aus dieser Topos verhandelt wird. Ich werde diesen Sehepunkt hier dreifach dimensionieren. Ich werde i) den Topos der Unergründlichkeit in eine Polarität zum Topos der ›Entzauberung der Welt‹ setzen, ii) die Frage der Unmittelbarkeit oder aber Vermitteltheit des Verstehens von unergründlichem Leben zum entscheidenden sachlichen Kriterium machen, und iii) die Hegelsche Unterscheidung von wahrer und schlechter Unendlichkeit zum entscheidenden Stil-Kriterium der verschiedenen Lesarten des Topos der ›Unergründlichkeit des Lebens‹ machen.

1.1 Unergründlichkeit des Lebens und Entzauberung der Welt

Das Ausgangsphänomen könnte einfacher nicht sein: Das Leben hält noch Überraschungen bereit. Wer meint, er könne schon jetzt genau sagen, was er übermorgen getan haben wird, wird immer wieder mal eines Besseren belehrt. Und

---

1 Johann M. Chladenius: Einleitung zur richtigen Auslegung vernünftiger Reden und Schriften [1742], Düsseldorf 1969, § 308.

dort, wo sich – scheinbar – gar keine Überraschungen mehr einstellen, sind viele von uns eher geneigt, die Erklärung in dem ach so eingefahrenen Lebenswandel des Betroffenen zu suchen, als dass wir grundsätzlich an die Berechenbarkeit des Lebensvollzugs glaubten. Was, so ausgesprochen, für das Leben der Einzelnen geradezu banal klingt, gilt transponiert auch für das Leben von Gesellschaften: Auch der Geschichtsvollzug ist reicher als das ihn vorwegnehmende Geschichtsbewusstsein.

In bestimmter Hinsicht betont der Topos der Unergründlichkeit nicht mehr als eben dies: Dass ›das Leben‹ reicher ist als alle Erkenntnis von ihm – dass das Wissen dem Leben folgt und es nicht so sei, dass Leben allein die Umsetzung von Wissen in Handeln ist.[2] In diesem Sinne ist der Topos der Unergründlichkeit ein Kind der politischen Moderne. Er ist an die politische Moderne, an die Zeitrechnung nach den Menschenrechtserklärungen gebunden, denn er setzt voraus und postuliert, dass der Mensch ein freies Wesen ist – frei in *dem* Sinne, dass jede Rede von schicksalsvorgegebenen Lebensverläufen, sei es geschichtlich, sei es biographisch, bestritten wird. Insofern ist der *Name* dieses Topos unglücklich und missverständlich, da er eine geheimnisvoll gärende Macht des Lebens suggeriert. Und das wiederum wäre mit der politischen Moderne gänzlich unvereinbar, denn die Absage an schicksalhafte, vor-gesehene Lebensverläufe zugunsten der Deklaration der Selbst-Gestaltung von Geschichte und Biographie setzt die Erklärbarkeit der Welt, mithin den Topos der ›Entzauberung der Welt‹ voraus.

Folgt man Max Weber, so liegt die »zunehmende Intellektualisierung und Rationalisierung« *nicht* darin, dass wir die Prozesse von Natur und Gesellschaft de facto zunehmend besser beherrschen oder auch nur kennen. Der »Wilde« wisse von seinen Werkzeugen ungleich mehr als unsereiner z.B. vom Funktionieren einer Straßenbahn. Rationalisierung sei vielmehr »das Wissen davon oder den Glauben daran: dass man, wenn man *nur wollte*, es jederzeit erfahren *könnte*, dass es also prinzipiell keine geheimnisvollen unberechenbaren Mächte gebe, die da hineinspielen, dass man vielmehr alle Dinge – im Prinzip – durch *Berechnen beherrschen* könne. Das aber bedeutet: Entzauberung der Welt.«[3]

---

2 Wenn man einmal den Fußball als Modell für das Leben nimmt, könnte der Kern und die harte Nuss des Topos der Unergründlichkeit schlichter nicht sein: »Die Wahrheit is' auf'm Platz!« – Oder auch: »Alles, was nur kalkuliert ist, geht schief.« (Marcel Hartges, Leiter des Kölner Literatur- und Kunstverlag Dumont, SZ v. 31.12.08/ 1.1.09, S. 14)

3 Max Weber: »Wissenschaft als Beruf [1919]«, in: ders., Gesammelte Aufsätze zur Wissenschaftslehre, Tübingen 1973, 582-613, hier: 593f.

Beide Topoi sind somit in der politischen Moderne zu verorten und bilden dort Gegenpole zueinander. Der Topos der Unergründlichkeit insistiert darauf, dass das Leben nicht restlos ins Kalkül gezogen werden kann, dass unberechenbar Neues geschehen kann, dass es immer auch hätte ganz anders verlaufen können. Er bedeutet mehr und anderes als ein bloßes Beharren auf der Kontingenz von Lebensvollzügen, insofern er auf einem bestimmten Umgang mit dieser Kontingenz insistiert. Man möge sie nämlich gerade nicht als eine Noch-nicht-Kalkulierbarkeit traktieren, sondern, paradox formuliert, ihrerseits mit ihr tatsächlich rechnen. Anders formuliert: Das Wissen um die Kontingenz möge einen spürbaren Unterschied im Vollzug des Lebens machen, und nicht im Status eines folgenlosen Lamentierens bleiben, dass man es nun einmal nicht besser wissen könne. Der Topos verknüpft das Motiv der nicht-summativen Ganzheitlichkeit lebendiger Gestalten und das Motiv der prinzipiellen Möglichkeit diskontinuierlicher lebendiger Vollzüge: Dass die Natur in ihren Gestalten-Übergängen eben doch Sprünge machen könne. – Der Topos der Entzauberung insistiert dann darauf, dass solcherart Sprünge nicht dem Wirken prinzipiell geheimnisvoller Mächte zugerechnet werden; insbesondere ist er das »Verbot, Gründe außerhalb der Natur für ihre Bewegungen verantwortlich zu machen«.[4] – Um es am Beispiel eines der zentralen Themenfelder zu sagen: Der Topos der Unergründlichkeit insistiert darauf, dass mit einer evolutionsbiologischen Erklärung der Entstehung der Gattung *homo sapiens* aus dem ›Tierreich‹ noch nicht Alles bzw. nicht das Grund legende zum Mensch-sein gesagt ist, insofern das Mensch-sein nur als grundsätzlicher Bruch – als »radikaler Übergang«[5] – begreifbar sei. Der Topos der Entzauberung insistiert darauf, dass ein Verstehen jenes radikalen Übergangs mit der evolutionsbiologischen Erklärung kompatibel sein muss. Anders gesagt: Die Antworten auf die grundsätzlich verschiedenen Fragen ›Wie ist der Mensch entstanden?‹ und ›Was ist und bedeutet uns Mensch-sein?‹ dürfen sich in der politischen Moderne nicht grundsätzlich widersprechen.

Gegenpol zu sein, heißt gerade nicht, ein Ausschlussverhältnis zu sein. Vielmehr handelt es sich um korrelative Topoi. Wäre es ein Ausschlussverhältnis, dann wäre der Topos der Entzauberung der Welt gleichbedeutend mit dem Postulat der – im Prinzip – vollständigen Ergründbarkeit und Kalkulierbarkeit des Lebens. Damit wäre insbesondere die normative Dimension eines gelingenden Le-

4 Renate Wahsner: Der Widerstreit von Mechanismus und Organismus. Kant und Hegel im Widerstreit um das neuzeitliche Denkprinzip und den Status der Naturwissenschaft, Hürtgenwald 2006, 75.

5 Kurt Röttgers: Metabasis. Philosophie der Übergänge, Magdeburg 2002.

bens ausradiert.[6] Das Postulat der vollständigen Ergründbarkeit des Lebens wäre eine Absage an die Einsicht Max Webers, »dass wir den *Sinn* des Weltgeschehens nicht aus dem noch so sehr vervollkommneten Ergebnis seiner Durchforschung ablesen können, sondern ihn selbst zu schaffen imstande sein müssen«.[7] – Um ein aktuelles Beispiel einer solchen Absage zu nennen: Spieltheoretische Überlegungen im Anschluss an das Gefangenen-Dilemma mögen einen hohen Wert in Bezug auf die Frage haben, wie Normen im gesellschaftlichen Leben funktionieren. Das zu wissen und wissen zu wollen, ist wahrlich nicht wenig. Aber dort, wo solche Überlegungen dazu dienen sollen, Fragen (der Geltung) des Normativen zu klären, ist es eine Absage an jene Einsicht Webers. – Die politische Moderne ist insofern jene elliptische Bewegung, die um die beiden Pole ›Entzauberung‹ und ›Unergründlichkeit‹ kreist.[8]

Die konzeptionelle Voraussetzung der ›Entzauberung‹ ist die kantische kopernikanische Wendung – jedenfalls dann, wenn man philosophisch-ontologisch davon ausgeht, dass konkrete Naturkörper nicht einzeln und isoliert voneinander existieren, sondern nur im Zusammenhang, in ihrem aufeinander Wirken.[9] Konkrete Naturkörper zu *erfahren*, heißt dann nämlich, dass man gedankliche und praktische Arbeit investiert hat, um diese konkreten Naturkörper zu *ver*einzeln und dadurch erfahrbar *gemacht* zu haben. Die Frage, wie Erfahrung *möglich* ist, wäre anderenfalls überflüssig – und falls sie nötig ist, muss eine Antwort Auskunft über die je konkrete Arbeit der Ver-Einzelung geben. – Dieses Argument gilt auch noch und erst recht für das Erfahren von Zusammenhängen (von Na-

6 Vgl. auch Hans-Peter Krüger: Philosophische Anthropologie als Lebenspolitik. Deutsch-jüdische und pragmatistische Moderne-Kritik, Berlin 2009, Kap. 2.

7 Max Weber: »Die ›Objektivität‹ sozialwissenschaftlicher und sozialpolitischer Erkenntnis [1904]«, in: ders., Gesammelte Aufsätze zur Wissenschaftslehre, Tübingen 1973, 146-214, hier: 154.

8 Zur Figur der Ellipse (statt des Kreises) vgl. Ludwig Feuerbach: »Grundsätze der Philosophie der Zukunft [1843]«, in: ders., Gesammelte Werke, Berlin 1969 ff., Bd. 9 (^{2}1982), 264-341, hier: 332; dazu auch Claus-Artur Scheier: »Ludwig Feuerbach – Denker der Ellipse. In memoriam Jacques Derrida«, in: Ursula Reitemeyer, Takayuki Shibata u. Francesco Tomasoni (Hg.), Ludwig Feuerbach (1804-1872). Identität und Pluralismus in der globalen Gesellschaft, Münster, New York 2006, 207-215.

9 Vgl. dazu Renate Wahsner: Naturwissenschaft [1998], Bielefeld ^{2}2002, insbes. 23-32.

turkörpern), also etwa von Wäldern im Vergleich zu einzelnen Bäumen.[10] Auch das Individuieren von *Zusammenhängen* und von *Situationen*, in denen Zusammenhänge oder Einzelkörper *erfahren* werden, ist je schon die Arbeit der Vereinzelung, d.h. die Arbeit der Bestimmung: dieser-und-nicht-jene-anderen Naturkörper, diese-und-nicht-jene Zusammenhänge, diese-und-nicht-jene Situationen. – Also ist *Erfahren* ein prinzipiell vermittelter Zugriff auf konkrete Körper und deren Zusammenhänge: »man braucht *Isolierungsprinzipien*«.[11]

Genau deshalb und dadurch sind erfahrbar *gemachte* Gegenstände »im Prinzip erklärbar«. Wäre dieser Umweg ›weg von den Sachen selber‹ und hin zu *phainomena* nicht konstitutiv für das, was *Erfahren* heißt – wenn sich Erfahren also vorkantisch nach dem Objekt richten müsste –, dann wäre und bliebe das Erfahren verstrickt in eine unendlich-unbestimmbare ontische Vermitteltheit des konkreten Naturkörpers. Folglich wäre eine ›wahre Erfahrung‹ prinzipiell unerreichbar, denn *Erfahren* wäre *definiert* als *annäherungsweises* Erfahren, und genau das ließe prinzipiell einen noch verzauberten Rest, eine geheimnisvolle Macht, ein Usw. weiterer ontischer Vermitteltheiten, zurück. Erfahren aber ist, nachkantisch, ein Übersetzen – ein »radikaler Übergang« – aus unendlich-unbestimmter ontischer Vermitteltheit in die gegenständliche Bestimmtheit je konkreter *phainomena*. – Oder als Formel: *Personales* Sich-in-der-Welt-Orientieren ist ein Individuieren von Situationen.[12]

Horkheimer/Adorno bestimmen den Begriff der Entzauberung ganz anders. Sie nehmen ihn als »Programm der Aufklärung«, gerichtet gegen »die Mythen«, wodurch »Einbildung durch Wissen [gestürzt]« werden solle.[13] Entzauberung der Welt sei Geheimnisexorzismus und »Ausrottung des Animismus«.[14] Sie verorten den Begriff damit in der Dimension des Ideologischen – als Aussage zum weit verbreiteten Selbst- und Fremdverständnis der Aufklärung. Die Relevanz, auch diese Dimension zu thematisieren, kann nicht strittig sein; erst recht nicht die Güte und herausragende Wirkung dieses Buches von Horkheimer und Adorno. Demgegenüber auch den Operator anzugeben, der diese Entzauberung gleichsam

10 »Die Anschauung giebt mir [...] nicht nur Bäume, sondern Wälder.« (Ludwig Feuerbach: »Nachgelassene Aphorismen [1911]«, in: ders., Sämtliche Werke [1903-1911], Stuttgart-Bad Cannstatt, [2]1960, Bd. 10, 297-346, hier: 298)

11 R. Wahsner: *Widerstreit*, 299.

12 Vgl. Volker Schürmann: Zur Struktur hermeneutischen Sprechens. Eine Bestimmung im Anschluß an Josef König, Freiburg, München 1999, Kap. 5.

13 Vgl. Max Horkheimer u. Theodor W. Adorno: Dialektik der Aufklärung. Philosophische Fragmente [1944], Frankfurt/M. 1988, 9ff., hier: 9.

14 Ebd., 11.

macht – nämlich die Kantische kopernikanische Wendung –, ist in diesem Sinne keine Kritik an der *Dialektik der Aufklärung*, sondern macht lediglich darauf aufmerksam, dass Ideologiekritik allein noch keine hinreichende Antwort auf die aufgeworfene Frage ist.

Eine überzeugende methodologische Umsetzung der Verschränkung von ›Entzauberung‹ und ›Unergründlichkeit‹ bietet das Konzept des ›ou-topischen Gegenüber‹ von Lindemann. Der Anlass dort sind Analysen zum Hirntodkonzept. Die grundsätzliche Schwierigkeit liegt darin, dass in diesem Konzept zur Todesfeststellung zwei verschiedene Wissenschaften maßgeblich beteiligt waren – die Medizin und die Rechtswissenschaft. Deshalb stellt sich hier, und bei sog. interdisziplinären Konzepten generell, die grundsätzliche Frage, »wie buchstäblich ein- und derselbe Körper so grundverschieden sein kann, dass er zu einem integralen Bestandteil sowohl eines strafrechtlichen Tatbestandes als auch eines komplexen apparativ gestützten Messverfahrens werden kann. Die Verschiedenheit des Körpers wäre relativ leicht zu begreifen, aber wie kann die Identität des Körpers aufrechterhalten werden?«[15]

Hier greift das Konstrukt des ou-topischen Gegenüber: Jede konkrete Übersetzungssituation macht sinnfällig, dass ein ou-topisches Gegenüber in Anspruch genommen wird »als ein Gegenüber, das nicht vollständig mit feststellbaren Gegebenheiten identifiziert werden kann«.[16] Zugleich kann die konkrete Analyse aufzeigen, dass die jeweiligen Wissensformen in *bestimmten* Unterstellungen gründen. Es wechseln also nicht nur die Wissens- und Praxisformen, sondern gleichsam die gewusste resp. behandelte Entität selber: In manchen Konfrontationen von Wissensformen erscheint das Gegenüber nicht nur anders, sondern es erscheint ein anderes Gegenüber.

Die besondere Pointe des Konstrukts des ou-topischen Gegenüber liegt darin, dass Lindemann die Formulierung wagen muss, die Entität selber sei es, die in verschiedener Weise ein ou-topisches Gegenüber sein kann. Diese gewagte Formulierung dient der Abwehr einer reinen Zuschreibungstheorie. Ohne *irgendeine* Version dessen, dass die Entität ›selbst‹ es sei, die sich als dieses oder jenes ou-topische Gegenüber aufspielt, wäre die notwendige Unterstellung eines solchen Gegenüber ein reiner Akt der Zuschreibung seitens der diese Entität Behandelnden. Genau das aber soll vermieden werden: ein *reiner* Akt der Zuschreibung ist ein Gnadenakt von bereits als fertig gegeben unterstellten sozialen Akteuren. Solch ›fertige‹ Akteure können mit solcher Zuschreibung »entweder geizen oder großzügig verfahren«,[17] aber es bliebe undenkbar, dass sich soziale Akteure *in* der Begegnung erst als soziale Akteure bilden. – Hier liegt somit eine methodologische Konk-

15 Gesa Lindemann: Die Grenzen des Sozialen. Zur sozio-technischen Konstruktion von Leben und Tod in der Intensivmedizin, München 2002, hier: 74.

16 Ebd., 131.

17 Ebd., 68.

retion der Herderschen Einsicht vor, dass jedes Erkennen von Etwas immer ein (freies) *An*erkennen sei, dass ›dies der Gegenstand ist und nicht ein anderer‹. Die Rede von »anerkennen« ist hier, wie bei Hegel auch, ganz offenkundig kein nachträgliches ›Anerkennung-machen‹ eines schon als gegeben unterstellten Gegenstandes, sondern behauptet ist, dass Gegenstände das, was sie sind und bedeuten, nur In-Anerkennung-sind.

Das hat dann durchaus befremdliche Konsequenzen: »Demnach wäre es unplausibel anzunehmen, dass ein Subjekt allein überhaupt leben, sterben oder tot sein könnte, denn der Sachverhalt, dass es lebt, stirbt oder tot ist, ist identisch mit einer Transformation der Beziehung, in der die Entität existiert, die lebt, stirbt oder tot ist.«[18] Es ist *dann* ein Privileg sozialer Entitäten, zu leben, zu sterben oder ein Leichnam zu sein; nicht-soziale Entitäten wechseln bestenfalls gleichsam den Aggregatzustand von lebendig und nicht-lebendig. Oder weniger befremdlich: Menschen sterben, Tiere verenden.

Um es zuzuspitzen und zusammenzufassen: Der Topos der Entzauberung appelliert an einen Erfahrungs-Begriff, der personales Erfahren an einen radikalen Übergang bindet, nämlich aus unendlich-unbestimmter ontischer Vermitteltheit der zu erfahrenden Sachen in die konkrete (onto-logische, epistemo-logische, methodo-logische, praxeo-logische) Bestimmtheit dieses-und-nicht-jener Erfahrungs-Gegenstände. Die unendlich-unbestimmte ontische Vermitteltheit der Sachen wird im Topos der Entzauberung als ›Wahr-Macher‹ von Erfahrungen außer Kraft gesetzt, da dieser vorkritische ›Wahr-Macher‹ prinzipiell eine geheimnisvolle Macht mit-setzt, nämlich jenes unendlich-unbestimmte Undsoweiter ontischer Vermittlungen, das je konkret nicht artikuliert werden kann. Nur in einem missverständlich-abkürzenden Sinne kann man sagen, dass der Topos der Entzauberung die *Endlichkeit* personalen Erfahrens postuliert; genauer nämlich ändert sich die Verhältnisbestimmung der Endlichkeit *dieses* vereinzelten Erfahrungs-Gegenstandes zur Unendlichkeit der anderen Gegenstände. Ver-Einzelung heißt, dass der unendliche Auslauf ins unbestimmte Usw. gleichsam durch eine kategoriale Stufung gebrochen und insofern abgeschnitten wird – Vereinzelung heißt, *diesen* Erfahrungs-Gegenstand mit jenen (unbestimmt vielen, aber) bestimmten, kategorial begrenzten Gegenständen ins Verhältnis gesetzt zu haben. Plakativ: Es macht normalerweise keinen Sinn, Kohlköpfe von Gestirnen zu unterscheiden – bzw. wenn man das tut (etwa dann, wenn man deren Wachstum mit Mondphasen in Verbindung bringt), dann hat man lediglich eine ungewöhnliche, gleichwohl bestimmte kategoriale Einteilung der Erfahrungs-Welt vorgenommen. Die Bestimmung von Erfahrungs-Gegenständen heißt mit und seit Kant nicht mehr: dieser-und-nicht-alle-anderen, sondern dieser-und-nicht-jene-

18 Ebd., 86.

bestimmten-(ggf. unbestimmt vielen)-anderen. Oder anders: Vereinzelung ist nunmehr ein Individuieren: Ein Abgrenzen von Anderen innerhalb einer bestimmten gemeinsamen »Sphäre« (Hegel) resp. »Mächtigkeit« (Cantor). – Die beiden wahren Aussagen, dass 21 keine Primzahl ist, und dass Caesar keine Primzahl ist, sind durchaus in unterschiedlicher Weise wahr, denn sie verlangen eine ganz unterschiedliche Behandlung.[19] Dies richtet sich auch noch gegen Frege, der daran festhielt, auch den Begriff der Zahl noch sortal definieren zu wollen – als Auswahl aus…, was dann an dieser Stelle nur als Auswahl aus Allem und Nichts, aus »Gott und der Welt«, gelingen könnte, mithin die prinzipielle kategoriale Formatiertheit *jedes* Auswahlbereichs leugnen muss.[20]

Gamm hat dasselbe Phänomen im Blick, das er ebenfalls als konstitutiv für die Moderne aufweist: »Die Wege, die das Denken im Labyrinth der Moderne gebahnt hat, markieren Fluchtlinien aus der Kategorie. Wie unter magischem Zwang suchen sie, die Hyperkategorialität der Bestimmtheit zu ›verwinden‹, und das nicht kontingenterweise, sondern nach der Ordnung der Zeit.« Dies heißt vor allem, »mit der These von der *Positivierung des Unbestimmten* auf eine Unterscheidung [zu pochen], die das Unbestimmte in der modernen Welt zum Gegenstand einer *Bejahung* macht.«[21]

Gamm nennt dieses Phänomen jedoch »Flucht aus der Kategorie«, während es hier eher ›Sprung in die Kategorie‹ genannt werden müsste – was freilich zunächst lediglich eine Frage der Namensgebung ist. Mir scheint jedoch, dass man den Terminus ›Kategorie‹ strikt an die apriorische Funktion binden sollte: »Kategorien sind keine Begriffe, sondern ermöglichen sie.«[22] Dann handelt es sich um eine Fluchtlinie aus der ›Hyper*begrifflichkeit* der Bestimmtheit‹ dadurch, dass je bestimmte Begriffe als in je bestimmt-unbestimmten Redebereichen situiert – als kategorial formatiert – postuliert werden.

Tengelyi macht eindringlich darauf aufmerksam, dass jener radikale Übergang aus unendlich-unbestimmter ontischer Vermitteltheit hin zu konkreter Bestimmtheit den Bruch mit Kants Vorstellung von Unendlichkeit als regulativer Idee voraussetzt.[23] Tengelyi präsen-

---

19 Pirmin Stekeler-Weithofer: »Explikationen von Praxisformen«, in: Allgemeine Zeitschrift für Philosophie 35 (2010) 3, 265-290, hier: 283.

20 Vgl. ebd., 277.

21 Gerhard Gamm: Flucht aus der Kategorie. Die Positivierung des Unbestimmten als Ausgang der Moderne, Frankfurt/M. 1994, 23f.

22 Helmuth Plessner: Die Stufen des Organischen und der Mensch. Einleitung in die philosophische Anthropologie [1928], Berlin, New York ^{3}1975, 116.

23 László Tengelyi: Erfahrung und Ausdruck. Phänomenologie im Umbruch bei Husserl und seinen Nachfolgern, Dordrecht 2007, 65ff.

tiert in dieser Hinsicht (wohl aus schulpolitischen Gründen[24]) nicht Hegel, sondern Husserl als Gegenspieler Kants. Die entscheidende sachliche Differenz ist unabhängig von Copyright-Fragen und liegt darin, gegen Kant wieder einen (akzeptablen) Begriff von ›aktual unendlich‹ zu gewinnen.[25] Wichtigster Bezugsautor ist daher Cantor,[26] vor allem dessen Unterscheidung von Transfinitem und Absolut-Unendlichem.[27]

Als historischen Befund kann man nun sicher festhalten, dass es zu einem Konflikt zwischen dem Topos der Entzauberung und dem der Unergründlichkeit dann kommt, wenn man jenen Erfahrungs-Begriff auch dann in Anschlag bringt, wenn die zu erfahrenden Sachen nicht Naturkörper, Zusammenhänge, Situationen, allgemein: Zustände, sondern *Veränderungen* sind. Was schon in Bezug auf das Erfahren von Zuständen nur mühsam als Verdacht ausgeräumt werden kann, eskaliert gleichsam bei der Artikulation des Erfahrens qualitativer Veränderungen: Der Verdacht, dass die gegenstands*logische* Bestimmtheit eines Erfahrungs-Gegenstandes nicht einmal indirekte Bezüge zur ontischen Vermitteltheit des so Erfahrenen mit-setzt bzw. bedenkt bzw. respektiert, sondern sich als einen puren Setzungsakt der erfahrenden Person versteht bzw. aufspielt. Spätestens seit Darwin spitzt sich dieser Verdacht zu: Falls die gegenstands*logische* Bestimmtheit des Mensch-seins mit der Tradition einen prinzipiellen, einen kategorialen Unterschied zum Tier-sein setzt (so etwa die Anthropologie Plessners) und darauf insistiert, dass eben dies ›Mensch-sein‹ für uns (bzw. für ein zu bestimmendes Wir) bedeutet, so gibt es einen offenkundigen *prima facie* Konflikt mit der seit Darwin lebendigen Einsicht, dass wir alle durch und durch Produkt der Naturgeschichte sind. – Die grobe weitere Geschichte ist bekannt: Nach Kant wird dessen Unterscheidung von Genese und Geltung aus jenem Verdacht heraus eingeebnet, wogegen dann seinerseits der neukantianische Schlachtruf des ›Zurück zu Kant!‹ sowie die Psychologismus-Kritik von Frege und Husserl erschallt.

Falls man diesen Konflikt überhaupt einer Lösung zuführen (und nicht: ihn reduktionistisch auflösen) will, dann muss man erstens mit dem Deutschen Idealismus zwischen Verstand und Vernunft unterscheiden und zweitens mit Feuer-

---

24 Vgl. ebd., 86.

25 Ebd., 74.

26 Ebd., 84-86.

27 Vgl. Georg Cantor: »Über die verschiedenen Standpunkte in bezug auf das aktuelle Unendliche [1885]«, in: ders., Gesammelte Abhandlungen mathematischen und philosophischen Inhalts. Mit erläuternden Anmerkungen sowie mit Ergänzungen aus dem Briefwechsel Cantor-Dedekind, Hildesheim 1962, 370-377; dazu Volker Schürmann: Praxis des Abstrahierens, Frankfurt/M. 1993, 174ff.

bach und einigen Anderen die Bedingtheit der Vernunft denken.[28] Minimal sind dann drei Aspekte zu unterscheiden: i) die historische/soziale/psychische/kulturelle Gewordenheit des Erfahrungs-Gegenstandes, ii) die Perspektivität seines Gesetzt-seins als Erfahrungs-Gegenstand und iii) die historische/soziale/psychische/kulturelle Bedingtheit jener Perspektivität.

Man kann dann im logischen Kern drei ideologische Formationen der Moderne ausmachen. Die *herrschende Biopolitik* inszeniert das Exorzieren der Unergründlichkeit im Namen der Rationalität. Die *gegenmoderne Re-Aktion* auf die Entzauberung inszeniert die Ir-Rationalität des Lebens im Namen einer geheimnisvollen, sich prinzipiell der Berechnung entziehenden Kraft. Die *emanzipatorische Moderne* inszeniert eine bedeutungslogische Einheit von Gegensätzen im Namen der öffentlichen Selbstbestimmung des Sinns der Lebensführung.[29]

Aus Sicht der emanzipatorischen Moderne steht der Topos der Unergründlichkeit *zugleich* in der Gefahr, biopolitisch exorziert zu werden, *und* im Verdacht, gegenmodern mystifiziert zu werden.

Gegenmoderne: Irrationalismus-Verdacht 1

Der Verdacht der gegenmodernen Mystifizierung von ›Unergründlichkeit‹ wird – zum Beispiel – überall dort bestätigt, wo wissenschaftliche Rationalität im Namen der Unergründlichkeit des Lebens verächtlich gemacht wird. Verächtlich machen heißt, dass Wissenschaften als Wissenschaften kritisiert werden und eine Instanz eingeklagt wird – Philosophie, Religion, Kunst, Alltagsleben etc. –, deren Aufgabe darin liege, einen *übrigbleibenden Rest* zu verstehen, dem Wissenschaft als Wissenschaft prinzipiell nicht gerecht werden könne. Demgegenüber ist eine modern-emanzipatorische Kritik der Wissenschaften deren *Grenz*bestimmung, aber nicht primär eine Kritik *an* ihnen im Namen eines Außen von Wissenschaft. Dieser prinzipielle Unterschied zwischen notwendiger Grenzbestimmung einerseits und der Mystik einer wissenschaftlich unerkennbaren

---

28 Vgl. Volker Schürmann: »Parteilichkeit«, in: Enzyklopädie Philosophie. In drei Bänden mit einer CD-ROM, hrsg. v. Hans Jörg Sandkühler, Hamburg 2010, Bd. 2, 1912-1916; vgl. auch Volker Schürmann: »Lachen«, in: Enzyklopädie Philosophie, a.a.O., Bd. 2, 1373-1377.

29 Ich habe eine Neigung, diese Dreiheit ideologischer Formationen der Moderne mit der Troika Fichte, Schelling, Hegel zu korrelieren: Das Nicht-Ich als bloße Setzung des Ich; der Ungrund der Offenbarung als romantischer Gegenschlag; die Logik des Lebens als Ausstieg aus diesem entweder-oder.

›Restgröße‹ andererseits wird von beiden Seiten aus unkenntlich zu machen versucht: Er wird gegenmodern vernebelt und rationalistisch-biopolitisch eingeebnet. Beide Seiten machen – mit umgekehrtem Vorzeichen – unkenntlich, dass die Erklärbarkeit der Welt definitiv an die angebbare Bedingtheit der je konkreten Erklärung, und damit an deren anzugebender begrenzter Reichweite, gebunden ist. Eine Kritik *der* Wissenschaften hat insofern eine doppelte Stoßrichtung: Im Namen der Unergründlichkeit des Lebens gilt es in emanzipatorischer Absicht, gegen rationalistisch-biopolitische Naturalisierungsstrategien anzugehen. Aber das richtet sich nicht gegen die Wissenschaften. Weder ist, wie gegenmoderne Kritik *an* den Wissenschaften glauben machen will, die Mechanik mechanistisch noch sind, generell gesprochen, Wissenschaften naturalisierend. Naturalisierungen liegen vielmehr dort vor, wo die Bedingtheit der jeweiligen wissenschaftlichen Erklärung nicht reflektiert wird, und dadurch der erfahrbar *gemachte* Erfahrungs-Gegenstand schon für den Welttatbestand selber genommen wird, sprich: das Ergebnis einer wissenschaftlichen Erklärung ontifiziert wird. Das ist immer dann mehr als lediglich ein dummer Fehler, wenn aus solchen Ergebnissen der »Durchforschung« (Weber) ein normatives Maß der Lebensführung »herausgeklaubt« werden soll. Wenn sich beispielsweise Hirnforscher für Fragen des Strafrechts zuständig erklären, dann sagt das etwas über deren (krudes) Wissenschafts*verständnis* aus, aber nichts über Güte, Gehalt und Reichweite ihrer wissenschaftlichen Ergebnisse. Es ist das gemeinsame Grundcharakteristikum herrschender Biopolitik und gegenmoderner Re-Aktion, den prinzipiellen Unterschied zwischen wissenschaftlichem Tun einerseits und inszeniertem Selbstverständnis dieses Tuns andererseits einzuebnen.

1.2 ZWISCHEN UNMITTELBARKEIT UND VERMITTELTHEIT

Der Titel ›Leben‹ steht häufig für einen Ort menschlichen Erkennens, der durch Unmittelbarkeit ausgezeichnet sei resp. auszuzeichnen sei. Diese häufige Funktionszuschreibung an die Rede von Leben ist zunächst einer weltanschaulichen Argumentation geschuldet und entsprechend einer ideologiekritischen Analyse zugänglich. Dort, wo ein (H)Ort der Unmittelbarkeit gesucht wird, ist das in der Regel auch eine (kritische) Reaktion auf die – vermeintlichen oder tatsächlichen – Preise, die die grundsätzliche Umstellung aller gesellschaftlichen Verhältnisse auf Vermitteltheit in der Moderne zu bezahlen hat. Das Motto ist dort gleichsam: In der Öffentlichkeit geht es in der Moderne prinzipiell vermittelt zu – o.k., aber im Privaten, gar in der Liebe möge es doch unmittelbar zugehen. Man kann dies als »Romantik« beargwöhnen – oder man kann dies als ernstes und ernstzunehmendes Problem nehmen, das dann, vielleicht, andere Antworten verlangt als die Beschwörung von Unmittelbarkeiten. Der ideologiekritische Befund ist vergleichsweise eindeutig: »›Leben‹ war immer das Lieblingswort derer, die an seinen ›unauthentischen‹, ›vermittelten‹, ›entfremdeten‹ Formen litten und andererseits die ›ursprüngliche‹ Form des Lebens selbst ins Medium der Reflexion zu überführen suchten.«[30]

Mit einer ideologiekritischen Argumentation ist jedoch das sachliche Problem noch nicht erledigt. Einen Ort der Unmittelbarkeit einzuklagen, ist keineswegs nur einem Unbehagen an der Moderne geschuldet. ›Leben‹ als unmittelbares zu postulieren, ist vielmehr eine sachliche These zu dem, was menschliches Erkennen ist und ausmacht und/oder zu der Begründungssituation, in der wir uns unhintergehbar befinden, wenn wir menschliches Erkennen als wahres Erkennen begründen wollen.

Eines der Grundprobleme, auf das das Beharren auf einem Ort von Unmittelbarkeit reagiert, kann sehr leicht in Kantischer Terminologie ausgedrückt werden: Falls es denn so ist, und es wird wohl so sein, dass all unser Erkennen ein Erkennen von *phainomena* ist – was nichts anderes heißt, als dass all unser Erkennen durch apriorische Bestimmungen vermittelt ist –, dann müssen wir doch zugleich annehmen und denken können, dass da Etwas ist, was erscheint. Dies müsste dann als Unmittelbares gedacht werden, denn sonst wäre es seinerseits wieder ›lediglich‹ etwas Erscheinendes. Dilthey formuliert dies so:

»Aber wie hinter den hinteren sichtbaren Bergen auch Leute wohnen, so weisen all diese Vorgänge von Unterscheidung, Verbindung, Beziehung schließlich auf etwas, das gegeben ist, unmittelbar gegeben. Wir müssen und dürfen ein solches Gegebenes annehmen, weil aus den gesetzmäßigen Prozessen des Unterscheidens, Verbindens, Beziehens, der Ordnung und des Zusammenhangs doch als solchen eine Tatsächlichkeit nicht entstehen kann.«[31]

Nun mag man argwöhnen, dass sich in diesem Argument noch immer das Bedürfnis ausspricht, in *direkter* Weise ein ontisches Relat unseres Wissens einzufordern. Um in Diltheys Bild zu bleiben: Auch hinter den noch so hintersten Bergen wohnen auch bloß Leute, nicht aber die eigentlichen Menschen, die Engel oder die bösen Geister. Aber auch dort, wo jeder sog. »Ontologisierung« ab-

---

30 J. Große: *Lebensphilosophie*, 128f.

31 Wilhelm Dilthey: »Leben und Erkennen. Ein Entwurf zur erkenntnistheoretischen Logik und Kategorienlehre [1893]«, in: ders., Gesammelte Schriften, Bd. XIX: Grundlegung der Wissenschaften vom Menschen, der Gesellschaft und der Geschichte. Ausarbeitungen u. Entwürfe zum 2. Bd. d. Einl. in d. Geisteswiss. (ca. 1870-1895), Göttingen 1982, 331-388, hier: 333.

geschworen wird und all das Gesagte lediglich epistemologisch und methodologisch zu verstehen sein solle, reproduziert sich das Problem. Selbst Cassirer, einer *der* Denker der Vermitteltheit, kennt dann doch einen Ort der Unmittelbarkeit, den er »anerkennt«:[32] »Jede elementare Ausdrucksbewegung bildet in der Tat insofern eine erste Grenzscheide der geistigen Entwicklung, als sie noch völlig in der Unmittelbarkeit des sinnlichen Lebens steht und doch andererseits über diese bereits hinausgeht.«[33] Hier ist explizit von einem einerseits und andererseits die Rede, und also ist ein Ort von Unmittelbarkeit unterstellt, und es ist auch bei Cassirer nicht so, dass er zwei verschiedene Weisen von Vermitteltheit denkt.

Ein zweites Problem, auf das der Titel ›Leben‹ hinweist, ist das der Gründungs- bzw. Grundlegungsfunktion. Auch hier kann man paradigmatisch auf Dilthey verweisen: »Das Denken tritt am Lebensvorgang auf; sonach ist auf diesen bei seiner Grundlegung zurückzugehen.«[34] Dabei ist ›Denken‹ im denkbar weitesten Sinne zu verstehen: »Wo ein Eindruck vom Wirklichen aufblitzt, ist es [das Denken oder Erkennen] vorhanden. Aber wie weit wir seinen Begriff fassen: überall ist es eine Erscheinung des Lebens, gebunden an das Leben.«[35] Das ist zunächst nicht mehr und nicht weniger als der Hinweis darauf, dass menschliches Erkennen nicht aus sich heraus begründbar ist. Was hier mit dem Titel ›Lebensvorgang‹ bezeichnet wird, ist somit eine Kritik an bestimmten ›idealistischen‹ Verständnissen von Vernunftphilosophie, der gemäß – so etwa Fichte in bestimmten, dezidierten Formulierungen – die Vernunft gerade deshalb und nur deshalb eine freie ist und frei genannt zu werden verdient, weil sie allein bedingend, aber nicht ihrerseits bedingt ist. Diltheys Verweis auf einen Grund des Denkens opponiert genau dagegen: Vernunft sei ihrerseits bedingt.

Dieser Grund des Denkens kann nun nicht seinerseits – als *Grund* des Denkens – gedacht werden. Das ›Leben‹ ist eben insofern der ›letzte‹ Grund, als er jedem Denken bereits zugrunde liegt, der dann, wenn es gedacht wird, eben Gedachtes, und nicht Grund des Denkens wäre. Eben deshalb kann das Leben kein ›vorletzter‹ Grund sein: »Diese Grundlegung, die vom Leben ausgeht, kann aber nicht durch die Beziehung des Lebens auf einen Welt- oder Natur- oder Wirklichkeitszusammenhang auf ein tiefer und allgemeiner liegendes Fundament zu-

32 Christian Möckel: Das Urphänomen des Lebens. Ernst Cassirers Lebensbegriff, Hamburg 2005; vgl. V. Schürmann: *Rez. Lebensphilosophie*, 473-475.

33 Ernst Cassirer: Philosophie der symbolischen Formen I: Die Sprache [1923], Darmstadt [9]1988, 127.

34 Dilthey: *Leben und Erkennen*, 344.

35 Ebd.

rückgeführt werden.«[36] In diesem Sinne sei der Grund des Denkens als ›undenkbarer‹ ein unmittelbarer, ein nicht weiter vermittelter. Dieser sehr besondere Status drückt sich in der Umschreibung aus, dass das Leben zugleich das Bekannteste und das Rätselhafteste sei. Man könne es beschreiben, aber nie ganz erkennen.[37] Hier bezeichnet der Topos der ›Unergründlichkeit des Lebens‹ also einen klar ausweisbaren Ort der philosophischen Begründung menschlichen Sich-Orientierens in der Welt und eine völlig klare These bzw. Problemstellung: Falls man menschliches sich-Orientieren in der Welt nicht als einen gleichsam weltlosen, allein aus sich selbst her begründbaren Prozess verstehen will, dann ist ›Denken‹ an einen Grund gebunden; und *dann* muss die Art und Weise des Verhältnisses von Denken und ›Leben‹ eine grundsätzlich andere sein als die Art und Weise des Verhältnisses von Denken und Gedachtem. In diesem Sinne ist das Leben unergründlich: »Das Denken ist im Leben, kann also nicht hinter dieses selber sehen. Das Leben bleibt für das Denken unergründlich, als das Datum, an welchem es selber auftritt, hinter welches es daher nicht zurückgehen kann. Das Denken kann darum nicht hinter das Leben zurück, weil es dessen Ausdruck ist.«[38]

Diese gänzlich andere Weise eines Verhältnisses des Denkens – einmal zum Leben, einmal zu beliebig Gedachtem – trägt bei Dilthey, und auch sonst oft, den Titel ›unmittelbar vs. vermittelt‹. Das jedoch kann nicht, oder nur um den Preis eines Selbstmissverständnisses, das letzte Wort sein. Dilthey hatte festgehalten, dass man ›Leben‹ in seiner Rolle als Grund des Denkens eben immerhin »beschreiben« könne. Und er hatte darauf insistiert, dass er ›Denken‹ im denkbar weitesten Sinne verstanden wissen will. Da er nicht meinen kann, dass im Beschreiben des Lebens kein »Eindruck vom Wirklichen aufblitzt« (s.o.), ist somit klar, dass auch das Beschreiben des Grundes des Denkens ein Denken ist. Es ist sicher ein Denken sui generis – traditionell spekulatives genannt –, aber auch das Beschreiben des Lebens ist ein Denken, und also (in anderer Weise) vermittelt.

Hegel hat das klar gesehen: Es ist ein *bestimmtes* Denken, nicht aber das Denken schlechthin, dem das Leben ein Rätsel ist: »Am Leben [...] gehen dem Denken, das sich an die Bestimmungen der Reflexionsverhältnisse und des formalen Begriffs hält, schlechthin alle seine Gedanken aus; die Allgegenwart des Einfachen in der vielfachen Äußerlichkeit ist für die Reflexion [...] ein *unbegreifliches Geheimnis*.«[39]

36 Ebd., 346.

37 Vgl. ebd.

38 Ebd., 347.

39 Hegel: *Werke*, Bd. 6, 472f.

Es gibt dann nicht mehr allzu viele Optionen, mit dem skizzierten Problem umzugehen.[40] Man kann

i) weiter darauf beharren, dass Vernunft unbedingt zu sein habe und also unbedingt ist. Diese Option verwechselt Freiheit mit Autarkie und ist spätestens in der medialen Moderne zum, durchaus verbreiteten,[41] Anachronismus geworden;
ii) den *Geltungs*aspekt von ›Grund‹ und von ›Bedingtsein‹ umbiegen zu einer Rede von ›Verursachtsein‹, was nichts anderes heißt, als der empirisch-faktischen Trivialität, dass jeder Denkvorgang immer auch ein physischer Vorgang ist, den Status eines Arguments zu verleihen: die Strategie der Naturalisierung von Bedeutungen;
iii) weiter darauf beharren, dass der Unterschied im Verhältnis von Denken und Gedachtem einerseits und Denken und Leben andererseits der Unterschied von Vermitteltheit und Unmittelbarkeit ist: die Option der holistischen Vor-Ordnung des ganzen Leben vor dem jeweils bestimmt Gedachten; oder man kann
iv) die Strategie verfolgen, eine Geist-Philosophie an die Stelle vormaliger Vernunft-Philosophie zu setzen, was nichts anderes heißt, als darauf zu verzichten, Vernunft aus sich heraus begründen zu wollen, sondern sie stattdessen im Medium des Geistes verstrickt sein zu lassen: Hegels Option medialer (= nicht-holistischer) Vermitteltheit resp. vermittelter Unmittelbarkeit.

40 Vgl. Volker Schürmann: »Vermittlung/Unmittelbarkeit«, in: Enzyklopädie Philosophie. In drei Bänden mit einer CD-ROM, hrsg. v. Hans Jörg Sandkühler, Hamburg 2010, Bd. 3, 2886-2891.

41 Die *geltungs*theoretische Behauptung der Bedingtheit der Vernunft ist auch im 21. Jahrhundert kein Gemeinplatz. Man kann das sehr direkt an der faktischen Irrelevanz der Philosophie Feuerbachs ablesen, die *die* Philosophie der Bedingtheit der Vernunft ist. Und auch Waldenfels' *Antwortregister* – um einen zeitgenössischen Entwurf einer bedingten Vernunft zu nennen – ist in diesem systematischen Kern keineswegs ein Selbstläufer; vgl. jetzt auch Theo Kobusch: »Die Kultur des Humanen. Zur Geschichte der Idee menschlicher Freiheit«, in: Information Philosophie 38 (2010) 5, 7-13, der darauf insistiert (und insistieren muss), dass moderne Freiheit keineswegs Willkür-Freiheit ist.

Gegenmoderne: Irrationalismus-Verdacht 2

Dass das Leben unergründlich sei und dass der Grund des Denkens undenkbar sei, mag ein sachliches philosophisches Problem sein. Lebensphilosophisches Beharren auf diesem Problem gerät sehr leicht ins Zwielicht. Der Verweis darauf, dass auch der Grund des Denkens gedacht werden können muss, setzt jenes Beharren dem Verdacht sei es des Selbstwiderspruchs, sei es des irrationalistischen Raunens aus. Lebensphilosophien geben diesem Verdacht überall dort reichlich Nahrung, wo sie auf dem prinzipiellen Unterschied von Unmittelbarkeit (des Lebens) und Vermitteltheit (des Denkens) beharren. Der Topos der Unergründlichkeit ist dann entweder gleichbedeutend mit Unerkennbarkeit oder aber, in den klügeren Varianten, ein irgendwie geartetes Zugleich von ›am meisten bekannt und am meisten rätselhaft‹. Da solche Lebensphilosophien den Topos der Unergründlichkeit nicht bemühen würden, wenn er keinerlei Relevanz hätte, muss oder soll sich folglich die Einsicht, dass »das Denken am Lebensvorgang auftritt« (Dilthey, s.o.), auch bemerkbar machen. Aber ein ungeklärtes Zugleich von Bekanntsein und Rätselhaftigkeit kann keine andere Konsequenz haben als die, einen irgendwie privilegierten Zugang zu jenem Lebensgrund des Denkens zu postulieren. Der Verweis auf eine reine Unmittelbarkeit kennt notwendigerweise, bei Strafe gänzlicher Irrelevanz des Verweises auf einen Grund des Denkens, die Eingeweihten, die Hohepriesterfunktion; und zwar auch dort, wo eine reine Unmittelbarkeit mit reiner Vermitteltheit kombiniert wird.

Hegel hat dazu schon alles Vernichtende gesagt: »Indem jener sich auf das Gefühl, sein inwendiges Orakel beruft, ist er gegen den, der nicht übereinstimmt, fertig; er muss erklären, dass er dem nichts weiter zu sagen habe, der nicht dasselbe in sich finde und fühle; – mit anderen Worten, er tritt die Wurzel der Humanität mit Füßen. Denn die Natur dieser ist, auf die Übereinkunft mit anderen zu dringen, und ihre Existenz nur in der zustande gebrachten Gemeinsamkeit der Bewusstsein.«[42]

1.3 WAHRE UND SCHLECHTE UNENDLICHKEIT

»Das Unendliche aber gilt schlechthin für absolut, da es ausdrücklich als Negation des Endlichen bestimmt ist, hiermit auf die Beschränktheit [...] im Unendlichen ausdrücklich Beziehung genommen und eine solche an ihm negiert ist. – Damit aber selbst ist das Unendliche nicht schon in der Tat der Beschränktheit

42 Hegel: *Werke*, Bd. 3, 64f.

und Endlichkeit entnommen; die Hauptsache ist, den wahrhaften Begriff der Unendlichkeit von der schlechten Unendlichkeit, das Unendliche der Vernunft von dem Unendlichen des Verstandes zu unterscheiden; doch letzteres ist das *verendlichte* Unendliche, und es wird sich ergeben, dass, eben indem das Unendliche vom Endlichen rein und entfernt gehalten werden soll, es nur verendlicht wird.«[43]

Hegels Argumentation ist denkbar einfach: Das Endliche ist nicht das Unendliche und das Unendliche ist nicht das Endliche; darin sind sie zwei Bestimmte, also Endliche, die *Andere* gegeneinander sind. Weil sie das *gegeneinander*, also in ihrer Beziehung aufeinander, sind, ist leicht zu zeigen, dass sie *untrennbar* sind, dass also vom Endlichen zum Unendlichen übergegangen werden kann und muss – und umgekehrt auch vom Unendlichen zum Endlichen: »Es ist die *Wechselbestimmung des Endlichen und Unendlichen* vorhanden.«[44] Dieses Übergehen kommt, nur so gesehen, an kein Ende: Man kann und muss vom Endlichen zum Unendlichen zum Endlichen zum Unendlichen und so fort ins Unendliche übergehen.

Dieser unendliche Progress – sei es auf 1. Stufe die sich lediglich wiederholende Abwechslung der Bestimmungen der Endlichkeit und der Unendlichkeit, sei es auf 2. Stufe die sich lediglich wiederholende Abwechslung des Übergehens vom Endlichen zum Unendlichen und vom Unendlichen zum Endlichen – ist das, was Hegel als *schlechte Unendlichkeit*, als lediglich verendlichte Unendlichkeit (und analog als verunendlichte Endlichkeit), kritisiert und brandmarkt. »Es ist ein abstraktes Hinausgehen vorhanden, das unvollständig bleibt, indem *über dies Hinausgehen* nicht selbst *hinausgegangen* wird.«[45]

Der entscheidende Mangel, die schlechte Unendlichkeit schon für die wahre zu nehmen, liegt darin, dass die Beziehung zwischen Endlichem und Unendlichem resp. die Beziehung beiderlei Übergehens als pure Und-Verbindung, als Abwechslung, und das Übergehen damit als ein Nacheinander aufgefasst wird. Dies bleibt dann zwangsläufig einerseits in dem Schein, das In-Beziehung-setzen und Übergehen sei eine bloß äußerliche Zutat, die die beiden Bestimmungen des Endlichen und des Unendlichen je für sich und als solche nichts angehe; andererseits werden sie nicht als das genommen, als was sie bestimmt waren: als *Verhältnis* von Endlichem und Unendlichem, als ihre Negation aufeinander.

Was also de facto geschehe, wenn man sagt, was das Endliche denn sei bzw. was das Unendliche sei, ist, den Ausgangspunkt weder im Endlichen noch im

43 Hegel: *Werke*, Bd. 5, 149.

44 Ebd., 155.

45 Ebd.

Unendlichen, sondern in deren Bezogenheit aufeinander zu nehmen. Man müsse gleichsam nur hören, was gesagt wird: »Wenn *gesagt* wird, was das Unendliche ist, nämlich die Negation des *Endlichen*, so wird das Endliche selbst mit *ausgesprochen*; es kann zur Bestimmung des Unendlichen *nicht entbehrt* werden. Man bedarf nur zu *wissen, was man sagt*, um die Bestimmung des Endlichen im Unendlichen zu finden.«[46]

Nimmt man wahr und für wahr, was man sagt, dann ist im Sagen dessen, was das Endliche ist, das Unendliche bereits vorhanden und also kein Jenseits; es ist nicht »in die trübe, unerreichbare Ferne« gestellt,[47] sondern ganz gegenwärtig in jenem Sagen der Bestimmtheit des Endlichen. Und also sagt auch der, der den unendlichen Progress für das letzte Wort zum Unendlichen nimmt, schon mehr als er wahr haben will. Wenn das Endliche, und auch das Unendliche, aber durch das *Verhältnis* des Endlichen und Unendlichen bestimmt ist, dann »[ist ihr Unterschied] so der *Doppelsinn*, den beide haben. Das Endliche hat den Doppelsinn, erstens nur das Endliche *gegen* das Unendliche zu sein, das ihm gegenübersteht, und zweitens das Endliche und das ihm gegenüberstehende Unendliche *zugleich* zu sein. Auch das Unendliche hat den Doppelsinn, *eines* jener beiden Momente zu sein – so ist es das Schlecht-Unendliche – und das Unendliche zu sein, in welchem jene beiden, es selbst und sein Anderes, nur Momente sind.«[48]

»Indem jedes, und zwar faktisch, sich an ihm zeigt, sein Gegenteil an ihm selbst zu haben und in diesem mit sich zusammenzugehen, so ist die affirmative Wahrheit diese sich in sich bewegende Einheit, das Zusammenfassen beider Gedanken, ihre Unendlichkeit, – die Beziehung auf sich selbst, nicht die unmittelbare, sondern die unendliche.« (ebd. 168)

Betrachtet man mit Hegel, wie die Entwicklung des Geistes erscheint, dann kann man jener logischen Stufe, die den unendlichen Progress für das letzte Wort in Sachen Unendlichkeit nimmt, phänomenologisch die Stufe des »unglücklichen Bewusstseins« zuordnen. Beinahe gleichlautend argumentiert Hegel, dass jeweils die Einheit zweier Momente zwar vorhanden, aber noch nicht auf diese Einheit reflektiert sei – dass die »unvollendete Reflexion« die beiden Gedanken eines *Gegensatzes* und einer *Einheit* zwar hat, aber *diese beiden Gedanken nicht zusammenbringe* (ebd. 166) – dass die Einheit *verborgen* bleibe, insofern sie eine *nur* innerliche sei, die *nur* zugrunde liege (ebd. 154).

46 Ebd., 157.

47 Ebd., 153.

48 Ebd., 163.

»... vernichtet die andere Seite des bestimmten Daseins, aber verdoppelt *sich* vielmehr und ist sich nun ein Zweifaches. Hierdurch ist die Verdopplung, welche früher an zwei Einzelne, an den Herrn und an den Knecht, sich verteilte, in Eines eingekehrt; die Verdopplung des Selbstbewusstseins in sich selbst, welche im Begriffe des Geistes wesentlich ist, ist hiermit vorhanden, aber noch nicht ihre Einheit, und das *unglückliche Bewusstsein* ist das Bewusstsein seiner als des gedoppelten, nur widersprechenden Wesens.«[49] – Melancholie ist »schwer tragen an der Kraft, die an der Nichtbewältigbarkeit der Aufgabe ihre Wunden holt«[50]

Die programmatische Alternative lautet: Die »Natur des spekulativen Denkens« zeigt sich darin, dass diese beiden Gedanken zusammengebracht sind[51] – die vollendete Reflexion weiß den Geist als ganz gegenwärtig, nicht in trüber, unbewältigbarer Ferne – nicht utopisch, sondern heterotopisch. Phänomenologisch ist dies auch bereits im unglücklichen Bewusstsein gegeben (wenn auch nicht »zusammengebracht«), »weil an ihm schon dies ist, dass es als *ein* ungeteiltes Bewusstsein ein gedoppeltes ist: es selbst *ist* das Schauen eines Selbstbewusstseins in ein anderes.«[52] – »Wir sehen nicht nur Spiegelflächen und Farbengespenster, wir blicken auch in den Blick des Menschen.«[53]

»Das Bild des Progresses ins Unendliche ist die gerade *Linie* [...]; als wahrhafte Unendlichkeit, in sich zurückgebogen, wird deren Bild der *Kreis*, die sich erreicht habende Linie.«[54] – Die *Spirale* ist das Wappen des pseudo-kritischen, anti-spekulativen Verzärtelns des logischen Sachverhalts, das der Anstrengung des Begriffs müde geworden ist. – »Der *Kreis* ist das Symbol, das Wappen der *spekulativen* Philosophie, des nur *auf sich selbst sich* stützenden Denkens [...], die *Ellipse* dagegen ist das Symbol, das Wappen der *sinnlichen* Philosophie, des auf die *Anschauung* sich stützenden Denkens.«[55]

---

49 Hegel: *Werke*, Bd. 3, 163.

50 Szilasi, zit. n. Hellmut Flashar u. Hans-Ulrich Lessing: »Melancholie«, in: Historisches Wörterbuch der Philosophie, hrsg. v. Joachim Ritter u. Karlfried Gründer, Darmstadt, Bd. 5 (1980), 1038-1043, hier: 1042.

51 Hegel: *Werke*, Bd. 5, 168.

52 Hegel: *Werke*, Bd. 3, 163f.

53 L. Feuerbach: *Grundsätze* [1843], 324.

54 Hegel: *Werke*, Bd. 5, 164.

55 L. Feuerbach: *Grundsätze* [1843], 332; s.o., Kap. 1.1.

Schon Hegel hat also mit einem bestimmten, klassischen Modus von Aufklärung gebrochen. Wenn die Unterscheidung von schlechter und wahrer Unendlichkeit der Bruch mit dem Bild der geraden Linie ist, dann ist das der Bruch mit einem bestimmten, klassischen Verständnis von Fortschritt (einschließlich eines korrespondierenden Verständnisses von aufklärerischer Kritik eines nie gelingenden Fortschritts). Im Wappen der Linie gewollter Fortschritt ist ein unbeschränktes Immer-weiter – im gelingenden Fall: ein Immer-besser –, im Zweifel gestützt durch klare Anfangssetzungen. *Damit* hat Hegel gebrochen.

Ob kritische Philosophie im Wappen des Kreises noch fortschrittlich sein kann, mag man dann fraglich finden. Es mutet eher an wie ein Laufen im Hamsterrad – und der gegen Hegel geäußerte Verdacht ist seinerseits klassisch: Hegels Philosophie sei mitnichten mehr kritisch-emanzipatorisch, sondern nur noch Staatsphilosophie: Anbetung der (preußischen) Gegenwart – Verzicht auf Kritik zugunsten des sechsten Tages: »und siehe, es war sehr gut«. – Immerhin setzt Hegel noch auf die Arbeit des Begriffs, anstatt sich im Anstaunen von Bildern zu beruhigen. In seiner Analyse wahrer Unendlichkeit war von einer »Rückkehr zum Anfang« nicht die Rede, sondern von der Logik eines Zugleichs zweier Gedanken. *Anamnesis* meint bei Hegel nun einmal kein Nacheinander – nicht Wieder-Erinnerung, sondern Wider-Spiegelung: »Kurz alles, was in der Weise der Vorstellung ausgedrückt ist, nehmen die Neueren in dieser Weise für Philosophie. So kann man Platonische Philosophie in dieser Art aufstellen, man ist durch Platons Worte berechtigt; weiß man aber, was das Philosophische ist, so kümmert man sich um solche Ausdrücke nicht und weiß, was Platon wollte.«[56]

Gegenmoderne: Irrationalismus-Verdacht 3

Wenn man den Topos der Unergründlichkeit im Sinne jener schlechten Unendlichkeit interpretiert, also als nie restlos zu ergründenden Grund, dann ist das der Versuch einer Wiederverzauberung der Welt im oben (Kap. 1.1) erläuterten Sinne. Diese Interpretation setzt auf die geheimnisvolle Macht des Usw. der unbestimmt vielen ontischen Vermitteltheiten, die hinter jeder konkreten (vorkantisch verstandenen) ›Erklärung‹ verbleiben. Diese Interpretation fällt daher in die politische Vormoderne zurück, sie verbleibt in doppeltem Sinne feudal-patriarchal: Sie entzieht i) dem (geschichtlichen, biographischen) Leben seine erklärbare Erfahrbarkeit und ist damit eine Absage an dessen selbstbestimmte *Gestaltbarkeit*, und macht ii) die notwendig gegebene Diskurs-Instanz unsichtbar, die jenes

56 Hegel: *Werke*, Bd. 19, 31.

Usw. de facto machtvoll beherrscht, und ist damit eine Absage an dessen *selbstbestimmte* Gestaltbarkeit.

Hier liegt der bleibende und berechtigte Kern des berühmt-berüchtigten Buches *Zerstörung der Vernunft* von Lukács.[57] So problematisch dieses Buch im Einzelnen auch immer sein mag – eine Art Kahlschlag vom späten Schelling zum Faschismus –, so unberührt bleibt davon die Grundthese: Lebensphilosophie erfülle gleichsam eine Art gesellschaftliche, besser: herrschaftsstrategische Mission, nämlich das gleiche Feld wie der Marxismus – die Gestaltung der Geschichte durch den Menschen – zu besetzen und von der marxistischen Variante abzulenken.[58] Die Mission der Lebensphilosophie richte sich de facto gegen die »Mission der Arbeiterklasse«, insofern sie gerade untergräbt, dass menschliche Geschichte unter Rekurs auf deren Bedingungen verstehbar ist; die Option öffentlicher, solidarischer und streitbarer Gestaltung menschlicher Geschichte wird qua Lebensphilosophie umgebogen in eine private, individualistische und voluntaristische Strategie. Lukács zieht sehr entschieden gerade nicht alle Lebensphilosophien über einen Leisten, sondern unterscheidet historische Phasen ihrer Ausbildung. Gleichwohl gibt es einen »Hauptinhalt: die Abwehr gegen den Marxismus. Darin ist philosophisch entscheidend: die radikale Subjektivierung von Geschichte, die radikale Entfernung jeder Gesetzmäßigkeit aus ihr.«[59]

Joachim Ritter hat den gleichen Gedanken gegen Dilthey gerichtet. Der Rückschritt gegenüber Hegel liege darin, dass die geschichtliche Welt das Unverständliche bleibt. »Damit aber lässt sich das wahre Motiv dieses Rückgangs auf das Subjekt fassen. Die Erkenntnis tritt ein für das Sein, weil wir nicht danach fragen können, was die Geschichte bewegt. Wir können nicht von den Objektivationen, in denen das Geschichtliche sich ideell darstellt, zurückgehen, auf das reale Leben, das sie entwickelt.«[60]

57 Georg Lukács: Die Zerstörung der Vernunft [1955], Neuwied, Berlin ^{2}1962.

58 Dem widerspricht auch nicht, dass Lukács selbst von der Lebensphilosophie gelernt hat. Vgl. die Unaufgeregtheit, mit der Röttgers *Geschichte und Klassenbewußtsein* von Lukács als lebensphilosophisch inspiriert darstellt und darin gerade die Stärke in dessen Konfrontation mit dem ökonomistischen »Vulgärmarxismus« sieht: »Die Lebensphilosophie lässt ihn Probleme sehen, die der Marxismus nicht kannte, aber die Dialektik machte ihn zu anspruchsvoll, den lebensphilosophischen Lösungen dieser Probleme zu vertrauen.« K. Röttgers: *Metabasis,* 19-29, hier: 29.

59 G. Lukács: *Zerstörung*, 18.

60 Joachim Ritter: »Über die antinomische Struktur der geisteswissenschaftlichen Geschichtsauffassung bei Dilthey [1931]«, hg. v. Klaus Chr. Köhnke, in: Dilthey-

Die grundsätzliche Strategie von irrationalistischen Lebensphilosophien liegt also darin, ein tatsächlich grundlegendes Problem zu verrätseln. Deren grundsätzliche Stärke liegt dabei darin, dieses Problem zunächst einmal in aller, auch formalen Schärfe herauszustellen, nämlich die grundsätzliche Perspektivität unseres Wissens und die damit einhergehende unvermeidbare Gleichwertigkeit (pyrrhonisch: »Isosthenie«) von Weltanschauungen. Pascal hat dies klar, wenn auch etwas martialisch, herausgestellt: »Damit ist der Krieg zwischen den Menschen ausgebrochen, in ihm muss jeder Partei nehmen und sich notwendig einreihen, sei es bei den Dogmatikern, sei es bei den Skeptikern. Denn wer meint, er könne neutral bleiben, der ist Skeptiker par excellence [...] Keine der Sekten könnt ihr meiden, noch in einer bestehen. Erkenne also, Hochmütiger, was für ein Widerspruch du dir selbst bist. Demütige dich, unmächtige Vernunft, schweige still, törichte Natur, begreife: der Mensch übersteigt unendlich den Menschen.«[61]

Das Argument Pascals ist, mathematisch geschult, deutlich formal, aber es ist bei ihm (noch) nicht formalistisch. Es wird gerade nicht suggeriert, man könne sich willkürlich zwischen zwei gleich guten oder gleich schlechten Optionen entscheiden. Vielmehr sei auch die Nicht-Entscheidung schon eine Entscheidung – und also ist man je schon entschieden. Eigene Freiheit der Entscheidung ist somit keine Willkür-Freiheit aus einem vermeintlichen Nullpunkt heraus, sondern liegt alleine darin, die je schon getroffene Entscheidung beizubehalten, sie zu modifizieren oder gegen sie zu revoltieren. Dies ist die Hegelsche Figur, dass das Absolute ganz gegenwärtig sei: Dass die absolute Idee nicht als »*Ziel* zu betrachten [ist], dem sich anzunähern sei, das aber selbst immer eine Art von *Jenseits* bleibe«.[62] Wird dieses, für Pascal noch definitive Moment des je schon Entschiedenseins in der formalen Figur gestrichen, dann entspringt das Bild eines Ideologie-Darwinismus auf der Basis eines formalistischen Dezisionismus: Das pure Dass der Entscheidung zeuge von Stärke und ›Führertum‹.[63]

Lukács kritisiert solchen Formalismus völlig zu Recht und völlig korrekt. Formalistisch gewordene Kritik wird gleichgültig – in den Worten von Politzer: »Sich mit dem

Jahrbuch 9 (1994/95), 183-206, 197; vgl. auch Heribert Boeder: Das Vernunft-Gefüge der Moderne, Freiburg, München 1988, 256.

61 Blaise Pascal: Über die Religion und über einige andere Gegenstände (Pensées), übertr. u. hg. v. Ewald Wasmuth [1937], Darmstadt [5]1954, frg. 434, S. 201f.

62 Hegel: *Werke*, Bd. 6, 464.

63 Vgl. ausführlich dazu Christian G. v. Krockow: Die Entscheidung. Eine Untersuchung über Ernst Jünger, Carl Schmitt, Martin Heidegger [1958], Frankfurt/M., New York [2]1990 an den Beispielen Heidegger, Jaspers, Schmitt.

ganzen Leben zu verschmelzen, mit dem ganzen Leben zu vibrieren, bedeutet, kalt und gleichgültig zu bleiben angesichts des Lebens: die echten Emotionen gehen im Milieu der universellen Sensibilität unter. Ein Pogrom spielt sich ebensosehr in der Dauer (durée) ab wie eine Revolution: indem man die Momente der Dauer in ihrem individuellen Kolorit zu erfassen sucht, indem man die Dynamik der Verwirrung ihrer Momente bewundert, vergisst man genau das, dass man es auf der einen Seite mit einem Pogrom, auf der anderen Seite mit einer Revolution zu tun hat.«[64]

Aber Lukács verortet seine Kritik falsch. Er analysiert nicht die Denkfigur, sondern zuckt auf den *Inhalt* der Entscheidung. Er sieht Pascal gerade nicht als Bundesgenossen, sondern verortet auch ihn auf der Seite des Irrationalismus, weil Pascal die aus der Sicht von Lukács ›falsche‹ Entscheidung zugunsten der Religion trifft. Wer jedoch im Praxiskriterium der Wahrheit nichts weiter sehen will als ein Problem der inhaltlichen Partei*nahme*, der verbleibt seinerseits im dezisionistischen Muster.

Parteilichkeit ist etwas anderes als Parteinahme. Wahrheit ist dann und nur dann performativ gedacht – und dann und nur dann ist *Praxis* unverfügbar –, wenn gerade nicht exorziert werden soll, dass Weltanschauungen perspektivisch sind, mithin *gleichermaßen* wahr sein können und sich in ihnen »dennoch ein Unterschied befinden könne«.[65] Formalistisch wird diese Grundkonstellation isosthenischer Weltanschauungen dann und nur dann gedacht, wenn man sich existentialistisch in einem Null-Punkt der Entscheidung wähnt – und genau dies ist es, was das Buch von Lukács der Sache nach schildert und als Irrationalismus brandmarkt. In diesem Formalismus liegt in der Tat der gegenmoderne Gehalt und auch die Anziehungskraft des Dezisionismus, wie Lukács ebenfalls etwas martialisch, aber in der Sache völlig korrekt hervorhebt: Eine »der wichtigsten sozialen Aufgaben« des formalistisch interpretierten Topos der Unergründlichkeit »besteht nämlich darin, dem Menschen einen ›Komfort‹ auf dem Gebiet der Weltanschauung zu bieten, die Illusion einer vollen Freiheit, die Illusion der persönlichen Selbständigkeit, der moralischen und intellektuellen Höherwertigkeit – bei einem Verhalten, das sie in ihren wirklichen Handlungen ununterbrochen der reaktionären Bourgeoisie verknüpft, sie ihr bedingungslos dienstbar macht«.[66]

Eine grundsätzliche Schwäche des Buches von Lukács liegt darin, dass er keinen eigenen materialistischen Begriff jener Unergründlichkeit des Lebens hat bzw. de facto als Figur der unendlichen Annäherung kalt stellt. Das lebensphilosophische *Motiv* der Unergründlichkeit wird zwar auch in eigenem Sinne benannt und akzeptiert,[67] de facto aber oh-

64 Politzer, zit. nach Lukács, *Zerstörung*, 25.

65 J. M. Chladenius: *Auslegung* [1742], § 308.

66 G. Lukács, *Zerstörung*, 20f.

67 »Gerade der Weg vom sozialen Leben ins soziale Leben gibt den philosophischen Gedanken ihre eigentliche Spannweite.« (G. Lukács: *Zerstörung*, 6)

ne Rest mit jenem aufgezeigten irrationalistischen Zug verrechnet. Insofern der Marxismus demgegenüber ein rationales Konzept ist, muss *dann* Rationalität mit Berechenbarkeit zusammenfallen. Lukács' Begriff von *Objektivität* der Geschichte fällt zusammen mit der Idee, Geschichte oder mindestens ihre Entwicklungstendenz sei eineindeutig feststellbar. »Schon deshalb, weil die Vernunft selbst nicht etwas über der gesellschaftlichen Entwicklung Schwebendes, parteilos Neutrales sein kann, sondern stets die konkrete Vernünftigkeit (oder Unvernünftigkeit) einer gesellschaftlichen Lage, einer Entwicklungsrichtung widerspiegelt, auf den Begriff bringt und diese damit fördert oder hemmt. Diese gesellschaftliche Bestimmtheit der Inhalte und Formen der Vernunft beinhaltet jedoch keinen historischen Relativismus. Bei aller gesellschaftlich-geschichtlichen Bedingtheit dieser Inhalte und Formen ist die Fortschrittlichkeit einer jeden Lage oder Entwicklungstendenz etwas Objektives, unabhängig vom menschlichen Bewusstsein Wirksames. Ob nun dieses sich nach vorwärts Bewegende als Vernunft oder Unvernunft aufgefasst, als dieses oder jenes bejaht oder verworfen wird, ist gerade ein entscheidend wesentliches Moment der Parteiung, des Klassenkampfes in der Philosophie.«[68]

Marx dagegen kannte noch einen Begriff von Unergründlichkeit – nämlich den der Praxis –, den Lukács hier scheinbar aufgreift, dabei aber signifikant verschiebt. Wahrheit ist, folgt man den Marxschen Feuerbach-Thesen, rein theoretisch nicht zu haben, mithin nicht feststellbar. Die Frage der Wahrheit entscheidet sich allererst im praktischen Vollzug, und ist, von der »Praxis isoliert«, eine »rein *scholastische* Frage«.[69] Dieses sog. Praxiskriterium der Wahrheit haben Marxisten seitdem ganz unterschiedlich interpretiert. Im Kern gibt es zwei Linien.

Die eine ist mit Stalin zum Bewusstsein ihrer selbst gekommen.[70] Sie nimmt ›Praxis‹ gerade nicht als Absage an die Feststellbarkeit theoretischer Wahrheit, sondern verharmlost die Feuerbach-Thesen: In der Praxis entscheide sich, ob sich Wahrheit *durchsetze* oder nicht. ›Rein theoretische Wahrheit‹ wird nicht als solche problematisch; als problematisch an ihr gilt einzig, dass sie gleichsam aus sich heraus nicht die Kraft ihrer eigenen Durchsetzung habe, und also müssen wir handelnden Menschen ihr beispringen. Freilich ist solches Beispringen niemals »unschuldig« (Lukács), sondern der ›objektiven‹ geschichtlichen Tendenz entweder förderlich oder hemmend. Die meisten Handelnden wissen in dieser Hinsicht nicht, was sie tun – ihnen muss allererst noch Klassenbewusstsein beigebracht werden; und zwar von anderen, den Hohepriestern der Arbeiterbewegung, die einen privilegierten Zugang zu jener geschichtlichen Entwicklungstendenz besitzen, weil

68 G. Lukács: *Zerstörung*, 6f.

69 Karl Marx: »Thesen über Feuerbach [1845]«, in: ders., Marx-Engels-Werke [MEW], Berlin, Bd. 3 (1983), 5-7, hier: 5.

70 Josef Stalin: »Über dialektischen und historischen Materialismus [1938]«, in: ders., Fragen des Leninismus, Berlin 1970, 647-679.

sie schon den ›richtigen‹ Klassenstandpunkt einnehmen. Praktische Wahrheit als Partei*nahme*, als »Parteiung«.[71]

Mit einer typischen, aber nichts am Grundsätzlichen ändernden Schleife wird diese Interpretationslinie auch von Lukács vertreten. Zunächst benennt er explizit, dass die Kategorie der Praxis im Marxismus für den Topos der Unergründlichkeit steht: »Da die objektive Wirklichkeit prinzipiell reicher, vielfältiger, verwickelter ist, als es die bestentwickelten Begriffe unseres Denkens je sein können, sind Zusammenstöße von der hier geschilderten Art zwischen Denken und Sein unvermeidlich.«[72] In diesem Sinne gesteht Lukács also durchaus zu, dass niemand jemals Wahrheit rein theoretisch *hat*, um sie dann,

71 Ein nötiges Wort zur Abgrenzung: Stalinismus ist „ein antikommunistischer Kampfbegriff", was auch ich nicht verhindern kann, wenn ich darüber rede und nicht schweige. Es ist hier natürlich nicht so gewollt und gemeint; auch in diesem Fall, wie auch sonst (Aristoteles-Aristotelismus, Rousseau-Rousseauismus, Kant-Kantianismus, Hegel-Hegelianismus, Marx-Marxismus), kann der Stalinismus nicht umstandslos auf Stalin zurückgerechnet werden, der philosophische Stalinismus, verstanden als eine philosophische „Sonderform des Marxismus", schon überhaupt nicht. Es lohnt an dieser Stelle daher eine Gegenlektüre mit Hans H. Holz: Theorie als materielle Gewalt. Die Klassiker der III. Internationale (Aufhebung und Verwirklichung der Philosophie 2), Berlin 2011, 145-216, insbes. 205-216. – Umgekehrt ist eine Stiftungsfigur nie unschuldig an den Ausformungen der entsprechenden Ismen. Die wohlfeile Rede der „Fehlinterpretation" oder auch nur des „Missverständnisses" ist pure Verharmlosung, zudem mit in Anspruch genommener eigener höherer Weihe. Und so ist in der Tat der philosophische Stalinismus keine „Deformation" des Marxismus, wogegen Holz zu Recht polemisiert (ebd., 213), sondern eben eine mögliche, und sogar staatstragend gewordene, Lesart desselben. Freilich schätze ich den *philosophischen* Gehalt von Stalins Text *Über dialektischen und historischen Materialismus* anders ein, als Holz das tut. Dieser Text ist einer der prominentesten in der Geschichte des Marxismus, der – sicher auch aus historischer Not – die Idee der restlosen Verfügbarkeit historischer Prozesse philosophisch zu legitimieren sucht. Und dieser philosophische Gehalt kann nicht umstandslos auf die historischen und persönlichen Bedingungen seines Entstehens zurückgerechnet werden. Freilich lohnt in der Tat eine Erinnerung an diese Bedingungen: Stalin „hat mit einer bewundernswerten didaktischen Fähigkeit die schwierigen Fragen einer dialektischen Philosophie und Gesellschaftstheorie in einer auch für wissenschaftlich ganz unerfahrene Leser verständlichen Form dargestellt. Dass dabei vergröbernde Vereinfachungen vorgenommen werden mussten, ist jedem klar, der mit Lehrbüchern gearbeitet oder gar solche verfasst hat." (ebd.)

72 G. Lukács: *Zerstörung*, 78.

in einem logisch zweiten Schritt, in Praxis umzusetzen. Doch diese kleine Schleife ist lediglich eine Redensart. Da dies eben immer und prinzipiell so sei, tut das gleichsam nichts zur Sache, und ›Fortschritt‹ bestehe gerade darin, sich der »objektiven Wirklichkeit« immer mehr anzunähern.[73] Dies könne man – irrationalistisch-agnostizistisch – leugnen und zu einem Grundsatzproblem verrätseln, oder aber – stalinistisch – durch den Glauben an das Haben einer ›annäherungsweisen Wahrheit‹, die sich selbst auf der ›richtigen‹ Seite der geschichtlichen Entwicklung verortet, überspringen. Auch bei Lukács ist die geheimnisvolle Macht des Usw. ontischer Vermitteltheiten ein ›Wahr-Macher‹ von Erfahrung – sofern sie denn von den Priestern der richtigen Klasse beschworen wird.

Die andere Linie marxistischer Interpretationen des Praxiskriteriums der Wahrheit hält an dem Gedanken der Performativität von Wahrheit fest. Philosophische Wahrheit *bildet* sich erst im praktischen Vollzug, was entschieden mehr und anderes ist als das Problem der *Durchsetzung* einer bereits feststehenden Wahrheit. In dieser, und nur in dieser Linie des Marxismus ist ›Praxis‹ ein systematisches Äquivalent zur ›Unergründlichkeit des Lebens‹: Als anti-irrationalistische Konzeption ist Geschichte hier zwar verstehbar, aber man kann sie prinzipiell nicht ins Kalkül ziehen. Zukunft ist nicht herstellbar, auch nicht unter Berufung auf Gesetzmäßigkeiten ihrer Entwicklung. – »Die realisierte Tätigkeit ist reicher, wahrer als das sie vorwegnehmende Bewusstsein.«[74]

1.4 Geometrischer Sinn und Feinsinn

Die grundlegende These des vorliegenden Buches ist, nach dem bisher Gesagten, sehr simpel, wenn auch eine doppelte: Der Topos der Unergründlichkeit des Lebens verweist auf ein tatsächlich vorhandenes philosophisches Problem – und nur die, die sich über Vernunft *verständigen* wollen, exorzieren dieses Problem, und die, die dieses sachliche Problem ohne Rest im Verdacht des Irrationalismus aufgehen lassen, leisten der wirkmächtig inszenierten Ideologie des restlos kalkulierbaren Lebens Vorschub. Daraus folgt nicht, so dieselbe These in ihrem zweiten Teil, dass man sich als Philosoph oder Philosophin »folglich« um den sachlichen Problemgehalt, nicht aber um den weltanschaulichen Gehalt dieses Topos zu bemühen hätte, denn im Durchgang durch und in Abwehr des Irrationalismus-Verdachts bedeutet der Topos der Unergründlichkeit etwas anderes als dort, wo der weltanschauliche Gehalt des Topos lediglich beiseite gestellt wird.

Anders formuliert: Der sachliche Problemgehalt des Topos der Unergründlichkeit des Lebens liegt in der Antwort auf die Frage, *was* dieser Topos besagt;

73 Ebd., 20, pass.

74 A.N. Leont'ev: *Tätigkeit*, 125; s.o., Einleitung.

der weltanschauliche Gehalt dieses Topos liegt in der Antwort auf die Frage, *wie* dieser Topos je gesagt wird. Und dass man den Gehalt von Etwas gleichsam nackt haben oder in barer Münze einstreichen könnte: dass das Wie-Sagen nichts zum Was dieses Etwas beitrage – dass ist nur eine von mehreren sachlichen Möglichkeiten, nämlich die Traditionslinie des Exorzierens der Rhetorik aus der Philosophie. – Ich halte es hier mit der anderen Traditionslinie,[75] die danach sucht, wie es möglich ist zu sagen, dass das Wie-Sagen konstitutiv ist für das Was-Sagen. An dieser Stelle halte ich es einmal mit Kierkegaard, der darauf aufmerksam machte, dass es auch Fehler in der Modulation gibt, die »genauso störend [sind] wie ein Fehler in der gedanklichen Entwicklung«.[76]

Fellmann kann im Irrationalismusvorwurf nichts weiter sehen als »eine ideologisch motivierte Unterstellung«, der gegenüber es um eine »Rehabilitierung« gehe, »damit der philosophische Diskurs der Moderne nicht an sprachanalytischen Formalismen zugrunde geht«.[77] Das Ergebnis ist dann freilich, dass »eine explizite Rehabilitierung der Lebensphilosophie im engeren Sinne [...] kaum zu erwarten und auch nicht mehr nötig sein [dürfte]«.[78] Es habe sowieso – dem Nachwirken der Lebensphilosophien sei Dank – ein »epochale[r] Stilwandel des modernen Denkens« stattgefunden: »Beschreibung statt Begründung, Geschichten statt System, Stil statt Wahrheit. In diesem Sinne hat das Leben die Theorie eingeholt. Die ›Zerstörung der Vernunft‹ [...] erweist sich als Befreiung von überzogenen epistemischen Geltungsansprüchen und als Bestätigung der Fallibilität philosophischer Theorien.«[79]

In dem Maße, in dem jenes »statt« von Fellmann ernst gemeint ist, in dem Maße bleibt zu zeigen, dass die Theorie die Rolle des Igels hatte: Dass sie bereits dort war, wo das Leben sie vermeintlich einholte.

Das lebensphilosophische Urbild des Anliegens, dass Wie-Sagen und das Was-Sagen zu unterscheiden und zugleich nicht zu trennen, ist Pascals Verhältnisbestimmung von geometrischem Sinn und Feinsinn. Die Unterscheidung von Was-

75 Vgl. etwa Gottfried Gabriel: Logik und Rhetorik der Erkenntnis. Zum Verhältnis von wissenschaftlicher und ästhetischer Weltauffassung, Paderborn u.a. 1997; jetzt Hetzel: *Rede*.

76 Sören Kierkegaard: Der Begriff Angst [1844], hrsg. v. Uta Eichler, Stuttgart 1992, 19, FN.

77 Ferdinand Fellmann: »Leben«, in: Christian Bermes u. Ulrich Dierse (Hg.), Schlüsselbegriffe der Philosophie des 20. Jahrhunderts, Hamburg 2010, 189-206, hier: 192.

78 Ebd., 206.

79 Ebd., 205.

und Wie-Sagen dürfte unstrittig sein; strittig ist, ob das eine in die Wissenschaft, das andere in die Dichtung gehört, oder ob – so Pascal, so Kierkegaard, so Josef König und einige andere – es gar kein Was-Sagen gibt, das nicht konstitutiv auch *irgend*wie gesagt ist, so dass man die Rhetorik *in der Wissenschaft* zwar leugnen, aber nicht loswerden kann.

Die Rede von einer »Unergründlichkeit des Lebens« ist insofern doppelsinnig: Auch bei invariantem Was-Sinn macht das Wie des Sinns feine Unterschiede. Daher ist damit zu rechnen, dass die melancholische Lesart einer Unergründlichkeit des Lebens nicht alternativlos ist. Unergründlichkeit ist sozusagen noch lange nicht Unergründlichkeit, denn was Unergründlichkeit ist, kann ganz verschieden gesagt sein.

»Ein und der gleiche Sinn wandelt sich mit den Worten, die ihn ausdrücken. Aus den Worten empfängt der Sinn seine Würde, anstatt dass er sie ihnen gibt. Man muss Beispiele hierfür suchen.«[80]

V. Gerhardt hat in seiner Berliner Antrittsvorlesung vom Juni 1993 »moderate« und »verwilderte« Lebensphilosophien voneinander unterschieden. Er empfindet es als »einen echten Skandal der Philosophie«, dass sich u.a. durch die Identifizierung von irrationalistischen Lebensphilosophien und Lebensphilosophie generell »das gegenaufklärerische Vorurteil von der Irrationalität des Lebens bis heute gehalten hat«. Dadurch habe die Philosophie nicht nur ein zentrales Thema – Leben – aus der Hand gegeben, sondern sie habe zugleich ein falsches Bild von der Vernunft gezeichnet, so dass sich solcherart ›Vernunft‹ nur »blamieren« könne: »Mit der Behauptung einer Irrationalität des Lebens verleugnet der Kopf den Körper, der ihn trägt.«[81]

Gerhardt weist dort auf die zentrale Einsicht u.a. von Lebensphilosophien hin, dass ›Vernunft‹ nicht nur als bedingend zu konzipieren ist, sondern auch als seinerseits bedingt: Dass ›das Leben‹ »unserer Vernunft zugrundeliegt«,[82] und zwar nicht nur genetisch.[83] – Das hat sehr direkte Konsequenzen für eine »philosophische Theorie der Politik«, denn ›das Leben‹ ist nunmehr keine bloß selbstverständliche, nicht weiter zu thematisierende Randbedingung. Nichts, was wir

80 B. Pascal: *Pensées*, frg. 50, S. 36.

81 Volker Gerhardt: Die Politik und das Leben. Antrittsvorlesung 30. Juni 1993, Berlin 1994, hier: 6-8.

82 Ebd., 8.

83 Ebd., 13.

(politisch) tun, »erlöst uns vom Leben. Im Gegenteil: Alles, was wir politisch tun, dient der Erhaltung und Entfaltung des Lebens.«[84]

Gerhardt schlägt zur Eindämmung lebensphilosophischen Wildwuchses eine kantische Lösung vor: In den eigenen vier Wänden der menschlichen Vernunft gehe es entschieden selbstbestimmt zu, aber diese Selbstbestimmung möge sich nicht mit Autarkie verwechseln. Im Gegenteil: Gerhardt gibt zu bedenken, dass die selbstbestimmte Vernunft dem Leben dient. In dieser Weise die Grenzen der Vernunft thematisierend, bereitet die Philosophie das Terrain, »um zum *Glauben* Platz zu bekommen«.[85] Oder mit Gerhardt: »In politischen Zusammenhängen gilt also bereits für Platon, dass der Mensch erst dann beten soll, wenn er zuvor alles getan hat, was in seinen eigenen Kräften steht.«[86]

Die folgenden Kapitel suchen eine alternative Lösung. Mit Hegel und Josef König geht es nicht darum, die Räume der Selbstbestimmung so weit als irgend möglich auszudehnen, wohlwollend bedenkend, dass sie nicht omnipräsent sein können. Vielmehr ist und bedeutet ›Selbstbestimmung‹ etwas anderes, wenn sie an sich selbst als (durch ›das Leben‹) bedingt konzipiert ist, d.h. wenn eine logische Mitte zwischen reiner Selbstbestimmung und reiner Hingabe an ein Fatum gedacht werden kann. – Die Gemeinsamkeit zwischen einer kantischen und einer hegelisch-königschen Lösung springen ins Auge. Die Konsequenz einer – wie auch immer – bedingten Selbstbestimmung ist nämlich sehr klar. Dann und nur dann, wenn die Bedingtheit der Vernunft gedacht ist, ergibt sich das Prinzip, »dass keiner politischen Verfassung zu trauen [ist], die nicht auch ihre Selbstkritik institutionalisiert«.[87] Gemessen an diesen Gemeinsamkeiten scheint die Diagnose eines Unterschieds im Stil, die Bedingtheit der Vernunft zu denken, entweder Haarspalterei oder ein Unterschied ums Ganze zu sein.

84 Ebd., 19.

85 Immanuel Kant: Kritik der reinen Vernunft [A: 1781; B: 1787], hrsg. v. Raymund Schmidt, Hamburg 1956, B XXX.

86 V. Gerhardt: *Antrittsvorlesung*, 16.

87 Ebd., 23.

2. Lebensphilosophie: Allgemeine Charakteristik

> Jede Zeit findet ihr erlösendes Wort. Die Terminologie des achtzehnten Jahrhunderts kulminiert in dem Begriff der Vernunft, die des neunzehnten im Begriff der Entwicklung, die gegenwärtige im Begriff des Lebens. Jede Zeit bezeichnet damit etwas Verschiedenes, Vernunft hebt das Zeitlose und Allgemeinverbindliche, Entwicklung das rastlos Werdende und Aufsteigende, Leben das dämonisch Spielende, unbewusst Schöpferische heraus. Und trotzdem wollen die Zeiten alle dasselbe fassen, wird ihnen der eigentliche Bedeutungsgehalt der Worte nur das Mittel, um nicht zu sagen der Vorwand, jene letzte Tiefe der Dinge sichtbar zu machen, ohne deren Bewusstsein alles menschliche Beginnen ohne Hintergrund und sinnlos bleibt.[1]

Die Lebensphilosophie ist eine verstaubte Gestalt des menschlichen Geistes. In der von Röd herausgegebenen, wahrlich nicht uneinschlägigen und unbedeutenden *Geschichte der Philosophie* ist dieser Befund prototypisch zu Protokoll gegeben. Das vom Herausgeber höchstpersönlich geschriebene Kapitel zur Lebensphilosophie scheint nur noch aus antiquarischem Interesse und der Vollständigkeit halber aufgenommen zu sein. In der Sache hält der Autor abschließend fest: »Die Lebensphilosophie gehört der Vergangenheit an. Ihre Schwächen waren auf die Dauer nicht zu übersehen. Sie war nicht imstande, einen klaren Begriff des Lebens zu entwickeln, und sie erhob den fragwürdigen Anspruch, im unmittelbaren Erleben bzw. in der Intuition das Wesen der Wirklichkeit erfassen zu

---

1 H. Plessner: *Stufen* [1928], 3.

können.«[2] – Dieses Urteil ist zumindest ernst zu nehmen, wenn es auch, vielleicht, nur das vorletzte Wort ist.

Es geht im Folgenden nur indirekt um Lebensphilosophie, insofern Lebensphilosophien hier lediglich das Medium der Klärung einer anderen Frage bilden. Die Darstellung lebensphilosophischer Denkfiguren verfolgt das systematische Anliegen der Klärung des Topos der Unergründlichkeit – zunächst, und damit exemplarisch, wie dieser Topos *von Lebensphilosophien* verhandelt wird. Ziel ist es, anhand einiger ausgewählter lebensphilosophischer Denkfiguren jenen Topos als Ringen um und Antwort auf ein bestimmtes philosophisches Problem darzustellen. Dieses systematische Problem verdichtet sich zunächst gar nicht, wie vielleicht zu erwarten, im Begriff des Lebens, sondern im Begriff der Intuition. Lebensphilosophien ringen wesentlich, so die Vorgabe, um ein Konzept intuitiven Wissens in Abgrenzung zu einem nicht-intuitiven Wissen. Letzteres wird sehr verschieden bestimmt und trägt entsprechend verschiedene Namen. Die Besonderheit intuitiven Wissens ist freilich nur unter Bezugnahme auf das *Leben* zu bestimmen: Wir benötigen intuitives Wissen (vom Leben) bzw. wir können bestenfalls intuitives Wissen haben, weil das Leben als *unergründlich* gilt. Das Problem der Unergründlichkeit wird im Folgenden also operationalisiert anhand des Verhältnisses von *Intuition* und *Leben*, dargestellt vermittelst verschiedener lebensphilosophischer Verhältnisbestimmungen von intuitivem und nicht-intuitivem Wissen.

Im Folgenden soll die Darstellung lebensphilosophischer Denkfiguren und die damit angezielte Klärung des Topos der Unergründlichkeit für sich selbst stehen. Ob und wie die dargestellten Denkfiguren in heutige Debatten transponiert werden, das zu untersuchen wäre ein eigen Ding, das andere Anstrengungen verlangt. Hinzu kommt ein eigener Ehrgeiz, sichtbar werden zu lassen, dass die Lebensphilosophie so tot nicht ist, wie Röd sie erklärt.[3] Dies schon deshalb nicht, weil dort philosophische Schätze liegen, die noch gar nicht ausgegraben sind, etwa die wenig beachtete »Verpflichtung auf einen *rezeptiven Vernunftbegriff*«.[4] – Freilich kann und will ich nicht leugnen, dass mir die »heiteren Lesarten« (Kap. 4) die sachlich und politisch sympathischeren sind. Kapitel 3 ist entschieden eine Kritik *an* den dort verhandelten Denkfiguren.

---

2 Wolfgang Röd: »Die Lebensphilosophie«, in: Die Philosophie des ausgehenden 19. und des 20. Jahrhunderts 3: Lebensphilosophie und Existenzphilosophie (Geschichte der Philosophie, Bd. 13), hrsg. v. Rainer Thurnher, Wolfgang Röd u. Heinrich Schmidinger, München 2002, 111-159, hier: 159.

3 Vgl. auch C. Möckel: *Urphänomen.*

4 J. Große: *Lebensphilosophie*, 18.

2.1 INTUITION UND LEBEN

Leben ist ein *Problem*titel. Könnte man an dieser Stelle schlicht definieren, was Lebensphilosophien unter *Leben* (oder Praxisphilosophien unter *Praxis*) verstehen, dann wäre schon alle Arbeit getan. Was sie je genau darunter meinen, ist eben u.a. und primär dadurch bestimmt, was sie unter *Intuition* verstehen. Natürlich ist das Wort *Leben* auch ein verständliches deutsches Wort, dessen jeweilige Wortbedeutung mehr oder weniger klar aus dem jeweiligen Kontext hervorgeht. Typischerweise bezeichnen Lebensphilosophien damit das Organische (im Unterschied zum Anorganischen), oder den individuellen Lebensverlauf, oder das Leben der Gesellschaft oder auch ein lebendiges Bewusstsein. Aber sie meinen dann niemals nur rein diesen Bereich (des Organischen, Individuellen etc.) als solchen, sondern sie meinen dann diesen jeweiligen Bereich in seiner behaupteten Funktion, das gleichsam umfassendste Medium der menschlichen Weltverhältnisse zu sein. In diesem Sinne stecken wir immer schon drin im ›Leben‹ und kommen auch nicht aus ihm heraus. Es gibt jedoch die unterschiedlichsten Begründungen, warum gerade dieser Bereich, und nicht jener, diese (Grund legende) Rolle spielt, und aus welchen Gründen er diese Rolle spielt. All das bestimmt dann erst, was *Leben* je genau meint. – In einem gewissen, sehr vorsichtig zu nehmenden Sinne ist ›Leben‹ damit aber u.a. dadurch bestimmt, dass nicht ›Sprache‹, ›Symbolik‹, ›Kultur‹ als das umfassendste Medium der menschlichen Weltverhältnisse gilt. Selbstverständlich leugnen (kluge) Lebensphilosophien nicht, dass das ›Leben‹ prinzipiell sprachlich (symbolisch, kulturell) vermittelt ist, aber sie charakterisieren die Spezifik des menschlichen Lebens – und hierin liegt die Gemeinsamkeit und damit die Berechtigung des Vergleichs mit Praxisphilosophien – *nicht* als eine Spezifik des Sich-in-der-Welt-Orientierens, wie das in allen Bewusstseinsphilosophien bis hin zu Cassirer der Fall ist, sondern als eine Spezifik des Sich-in-der-Welt-Bewegens. Letzteres sei eben nicht lediglich in Handlung umgesetztes sich so oder so Orientiert-haben, sondern von eigener Dignität.[5]

5 Leont'evs Tätigkeitstheorie (z.B.) ist von vornherein keine (intentionalistische) Handlungstheorie, und Lebensphilosophien lassen von vornherein alles Erkennen noch vom ›Leben‹ bestimmt sein: Man kommt erkennend nicht hinter das Leben zurück – *dies* ist die Pointe. Dass man auch lebend nicht hinter das Erkennen zurück kommt, wird keineswegs bestritten; aber nur dies, und nicht auch jenes, zu betonen, bleibe eine rein scholastische Bestimmung. – »Wer da glaubt, dass mit Sprachphilosophie oder Kulturphilosophie die Sache gemacht ist, irrt sich ganz gewaltig und unterschätzt denn doch den Sinn der Situation, die in Dilthey zum Bewusstsein ihrer

Hinzu kommt, dass aus Gründen der Sache *unklar* ist, ob sich ›Leben‹ im Rahmen von Lebensphilosophien überhaupt *definieren* lässt. Falls und insofern das Leben als unergründlich gilt, ist es nicht feststellend fixierbar; und insofern hat man mindestens damit zu rechnen, dass die Charakterisierung von ›Leben‹ selbst bereits ein Fall ›intuitiven‹ Wissens sein könnte. Dann aber wäre ›Leben‹ (mindestens in einem bestimmten Sinne) nicht definierbar. Und in *dieser* Hinsicht könnte man den Lebensphilosophien dann nicht als Schwäche vorrechen, nicht imstande gewesen zu sein, »einen klaren Begriff des Lebens zu entwickeln«.[6] Das soll keine klaren und unnötigen Fälle von lebensphilosophischen Unklarheiten entschuldigen, aber in diesem Fall liegt die Schwäche recht eindeutig bei Röd, der mit solcher Möglichkeit des Selbstbezugs erst gar nicht rechnet, geschweige dass er sie diskutiert.

Das besondere Anliegen liegt im Folgenden darin, das Verhältnis von *Intuition* und *Unmittelbarkeit* zu klären. Schon unser Alltagssprachgebrauch legt nahe, intuitives Wissen als unmittelbares, d.h. nicht weiter vermitteltes Wissen zu verstehen.[7] Wenn wir sagen, dass wir etwas ›intuitiv wissen‹, dann ist dieses Wissen eben nicht das Ergebnis einer Überlegung; wir haben es anscheinend nicht aus anderem Wissen gefolgert, sondern es drängt sich in einer Situation gleichsam auf. Statt zu sagen, wir wüssten etwas intuitiv, könnten wir im Alltag hinreichend oft sagen, dass wir dies eben einfach wüssten; fertig. Und dieser Charakterzug überträgt sich auch, zunächst wenigstens, auf den terminologischen Gebrauch von *Intuition* in der Philosophie.

Prototypisch für *intuitio* ist die Situation der Selbsterkenntnis im Spiegel, beispielhaft inszeniert im Narziß-Mythos. Dies *muss* man nun nicht zwingend als *intuitio* erklären. Merleau-Ponty verweist darauf, dass ein Cartesianer solches Selbsterkennen als einen *Schluss* darstellen würde. Er sieht seinen Körper und er sieht ein Spiegelbild, er vergleicht beides und schließt daraus, dass jenes Bild im

selbst gekommen war.« (H. Plessner: *Stufen* [1928], 25) – »In ihrer Verlegenheit denken unsre Warenbesitzer wie Faust. Im Anfang war die Tat. Sie haben daher schon gehandelt, bevor sie gedacht haben.« (Karl Marx: »Das Kapital. Kritik der politischen Ökonomie. 1. Band, Hamburg [1862]«, in: ders., Marx-Engels-Werke [MEW], Berlin, Bd. 23 (1982), hier: 101)

6 W. Röd: *Lebensphilosophie*, 159.

7 »Intuition [...]: a) das Erkennen des Wesens eines Gegenstandes od. eines komplizierten Vorgangs in einem Akt ohne Reflexion; b) Eingebung, ahnendes Erfassen.« (Der Große Duden, Fremdwörterbuch. Mannheim, Wien, Zürich [3]1974)

Spiegel wohl ein Bild seines Körpers sein muss.[8] Das Wissen ›Das da ist *mein* Spiegelbild‹ ist im cartesischen Modell *vermittelt* durch das Wissen, das ich von *meinem* Körper habe. »Ein Kartesianer sieht nicht *sich* im Spiegel: er sieht eine Gliederpuppe, ein ›Außen‹, von dem er mit guten Gründen annimmt, dass die anderen es in gleicher Weise sehen, das jedoch für ihn selbst ebensowenig ein Leib ist wie die anderen. Sein ›Abbild‹ im Spiegel ist eine Wirkung der Mechanik der Dinge; erkennt er sich in ihm wieder, findet er es ›ähnlich‹, so stellt sein Denken diese Verbindung her. Das Spiegelbild dagegen ist nichts *von* ihm.«[9] Und Merleau-Ponty fügt hinzu: »Alle ikonische Macht entfällt.«

Merleau-Ponty findet also die cartesianische Erklärung nicht recht überzeugend, aber man weiß nicht recht, warum eigentlich nicht. Was soll an einem Schluss auf Ähnlichkeit so problematisch sein? Und nur von einer ominösen »ikonischen Macht« zu lesen, die bei dieser Erklärung verloren gehen würde, ist nicht recht überzeugend. Und wenn man gar liest, Descartes würde »Gespenster austreiben« wollen und sich dem »Spuk des Sichtbaren entziehen«[10] wollen, dann kann man doch nur, jedenfalls solange man *Philosophie* treibt, Cartesianer werden wollen!?

Was aber Merleau-Ponty mit jenen etwas dunklen Worten ins Spiel bringt, ist das Problem, dass die cartesianische Erklärung der Selbsterkenntnis im Spiegel streng genommen keine Antwort auf die Frage ist. Das Konzept der *intuitio* wollte eine Antwort auf das Problem sein, wo, wie und inwiefern ein ›ursprüngliches‹ Wissen um sich selbst entspringt. Bei einem Vergleich muss ein Wissen darum, dass dies da *mein* Körper ist, schon in Anspruch genommen werden, um das Spiegelbild *damit* vergleichen zu können. Das eigentliche Problem ist also lediglich verschoben: Woher weiß ich um *meinen* Körper? Das zu Erklärende ist bereits in Anspruch genommen, wenn die cartesianische Erklärung den Akt der Selbsterkenntnis im Spiegel als *Wieder*-Erkennen interpretiert. Merleau-Pontys Cartesianer müsste dieses Problem um ein ›ursprüngliches Wissen um sich‹ für ein Scheinproblem halten, während Merleau-Ponty selber unter dem Titel »ikonische Macht« darauf besteht, dass ein Wissen um *sich* nicht auf einem Vergleich zwischen zwei Instanzen beruhen kann, und insofern im Moment der *intuitio* Ich und mein Spiegelbild eben *eine* Instanz sind, die mir aus sich heraus gleichsam zuflüstert, dass Ich Ich sei. Lebensphilosophien folgen solchem »Spuk des Sichtbaren«.

---

8 Maurice Merleau-Ponty: »Das Auge und der Geist [1960]«, in: ders., Das Auge und der Geist. Philosophische Essays, Hamburg 1984, 13-43, hier: 23f.

9 Ebd.

10 Ebd., 23.

Ein, wenn nicht *der* zentrale Ausdruck des Anliegens, am Problem der *intuitio* festzuhalten, ist die Grund legende Rolle der Kategorie des *Ausdrucks*. Diese Kategorie steht als Problemtitel für die Notwendigkeit eines ›intuitiven‹ Zugangs zu jenem ursprünglichen Wissen um mich oder auch um den Anderen. Unter Verweis auf Plessner u. Buytendijk[11] hält Schloßberger fest: »Wir sehen nicht den Körper eines Anderen und schließen dann aufgrund vermeintlicher Ähnlichkeit des fremden Körpers mit unserem eigenen Körper: Dieser Körper ist auch beseelt. Wäre es so, dann bestünde – und dieses Argument geht über den Einwand der bloßen Zirkularität hinaus – die Erfahrung des Anderen gar nicht in einer wirklichen *Erfahrung* des Anderen, sondern in einem bloßen Urteil bzw. der bloßen Vermutung, der Andere sei auch beseelt, sei auch lebendig, so wie ich es bin.«[12]

Der Prototyp der Selbsterkenntnis im Spiegel legt also die Deutung nahe, dass eine *intuitio* in *keinerlei* Sinne vermittelt sei; gerade das, und nur das, sichere die *Spezifik* intuitiven Wissens. Das beste Indiz dafür sei die Plötzlichkeit des intuitiven Einfalls, das blitzartige Erkennen. Genau darin gründen aber auch die zahllosen Vorbehalte gegen intuitives Erkennen, denn es ist nicht recht einsichtig, wie gänzlich nicht vermitteltes Wissen wissenschaftliches, mithin verallgemeinerbares Wissen sein sollte.[13]

Daraus ergibt sich die grobe Gliederung. In Kapitel 3 werden lebensphilosophische Denkfiguren zur Sprache kommen, die den Unterschied intuitiven und nicht-intuitiven Wissens als einen Unterschied von unmittelbarem und vermittel-

11 Helmuth Plessner u. Frederik J. J. Buytendijk: »Die Deutung des mimischen Ausdrucks. Ein Beitrag zur Lehre vom Bewußtsein des anderen Ichs [1925]«, in: Helmuth Plessner, Gesammelte Schriften, Frankfurt/M. 1980-1985, Bd. 7 (1982), 67-129.

12 Matthias Schloßberger: »Von der grundlegenden Bedeutung der Kategorie des Ausdrucks für die Philosophische Anthropologie«, in: Bruno Accarino u. Matthias Schloßberger (Hg.), Expressivität und Stil. Helmuth Plessners Sinnes- und Ausdrucksphilosophie, Berlin 2008, 209-217, hier: 212.

13 Vgl. Thomas Rolf: Erlebnis und Repräsentation. Eine anthropologische Untersuchung, Berlin 2006. – Rolf verhandelt dieses Problem unter den Titeln ›Erlebnis‹ und ›Repräsentation‹. Zur Erläuterung von ›Erlebnis‹ resp. ›Intuition‹ greift er vornehmlich auf phänomenologische und existenzphilosophische Überlegungen zurück, deutlich gefärbt von einem kulturkritischen Impetus (vgl. ebd., 353 ff.). Im Folgenden geht es dagegen, wie gesagt (s.o., Einleitung), um eine *Logik* resp. *Form*analyse der Unergründlichkeit.

tem Wissen bestimmen. In Kapitel 4 werden dagegen Denkfiguren dargestellt, die jenen Unterschied als einen Unterschied in der Art und Weise von Vermitteltheit sehen, und damit den Gedanken eines unmittelbaren Wissens ganz aufgeben. Kapitel 5 versucht den Ertrag dieser Differenz in Bezug auf das Verhältnis zu den Lebenswissenschaften zu skizzieren, und Kapitel 6 gibt ein Fazit.

2.2 DIE GRUNDLEGENDE UNTERSCHEIDUNG

Der Topos der Unergründlichkeit des Lebens ist gebunden an eine grundsätzliche Unterscheidung zweier Wissensweisen. Lebensphilosophien unterscheiden, wie unterschiedlich (begründet) auch immer, eine Wissensweise, die ich hier *feststellbares Wissen* nenne, von einer Wissensweise, die landläufig *intuitives Wissen* heißt.

Bei *feststellbarem Wissen* ist der Gegenstand des Wissens ein dem Wissenden gegenüberliegender, von ihm klar abgrenzbarer und unterscheidbarer. Hier *ist* der Wissende nicht nur ein Wissender, sondern er *hat* ein Wissen. Es ist zwar trivial richtig, dass de facto jedes Wissen, und also sowohl intuitives als auch feststellbares Wissen, irgend-einem Wissenden zukommt; aber feststellbares Wissen ist dadurch ausgezeichnet, dass man zur Bestimmung dessen, was dort gewusst wird, *nicht* darauf rekurrieren darf, von wem konkret es gewusst wird. Die Bestimmung des Wissenden ist hier das eine, die Bestimmung des Wissensgehalts (= des Gegenstands des Wissens) ist das andere; der Wissensgehalt ist ein Gehalt für *irgend*-jemand, aber er ist unabhängig gemacht worden davon, gerade von Peter, Paul oder Pauline gewusst zu werden. Man kann also diesen Wissensgehalt feststellen und auf ihn »zurückkommen«;[14] *feststellen* in doppeltem Sinne, nämlich sowohl im Sinne von ›feststellen, was der Fall ist‹ als auch im Sinne von ›arretieren‹. Terminologisch gesprochen: Bei feststellbarem Wissen liegt eine Subjekt-Objekt-Unterscheidung vor. Feststellbares Wissen ist das, was Wahsner Wissen »unter der Form des Objekts« nennt.[15]

Für *intuitives Wissen* gilt das nun alles nicht. Der Gegenstand solcherart Wissen liegt dem Wissenden nicht gegenüber, und man kann nicht zunächst den Wissensgehalt bestimmen, um dann, *auch noch*, formulieren zu können, dass jener bestimmte Wissende dieses Wissen hat. Zur Bestimmung des Wissensge-

14 Georg Misch: Der Aufbau der Logik auf dem Boden der Philosophie des Lebens. Göttinger Vorlesungen über Logik und Einleitung in die Theorie des Wissens, hrsg. v. Gudrun Kühne-Bertram u. Frithjof Rodi, Freiburg, München 1994, 525.

15 R. Wahsner: *Naturwissenschaft*; R. Wahsner: *Widerstreit*.

halts müssen wir hier rekurrieren auf den realen Vorgang des Innewerdens dieses Wissens seitens eines Jemanden. In Worten Diltheys: Der Gegenstand intuitiven Wissens »steht nicht als ein Objekt dem Auffassenden gegenüber, sondern sein Dasein ist für mich ununterschieden von dem, *was* in ihm für mich da ist«.[16] Oder auch: Hier besteht »nicht der Unterschied zwischen einem Gegenstand, der erblickt wird, und dem Auge, welches ihn erblickt«.[17] Die Bestimmung des Wissenden und die Bestimmung des Wissensgehalts ist hier *eine*, wiewohl in sich differenzierte, Sache. Terminologisch gesprochen: Bei intuitivem Wissen liegt keine Subjekt-Objekt-Unterscheidung vor, sondern eine *bedeutungslogische* (also mehr als bloß faktische) *Einheit* von Wissendem und Wissensgehalt.

Hier liegt der sachliche Grund, dass einige Lebensphilosophien als Hermeneutiken auftreten, denn es gibt ein Entsprechungsverhältnis: Feststellbares Wissen ist die Wissensweise von Erklärungen, intuitives Wissen ist die Wissensweise des Verstehens. Plessner stellt dem mit der Unterscheidung des Prinzips der geschlossenen Frage vom Prinzip der offenen Frage auch eine methodologische Unterscheidung zur Seite.[18]

Was diese Unterscheidung von feststellbarem und intuitivem Wissen *genau* meint, das muss an dieser Stelle noch unklar sein, denn das kann nicht mehr in allgemeiner Weise bestimmt werden; was das *jeweils* genau meint, wird vielmehr von den einzelnen Lebensphilosophien ganz unterschiedlich bestimmt.

Irreführend wäre es, wenn man die gegebene allgemeine Bestimmung dieses Unterschieds in *der* Weise lesen würde, dass man meint, feststellbares Wissen sei also wohl *objektives Wissen* und intuitives sei *subjektives Wissen*. In Bezug auf feststellbares Wissen mag das noch einen gewissen Sinn haben – präziser sollte man dann aber von objektiviertem (= objektiv gemachtem) Wissen reden –; intuitives Wissen aber liegt ja gerade diesseits der Unterscheidbarkeit von Subjekt und Objekt, und kann in diesem Sinne gar nicht ohne Verwirrung »subjektiv« genannt werden. Vor allem aber ist es gerade ein *Problem*, ob intuitives

16 Wilhelm Dilthey: »Der Aufbau der geschichtlichen Welt in den Geisteswissenschaften [1910]«, in: ders., Gesammelte Schriften, Bd. VII: Der Aufbau der geschichtlichen Welt in den Geisteswissenschaften, Stuttgart 1927, 77-188, hier: 139.

17 W. Dilthey, zit. n. Georg Misch: »Vorbericht des Herausgebers [1923]«, in: Dilthey, Gesammelte Schriften, Bd. V: Die geistige Welt. Einleitung in die Philosophie des Lebens. Erste Hälfte, Stuttgart, Göttingen, ^{4}1964, VII-CXVII, hier: LXXX.

18 Vgl. Gesa Lindemann: »Verstehen und Erklären bei Helmuth Plessner«, in: Rainer Greshoff, Georg Kneer u. Wolfgang Ludwig Schneider (Hg.), Verstehen und Erklären. Sozial- und kulturwissenschaftliche Perspektiven, München 2008, 117-142.

Wissen in dem uns heute vertrauten Sinne subjektiv ist (also im Sinne von: bloß subjektiv, nicht allgemeingültig, nicht verallgemeinerbar, nicht wahrheitsfähig). Zwar kann intuitives Wissen nicht arretiert werden, denn die definitive Gebundenheit an den Vorgang des Innewerdens macht es gleichsam zu einem einzigartigen Wissen, das qua dieser Gebundenheit an ein Hier und Jetzt in gewissem Sinne Wiederholbarkeit ausschließt; aber Lebensphilosophien bestreiten gerade, dass deshalb lediglich feststellbares Wissen wahrheitsfähiges Wissen sei. Doch dazu später mehr.

Selbstverständlich wird der Unterschied dieser beiden Wissensweisen ganz unterschiedlich benannt. Sehr verbreitet ist die Bezeichnung *Gegenständlichkeit* (für feststellbares Wissen) und *Erlebnis*,[19] die ja auch die Bezeichnung *Lebensphilosophie* durch Gleichsetzung von Leben und Erleben motiviert. Ich folge dieser Bezeichnung nicht, weil sie erstens fälschlich suggeriert, intuitives Wissen habe keinen Gegenstand, und weil zweitens die Bezeichnung *Erleben* kaum zu befreien ist von dem gerade oben abgewehrten Verständnis von ›Subjektivität‹: Erlebnisse sind Privatsache und Fall für die Psychologie, während *intuitives Wissen* keinesfalls Privatsache ist und Fall für die Philosophie (oder für die Semantik oder für eine solche sog. »Psychologie«, von der Dilthey in 2768 Anläufen versucht hat zu zeigen, dass sie nicht eine solche Psychologie ist wie die, die wir alle mit dem Namen Psychologie verbinden).

Üblich ist auch, intuitives Wissen als *zuständliches*, nicht aber als objektiviertes Wissen zu bezeichnen; und aktuelle Debatten um den Unterschied von Wissen und Können oder von *knowing that* und *knowing how* fangen Ähnliches ein.

Feststellbares Wissen kann durch *Diskursivität* bestimmt werden, und intuitives Wissen wäre dann nicht-diskursiv. Diese Bestimmung dient im folgenden als Folie zur Charakterisierung dessen, was der Unterschied von feststellbarem und intuitivem Wissen *jeweils genau* meint. Was feststellbares und intuitives Wissen je meint, wird im Folgenden diskutiert als das, was Diskursivität je meint. Mit Diskursivität können sich die verschiedensten Vorstellungen verbinden, z.B. diskursiv-rational vs. irrational, sprachlich vs. nicht-sprachlich, Denken vs. Gefühl, Verstand vs. Sinnlichkeit, Konstruktion vs. Anschauung etc.pp. Eine allgemeine und rein formale Bestimmung von Diskursivität, die all jenen spezifischen Konnotationen gegenüber noch neutral ist, findet sich bei Josef König. Sie bildet auch hier den Ausgangspunkt und die Leitlinie:

19 Exemplarisch Philipp Lersch: Lebensphilosophie der Gegenwart, Berlin 1932, Kap.1.

»Allgemein weist immer die Unmöglichkeit, den Anfang rational-diskursiv zu begreifen oder besser, die Einsicht in das Fehlen eines Anfangs überhaupt, auf zugrundeliegende Ganzheiten hin, deren wir uns intuitiv bemächtigen, wobei freilich das Wort ›intuitiv‹ noch nicht die Sache erklärt. Das ›rational Unerklärliche‹ hängt immer irgendwie mit dem Fehlen eines ›Anfangs‹ zusammen. Die ›Komposition‹, die ›Zusammensetzung‹ ist das Urbild jedes ›rationalen‹ Prozesses, weil hier ein ›Anfang‹ deutlich und klar gegeben ist. Jeder ›echten‹ Korrelativität fehlt der Anfang.«[20]

2.3 DIE BEDEUTUNG DER UNTERSCHEIDUNG

Der Unterschied von feststellbarem und intuitivem Wissen ist ein qualitativer und kein gradueller. Selbst für den Fall, das sich herausstellen sollte, dass all unser konkretes Wissen ein Doppeltes ist von intuitivem und feststellbarem Moment, ist nunmehr der Weg verbaut, dies als einen gleitenden Übergang, als ein Mischungsverhältnis, als ein bisschen Intuition und ein bisschen Feststellbarkeit zu verharmlosen.

Die Situation ist in etwa analog zum Verhältnis von Endlichem und Unendlichem in der Mathematik. Der mathematischen Verhältnisse sind im Unendlichen prinzipiell andere als im Endlichen, was am Schlagendsten daran sichtbar wird, dass eine echte Teilmenge einer unendlichen Menge mathematisch genauso groß sein kann wie ihre Obermenge. Das ist im Endlichen ganz offenkundig nicht der Fall, denn wenn man, pars pro toto, von 10 Zahlen eine echte Teilmenge bildet (also z.B. acht dieser Zahlen auswählt), dann hat man eben weniger als 10 Zahlen. Für den Bereich des Endlichen ist das derart selbstverständlich und trivial, dass es eine erhellende Erkenntnis ist (und sogar eine Definitionsmöglichkeit), dass diese Selbstverständlichkeit im Unendlichen nicht gilt. Z.B. ist jedes noch so kleine offene Intervall reeller Zahlen genau so mächtig wie die Menge aller reellen Zahlen.

Die Betonung lag bisher und zunächst ausschließlich darauf, *dass* man einen Unterschied zwischen intuitivem und feststellbarem Wissen machen kann. Lebensphilosophien möchten jedoch mehr sagen als bloß diesen Unterschied zu konstatieren: Sie geben diesem Unterschied eine Bedeutsamkeit (Relevanz) – und die Frage ist, warum und wofür.

Der erste Schritt ist freilich tatsächlich die These, dass diese Unterscheidbarkeit als solche Relevanz hat; Lebensphilosophien insistieren darauf, dass nicht

20 Josef König: Der Begriff der Intuition, Halle/S. 1926, 17.

alles diskursiv im Leben zugeht, sondern dass man so etwas wie intuitivem Wissen real begegnen kann. Das ist nun aber nicht besonders aufregend, denn es dürfte nicht allzu viele Menschen bzw. Texte geben, die dieses Faktum bestreiten würden. Historisch gesehen mögen in dieser Frage immer mal wieder andere Akzentsetzungen nötig sein: Da braucht es vermutlich gelegentlich einige Hardliner-Rationalisten, um gewisse Schwülstigkeiten in Debatten zu neutralisieren, wie es dann umgekehrt Lebensphilosophen braucht, die verhindern, dass jene Rationalisten allzu sehr Oberwasser bekommen.

Die besondere Pointe des Topos der Unergründlichkeit kommt jedoch erst dadurch ins Spiel, dass hier eine Nicht-Reduzierbarkeit intuitiven Wissens behauptet wird. Intuitives Wissen kommt also nicht nur vor im Leben, sondern es sei nicht eins zu eins in feststellbares Wissen transformierbar. Eben deshalb und dadurch sei intuitives Wissen ein eigener und eigenbedeutsamer Modus von Wissen, also in eigener Weise wahrheitsfähig. *Darin* – und nicht lediglich im puren Vorkommen im menschlichen Leben – liegt die Relevanz: Philosophie (oder Semantik oder eine Theorie des Wissens) *soll* sich nicht bloß mit intuitivem Wissen beschäftigen, weil es ein mehr oder weniger häufiges, mehr oder weniger wichtiges Vorkommnis ist, sondern, so die These, Philosophie kann gar nicht anders, will sie nicht ihren ureigensten Gegenstandsbereich verkennen. Anders gesagt: Den Unterschied von feststellbarem und intuitivem Wissen zu machen, hat nicht nur Bedeutsamkeit (also Relevanz für unser Verhältnis zum Wissen), sondern er bedeutet etwas (er ist eine Bedeutungsdifferenz von ›Wissen‹ selbst).

Und das ist nun vielleicht nicht eine aufregende, aber doch immerhin aussagekräftige und streitbare These. Hier kann man ganz anderer Meinung sein – ja, es ist vielleicht sogar sehr viel naheliegender, hier anderer Meinung zu sein. Immerhin sind wir es gewöhnt, dem Urteil, und nur dem Urteil, die Frage nach Wahrheit oder Falschheit zuzumuten. Genau diese Gewohnheit müssten wir aufgeben, denn wenn intuitives Wissen nicht auf feststellbares Wissen reduzierbar ist, dürfte mindestens klar sein, dass es sich nicht in Urteilen ausdrückt.

Was Lebensphilosophie über diese These hinaus noch behaupten möchte, ist von Lebensphilosophie zu Lebensphilosophie ganz unterschiedlich, verbleibt gelegentlich aber auch innerhalb der einzelnen Autoren schwankend. Ist einerseits nur von einem Anderssein intuitiven Wissens mit der aufgezeigten Bedeutsamkeit und Bedeutung die Rede, so gehen andererseits auch Wertungen mit dieser Unterscheidung einher. So kann etwa Bergson bei aller Betonung der Wichtigkeit des Verstandes nur schwer verhindern, dass man ihn so lesen muss, dass das feststellbare Wissen dem Leben eigentlich nicht gerecht wird, insofern der Verstand arretiert, das Leben aber ein dauernder Fluss sei. Im Rahmen solcher Wertungen gilt intuitives Wissen dann als das eigentlichere, wahrere, tiefere Wissen.

Manchmal verbirgt sich hinter dieser Wertung noch ein systematisches Argument, nämlich die These, dass intuitives Wissen das grundlegende Wissen sei, will sagen: Dass feststellbares Wissen genetisch und/oder logisch abhängig sei von intuitivem Wissen, intuitives Wissen dagegen in sich selbst gründe.

2.4 MODERNE – GEGENMODERNE – ANTI-MODERNE

Bestimmte Lebensphilosophien und manche Lebensphilosophen haben im deutschen Faschismus unrühmliche Rollen gespielt. Es ist sicher ein Totschlagargument, Nietzsches Rede vom Übermenschen mit dem faschistischen Bild des heroischen Ariers zu identifizieren. Aber daraus folgt nicht umgekehrt eine Unschuld.[21] Es ist nicht von vornherein uncool, wenn man nach der Rolle der Texte Nietzsches im und für den Nationalsozialismus fragt. Es gibt, allgemeiner gesprochen, dunkle sei es unterirdische, sei es offenkundige Wege, die sich zwischen kulturpessimistischen Konzepten, Konzepten einer Verfallenheit ans Man, existentialistischen oder dezisionistischen Sehnsüchten nach heroischen Neuanfängen schlängeln, um dann im Faschismus vermeintlich programmatische Erlösung zu finden.[22] Die Gegenmoderne spielt insofern eine Vorreiterrolle für die Anti-Moderne.

Man kann solche Geschichten berechtigt auch anders erzählen. Die Betonung des schöpferischen Moments, des rastlos Gärenden des lebensphilosophisch konzipierten Lebens hat dann ein *fortschrittliches* Gesicht. Es ist dann eine kritisch gegen die bis dato realisierte Moderne gerichtete, eine gegen-, aber keine anti-moderne Konzeption. So ist z.B. eine, auch für Lebensphilosophien typische, Kritik am Mechanizismus nicht von vornherein irrational; viel eher dürfte es sich um eine Beschleunigungsfigur der Moderne handeln.

---

21 »Zugleich erzeugt sich mit der Abkehr vom Begriffsdenken der Aufklärung ein gleichsam aristokratischer Charakter des keinen Beweises fähigen und bedürftigen Schauens, Erlebens, Verstehens, dessen Affinität zum politischen Antidemokratismus in einer Zeit der allmählichen Demokratisierung der Staaten fast zwangsläufig zu einer politischen Enthaltsamkeit und Resignation vor der Gegenwart führt.« (Hans M. Baumgartner: »Lebensphilosophie«, in: Herbert Vorgrimler u. Robert van der Gucht (Hg.), Bilanz der Theologie im 20. Jahrhundert. Perspektiven, Strömungen, Motive in der christlichen und nichtchristlichen Welt. Bd. I, Freiburg u.a. 1969, 290-296, hier: 295)

22 Vgl. z.B. Hans-Joachim Lieber: Kulturkritik und Lebensphilosophie. Studien zur Deutschen Philosophie der Jahrhundertwende, Darmstadt 1974, VIIff., 5ff., 106-127.

In solchen Erzählungen wären die Lebensphilosophien dann so etwas wie die Kehrseite oder eine der »ästhetischen Gegenwelten«[23] zur »Entzauberung der Welt« – das, was Klinger in einem »weiten Gebrauch«[24] »Romantik« nennt. »Erst die Entsinnlichung und Sinnentleerung der Natur im Zuge des Niedergangs der Metaphysik bildet die Voraussetzung für die Herausbildung der spezifisch modernen, mechanistisch-instrumentellen Auffassung der Natur, der fast gleichzeitig die genauso spezifisch moderne ästhetische an die Seite bzw. gegenübertritt. Dieser obliegt es, den verlorenen Sinn wiederzufinden oder, genauer, ihn im Medium des Subjektiven neu zu konstruieren.«[25] U.a. gegen Max Weber gerichtet, möchte Klinger diese Gegenwelten als Moment der Moderne, und nicht, in welcher Variante auch immer,[26] als durch die Moderne ausgegrenzt erweisen. Jedoch seien diese Gegenwelten als *ästhetische* Welten Moment der Moderne, was spezifische Stärken und spezifische Schwächen zeitigt. Zu den Stärken gehört zweifellos das Reflexivwerden der Kritik,[27] aber mit der Tendenz, dass eine Kulturkritik an die Stelle von Gesellschaftskritik tritt. Gegenstand der Kritik sei nun nicht mehr die konkrete Gegenwart, sondern Rationalität überhaupt, wie sie »absolutistische Vergangenheit und bürgerliche Gegenwart« gleichermaßen betrifft.[28] Dass solches Abstraktwerden von Kritik genau jene Konsequenzen hat, die Lukács, Ritter (s.o., Kap. 1.3) und Lieber aufgezeigt haben, vermerkt Klinger jedoch nicht eigens.

Immerhin kann Klinger nunmehr einer »Dialektik der Aufklärung« eine »Dialektik der Romantik« zur Seite stellen: »Dialektik der Aufklärung hatte geheißen: Statt der Herrschaft des Subjekts setzt sich mit jedem Schritt auf dem Weg der Rationalität die Herrschaft des blind Objektiven fort. Nicht zuletzt in Opposition dagegen und in der Absicht, die Herrschaft des Subjekts im positiven Sinne zu vollenden, hatte die Wendung zum Individuum stattgefunden. Sie entwickelt eine Dynamik, die im Streben über das Subjektive hinauszugelangen, letztlich doch wieder auf es zurückfällt, so dass Dialektik der Romantik heißen kann: Jeder Versuch, die herrschaftlich strukturierte Subjektivität durch den Sprung ins

23 Cornelia Klinger: Flucht Trost Revolte. Die Moderne und ihre ästhetischen Gegenwelten, München, Wien 1995.

24 Ebd., 62.

25 Ebd., 164.

26 Ebd., Kap. 1.

27 Ebd., 89f.

28 Ebd., 85f.

›ganz Andere‹ zu überwinden, führt statt zur ersehnten Rückkehr zur Substantialität zu nichts anderem als zur Diktatur einer hypertrophen Subjektivität.«[29]

So gelesen, ist auch die Kulturkritik, die sich aus der Kritik am Mechanizismus speist, nicht schon rein als solche ein Sumpf der Irrationalität.[30] Nimmt es Wunder, wenn die Kosten der Moderne, mithin die Kosten ihrer ökonomischen, sozialen, technischen, kulturellen Entwicklung, die im Ausgang des 19. Jahrhunderts spürbar werden, z.B. von der Lebensreformbewegung mit deren vermeintlichem oder tatsächlichem Rationalismus und Mechanizismus identifiziert werden? Man kann schlechterdings nicht leugnen, dass die Lebensreform *auch* etwas Befreiendes hatte, vornehmlich hinsichtlich des Umgangs mit dem eigenen Körper. Um nur ein Beispiel herauszugreifen: Das deutsche Turnen hatte sich im Laufe des 19. Jahrhunderts zu einer Disziplinierungsinstanz entwickelt, es war bis zur »Erstarrung formalisiert« worden,[31] von der Einschnürung der Frauenkörper nicht zu reden. Da war es doch ein regelrechtes Aufatmen, sich seinem nackten Körper pfleglich, in weiten Gewändern und an frischer Luft in Luftbädern, Parks und Gärten oder, fast frivol, in freier Natur zuzuwenden.

So ungeniert, wie es aussah, ging es freilich auch dann nicht zu. Der Jüngling durfte nun mit dem Mädel baden gehen, aber das machte den Kampf gegen aufkommende unzüchtige Gedanken nur schwieriger. Er hatte ›es‹ nun geschafft, wenn sich trotz des gemeinsamen nackten Badens nichts regte. Der Preis der nun erlaubten zwischengeschlechtlichen Begegnung war die wechselweise Wahrnehmung als geschlechtslose Wesen.[32]

So nimmt es auch nicht Wunder, dass sich das Konzept der gesunden Luft signifikant häufig mit dem der reinen Luft mischt, mit naheliegenden und gleitenden Übergängen zu reinem Blut und Boden. Schon die Lebensreformbewegung beginnt in Teilen und nicht nur an den Rändern braun-sumpfig zu stin-

29 Ebd., 170.

30 Vgl. Georg Bollenbeck: Eine Geschichte der Kulturkritik. Von J. J. Rousseau bis G. Anders, München 2007.

31 Michael Krüger: Körperkultur und Nationsbildung. Die Geschichte des Turnens in der Reichgründungsära - eine Detailstudie über die Deutschen, Schorndorf 1996, 410; vgl. Svenja Goltermann: Körper der Nation. Habitusformierung und die Politik des Turnens 1860-1890, Göttingen 1998.

32 Vgl. Alfred Richartz: »Sexualität, Körper, Öffentlichkeit. Formen und Umformungen des Sexuellen im Sport«, in: Thomas Alkemeyer et al. (Hg.), Aspekte einer zukünftigen Anthropologie des Sports, Clausthal-Zellerfeld 1992, 61-81, hier: 76.

ken.[33] Und dies ist eben *auch* jenem Abstraktwerden von Kritik geschuldet, das eine Kulturkritik an die Stelle einer Gesellschaftskritik setzt: »Je mehr jedoch eine kritische Position in die Gefahr gerät, das von ihr Kritisierte ebenso konkret unbestimmt zu lassen wie die Begrifflichkeit, mit der als Maßstab der Kritik und Zukunftsvision sie arbeitet, um so mehr eröffnet sie aus sich selber die Tendenz oder Disposition, sich an historisch-konkrete, gesellschaftliche und politische Prozesse, Mächte oder Bewegungen zu engagieren, die eine inhaltliche Bestimmung dieser Begrifflichkeit zu bieten, ja zu garantieren geeignet erscheinen.«[34]

2.5 (Gegenmoderne) Denkfiguren – ein Beispiel

Der Verdacht des irrationalistischen Formalismus ist nicht von außen an den Topos der Unergründlichkeit herangetragen. Vielmehr ist es ein Definitionsmoment von Lebensphilosophie, dass sich ihr gegenüber die Frage des Verhältnisses bzw. der Abgrenzung zur Anti-Moderne stellt. Der Verdacht, hier eine Vorreiterrolle zu spielen, ist in Bezug auf Lebensphilosophien kein äußerer Einwurf, sondern ein intrinsisches Problem: Eine Lebensphilosophie ist entweder formalistisch oder aber sie hat *im Durchgang durch* den Formalismus-Verdacht einen Irrationalismus überwunden.[35] Und das ist etwas anderes als eine Aufrechnung ihrer Verdienste und Undienste. Man kann zu Recht ein Problem damit haben, die Lebensphilosophien auf ihre anti-moderne und den Faschismus vorbereitende Rolle festzunageln.[36] Aber es ist und bleibt eine schlechte philosophische Unart,

---

33 Vgl. auch Bernd Wedemeyer-Kolwe: ›Der neue Mensch‹. Körperkulturen im Kaiserreich und in der Weimarer Republik, Würzburg 2004.

34 H.-J. Lieber: *Kulturkritik*, 8.

35 Dieser Satz klingt ein wenig harmlos, aber er transportiert eher ein Problem (als eine Antwort) und eine sehr spezifische logische Figur. Rein formal (also nicht inhaltlich) ist diese Figur analog zur Hegelschen Herr-Knecht-Beziehung (vgl. Hegel: *Werke*, Bd. 3, 145ff.): Freiheit und Selbstbewusstheit des Knechts erwächst nur *im Durchgang durch* die Furcht des Herrn, und das heißt gerade *nicht*, dass sich für den Knecht die Frage der Furcht gar nicht stellt, sondern dass er diese Furcht *überwunden* hat. Es gibt ja auch eine Furcht-Losigkeit, die noch nicht Freiheit ist, weil sie nicht weiß, was Furcht ist und wogegen sie eigentlich steht. Manche müssen eben erst ausziehen, das Fürchten zu lernen, und wer nie sein Brot im Bette aß, weiß nicht, wie Krümel pieken.

36 So etwa C. Möckel: *Urphänomen*, 5, 9ff.; Ernst Oldemeyer: Leben und Technik. Lebensphilosophische Positionen von Nietzsche zu Plessner, München 2007, 15.

lediglich Gegen-Versicherungen abzugeben und Wortlaute statt Logiken von Argumentationen zu bemühen. Dass es Lebensphilosophen nicht irrationalistisch oder präfaschistisch *meinen* oder explizit *sagen*,[37] ist kein hinreichender Beleg dafür, dass die dort formulierten Lebensphilosophien nicht so *denken*. Hermeneutik handelt nicht von den Absichten von Verfassern, sondern vom Sinngehalt von Ausdrucksgestalten, hier von Texten.[38]

Lebensphilosophien schlagen sich häufig als Kulturkritik (statt Gesellschaftskritik) nieder, und sie frönen häufig einem Kulturpessimismus.[39] All das ist noch nicht präfaschistisch – im Gegenteil kann solcherart Kritik eine positiv-emanzipatorische Rolle spielen. Aber solcherart Kritik arbeitet genau jener formalistischen Kritik zu, die dann den Ruf nach einem ›Führer‹ als Ausweg erscheinen lässt.

Ein solcher Kulturpessimismus ist im logischen Kern definiert durch eine Unterstellung, was Heroen der Menschheit bzw. Menschlichkeit im Unterschied zur kulturell drohenden Normalität oder Dekadenz ›eigentlich‹ tun oder leisten würden. Diese Unterstellung schlägt sich nicht notwendig in Konzeptionen (oder karikaturähnlichen Fratzen) von Über-Menschen nieder, sondern eher im Gegenteil in ganz unscheinbaren, beiläufigen, wie selbstverständlich klingenden programmatischen Grundsätzen:

»Auf einer niedrigeren Entwicklungsstufe stehengebliebene Geschöpfe betätigen sich nur in wenigen bestimmten Richtungen; dann ruhen sie sich aus, vergeuden ihre Kraft in absoluter Untätigkeit, wie z.B. der Jagdhund, der bis zu dem Augenblick der Jagd schläft. Die höheren Wesen dagegen erholen sich durch die *Verschiedenheit* der Arbeit, wie ein Feld sich ausruht durch die Fruchtfolge. Das Ziel, das man bei einer bewussten Regelung der menschlichen Aktivität verfolgen muss, besteht also in der äußersten Beschränkung der Perioden der *Brache* auf das Notwendige. Handeln heißt leben; mehr handeln, heißt das innere Leben steigern. Von diesem Gesichtspunkte aus sind Untätigkeit und Trägheit die schlimmsten Laster; das sittliche Ideal muss *Tätigkeit in all der Mannigfaltigkeit ihrer Er-*

37 So E. Oldemeyer: *Leben und Technik*, 15; Robert J. Kozljanič: Lebensphilosophie. Eine Einführung, Stuttgart 2004.

38 Vgl. Kurt Röttgers: »Das Leben eines Autors. Was ist ein Autor, und wo lebt er?«, in: Dialektik (2005) 1, 5-22.

39 Vgl. H.-J. Lieber: *Kulturkritik*.

scheinungsformen sein, wenigstens der Formen, die sich nicht gegenseitig aufheben, oder die nicht einen dauernden Kraftverlust hervorbringen.«[40]

Entscheidend ist hier die Denkfigur, nicht der vergleichsweise harmlose, schlichte, dümmliche Inhalt. Bemüht wird die Anthropologie des rastlos Suchenden, des sich permanent Perfektionierenden. Zum einen ist damit *der Einzelne* Adressat solcherart lebensphilosophischer Bemühungen, was wiederum den individualistischen Charakter solcher Philosophien signalisiert. Zum anderen ist der Einzelne dabei in sehr spezifischer Weise Adressat: Der siebte Tag ist das Exklusivrecht des Schöpfergottes, während wir hier drunten permanent dem hinterherlaufen sollen, was wir noch alles aus uns machen könnten. Der Genuss des ›Lass' mal gut sein!‹ soll uns, pseudo-anthropologisch verbrieft, nicht vergönnt sein. Vorbereitet ist hier die Inhaltsleere des später so genannten »Tat-Menschen«, bei dem das pure Dass des Tätigseins als Stärke und Überlegenheit gilt. Zudem ist der von Guyau plakatierte Ideal-Mensch funktional im und für den ökonomischen Prozess, worauf Marx aufmerksam gemacht hatte:

»Wenn aber der Wechsel der Arbeit sich jetzt nur als überwältigendes Naturgesetz und mit der blind zerstörenden Wirkung eines Naturgesetzes durchsetzt, das überall auf Hindernisse stößt, macht die große Industrie durch ihre Katastrophen selbst es zur Frage von Leben oder Tod, den Wechsel der Arbeiten und daher möglichste Vielseitigkeit der Arbeiter als allgemeines gesellschaftliches Produktionsgesetz anzuerkennen und seiner normalen Verwirklichung die Verhältnisse anzupassen. Sie macht es zu einer Frage von Leben oder Tod, die Ungeheuerlichkeit einer elenden, für das wechselnde Exploitationsbedürfnis des Kapitals in Reserve gehaltenen, disponiblen Arbeiterbevölkerung zu ersetzen durch die absolute Disponibilität des Menschen für wechselnde Arbeitserfordernisse; das Teilindividuum, den bloßen Träger einer Detailfunktion, durch das total entwickelte Individuum, für welches verschiedne gesellschaftliche Funktionen einander ablösende Betätigungsweisen sind.«[41]

40 Jean-Marie Guyau: Sittlichkeit ohne Pflicht. Philosophische Werke in Auswahl, Bd. II, hrsg. v. Ernst Bergmann, Leipzig 1912, 105.

41 K. Marx: *Kapital*, 511f.

3. Vermitteltheit vs. Unmittelbarkeit. Lebensphilosophien im melancholischen Ton

Hier will also das Leben etwas, was es gar nicht erreichen kann.[1]

Es geht in diesem Kapitel um melancholische Lesarten des Topos der Unergründlichkeit. Melancholisch insofern, als sich solche Lesarten vor einer Hamsterrad-Aufgabe im Leben sehen: Das Leben ergründen zu wollen und zu sollen, dies aber prinzipiell nie vollständig tun zu können, sprich: an einer unvermeidbaren Aufgabe immer nur scheitern zu können. Dies macht im harmlosen Fall unglücklich – die weit weniger harmlose Kehrseite ist der Gestus, den gordischen Knoten vermeintlich durchschlagen zu müssen, sprich: Gewalt.[2]

Dabei wird sich zeigen, dass die Lesart der Unergründlichkeit als ›niemals vollständige Ergründbarkeit‹ viele, auch raffinierte Spielarten hat.

---

1 Georg Simmel: »Der Konflikt der modernen Kultur. Ein Vortrag [1918]«, in: ders., Gesamtausgabe, Frankfurt/M., Bd. 16 (1999), 181-207, hier: 206.

2 Vgl. dazu Kurt Röttgers: Kategorien der Sozialphilosophie, Magdeburg 2002, 351ff.; Kurt Röttgers: »Menschliche Erfahrung. Gewalt begegnet dem Text des Erzählens (Alexander und Schehrezâd)«, in: Karen Joisten (Hg.), Narrative Ethik. Das Gute und das Böse erzählen, Berlin 2007, 95-113.

3.1 DER VERZICHT AUF WAHRHEIT: NIETZSCHE

> Er [Schlegel] hatte der Welt ein gewaltiges Ei gelegt. Das Ei enthielt zwei Dotter, beide schlüpften. Aus dem einen wurde Friedrich Nietzsche, aus dem andern Richard Wagner.[3]

Das Folgende kann selbstverständlich keine allgemeine Charakterisierung der Philosophie Friedrich Nietzsches sein. Es geht nicht einmal darum, ›die‹ Lebensphilosophie oder ›den‹ Lebensbegriff bei Nietzsche umfassend darzustellen. Vielmehr gilt hier konkret und insbesondere das oben allgemein Gesagte: Anhand der konkreten Fragestellung der Unterscheidung zweier Wissensweisen soll eine bestimmte Denkfigur herausgestellt werden, die hier durch einen Text Nietzsches indiziert wird. Es geht allein um die Struktur und den systematischen Gehalt einer einzigen Schrift.

3.1.1 Vernünftler vs. Künstler

Die Schrift *Ueber Wahrheit und Lüge im aussermoralischen Sinne* (1873) praktiziert einen Entlarvungsgestus. Eine emphatische (oder auch nur ernstgemeinte) Rede von Wahrheit sei, so Nietzsche, nichts weiter als ein Selbstmissverständnis, in der Regel der menschlichen Eitelkeit geschuldet. Eine solch emphatische Rede verlangt einen Blick von außen auf das menschliche Dasein, und in einer solch ›göttlichen‹ Situation sind wir als Menschen nun einmal nicht. Der Besitz des Intellekts sei nicht nur kein Grund, sich in einer Sonderstellung über der übrigen Natur zu wähnen, sondern auch innerhalb der menschlichen Welt liefere er keinesfalls ›wahres‹ Wissen von den Dingen selbst, weil und insofern er prinzipiell anthropozentrisch verfahre: »es giebt für jenen Intellekt keine weitere Mission, die über das Menschenleben hinausführte«.[4] Der Intellekt sei nichts weiter als ein Hilfsmittel zur Fristung des Daseins, und schon von daher kein Vehikel, dieses Dasein in irgendeinem Sinne zu transzendieren.

---

3 Peter Hacks: »Der Meineiddichter [1977]«, in: ders., Werke, Bd. 1-15, Berlin 2003, Bd. 13, 258-272, hier: 267.

4 Friedrich Nietzsche: »Ueber Wahrheit und Lüge im aussermoralischen Sinne [1873]«, in: ders., Sämtliche Werke. Kritische Studienausgabe in 15 Bänden, München 1999, Bd. 1, 873-890, hier: 875. – Verweise auf diese Schrift erfolgen in diesem Unterkapitel durch bloße Seitenangabe im laufenden Text.

»Schwächere, weniger robuste Naturen« (876) würden und müssten sich um diesen Charakter ihrer eigenen Stellung in der Natur und insbesondere des Status ihres Wissens täuschen. Sie müssten sich »als Subjekt und zwar als *künstlerisch schaffendes* Subjekt« (883) vergessen; sie könnten es gleichsam nicht aushalten, dass die Verbindlichkeit ihres Tun und Wissens ihre Absegnung nicht von der Natur (der Dinge) selbst bezieht, sondern dass sie selbst es sind und sein müssen, die für diese Verbindlichkeit gerade zu stehen haben. Solch schwächere Naturen finden ihre »Ruhe, Sicherheit und Consequenz« (883) nur, wenn und insofern sie sich an eine vermeintliche Autorität der Natur, genannt Wahrheit, abgeben.

Schon die Bezeichnungen der Dinge mit Worten seien »willkürliche Abgrenzungen« (879) mal dieser, mal jener Eigenschaft; wir wissen mit diesen Worten nichts von den Dingen selbst, sondern besitzen in ihnen »nichts als Metaphern der Dinge« (879). Und auch Begriffsbildung liefert keinesfalls ein Wissen von den Dingen selbst. Begriffe stehen eben nicht »für das einmalige ganz und gar individualisirte Urerlebniss« (879) ein, sondern entstehen aus solchem Anlass sofort durch Verallgemeinerung, und d.h.: »durch beliebiges Fallenlassen dieser individuellen Verschiedenheiten« (880).

Wahrheit sei damit nichts weiter als »ein bewegliches Heer von Metaphern«, die durch langen Gebrauch »verbindlich dünken« (880). Oder auch: »die Wahrheiten sind Illusionen, von denen man vergessen hat, dass sie welche sind« (880f.).

In diesen Ausführungen dokumentiert sich ein allgemeines Problem und Motiv. Unser Erkennen könne dem Individuellen und eigentlich Wirklichen nicht gerecht werden, insofern es eo ipso auf Verallgemeinerung beruhe und damit das je individuelle Ding als unzugänglich zurücklasse. Im Lichte der (philosophischen) abendländischen Tradition ist das tatsächlich ein massives Problem, insofern es eine Wissenschaft vom Individuellen eigentlich nicht geben kann. Wissenschaft zielt auf das Verallgemeinerbare, auf das, was sich im Wandel als Invariantes erhält. Also kann die Substanz, so der philosophische Terminus dieses Invarianten, eo ipso nicht individuell sein. Es gehört zum Geburtsmal abendländischer Wissenschaft, dass (z.B.) Sinnesdaten permanent wechseln und eben deshalb keine Wahrheitsgarantie übernehmen können. Andererseits bleibt das von Nietzsche beschworene Szenario, und also auch mögliche Lösungen, an sehr bestimmte, und keinesfalls alternativlose, Voraussetzungen gebunden. Dazu gehört die Grundannahme einer nominalistischen Ontologie, dass nur *individuelle* Dinge eigentlich wirklich sind; dazu gehört weiter die Grundidee, dass Wisseneinheiten (von Worten, Begriffen, Sätzen, ...) ihren Wirklichkeitsbezug ausschließlich über eine Referenzbeziehung realisieren könnten; und dazu gehört die

Grundidee, Begriffsbildung vollziehe sich durch »Weglassen« individueller Unterschiede. All das spricht Nietzsche in schönster Klarheit aus: »Das Uebersehen des Individuellen und Wirklichen giebt uns den Begriff, wie es uns auch die Form giebt, wohingegen die Natur keine Formen und Begriffe, also auch keine Gattungen kennt, sondern nur ein für uns unzugängliches und undefinirbares X.« (880)

Abgesehen davon, dass nicht recht verständlich wird, woher denn Nietzsche weiß, was die Natur selber kennt oder nicht kennt, gibt es all diesen Voraussetzungen gegenüber ganz andere Traditionslinien in der Philosophie. Beispielsweise entwirft Leibniz in der *Monadologie* ein Modell *individueller* Substanzen, also ein Modell jener begrifflichen Bastarde, die es traditionell gar nicht geben können kann. Monaden stehen zudem gerade nicht in einer Referenz-, sondern in einer Ausdrucks- resp. Projektionsbeziehung (was immer das heißen mag). Und in benachbarter Traditionslinie zieht etwa Cassirer aus der gleichen Beschreibung nicht den Schluss, dass unsere Begriffsbildung dem Individuellen nicht gerecht wird, sondern folgert gerade umgekehrt, dass unsere Begriffsbildung nicht durch »Weglassen« funktionieren kann.[5]

Nietzsches Ergebnis ist, dass jegliches Wissen prinzipiell anthropomorph ist, d.h. nach menschlichem Maß gemessen, nicht aber ein Wissen von den Dingen selbst: »Wenn Jemand ein Ding hinter einem Busche versteckt, es eben dort wieder sucht und auch findet, so ist an diesem Suchen und Finden nicht viel zu rühmen: so aber steht es mit dem Suchen und Finden der ›Wahrheit‹ innerhalb des Vernunft-Bezirks.« Des Menschen »Verfahren ist: den Menschen als Maass an alle Dinge zu halten, wobei er aber von dem Irrthume ausgeht, zu glauben, er habe diese Dinge unmittelbar als reine Objekte vor sich.« (883) Wohlgemerkt: Nietzsche kritisiert nicht den Anthropomorphismus all unseres Wissens, sondern er kritisiert, diesen Anthropomorphismus nicht wahr haben zu wollen.

Folgt man Nietzsche, dann kann der Mensch nicht anders, als metaphorisch (im oben erläuterten Sinne) zu erkennen: »Jener Trieb zur Metaphernbildung, jener Fundamentaltrieb des Menschen, den man keinen Augenblick wegrechnen kann, weil man damit den Menschen selbst wegrechnen würde.« (887) Doch dieses ›nicht anders können als‹ ist nicht lediglich eine pure Beschreibung oder Bestimmung dessen, was menschliches Erkennen sachlich ausmacht, sondern ist von vornherein normativ konnotiert.

Auffällig ist, dass Nietzsche hier eigens einen eigenen Trieb zur Metaphernbildung postuliert. Darin liegt, dass menschliches Erkennen offenbar nicht von

5 Vgl. Ernst Cassirer: Substanzbegriff und Funktionsbegriff. Untersuchungen über die Grundfragen der Erkenntniskritik [1910], Darmstadt [6]1990.

der Art ist, dass es in und mit dem menschlichen Lebensvollzug einfach stattfindet – dass menschlicher Lebensvollzug neben all dem, was er sonst noch sein mag, eben ein erkennender Lebensvollzug ist. Stattdessen müsse und könne das Auftreten des Erkennens im Lebensvollzug eigens erklärt werden. Der Intellekt war ja als ein Hilfsmittel zur Fristung des Daseins gedacht, und eben nicht als ein konstitutives Charakteristikum dieses Daseins. Der Mensch kann dieses Hilfsmittel nutzen und typischerweise nutzt er es auch. Im Prinzip könnte er es auch lassen und damit auf die spezifisch menschlichen Möglichkeiten der Daseinsbewältigung verzichten. Anders gesagt: Auch das Menschenjunge ist für Nietzsche zunächst einmal ein Tier wie jedes andere auch, welches freilich mit der besonderen Fähigkeit des Intellekts begabt ist. Diese Begabung kann und sollte er denn auch nutzen, wenn er sie denn schon hat, und tatsächlich nutzen sie die allermeisten Exemplare der Gattung auch. Im Prinzip könnten sie das auch lassen, aber das wäre sozusagen lebensunklug. Die Bezugnahme auf einen eigenen Trieb sichert zudem, dass eine solche gleichsam immer mitlaufende Entscheidung, sich überhaupt erkennend zur Welt zu verhalten, nicht als betonte, gar bewusste, einsichtsvolle Entscheidung realisiert sein muss, sondern diese Hinwendung zum erkennenden Verhalten ist nunmehr Realisation eines Triebes, mithin ein Getriebensein, das eher mit dem Menschen geschieht als dass er sich dazu entscheidet. Die Natur hat den Menschen gleichsam so ausgestattet, dass er dieses Minimum an Lebensklugheit normalerweise praktiziert, nämlich seine spezifische Begabung des Intellekts zu nutzen. Anders: Der Mensch hat den Entscheidungsspielraum, sich auch gegen die Nutzung des Intellekts wenden zu können, aber die Natur (also jener Trieb zur Metaphernbildung) nimmt ihm diese Entscheidung ab.

Im Rahmen dieses Szenarios nun insistiert Nietzsche darauf, dass die Befriedigung dieses Triebs, den Intellekt zu nutzen, eben nur und ausschließlich metaphorisches, sprich: anthropomorphes Wissen liefert, nicht aber eine Erkenntnis im (schlecht) emphatischen Sinne der Dinge selbst. Und damit wiederum kann der Mensch ganz unterschiedlich umgehen: Es gibt dann ein weites Spektrum zwischen den Polen des Vernünftlers und des Künstlers.

Der Vernünftler hält sich an (s)ein starres Begriffsgerüst. Diese Starrheit der Begriffe täuscht jene Autorität der Natur vor, die die Gesichertheit unseres Wissens ausmachen würde, wäre es denn nicht prinzipiell anthropomorph. Diese Starrheit sichert sogar die Unterscheidbarkeit zwischen Wachzustand und Traum: »An sich ist ja der wache Mensch nur durch das starre und regelmäßige Begriffsgespinst darüber im Klaren, dass er wache, und kommt eben deshalb mitunter in den Glauben, er träume, wenn jenes Begriffsgespinst einmal durch die Kunst zerrissen wird.« (887) Die Künstler dagegen lassen sich vom Intellekt nicht mehr täuschen. Sie wissen um die prinzipielle Metaphorik allen Wissens und gestalten dieses Wissen deshalb aktiv nach ihrem Gusto. Auch der künstlerisch eingesetzte Intellekt täuscht noch Wissen als wahres Wissen vor, aber der diesen Intellekt einsetzende Künstler weiß um diese Täuschung und genießt sie: »Der Intellekt, jener Meister der Verstellung, ist so lange frei, und seinem sonstigen Sklavendienste enthoben, als er täuschen kann, ohne zu *schaden* und feiert dann seine Saturnalien.« (888)

Die oben behauptete Normativität ist eine doppelstufige: Der Mensch *soll* seinen Intellekt einsetzen – alles andere wäre Lebensunklugheit. Dass er nicht wie ein Tier leben soll, wird ihm, so die Triebkonzeption, weitgehend von der Natur abgenommen. Dennoch scheint er hier nicht gänzlich aus der Verantwortung zu sein, denn im Prinzip könnte er jenen Trieb auch verkümmern lassen und sich zum Tier erniedrigen. Zentraler ist die zweite Stufe: Der ›starke‹ Mensch setzt seinen Intellekt in künstlerischer Weise ein, denn dann und nur dann verhält er sich noch seinerseits aktiv zu seinem Getriebensein und ist dadurch frei. Freiheit heißt nicht, jenes Getriebensein außer Kraft setzen zu können, sondern heißt, darum zu wissen, es positiv zu bewerten und zu genießen.

Terminologisch ist das bei Nietzsche der Unterschied von *Begriff* und *Intuition*: Während der Vernünftler von Begriffen geleitet ist, ist der Künstler von Intuitionen geleitet. »Jenes ungeheure Gebälk und Bretterwerk der Begriffe, an das sich klammernd der bedürftige Mensch sich durch sein Leben rettet, ist dem freigewordenen Intellekt nur ein Gerüst und ein Spielzeug für seine verwegensten Kunststücke: und wenn er es zerschlägt, durcheinanderwirft, ironisch wieder zusammensetzt, das Fremdeste paarend und das Nächste trennend, so offenbart er, dass er jene Nothbehelfe der Bedürftigkeit nicht braucht, und dass er jetzt nicht von Begriffen sondern von Intuitionen geleitet wird.« (888)

Nietzsches Wertung ist eindeutig: Der intuitive Mensch erntet, »inmitten einer Kultur stehend, bereits von seinen Intuitionen, ausser der Abwehr des Uebels eine fortwährend einströmende Erhellung, Aufheiterung, Erlösung« (889). Diese Wertung wird nur dadurch relativiert, dass der Künstler, mindestens in gewissen Zeitaltern, dazu neige, die Lebensnöte nicht mehr zu sehen und dann zum »überfrohen Held« gerät. Zudem »leidet er heftiger, *wenn* er leidet« (889). Und in solchen Zeiten des Leidens, da gilt es auch und vor allem für Nietzsche, vernünftig zu sein. Dann liefert »der stoische, an der Erfahrung belehrte, durch Begriffe sich beherrschende Mensch« ein wahres »Meisterstück der Verstellung ab«, denn er »trägt kein zuckendes und bewegliches Menschengesicht, sondern gleichsam eine Maske mit würdigem Gleichmaasse der Züge, er schreit nicht und verändert nicht einmal seine Stimme« (890).

3.1.2 Der systematische Kern

Zusammengefasst und systematisch zugespitzt lässt sich sagen, dass Nietzsche ein bestimmtes menschliches Verhalten – genauer: eine bestimmte Selbstinterpretation der eigenen Situation in der Welt – als eitel und schwächlich entlarvt; er empfiehlt dem Menschen einen anderen Umgang mit sich in der Welt. Die Spezifik liegt darin, dass Nietzsche die Diagnose resp. den Ausgangspunkt mit den von ihm kritisierten Positionen teilt, aber anders zu bewerten empfiehlt. So teilt er die Auffassung, wahre Wahrheit (Wahrheit im emphatischen Sinne) sei ein Blick von außen auf das menschliche Dasein. Nietzsche zieht alle erdenklichen Konsequenzen aus der Einsicht, dass wir Menschen einen solchen Standpunkt nicht haben bzw. nicht erreichen können, und Nietzsche ist gnadenlos, wenn es darum geht, anderen Konzeptionen und dem praktischen Verhalten seiner Mitmenschen vorzuführen, dass und wie sie offen oder klammheimlich dennoch einen solch göttlichen Standpunkt einzunehmen meinen. Aber er wechselt nicht den Wahrheitsbegriff selbst, und konsequenterweise ist sein eigenes Konzept – in gewisser Hinsicht: lediglich – eine Variation dessen, was er kritisiert. Man kann nur sagen, Wissen sei *bloß* anthropomorph und *bloß* metaphorisch, wenn und weil man damit zugleich mitsagt, dass es ›eigentlich‹ nicht so sein sollte. Wahrheit ist im Status eines unerreichbaren, schlecht-unendlichen Ideals – und Nietzsche empfiehlt ›lediglich‹, dass wir diesem Ideal nicht hinterher hetzen sollen.[6]

Und dass Nietzsche den Wahrheitsbegriff als solchen unangetastet lässt, gründet seinerseits in einem weiteren gemeinsam geteilten Grundsatz: Dass menschliches Erkennen von Welt eine allererst zu vollbringende Leistung, ein zu tätigender Akt sei, den man zum Zwecke der Lebensbewältigung vollbringt (vollbringen kann und vollbringen muss). Der Unterschied zum Tier liege eben darin, sich durch solche Akte vom Tier zu unterscheiden. Ein Menschenjunges *wird* erst zum Menschen.[7]

---

6 Und diese Position ist eben deshalb keineswegs selbstverständlich. Anders z.B. Meyer-Drawe: »Es wird nicht behauptet, dass wir an so etwas wie Wahrheit nicht herankämen, sondern Wahrheit selbst ändert sich. Sie ist nicht mehr das Absolute, sondern das Prekäre. Jedes Bedauern dieser Einsicht setzt eine absolute Wahrheit bereits voraus.« (Käte Meyer-Drawe: Leiblichkeit und Sozialität. Phänomenologische Beiträge zu einer pädagogischen Theorie der Inter-Subjektivität, München 1984, 21)

7 Die Alternative liegt darin, menschliche Tätigkeit als prinzipiell und immer schon andere als tierischen Lebensvollzug zu konzipieren. Insbesondere wäre menschliche Tätigkeit dann bereits als solche immer schon ein Verhältnis von Wissen und Tun

Im Rahmen der praktischen Philosophie heißt das, dass es mit Nietzsche kein fest gegebenes, schon gar kein fest vor-gegebenes Kriterium für ein gut gelingendes Leben gibt. Nietzsche bedauert das keineswegs, sondern begrüßt diese Einsicht vielmehr mit aller Entschiedenheit. Sie bedeutet nämlich, dass der Mensch selbst Verantwortung für sein Leben übernehmen muss, und Nietzsche stellt alle Sehnsüchte, ein solches Kriterium *übernehmen*, und nicht selbst schaffen zu wollen, sarkastisch bloß.

In diesem Sinne ist mit Nietzsche keinerlei Entfremdungstheorie zu gewinnen. Eine Entfremdungstheorie besagt, dass der Mensch unter den aktuellen Bedingungen nicht seinem eigentlichen Wesen gemäß lebt, sondern von diesem entfremdet ist. Diese Diagnose kann, je nach Position, kulturpessimistisch als zunehmende Verfallserscheinung interpretiert werden, oder fortschrittsoptimistisch als Aufforderung, diese Entfremdung dereinst wieder aufzuheben. Mit Nietzsche sind beide Wege verbaut. Wie immer es um die Gegenwart des Menschen bestellt sein mag, jedenfalls ist sie weder als Abfall von einem ursprünglich paradiesischen Zustand erklärbar noch als Unterwegs-sein zu einem zukünftigen glückseligen Nirgendwo. Aber da Nietzsche das Modell nicht grundsätzlich aufgibt, kennt er (wie klammheimlich auch immer) einen ›eigentlich‹ angemessenen Umgang mit der Gegenwart, den nur die Starken und somit die Heroen der Menschheit praktizieren.

3.2 DER VERZICHT AUF DIALEKTIK: BERGSON

> Wie kann die Intuition, die vor allem eine unmittelbare Erkenntnisart bezeichnet, eine Methode bilden, einmal vorausgesetzt, dass die Methode eine oder mehrere Vermittlungsschritte einschließt?[8]

Was immer die Lebensphilosophie sonst noch sein mag, sie ist sicher *auch* eine (philosophische) Reaktion auf die Evolutionstheorie.

(vgl. z.B. Aleksej N. Leont'ev: Tätigkeit, Bewußtsein, Persönlichkeit [1979], Köln 1982, 58f., 151; oder Georg Misch: *Aufbau Logik*, 79) Diese Traditionslinie ist wesentlich an den Namen Herder geknüpft (vgl. Johann G. Herder: Abhandlung über den Ursprung der Sprache [1772], Stuttgart 1966, insb. 60).

8 Gilles Deleuze: Henri Bergson zur Einführung [1989], Hamburg ^{2}1997, 25.

3.2.1 Ausgangslage: Die Evolutionstheorie

Die Einsicht, dass der Mensch schlicht ein Produkt der Naturgeschichte ist, konnte nicht ohne Auswirkung auf die Philosophie, insbesondere auf Anthropologie und Erkenntnistheorie bleiben. Bereits Marx hatte in den Feuerbach-Thesen zu Protokoll gegeben, dass die Annahme eines ahistorischen Wesens des Menschen nicht länger mehr glaubwürdig war; Nietzsche hatte die Moral und derart höhere Dinge als Menschenwerk ausgewiesen. In Bezug auf das menschliche Erkennen ist in der Zeit nach Hegel als zentrale Option wohl der Versuch anzusetzen, solche Fragen den (Natur-)Wissenschaften zu überantworten. Angesichts der Ergebnisse der Evolutionstheorie musste jede Rede von »apriorischen« Erkenntnismomenten, von »eingeborenen Ideen« ganz zu schweigen, anachronistisch wirken, schienen solche Reden doch einer ahistorischen Grundausstattung des menschlichen Erkenntnisapparates das Wort zu reden. »Zu den philosophischen Auswirkungen der Evolutionstheorie gehörte eine Abwendung von der kartesischen und kantischen Tradition hin zu einem Ansatz, dessen Kernpunkt die naturalistische Bestimmung des Bewusstseins war.«[9]

Die naturalistische Bestimmung menschlichen Erkennens weiß mit der Rede von »Bedingungen der Möglichkeit von« nichts mehr anzufangen. Sie nimmt apriorische Bestimmungen schlicht als gewordene, ihrerseits empirisch bestimmbare Voraussetzungen, deren Genese und sachliche Klärung getrost den Einzelwissenschaften überantwortet werden könne und müsse. Menschliches Erkennen, sei es Wahrnehmen, sei es Denken gilt als Organ des Körpers. Dieses Organ liefere nötige und nützliche Informationen für den Kampf ums Überleben, und darin liege allein der Wert des Wissens. Die traditionelle Rede von Wahrheit, verstanden als Übereinstimmung von Welt und ihrem Bild, ist in dieser Sicht der Dinge ein metaphysischer Aberglaube. Die ›Gültigkeit‹ des Wissens hängt an ihrer Nützlichkeit bzw. am praktischen Erfolg der angewandten Ergebnisse – Ende der Durchsage.[10]

Diese Grundposition ist nicht ohne Einspruch geblieben. Insbesondere der Neukantianismus hat darauf insistiert, dass Geltung von Wissen nicht auf Genese zu reduzieren sei. Bergson dagegen scheint die evolutionstheoretisch gefärbte Position im Prinzip zu teilen, nicht ohne jedoch entscheidende Änderungen vor-

9 Leszek Kolakowski: Henri Bergson. Ein Dichterphilosoph, München, Zürich 1985, 14. – Vgl. Frederik J. J. Buytendijk u. Helmuth Plessner: »Tier und Mensch [1938]«, in: ders., Politik – Anthropologie – Philosophie. Aufsätze und Vorträge, München 2001, 144-167.

10 Vgl. L. Kolakowski: *Bergson*, 14f.

zunehmen. Der zentrale Punkt liegt darin, dass Bergson in der Evolution ein schöpferisches Prinzip am Werke sieht. Die Entstehung des Lebens beispielsweise sei nicht einfach »ein zufälliges Nebenprodukt physikalischer Gesetze«;[11] gegen sich lediglich mechanisch vollziehende Vorgänge macht Bergson auch und gerade in der Evolution das Entstehen emergenter Phänomene geltend. Bergson merkt an, dass er selber an dieser Stelle seine Position verändert habe, sichtbar an einer unterschiedlichen Einschätzung des »Evolutionismus« von Spencer.[12] Man kann nun gewiss darüber streiten, ob dies noch eine Variante traditioneller Evolutionstheorie ist oder bereits ein Ausstieg.

In kritischer Absicht hat Rickert solcherart ›Weiterentwicklung‹ der Evolutionstheorie als zweite Stufe eines Biologismus interpretiert. Unabhängig von dieser Kritik (s.u., Kap. 3.7) sei ein solcher Schritt, wie ihn exemplarisch Bergson vollzieht, aber, durchaus *mit* Rickert, als eine Weiterentwicklung zu beurteilen. Die traditionelle Evolutionstheorie habe, so Rickert, die Biologie noch am Maß der Physik gemessen, während nunmehr die eigentümliche Spezifik der Biologie in den Blick gerate. In diesem Sinne ist die Lebensphilosophie, die nach Plessner durch die Betonung des »dämonisch Spielenden, unbewusst Schöpferischen« (im Unterschied zum rastlos Werdenden und Aufsteigenden des Entwicklungsparadigmas; Plessner, s.o., Kap. 2) charakterisiert ist, gebunden an eine spezifische Interpretation der Evolutionstheorie (s.u., Kap. 3.4.2, 5.1.3).

3.2.2 Intuition und Analyse

In seinem Aufsatz *Einführung in die Metaphysik* (1903) unterscheidet Bergson von vornherein zwei verschiedene Erkenntnisweisen, die man die analytische und die metaphysische nennen könnte: »Die erste geht gleichsam um ihren Gegenstand herum, die zweite dringt in ihn ein. Die erste hängt von dem Gesichtspunkt ab, den man einnimmt, und von den Symbolen, mit denen man sich ausdrückt. Die zweite hängt von keinem Gesichtspunkt ab und ist auf kein Symbol angewiesen. Von der ersten Art kann man sagen, dass sie beim *Relativen* stehen bleibt, von der zweiten, dass sie da, wo sie möglich ist, das *Absolute* ergreift.«[13]

---

11 Ebd., 16.

12 Vgl. Henri Bergson: Denken und schöpferisches Werden. Aufsätze und Vorträge, hrsg. v. Friedrich Kottje, Meisenheim/a.G. 1948, 22-24.

13 Henri Bergson: »Einführung in die Metaphysik [1903]«, in: ders., Denken und schöpferisches Werden. Aufsätze und Vorträge, Meisenheim/a.G. 1948, 180-225, hier: 180f. – Verweise auf diese Schrift erfolgen in diesem Unterkapitel durch bloße Seitenangabe im laufenden Text.

Der Unterschied zwischen beiden Erkenntnisweisen sei in etwa der Unterschied, der zwischen den zahlreichen Photographien einer Stadt und dem Eindruck eines Spaziergängers von der Stadt besteht. Die Anhäufung noch so vieler und noch so guter Photographien könnten den »plastischen« und lebendigen Original-Eindruck »niemals erreichen« und bliebe in diesem Sinne »immer unvollkommen« (182f.). Daraus folgt, »dass ein Absolutes nur in einer *Intuition* gegeben werden kann, während alles übrige zum Bereich der *Analyse* gehört. Wir bezeichnen hier als Intuition die *Sympathie*, durch die man sich in das Innere eines Gegenstandes versetzt, um mit dem, was er Einzigartiges und infolgedessen Unaussprechliches an sich hat, zu koinzidieren.« (183)

Die Analyse ist notwendigerweise an einen Gesichtspunkt gebunden und damit an eine Vielheit von Gesichtspunkten. Eben darin ist sie »unvollkommen«, weil es immer noch andere Gesichtspunkte gibt, aus denen heraus der jeweilige Gegenstand betrachtet werden kann. Demgegenüber ist die Intuition, falls sie denn möglich ist, »ein einfacher unteilbarer Akt« (184). Oder anders: Analyse ist eine *Übersetzung* (des Gegenstandes in unser Wissen) vermittels von Symbolen, während eine Intuition ein unmittelbares *Schauen* wäre. »Die Metaphysik ist also die Wissenschaft, die sich aller Symbole zu entledigen sucht.« (184)

Bergson beharrt darauf, dass die Möglichkeit intuitiver Erkenntnis nicht nur eine gedankliche Forderung ist, sondern dass es mindestens einen Gegenstand gibt, den »wir alle von innen her durch Intuition und nicht durch einfache Analyse erfassen« (184), nämlich unser eigenes Ich. Mit anderen Gegenständen mag es sich wie auch immer verhalten, »aber wir sympathisieren sicher mit uns selbst« (184).

Nun kann man dieses Ich *auch* analysieren, und die Psychologie tut genau das. Daher kann man die Spezifika von Analyse und Intuition an diesem Gegenstand auch besonders gut, gleichsam paradigmatisch, herausstellen. Eine Analyse des Ich betrachtet das Bewusstsein als eine Reihe von (diskreten) Zuständen. Weil und insofern der Bewusstseinsstrom in der Analyse symbolisch bzw. begrifflich repräsentiert wird, trifft all das zu, was schon anhand von Nietzsche herausgestellt wurde. Die symbolisierten Einheiten des Bewusstseins sind qua Symbolisierung Verallgemeinerungen. Symbole passen eo ipso auf eine »Unzahl von Dingen« (189) und können daher der je eigenen Individualität nicht gerecht werden (vgl. 192). Bergson vergleicht die Symbole mit »Konfektionskleidern, die dem Peter genau so gut wie dem Paul passen, weil sie weder dem einen noch dem anderen auf den Leib zugeschnitten sind« (197).

Der für Bergson wesentliche Punkt des analytischen Verfahrens liegt darin, dass Symbole das durch sie Symbolisierte als unbeweglich fassen. Das ist nur eine andere Formulierung dessen, was *Analyse* für Bergson meint: Symbole, im

Sonderfall Begriffe, sind Verallgemeinerungen und lassen als Verallgemeinerungen das Veränderliche weg. Für die Dauer der Analyse wird das Symbolisierte insofern als mit sich selbst gleichbleibend, als einfache Einheit gesetzt. Aus dem Werden wird im Symbol ein gewisser »Durchschnitt der Qualität extrahiert, den ich als unveränderlich vorausgesetzt habe« (202). Andererseits entspringt in dieser Operation die allgemeine Vorstellung der Zeit, die aber als ebenso abstrakt und unbeweglich gesetzt ist, gleichsam als Behälter, in dem Veränderungen vor sich gehen. Tatsächlich aber sei kein einziger Zustand des Bewusstseins diskret, sondern immer durch seine Vergangenheit infiziert und auf seine Zukunft hin geöffnet. »Ohne dieses Überleben des Vergangenen im Gegenwärtigen gäbe es keine Dauer, sondern nur eine Augenblicklichkeit.« (201)

Folgt man Bergson, dann gehört es also zur spezifischen Qualität eines Bewusstseinsmomentes, das es auf vorherige und zukünftige Bewusstseinsmomente verweist. Deshalb ist die Zeitlichkeit des Bewusstseins die der so genannten »Dauer«, und nicht einfach die eines bloßen Nacheinander von Zuständen oder Augenblicken. Die Erkenntnis dieser Dauer muss daher prinzipiell mit der symbolisch vermittelten Analyse brechen, um das »Original selber unmittelbar zu erfassen« (197, vgl. 198). Analyse und Intuition erfüllen verschiedene Aufgaben. Dabei ist die Intuition insofern grundlegend, als man das Original nicht durch seine analytisch unterschiedenen Teile wieder zusammensetzen kann. Das kann man so wenig, wie man aus den einzelnen Buchstaben eines Gedichts dieses Gedicht wieder zusammensetzen kann ohne es bereits zu kennen. »Wir können es nicht oft genug wiederholen: von der Intuition kann man zur Analyse übergehen, aber nicht von der Analyse zur Intuition.« (203)

Im Folgenden geht es darum, genauer darzustellen, was Bergson unter Bewegung, Zeit und Dauer versteht, um anhand dessen besser zu verstehen, was für ihn den Unterschied von Analyse und Intuition ausmacht. Bergson gewinnt daran immerhin eine prinzipielle Unterscheidung von Einzelwissenschaft und Metaphysik. So bedenkenswert dieses Ergebnis ist – immerhin wären die Philosophen dann noch anderes als die Spezialisten für den Spezialfall des Allgemeinen –, so offen wird dann noch sein, ob die Begründung (und damit die konkrete Bestimmung) dieses Unterschieds überzeugend ist. Dass man in etwas eindringen könne, um es ebendort absolut zu ergreifen, ist vielleicht doch mehr der Wunschgedanke eines Voyeurs. Und wie sollte Bergson uns von der Realisierbarkeit dieses Gedankens überzeugen können? Wie soll intuitives Wissen anderen mitteilbar sein, wenn es per Definitionem durch Symbolisierung zerstört wird? – Doch was ist laut Bergson die Sachlage?

3.2.3 Zenons Paradoxien

Was hier für Zeit und Bewegung gesagt wurde, gilt nach Bergson für Bewusstseinszustände generell. Kolakowski hat es sehr schön auf den Punkt gebracht: »Alle einfachen psychologischen Tatsachen sind reine Qualitäten.«[14] Wenn wir beispielsweise zwei verschiedene Zustände von Ärger betrachten, dann können wir diese Zustände durchaus miteinander vergleichen. Wir sprechen dann etwa von einem größeren oder kleineren Ärger. Aber damit drücken wir aus, dass der Ärger jeweils ein anderer war, und wir meinen nicht, dass es sozusagen Grundeinheiten eines immer gleichen Ärger gibt, von denen wir bei einem größeren nur mehr aufgehäuft hätten. Und Analoges gelte für die Zeit und für die Bewegung.

Das Beispiel der Bewegung (und das nahe verwandte der Zeit) ist gleichsam einer Doppelbelastung ausgesetzt: Es ist ein *Beispiel* für einen spezifischen Bewusstseinszustand, und zugleich liefert die inhaltliche Bestimmung gerade dieses Inhalts *Bewegung* das Argument dafür, was einen Bewusstseinszustand zu einem Bewusstseinszustand macht. Klar ist nämlich, dass das Bewusstsein in Bewegung ist insofern seine Zustände permanent wechseln. Also gilt auch für das Verhältnis des Bewusstseins zu seinen Zuständen das, was die Bestimmung von Bewegung ergibt.[15]

Folgt man Bergson, so sind wie der Ärger auch die wirkliche Zeit der Gegenwart und eine Bewegung je einzige unteilbare Qualitäten, die nicht auf eine Anzahl von Einheiten zurückführbar sind.[16] Das jedenfalls ist die Antwort, die er

---

14 L. Kolakowski: *Bergson*, 23.

15 Königs Buch zum *Begriff der Intuition* beginnt mit diesem Problem: »Unsere Bestimmung des Begriffs der Intuition ist selbst eine Intuition.« (J. König: *Intuition* [1926], 3)

16 »Folgendes wäre das erste Ergebnis dieser Anstrengung: *wir müssen uns jede Veränderung und jede Bewegung als absolut unteilbar vorstellen.* – Beginnen wir mit der Bewegung. Meine Hand befindet sich in Punkt A, ich bewege sie zum Punkt B und durchlaufe dabei das Intervall AB. Ich behaupte, dass diese Bewegung von A nach B etwas schlechthin Einfaches ist. Jeder von uns hat davon eine unmittelbare Empfindung. Zweifellos können wir sagen, dass wir unsere Hand bei der Bewegung von A nach B bei einem dazwischen liegenden Punkte anhalten könnten, aber dann hätten wir es nicht mehr mit derselben Bewegung zu tun. Es wäre dann nicht mehr eine einzige Bewegung von A nach B; es gäbe dann nach Voraussetzung zwei Bewegungen mit einer dazwischen liegenden Ruhepause.« (Henri Bergson: »Die Wahrnehmung

auf die berühmten Zenonischen Paradoxien gibt. Achill tritt gegen eine Schildkröte zum Wettrennen an. Das geht gegen die sportliche Fairness, denn eine Schildkröte zeichnet sich bekanntermaßen von Natur aus durch eine gewisse Gemütlichkeit in der Vorwärtsbewegung aus, während Achill der schnellste Läufer Griechenlands ist. Also gibt Achill, edel und heldenhaft, der Schildkröte einen Vorsprung – und schon hat er verloren. Er kann sie nämlich jetzt niemals mehr einholen! Denn wenn Achill dort angekommen ist, wo die Schildkröte losgelaufen ist, ist diese ja selber bereits ein Stück weiter gekommen. Na, kein Problem, denkt unser Held. Also laufe ich schnell dorthin, wo die Kröte jetzt ist. Aber ›Ätsch‹, da wiederholt sich nur das gleiche Spiel, denn wenn Achill *dort* ankommt, ist sie ja wiederum schon weg. Der Vorsprung wird immer kleiner, aber er bleibt immer ein noch so kleines Stück bestehen. – So weit eine der Geschichten, die der Eleat Zenon erzählt hat.

Nun wissen wir alle, dass das nicht stimmt, und man sollte vielleicht davon ausgehen, dass auch Zenon das wusste. Man muss nicht Achill sein, um so eine schleichende Schildkröte einzuholen. Dennoch knabbert das geistige Abendland seitdem an diesem Problem. Es sind im Kern zwei Fragen, die bis heute ganz unterschiedlich beantwortet werden. Zum einen: Was wollte uns der Autor eigentlich damit sagen? Was ist die Botschaft? Die Standardantwort ist hier, dass Zenon dartun wollte, dass es Bewegung nicht wirklich gibt. Eine sogenannte eleatische Welt sei eine ruhende Welt. Wer diese Antwort gibt, der macht die Paradoxien zu einer mehr oder weniger netten Marotte. Sie werden dann zu einer Art Denksportaufgabe, aber als Indikator eines tatsächlichen philosophischen Problems haben sie ausgedient. Es ist die Antwort von ernsthaften Pragmatikern und die von Naßforschen, die immer schon wissen, dass es Bewegung nun doch wirklich gibt und »also« Zenon Unsinn redet. Diese Traditionslinie beginnt bereits in Griechenland. Die Legende erzählt, dass nach dem Vortrag Zenons Diogenes von Sinope, ein Kyniker, aufgestanden sei und still durch den Raum gegangen ist. Auch der glaubte offenbar, Zenon wolle die Wirklichkeit von Bewegung leugnen, wogegen man doch einfach sehen könne, dass er sich jetzt gerade bewegt. Die Legende erzählt allerdings weiter, »dass, als ein Schüler mit dieser Widerlegung zufrieden war, Diogenes ihn prügelte«.[17]

Die grundsätzlich andere Antwort auf diese erste Frage lautet, dass Zenon auf prinzipielle Schwierigkeiten aufmerksam machen wollte, in die wir dann ge-

---

der Veränderung [1911]«, in: ders., Denken und schöpferisches Werden. Aufsätze und Vorträge, Meisenheim/a.G. 1948, 149-179, hier: 162)

17 Hegel: *Werke*, Bd. 18, 306.

raten, wenn wir Bewegung denken oder darstellen.[18] Innerhalb dieser Traditionslinie gibt es die dialektische Variante: Eine durch Treue gekennzeichnete Liaison zwischen den Konzepten *Bewegung* und *Widerspruch*, kulminierend bei Hegel, der Bewegung als »daseienden Widerspruch« bestimmte.[19]

Bergson weiß mit der dialektischen Rede von Widersprüchen nichts anzufangen. Im Prinzip ist er zunächst durchaus in derselben Traditionslinie zu verorten, nämlich in jener, die auf grundsätzliche Probleme hinweist, Bewegung zu *denken*.[20] Immerhin bestimmt er *Bewegung* als ein spezifisches Beispiel eines Bewusstseinszustandes und nicht als ontischen Sachverhalt. Jedoch sind seine Formulierungen nicht immer eindeutig; manchmal suggeriert er auch, dass schon Zenon die Wirklichkeit der Bewegung bestreiten, und nicht Probleme von deren Darstellung aufzeigen wollte. Wie dem auch sei. In jedem Fall aber ist seine Interpretation eines *intuitiven* Zugriffs ein entschiedener Versuch, die, so Dialektiker: notwendige, Widersprüchlichkeit der (Darstellung von) Bewegung los werden zu wollen. Gegenstand der Intuition ist Bewegung als etwas schlechthin Einfaches, als absolut unteilbar; demgegenüber ist der Verstand für die Vielfalt zuständig, die entsprechend als *bloß* quantitativ gilt. Die dialektische Variante geht dagegen davon aus, dass die Eine Bewegung ein in sich Vielfältiges ist.

Die andere Frage lautet, woran denn das Zenonsche Argument krankt. Was ist der eigentliche gedankliche Fehler, der zu jenem falschen Beweis führt, Achill könne die Schildkröte nicht einholen? Hier ist die Standardantwort, dass es nicht weiter lohne, sich mit diesen Paradoxien ernsthaft zu beschäftigen, da die Mathematik mit der Infinitesimalrechnung ein befriedigendes Verfahren der Operationalisierung des Unendlichen gefunden habe. Bergson gehört zu denen, die sich nicht ausreden lassen wollen, dass das philosophische Problem der Bewe-

---

18 Vgl. etwa Enrico I. Rambaldi: »Bewegung«, in: Europäische Enzyklopädie zu Philosophie und Wissenschaften, hrsg. v. Hans Jörg Sandkühler, Hamburg 1990, Bd. 1, 378-389.

19 »Man muss den alten Dialektikern die Widersprüche zugeben, die sie in der Bewegung aufzeigen, aber daraus folgt nicht, dass darum die Bewegung nicht ist, sondern vielmehr, dass die Bewegung der *daseiende* Widerspruch selbst ist.« (Hegel: *Werke*, Bd. 6, 76; vgl. Renate Wahsner: »Bewegung«, in: Enzyklopädie Philosophie. In drei Bänden mit einer CD-ROM, hrsg. v. Hans Jörg Sandkühler, Hamburg 2010, Bd. 1, 168-273).

20 Vgl. z.B. Henri Bergson: *Denken und Werden*, 28.

gung dennoch und weiterhin besteht.[21] Und seine Antwort auf diese zweite Frage ist die oben aufgezeigte. Zenons Geschichte unterstellt, dass Bewegung auf Teileinheiten zurückgeführt werden kann, aus denen sie sich zusammensetzt. Und *dagegen* setzt er, dass Bewegung ein einziger unteilbarer Akt, eine unteilbare Qualität sei. Die Bewegung als solche sei die ursprüngliche Wirklichkeit, und Bewegung sei nicht zu verstehen als ein Nacheinander von Zuständen (die dann notwendig Ruhezustände wären).

Anders ausgedrückt: Bergson beharrt darauf, dass das Problem der Bewegung nicht damit erledigt ist zu sagen, dass zu dem einen Zeitpunkt dies gegeben sei und in einem anderen Zeitpunkt jenes.[22] Am Beispiel der Ortsbewegung: Es reicht nicht (ja, es ist falsch) zu sagen, Ortsbewegung sei, dass ein Körper zum Zeitpunkt t am Ort A sei und zum Zeitpunkt t+1 am Ort B. Vielmehr müsse gerade das *Übergehen* von A nach B erklärt werden.[23]

3.2.4 Die Spezifik Bergsons im Vergleich zu Nietzsche

Dass Bergson ein ähnliches Problemfeld behandelt wie Nietzsche im oben dargestellten Text, dürfte deutlich sein. Beiden geht es offenbar darum, wie wir der Individualität des Individuellen erkennend gerecht werden können. Umso bemerkenswerter sind die Unterschiede, die fein, aber grundsätzlich sind.

Bergson entdeckt im Bewusstsein das Paradigma eines Gegenstandes, das sinnvollerweise nicht in nominalistischer Ontologie gefasst werden könne. Nach nominalistischer Doktrin gibt es nur individuelle Entitäten; Relationen zwischen diesen Individua dagegen ›gibt‹ es nur, insofern vermögende Betrachter solche Relationen herstellen. Es mache jedoch, so Bergson, die Individualität individuierter Bewusstseins›zustände‹ aus, nicht allein aus sich heraus zu sein, sondern

21 Vgl. ergänzend zu dem oben Dargestellten etwa ebd., 25ff.; H. Bergson: *Wahrnehmung* [1911], 161f.; Henri Bergson: Materie und Gedächtnis. Eine Abhandlung über die Beziehung zwischen Körper und Geist [1896], Hamburg 1991, 187ff.

22 Vgl. Henri Bergson: *Denken und Werden*, 25f.

23 Anders Russell: »Früher dachte man, wenn sich etwas verändert, muss es sich in einem Zustand der Veränderung befinden, und wenn sich etwas bewegt, muss es sich in einem Zustand der Bewegung befinden. Heute weiß man, dass diese Ansicht falsch ist. Bewegt sich ein Körper, so lässt sich darüber nur aussagen, dass er sich zu dem einen Zeitpunkt an dem einen Ort und zu dem anderen Zeitpunkt an einem anderen Ort befindet.« (Bertrand Russell: »Die Mathematik und die Metaphysiker [1901]«, in: Kursbuch 8 (1967), 8-25, hier: 15); vgl. kritisch dazu Michael Wolff: Der Begriff des Widerspruchs. Eine Studie zur Dialektik Kants und Hegels, Königstein/Ts. 1981, 30f.

durch vergangene Zustände infiziert und für zukünftige offen zu sein: »Bewusstsein bedeutet Gedächtnis«.[24] Insofern gibt es hier Relationen zwischen den individuierten Bewusstseinsmomenten, die die Sache selbst mit ausmachen. Und hierin liegt die Verschiebung im Wirklichkeitsbegriff von Bergson gegenüber jenem Nietzsche-Text. Bei und für Bergson ist das eigentlich und wahre Wirkliche nicht das Individuelle, sondern das Veränderliche.[25] Für die Gegenstände des Verstandes (resp. der Analyse) dagegen teilt er die Grundannahmen der nominalistischen Ontologie, und insofern teilt er auch mit Nietzsche den Ausgangspunkt. Bergson stellt die nominalistische Ontologie nicht grundsätzlich in Frage, sondern schafft einen Sonderweg, auf dem sie nicht gelte.

Vordergründig behauptet Bergson einfach eine eigene Erkenntnisweise, die diesseits oder jenseits aller symbolisch vermittelten Erkenntnis den Gegenstand in Wahrheit erreicht. Nur so betrachtet, hätte Nietzsche leicht und gut spotten. Bergson wäre, bloß so gesehen, auch nichts weiter als einer jener Schwächlinge, die immer noch davon träumen, die prinzipielle Metaphorik unseres Erkennens unterlaufen zu können. Jedoch ist Bergson im Vergleich zu Nietzsche nicht einfach nur trotzig, sondern verschiebt die Diskussionsgrundlage: Er hat einen anderen Begriff des Individuellen und insofern behauptet er nicht einfach nur, dass das gehen würde, was Nietzsche bestreitet.

Bergson beharrt auf einem prinzipiellen (methodischen) Unterschied zwischen Einzelwissenschaft und Metaphysik. »Die der Metaphysik innewohnenden Schwierigkeiten [...] kommen zum größeren Teil daher, dass wir auf die reine Erkenntnis des Wirklichen die Verfahrensweisen anwenden, die uns bei der Verfolgung praktischer Ziele geläufig geworden sind.«[26] Metaphysik zielt überhaupt nicht auf einen praktischen Zweck,[27] aber »was sie an Nützlichkeit und an Schärfe gegenüber der Wissenschaft verloren hat, wird sie an Tragweite und Ausdehnung wieder gewinnen«.[28] Der logische Kern jener falschen Übertragung liegt darin, »dass wir die Wirklichkeit, die Tendenz und infolgedessen die Beweglichkeit aus den Wahrnehmungen und Begriffen, deren Funktionen es ist, sie zu fixieren, zusammensetzen zu wollen. Aus Ruhepunkten, und mögen sie noch so zahlreich sein, wird man niemals etwas Bewegliches machen; wenn man dage-

24 H. Bergson: *Metaphysik* [1903], 185.

25 Vgl. ebd., 203.

26 Ebd., 212.

27 Vgl. ebd., 200f.

28 Ebd., 214.

gen vom Beweglichen ausgeht, kann man in Gedanken soviel Ruhepunkte daraus ableiten, wie man will.«[29]

Dennoch bleibt natürlich die Frage, was denn ein Hineinversetzen in den Gegenstand *selbst* sein soll, und das gar in Unmittelbarkeit. Und auch umgekehrt: Falls es denn so ist, dass man gedanklich beliebig viele Ruhepunkte ableiten kann, wenn man nur von der Beweglichkeit des Wirklichen ausgeht, warum tut das dann der so genannte »gesunde Menschenverstand« nicht. Worin liegt denn dann sein Zwang, mit »starren Begriffen« zu operieren, gar operieren zu müssen? Worin liegt sein Zwang zur nominalistischen Ontologie?

3.3 DER VERZICHT AUF HEITERKEIT: SIMMEL

> Es ist ausgerechnet der feinsinnige Simmel, in dessen Denken sich der Übergang von lebensphilosophischer Thanatologie zu vitalistischer Weltkriegsbegeisterung am glattesten vollzieht.[30]

Auch Simmel verhandelt in *Der Begriff und die Tragödie der Kultur* (1911) das Thema Starrheit vs. Lebendigkeit unserer Weltaneignung. Jedoch kehrt er (im Vergleich mit Nietzsche und Bergson) in gewisser Hinsicht die Perspektive um. Sein Problem ist nicht, dass unser verständiges Erkennen mit starrer Begrifflichkeit bzw. Symbolik operiert, sondern dass individuelle Weltaneignung, die durchaus als lebendig gilt, in überindividuellen objektiven Gebilden gerinnt und darin eine beharrende Existenz bekommt, die sich der »strömenden Lebendigkeit [...] der subjektiven Seele entgegenstellt«.[31] Weit diesseits einer spezifisch lebensphilosophischen Position greift Simmel damit Motive von Hegel, Marx und Dilthey auf, die, wie unterschiedlich auch immer, ein Konzept des *objektiven Geistes* verfolgten, gerichtet gegen die Robinsonaden des einsam-einzelnen Erkenntnishelden, der allein aus sich heraus Bedeutungen schafft. »Die Objektivität des geistigen Inhaltes, die ihn von allem Aufgenommen- oder Nicht-Aufgenommenwerden unabhängig macht, fällt hier auf die Seite seiner Produktion: gleichviel was die Einzelnen gewollt oder nicht gewollt haben, das fertige Ge-

29 Ebd., 213.

30 J. Große: *Tod*, 111.

31 Georg Simmel: »Der Begriff und die Tragödie der Kultur [1911]«, in: ders., Gesamtausgabe, Frankfurt/M., Bd. 12 (2001), 194-223, hier: 194.

bilde, rein körperlich realisiert, von keinem Geiste mit seiner jetzt wirksamen Bedeutung gespeist, besitzt sie dennoch und kann sie in den Kulturprozess weitergeben.«[32] Die konkrete Durchführung bricht dann jedoch mit Einsichten Hegels.

3.3.1 Der Befund

Der Ausgangspunkt Simmels ist durchaus der von Nietzsche und Bergson schon bekannte. Das zunächst als fraglos genommene Weltverhältnis des Menschen ist ein praktisches Nützlichkeitsverhältnis, in dem der Mensch bestimmte Mittel zur Erreichung seiner Zwecke einsetzt. Bei Simmel ist das nicht am Beispiel der Sprache oder des (wissenschaftlichen) Erkennens dargestellt oder gar auf solche Beispiele eingeschränkt, sondern von vornherein auf Kultur überhaupt bezogen. »Dass der Mensch sich in die natürliche Begebenheit der Welt nicht fraglos einordnet, wie das Tier, sondern sich von ihr losreißt, sich ihr gegenüberstellt, fordernd, ringend, vergewaltigend und vergewaltigt – mit diesem ersten großen Dualismus entspinnt sich der endlose Prozess zwischen dem Subjekt und dem Objekt«[33] – so gleich der erste Satz des Textes. Und dieser grundlegende Dualismus hat sein Entsprechungsstück »innerhalb des Geistes«, nämlich zwischen der strömenden Lebendigkeit des subjektiven Geistes (»Seele«) und dem in objektiven Gebilden geronnenen Geist. Dieser zweite Dualismus gründet nicht in *inhaltlicher* Entfremdung, denn als Unterscheidung innerhalb des Geistes ist der objektivierte Geist »als Geist dem Geiste innerlich verbunden«. Die »unzählige[n] Tragödien« entspringen aus dem Gegensatz der Form, nämlich aus der »Form der Festigkeit« jener geronnenen Gebilde. Tragödien entspringen »zwischen dem subjektiven Leben, das rastlos, aber zeitlich endlich ist, und seinen Inhalten, die, einmal geschaffen, unbeweglich, aber zeitlos gültig sind«.[34]

Kultur sei nun der in diesem Dualismus gründende tragische Weg der Seele zu sich selbst,[35] der notwendigerweise über jene objektiven Gebilde gehen muss: »Kultur ist der Weg von der geschlossenen Einheit [der Seele] durch die entfaltete Vielheit [der geistigen Gebilde] zur entfalteten Einheit.«[36] Ganz folgerichtig sind und bleiben das »endliche Versuche, eine unendliche Aufgabe zu lösen«.[37]

32 Ebd., 215.

33 Ebd., 194.

34 Ebd.

35 Vgl. ebd.

36 Ebd., 196; vgl. 197ff.

37 Ebd., 199.

Dieser Weg kommt allein dadurch zustande, dass alles bereits »in den Keimkräften der Persönlichkeit angelegt« ist.[38] Das Tragisch-Melancholische liegt darin, dass die Seele diesen Weg gehen *muss*, um sich selbst zu erkennen, aber nur eine zahllose Anzahl je unzulänglicher Versuche dazu starten kann: »unvollendbare, oder wenn vollendet, immer wieder abgerissene Brücken«[39]. Im Grundszenario Simmels ist die Selbsterkenntnis der Seele ein Prozess schlechter Unendlichkeit.

Der Prozess der Selbsterkenntnis samt seiner Permanenz (= die Unendlichkeit des Prozesses) gilt in dieser Denkfigur nicht als etwas, was das Leben der Seele ausmacht, sondern gilt als infinitesimale Annäherung an die Seele. In dieser Interpretation schlummert also die Idee, dass die Seele rein für sich gegeben ist, und dass sie dann, *auch noch*, jenen Weg der Selbsterkenntnis einschlägt. Und darin liegt dann die weitere Idee, dass der Weg der Selbsterkenntnis über die objektivierten geistigen Gebilde eigentlich ein Umweg ist, der jedoch – leider oder zum Glück, je nach Wertung – nötig ist, um überhaupt zur Selbsterkenntnis der Seele zu kommen. Daher spricht Simmel konsequenterweise von »Tragödie«: Jener Umweg ist nötig, kommt aber tragischerweise nicht ans Ziel. Heldenhafte Seelen machen dann trotzdem weiter – was sich nur im Modus der Melancholie vollziehen kann.

Im letzten von Simmel veröffentlichten Buch – in *Lebensanschauung. Vier metaphysische Kapitel* von 1918 – ist die Figur der schlechten Unendlichkeit deutlich relativiert, wenn auch nicht gänzlich überwunden. Simmel spricht selbst aus, was auch ihm nun nicht mehr überzeugend zu sein scheint: »Man hat hierin eine Denkschwierigkeit gefunden, als wäre das Ich sozusagen immer auf der Jagd nach sich selbst, ohne sich je einholen zu können. Allein sie verschwindet, sobald man das Übergreifen über sich selbst als das Urphänomen des Lebens überhaupt erfasst hat.«[40]

Simmels Ausführungen beziehen sich jetzt nicht mehr nur auf den Prozess der Selbsterkenntnis der Seele, sondern auf die »Existenzart« des Lebens – auf »die gleiche Form«,[41] wie sie sich paradigmatisch am Selbstbewusstsein zeigt oder auch am ethischen Willensproblem. Das, was Leben ausmacht, nennt Simmel die »Transzendenz des Lebens« und bezeichnet damit ein Hinausgreifen des Lebens über sich selbst. Der Lebensprozess ist ein Grenzsetzungsprozess, zu

38 Ebd., 196.

39 Ebd., 198.

40 Georg Simmel: »Lebensanschauung. Vier metaphysische Kapitel [1918]«, in: ders., Gesamtausgabe, Frankfurt/M., Bd. 16 (1999), 209-425, hier: 223f.

41 Ebd., 224.

dem eben deshalb das Sich-selbst-Überschreiten der je aktualisierten Grenze gehört. Und dieses Hinausgreifen des Lebens über sich selbst komme nicht zum Sein der Existenzart *Leben* hinzu, sondern mache das Sein des Lebens aus: dem Leben ist »die Transzendenz immanent«.[42]

Am Beispiel des geistigen Lebens: »Dass wir unser Wissen und Nichtwissen selbst wissen und auch dieses umgreifende Wissen wiederum wissen und so fort in das potentiell Endlose – dies ist die eigentliche Unendlichkeit der Lebensbewegung auf der Stufe des Geistes. Hiermit ist jede Schranke überschritten, aber freilich nur dadurch, dass sie gesetzt ist, dass also etwas zu überschreiten da ist.«[43] Diese »Übergipfelung«[44] über sich selbst ist hier also deutlich nicht lediglich Mittel des Geistes, um zu sich zu gelangen, sondern ist das geistige Leben selbst. Hier besteht, mindestens dem Anliegen nach, ein grundsätzlicher Unterschied und »eine der wichtigsten Neuerungen« der Simmelschen Konzeption von Lebensphilosophie gegenüber Nietzsche und Bergson. Simmel beharrt darauf, dass die (u.a. begriffliche) Formung des Lebens keine »Verbiegung des Lebens« bedeutet, sondern dem Leben selbst zugehört.[45]

Damit geht jedoch eine grundlegende logische Schwierigkeit einher. Zum Sein des Lebens gehört jetzt intrinsisch ein Moment, das dem, was Leben auch/ eigentlich ist, widerspricht. In der früheren Version war das kein logisches Problem, weil dieses Moment eben nicht zum Leben selbst gehörte, sondern ›nur‹ ein Mittel der Selbsterkenntnis des Geistes war. In Simmels eigenen Worten: »Das geistige Leben *kann*, wie ich andeutete, gar nicht anders, als sich in irgendwelchen Formen dartun: in Worten oder Taten, in Gebilden oder überhaupt Inhalten, in denen sich die seelische Energie jeweils aktualisiert. Aber diese Ausformungen seiner Gebilde haben in dem Augenblick des Entstehens schon eine sachliche Eigenbedeutung, eine Festigkeit und innere Logik, mit der sie sich dem Leben, das sie gestaltete, entgegensetzen, denn dieses ist ein rastloses Weiterströmen, das nicht nur diese und jene bestimmte, sondern jede Form, weil sie *Form* ist, überflutet; schon wegen dieses prinzipiellen Wesensgegensatzes kann das Leben gar nicht in die Form hineingehen, es muss über jede gewonnene Gestaltung hinaus sogleich eine andere suchen, an der das Spiel der notwendigen Gestaltung und dem notwendigen Ungenügen an der Gestaltung rein als solcher sich wiederholt. Indem es Leben ist, braucht es die Form, und indem es Leben

42 Ebd., 223.

43 Ebd., 217.

44 Ebd., 223.

45 Vgl. Gregor Fitzi: Soziale Erfahrung und Lebensphilosophie. Georg Simmels Beziehung zu Henri Bergson, Konstanz 2002, 271, 277.

ist, braucht es mehr als die Form. Mit diesem Widerspruch ist das Leben behaftet, dass es nur in Formen unterkommen kann und doch in Formen nicht unterkommen kann, eine jede also, die es gebildet hat, überlangt und zerbricht.«[46]

3.3.2 Auf die Goldwaage gelegt

Nun gibt es freilich auch in dieser Version noch einen Restbestand schlechter Unendlichkeit. Diesen Punkt herauszustellen, ist ein klein wenig spitzfindig; vielleicht mutet es gar kleinkrämerisch an. Aber für das, was Kulturkritik (statt Gesellschaftskritik) ist und ausmacht, ist er alles entscheidend. Um das Ergebnis vorwegzunehmen: Es ist diese Rede vom »notwendigen Ungenügen«, die deutlich indiziert, dass *Leben* dort nicht nur schlicht und einfach *ist*, dass seine Ausdrucksgestalten sich permanent wandeln, sondern dass diese Diagnose zugleich die Interpretation erfährt, dass dieser Prozess der Manifestationen des Lebens dem, was Leben sonst noch ist oder sein mag, nicht genügt. Das Geformtsein des Lebens rein als solches gerät zu einem Mangel, einem Defizit, weil jede konkrete Formung immer auch anders sein könnte. Und das bedeutet, dass sich jenseits des permanenten Wandels der Ausdrucksgestalten noch ein ›eigentliches‹ Leben herumtreibt. Es ist diese Verdoppelung, die Simmels Konzept von *Leben* bestimmt, und die ihn etwa von Hegel unterscheidet. Auch für Hegel ist *Leben* durch ein Bedeutungsmoment bestimmt, das eine Art Überschuss über alle einzelnen Ausdrucksgestalten und auch über deren mögliche Summe ist. Aber Hegel könnte und muss sagen, dass Leben *nichts als* der Prozess, d.h. der permanente Wandel dieser Ausdrucksgestalten ist. Die Formulierungen Simmels dagegen besagen, dass es auch hinter diesem Wandel noch etwas gibt, das macht, dass es zu diesem Wandel kommt.[47]

Diese Interpretation geht ein wenig gegen den Geist und das Anliegen Simmels. Jenes Moment, welches das Leben »transzendiert«, sollte doch gerade nicht ein eigendinglich-substrathaftes sein, sondern eben dem Leben immanent. Gerade hier liegt der Unterschied, und wenn man will: der Fortschritt gegenüber Bergson, dass das Moment der Formung des Lebens dem Anliegen nach ein Moment des Lebens selber ist, nicht aber, wie für Bergson, eine Verzerrung des ›eigentlichen› Lebens.[48] Aber Simmel fehlen die theoretischen Mittel, die oben genannte logische Schwierigkeit zu beheben. Bereits der Ausdruck »Immanenz

46 G. Simmel: *Lebensanschauung* [1918], 230f.

47 Vgl. auch Kurt Röttgers: Metabasis. Philosophie der Übergänge, Magdeburg 2002, 44.

48 Ausführlich dazu G. Fitzi: *Soziale Erfahrung.*

des Transzendenten« ist von der Form dieser logischen Schwierigkeit, und es ist kein Wunder, wenn man an dieser Schwierigkeit scheitert und das Moment des Transzendenten dann gegen die eigene Absicht doch ›transzendiert‹.

Erklärtermaßen ist für Simmel jene logische Schwierigkeit »nur Sache des Ausdrucks«,[49] betrifft also nicht das Leben selbst. »Als Widerspruch freilich erscheint dies nur in der logischen Reflexion [...] Das unmittelbar gelebte Leben ist eben die Einheit von Geformtsein und Hinüberlangen.«[50] Dabei hat Simmel jedoch ausschließlich den logischen Widerspruch bzw. den »Satz[..] der Identität«[51] im Blick. Und in diesem Sinne hat er völlig recht, wenn er darauf besteht, dass die Widersprüchlichkeit in diesem Sinne »eine nachträgliche Deutung des unmittelbar gelebten Lebens«[52] sei. Logisch widersprüchlich seien jene beiden Momente dann und nur dann, wenn man sie, wie wir durchaus genötigt seien, in »zwei Parteien« spaltet, und dann findet, dass sie sich widersprechen. Genau dadurch aber habe man das unmittelbar gelebte Leben an dessen »Einheitspunkt [...] zerschnitten«.

Es fehlt dann aber der nächste Schritt. Simmel müsste nun klären, was denn eine »Einheit von Geformtsein und Hinüberlangen« in logischer Hinsicht sein soll. Weil und insofern er das nicht tut, spaltet er das Leben selbst in zwei Parteien. Das »unmittelbar gelebte Leben« ist dann durch *Einheit* (von Geformtsein und Hinüberlangen) gekennzeichnet, die logische Reflexion des unmittelbar gelebten Lebens dagegen durch *Widersprüchlichkeit* (von Geformtsein und Hinüberlangen). Nicht das Leben selbst ist widersprüchlich, sondern Simmel diagnostiziert den Widerspruch zwischen dem »ewige[n] Werden und sich-Wandeln« des Lebens und der »objektive[n] Gültigkeit und Selbstbehauptung seiner Darbietungen und Formen«.[53] Das Leben selbst gilt auch hier als »an sich formlos«;[54] es bedarf der Formung, was aber zugleich »die Freiheit beschränk[t]«.[55]

Das ist ein typisch kantischer Topos, der dort etwa im Verhältnis von isolierten atomistischen *sensations* einerseits und den formstiftenden Anschauungsformen und Kategorien andererseits begegnet. Menschliches Erkennen ist für Kant Synthesis-Leistung zweier »Säulen« (nicht aber eine *Unterscheidung* von

49 G. Simmel: *Lebensanschauung* [1918], 230.

50 Ebd., 231.

51 Ebd., 230.

52 Ebd.

53 G. Simmel: *Konflikt* [1918], 184.

54 Ebd., 185; vgl. ebd., 205, FN 1.

55 Ebd., 204.

Momenten am Erkennen); und ganz analog ist für Simmel tatsächlich gelebtes Leben eine Synthesis aus unmittelbar gelebtem Leben und logischer Reflexion.

Das ist nicht nichts gegenüber traditioneller »Guckkastenmetaphysik«:[56] Die Selbstüberschreitung des gelebten Lebens zielt nicht mehr auf ein Definitivum *jenseits* des Lebens, sondern das Leben selbst tritt an diese Stelle. So interpretiert Simmel den über Darwin vermittelten Schritt von Schopenhauer zu Nietzsche.[57] In »dichterisch-philosophische[r] Verabsolutierung der Entwicklungsidee Darwins« unterlege Nietzsche dem Leben selbst einen Trieb nach Steigerung, und dadurch *»kann das Leben selbst zum Zweck des Lebens werden* und ist damit der Frage nach einem Endzweck enthoben, der jenseits seines rein und natürlich verlaufenden Prozesses läge«.[58] So wichtig dieser Schritt auch sein mag, so ändert diese Hineinnahme des Endzwecks in das Leben noch nichts am Modell der unendlichen Annäherung an diesen, nun immanenten, Endzweck. *Nur* dieser Schritt beseitigt nicht die Idee eines Definitivums, sondern ist lediglich eine Sublimierung jener »Sehnsucht«, die »Erbschaft des Christentums« ist.[59] Noch nicht im Blick ist die Idee eines Lebens an dieser Sehnsucht vorbei.

In anderer Perspektive und gegen Simmel gesagt: *Leben* ist ein Fall seiner selbst – mit allen daraus resultierenden Problemen von Selbstbezüglichkeiten. Für das Verhältnis von *Leben* und logischer Reflexion gilt auch das, was Simmel hervorgehoben hat: Die logische Reflexion ist die Ausdrucksgestalt des permanenten Ringens, das Verhältnis von gelebtem Leben und dessen Ausdrucksgestalten zu bestimmen.

Dass Simmel de facto selber sagt, dass *Leben* ein Zugleich sei von Einheit und Widerspruch, holt er theoretisch nicht mehr ein, und insofern treibt er dem unmittelbar gelebten Leben den Widerspruch aus, und mäkelt dann, dass unsere Ausdrucksgestalten dem Leben nicht genügen. Mit Hegel ist das zuviel »Zärt-

56 Theodor W. Adorno: »Erziehung nach Auschwitz [1966]«, in: ders., Erziehung zur Mündigkeit. Vorträge und Gespräche mit Hellmut Becker 1959-1969, Frankfurt/M. 1971, 88-104, hier: 143.

57 Vgl. Georg Simmel: »Schopenhauer und Nietzsche [1906]«, in: ders., Gesamtausgabe, Frankfurt/M., Bd. 8 (1993), 58-68.

58 Ebd., 61.

59 Ebd., 60. – Simmel selbst ist anderer Meinung: »Jedes Stadium des menschheitlichen Daseins findet seinen Zweck nicht in einem Absoluten und Definitiven, sondern in dem Nächsthöheren, in dem alles in dem früheren nur Angelegte zu größerer Weite und Wirkung erwacht ist.« (ebd., 62) Aber man sieht, dass er das direkte Gegenteil sagt von dem, was er meint: Dass das nächste Stadium ein nächst*höheres* ist, ist begründet durch das Definitivum des bereits Angelegten.

lichkeit« für das Leben.[60] Das wiederum ist (formal) der gleiche Punkt, den Marx meint, an Feuerbach kritisieren zu sollen: Es reicht nicht, »die religiöse Welt in ihre weltliche Grundlage aufzulösen«, denn »dass die weltliche Grundlage sich von sich selbst abhebt und sich ein selbständiges Reich in den Wolken fixiert, ist nur aus der Selbstzerrissenheit und Sichselbstwidersprechen dieser weltlichen Grundlage zu erklären«.[61]

Und hier greift dann das, was Lukács allgemein gegen die Lebensphilosophie und Ritter speziell gegen Dilthey vorbrachte (s.o., Kap. 1.3): Die Zerstörung der Vernunft liegt nicht (zwingend) in solcherart Irrationalismen, die sich der begrifflichen Arbeit verweigern, sondern letztlich darin, dass die theoretischen Mittel genommen werden, die Gestaltung der geschichtlichen Welt durch den Menschen noch verstehen zu können. Der Vergleich spricht beinahe für sich selbst:

»Dieser Charakter [des Widerspruchs von Leben und Formung] des geschichtlichen Kulturprozesses ist zuerst an wirtschaftlichen Entwicklungen festgestellt worden. Die wirtschaftlichen Kräfte jeder Epoche erzeugen eine ihnen gemäße Produktionsform. [...] – als sie sich bildeten, waren sie der adäquate Ausdruck dessen, was die Zeit konnte und wollte. Aber innerhalb ihrer Normierungen und Schranken wuchsen jeweils wirtschaftliche Kräfte auf, deren Maß und Art sich in ihnen nicht ausleben konnten und die den immer drückenderen Zwang der jeweiligen Form in langsameren oder akuteren Revolutionen sprengten, um eine andere, diesen jetzigen Kräften angemessene Produktionsart an ihre Stelle zu setzen. Aber diese letztere hat doch in sich, als Form, keine Energie, die eine andere verdrängen könnte. Es ist das Leben selbst – hier in seiner wirtschaftlichen Auszweigung – mit seinem Drängen und Überholen-Wollen, seinem Sich-Wandeln und Differenzieren, das die Dynamik zu der ganzen Bewegung hergibt, das aber, an sich formlos, doch nur als Geformtes zum Phänomen werden kann.«[62]

»In der gesellschaftlichen Produktion ihres Lebens gehen die Menschen bestimmte, notwendige, von ihrem Willen unabhängige Verhältnisse ein, Produktionsverhältnisse, die einer bestimmten Entwicklungsstufe ihrer materiellen Produktivkräfte entsprechen. Die Gesamtheit dieser Produktionsverhältnisse bildet die ökonomische Struktur der Gesellschaft,

60 Hegel: *Werke*, Bd. 8, § 48. – Hegel kritisierte, dass Kant die Antinomien der Vernunft als Indikator für ein Scheinwissen nahm, und nicht als Ausdruck einer sachlichen Struktur. Dann seien die Antinomien lediglich ein Problem unseres Erkennens und nicht der Dinge selbst. Das sei zuviel »Zärtlichkeit« für die Dinge.

61 Karl Marx: »Thesen über Feuerbach [1845]«, in: ders., Marx-Engels-Werke [MEW], Berlin, Bd. 3 (1983), 5-7, hier: 6.

62 G. Simmel: *Konflikt* [1918], 184f.

die reale Basis, worauf sich ein juristischer und politischer Überbau erhebt und welcher bestimmte gesellschaftliche Bewusstseinsformen entsprechen. [..] Auf einer gewissen Stufe ihrer Entwicklung geraten die materiellen Produktivkräfte der Gesellschaft in Widerspruch mit den vorhandenen Produktionsverhältnissen oder, was nur ein juristischer Ausdruck dafür ist, mit den Eigentumsverhältnissen, innerhalb deren sie sich bisher bewegt hatten. Aus Entwicklungsformen der Produktivkräfte schlagen diese Verhältnisse in Fesseln derselben um. Es tritt dann eine Epoche sozialer Revolution ein. Mit der Veränderung der ökonomischen Grundlage wälzt sich der ganze ungeheure Überbau langsamer oder rascher um.«[63]

Über die Adäquatheit der Marxschen Theorie kann man trefflich streiten. Ob er Ross und Reiter der geschichtlichen Entwicklung treffend benennt, das soll hier nicht interessieren. Der fulminante Unterschied liegt vielmehr darin, *dass* Marx Ross und Reiter benennt und damit eine Erklärung der geschichtlichen Entwicklung anbietet (die man richtig oder falsch finden kann). Simmel dagegen bezieht sich zwar beinahe wörtlich auf Marx, aber er verschleiert die Erklärung: Die Entwicklungsdynamik der Geschichte wird einem anonymen »Drängen und Überholen-Wollen *des* Lebens« überantwortet. Lukács meinte, dass dieses Verbiegen Marxens in der Lebensphilosophie Methode habe, und Ritter meinte, dass das ein Rückschritt gegenüber Hegel sei.

Simmel bestätigt diesen Rückschritt in der Interpretation, die er von Hegels Philosophie gibt. Er liest nämlich Hegel selber schon im Lichte der Figur der schlechten Unendlichkeit, d.h. er unterlegt Hegel, was dieser seinerseits massiv kritisiert und bereits überwunden hatte.[64] »Man könnte sagen, Hegel habe damit die Aufgabe ergriffen, alles Geschichtliche begrifflich zu konstruieren; aber auch alles Begriffliche geschichtlich, denn alles Begriffliche ist für ihn eine fortwährende Bewegtheit. Der Weltgeist, jene Idee schlechthin, ist ein ewiger Prozess, dessen Sinn zeitlos ist, dessen Leben aber zeitlich ist. [...] Wie im geschichtlichen Prozess sich eines aus dem anderen entwickelt, so entwickelt sich auch in der reinen Begrifflichkeit eine Logik, eine Notwendigkeit. Jeder Begriff drängt zu einem höheren [...]. Wenn wir vollendet[!] wüssten, so würde in uns alle Vergangenheit in der Form des Begriffenseins leben; dann erst würden wir sozusa-

63 Karl Marx: »Zur Kritik der Politischen Ökonomie [1859]«, in: ders., Marx-Engels-Werke [MEW], Berlin, Bd. 13 (1975), 3-160, hier: 8f.

64 Vgl. Georg Simmel: »Kolleghefte: Geschichte der Philosophie [1913/14]«, in: ders., Gesamtausgabe, Frankfurt/M., Bd. 21 (2010), 11-139, hier: 99ff.

gen den Weg der Idee ganz gemacht haben.«[65] Die Melancholie ist beinahe unscheinbar: Simmel zitiert Hegel im direkten Anschluss: »Das vollendete Wissen ist die begriffene Geschichte.«[66] »Begriffene Geschichte« ist für Hegel also offenbar das, was die Vollendetheit des Wissens ist. Aber das ist nicht die Behauptung, dass man die Geschichte dadurch begreift, dass man das Wissen von ihr in allen ihren Teilen bis zur ›Vollendung‹ durchläuft. Es ist daher die Konsequenz von Simmel, aber nicht Hegel, wenn er schreibt: »Deshalb ist also kein Stadium des Wissens das definitive, sondern der Weg der Idee ist unendlich, und Wahrheit im wirklichen Sinne könnte nur die geschichtliche Ganzheit aller Stadien des Wissens sein.«[67] Hegel hatte solcherart Bindung von Logik und Wahrheit an einen Progress schlechter Unendlichkeit gerade kritisiert.

In dem Maße, in dem diese Lesart Hegels bis heute typisch ist – Hegel steige aus der Propaganda der Linearität des Fortschritts dadurch aus, dass er den unendlichen Progress durch eine »Rückkehr zum Anfang« beende –, in dem Maße wird systematisch blockiert, dass und wie Hegel gerade aus dem Modus der Melancholie bzw. des »unglücklichen Bewusstseins« aussteigt. Hegels wahre Unendlichkeit *bricht* mit der Figur des Progresses und ist nicht ein besonders verzwickter Spezialfall dieser Figur.

3.3.3 Kleiner Kommentar zum Vorgehen

Dass ich die dargestellten Lebensphilosophen und insbesondere Simmel dauernd mit Hegel konfrontiere, ist zunächst einfach eine persönliche Vorliebe. Mir liegt daran, einen systematischen *Unterschied* herauszustellen; das Anliegen ist nicht, Simmel vorzurechnen, dass er leider nicht Hegelianer sei. Deshalb ist es auch nicht zwingend, dass ich zu dieser Unterscheidung gerade Hegel wähle. Der Vergleich Simmel/Luhmann wäre beispielsweise ebenso einschlägig. Dass ich mich auf Hegel beziehe, bekommt dann einen etwas spitzen Ton: Von Luhmann wusste Simmel noch nichts, von Hegel wusste er. Aber es geht selbstverständlich nicht um leise Anklagen, sondern eben um systematische Unterschiede. Der Ton sollte daher nicht spitz, sondern schlicht differenzierend sein: Offenbar ist Simmel nicht den Weg Hegels gegangen, aus welchen Gründen auch immer, und u.a. deshalb, weil er dessen Pointe nicht verstanden hatte. Ein guter Grund könnte aber z.B. der Verdacht sein, dass Hegel dem von Bergson so nachdrücklich

65 Ebd., 102-104.

66 Hegel, zit. n. ebd., 104.

67 Ebd.

herausgestellten schöpferischen Prinzip des Lebens nicht gerecht wurde, sondern eine bloße Entfaltungsgeschichte eines immer Gleichen erzählt habe.[68]

Andererseits ist die Bezugnahme auf Hegel nicht beliebig. Dahinter steckt die These, dass Hegel am gleichen systematischen Ort ein spezifisch anderes Konzept als die Lebensphilosophen vorgelegt hat. Im Bergson-Kapitel war das als Unterschied zwischen lebensphilosophischer und dialektischer Version von *Bewegung* deutlich angeklungen. Eine genauere Rechtfertigung wäre Hegel-Interpretation und daher hier fehl am Platz. Aber wenigstens exemplarisch noch eine Bemerkung zu Simmel.

Man »wird zu diesem Zweck zunächst gut daran tun, sich vor Augen zu führen, dass Simmel zeitlebens eine Kantsche Grundposition nicht verlassen hat«.[69] Das ist weder Vorwurf noch Glückwunsch, sondern eine Feststellung. Zwar kann Simmel »kaum als ein orthodoxer Anhänger Kants gelten«,[70] aber festgehalten wird hier, dass alle Umbaumaßnahmen Simmels Variationen der kantischen *Grund*position sind. Nun liegen de facto Kritiken dieser Grundposition vor, z.B. diejenige Hegels. Und also muss sich Simmels *Position* (nicht das Individuum Georg Simmel) daran messen lassen, wie sie sich zu solcher Kritik verhält. Und deshalb der Verweis auf den § 48 der Hegelschen *Enzyklopädie*, in dem Hegel sich explizit mit Kants Verständnis von *Widerspruch* und *Antinomie* auseinandersetzt.

68 Dies ist ein Ort, an dem sich die hier praktizierte Eingrenzung der Lebensphilosophie konkret bemerkbar macht, denn dann ist von einem qualitativen Unterschied gegenüber vorhergehenden Philosophien, z.B. denjenigen Schlegels und Hegels auszugehen: »Erst jedoch als Schopenhauer mit seiner Kritik des Idealismus, insbesondere der Hegelschen Vernunftmetaphysik, den bewusstlos drängenden und unergründlichen Willen zum Urprinzip der Wirklichkeit erhob, war jene Dimension des Irrationalismus eröffnet, die mit dem Verstand zugleich die Vernunft, mit den Wissenschaften zugleich die Philosophie desavouierte und in einem nachvollziehenden Verstehen und Intuieren einer unerkennbaren und unerklärlichen heraklitischen, kontinuierlich fließenden Werdewirklichkeit ihr Genügen fand.« (Hans M. Baumgartner: »Lebensphilosophie«, in: Herbert Vorgrimler u. Robert van der Gucht (Hg.), Bilanz der Theologie im 20. Jahrhundert. Perspektiven, Strömungen, Motive in der christlichen und nichtchristlichen Welt. Bd. I, Freiburg u.a. 1969, 290-296, hier: 291)

69 Michael Schmid: »Georg Simmel: Die Dynamik des Lebens«, in: Josef Speck (Hg.), Grundprobleme der großen Philosophen. Philosophie der Neuzeit IV, Göttingen 1986, 216-264, hier: 225.

70 Ebd.

3.4 DIE HERAUSFORDERUNG: KLAGES

> Das alles ändert sich, wenn – wie bei L. Klages – die bewusstseinsphilosophische Voraussetzung hinfällig wird.[71]

Klages unterscheidet zwischen Leben und Geist. Dem korrespondieren mehrere andere Unterscheidungen, etwa die von Erscheinung und Ding, von erleben und begreifen/Urteile fällen, von Erscheinungsforschung und Ursachenforschung. Die Ursachenforschung ist eine geistige Tätigkeit des Begreifens von Dingen, während es die Erscheinungsforschung – auch Metaphysik genannt, oder als Erscheinungswissenschaft: Phänomenologie – mit Lebensvorgängen zu tun habe, die prinzipiell »Erlebnisvorgänge« seien. Dabei ist die Erscheinungsforschung offenbar selbst ein Lebens-, mithin Erlebnisvorgang, insofern sie gerade nicht eine »geistige« Tätigkeit im von Klages bestimmten Sinne ist. Dabei ist die Unterscheidung von Ding und Erscheinung nicht (notwendig) eine Unterscheidung zwischen zwei Sorten von Vorkommnissen oder Entitäten in der Welt, sondern (in der Regel) eine Unterscheidung an einem ›selbigen Substrat‹. Ein Beispiel von Klages: »Als Ding gefasst, ist mein Schreibtisch immer dasselbe Etwas und zwar sowohl für mich zu verschiedenen Zeiten als auch für jede beliebige Anzahl andrer Personen; die Erscheinung des Tisches dagegen wandelt sich unablässig.«[72]

In der kleinen Schrift *Vom Wesen des Rhythmus* von 1934 führt Klages diese Unterscheidung am Falle der Unterscheidung von Takt und Rhythmus vor. Grob gesprochen ist der Takt eine gewisse an einem Lautgebilde zu begreifende Gliederung, mithin ein Dinghaftes, während der Rhythmus ebenfalls eine Gliederung des selbigen Lautgebildes ist, aber eine andersartige: Eine Erscheinung, die nur zu erleben sei. »Mit der Verwechslung von Rhythmus und Takt beurkundet sich nur auf *eine* Weise aus tausend Weisen die uralte Verwechslung von Leben und Geist.«[73]

Allerdings kennt Klages dort auch die Formulierung, die vom »Erlebnis des Taktes als ein Erlebnis geistigen Tätigseins«[74] spricht. Das bekundet zum einen, dass auch geistige Vollzüge zum Leben gehören und also ihrerseits erlebt wer-

---

71 J. Große: *Tod*, 106.

72 Ludwig Klages: »Vom Wesen des Rhythmus [1934]«, in: ders., Philosophische Schriften, Bonn 1974, 499-551, hier: 504.

73 Ebd., 514.

74 Ebd., 521.

den können; zum anderen deutet diese Formulierung auf eine gewisse Asymmetrie hin. Auch Dinge (wie hier der Takt) scheinen erlebt werden zu müssen, wenn/bevor sie als Dinge in den Blick kommen sollen.[75] Während das Erleben von Erlebnissen selbst ein Lebensvorgang ist, ist das geistige Begreifen von (Erlebnissen als) Dingen eine Besinnung auf Gelebtes.

Im Folgenden geht es einerseits darum, den sachlichen Gehalt jener Unterscheidungen nachzuvollziehen und an dem Beispiel Takt/Rhythmus darzustellen. Andererseits gilt es, die spezifisch lebensphilosophische Interpretation dieser Unterscheidung durch Klages herauszustellen. Einen prinzipiellen, und nicht bloß graduellen, Unterschied zwischen Takt und Rhythmus zu behaupten, ist das Eine – etwas Anderes ist es, diesen Unterschied so zu bestimmen, dass der Takt begreifbar sei, während der Rhythmus »ein dem Fassungsvermögen unerreichbarer Erlebnisgehalt«[76] sei.

3.4.1 Der Unterschied von Takt und Rhythmus

Klages geht aus von einer naheliegenden Definition, der Rhythmus als *regelmäßige Gliederung einer zeitlichen Erscheinung* gilt. Sein Urteil ist vernichtend: »An dieser Begriffsbestimmung ist alles unzutreffend, mit Ausnahme des Wortes Erscheinung.«[77] Was dort als Erfahrbares definiert wird, sei der Takt, nicht aber der Rhythmus.

Der entscheidende Punkt sei der, dass *wir* es sind, die den Takt *erzeugen*. Selbst bei nahezu perfekter Regelmäßigkeit in den Lautgebilden, wie etwa beim Pendelschlag einer Uhr, ist die Taktung eine menschliche *Leistung* im Dienste der Gliederung unserer Eindrücke. »Leistung« hier als Gegenkonzept gegen die Vorstellung, das Hören eines Taktes sei nichts weiter als die Eins-zu-eins-Wahrnehmung eines rein Gegebenen. Selbst bei einer Pendeluhr könnten wir das Lautgebilde durchaus auch als ›TickTackTick‹ hören, und insofern sagt uns das Lautgebilde nicht selber, dass wir es als ›TickTack‹ hören (sollen).

Neudeutsch könnte man also sagen, dass der Takt eine Konstruktion des menschlichen Geistes ist, und schon Klages wusste das.[78] Wogegen er jedoch

---

75 Vgl. explizit Ludwig Klages: Ausdruckskunde. Mit e. Einl. v. Ernst Frauchiger, Bonn 1964, 165, 191; Ludwig Klages: »Geist und Leben [1934]«, in: ders., Philosophische Schriften, Bonn 1974, 553-601, hier: 590, 592.

76 L. Klages: *Rhythmus* [1934], 514.

77 Ebd., 504.

78 Klages empfiehlt an solchen Punkten ein Verfahren, das den Griechen vertraut gewesen, im Mittelalter missbraucht worden und den Späteren verloren gegangen sei: das

heftigst polemisiert, ist eine Verkennung des Status dieser Leistung. Es bleibe doch wohl dabei, dass unser Geist vermöge des Ohres den Takt eines Lautgebildes nicht *er*findet, sondern *vor*findet. Die konstruktive Leistung des Geistes bestehe hier allein in einer Einteilungsleistung, nicht aber in einer vermeintlichen Formgebung eines als solchen noch als formlos unterstellten Sinnenmaterials. Das Hören eines Lautgebildes *als getaktetes* ist kein *Hervorbringen*; es sei gerade nicht »eine Formgebungsleistung, durch die allererst Gestalt (*Eidos*) empfange das ohne sie gleichsam chaotische Ungefähr der Erscheinungswelt«.[79] »Welcher Hochmutsteufel dann aber hat es dem Menschen eingeblasen, er erst oder sein *Geist fabriziere* aus ungestalter Masse die Welt der Anschauungsbilder?«[80] Die konstruktive Leistung bestehe allein darin, Grenzen zu setzen.

U.a. die Verwechslung von Einteilungs- und Formgebungsleistung habe dazu beigetragen, den Rhythmus gar nicht als Rhythmus, sondern allenfalls als Sonderstufe des Taktes in den Blick zu bekommen. Klages besteht darauf, dass der Takt eine menschliche Leistung, der Rhythmus aber eine allgemeine Lebenserscheinung sei. Dass überhaupt ein grundsätzlicher Unterschied besteht, könne man sich daran verdeutlichen, dass nach unser aller Überzeugung auch ein höchstes Maß an Regelmäßigkeit – z.B. das Spielen eines Musikstückes nach Metronom – zwar Ausdruck vollkommenen Taktes sei, aber sicher nicht Ausdruck eines vollkommenen Rhythmus.[81] Und dies ist eine gute Gelegenheit für Klages, suggestiv zu werden: Einen Parademarsch empfinden wir ja doch wohl bitteschön im Unterschied zu dem »lieblichsten Menuett« als mechanisch, oder? Und Mechanik *vernichte* den Rhythmus.[82]

Wörtlichnehmen der Namen. Am Beispiel ›Vorstellung‹, das ja auch heute noch durchaus auch die Theater-Vorstellung und nicht nur das vorgestellte Bild oder den vorgestellten Gedanken meint, verweist Klages auf den »älteren Sprachgebrauch, wo es besagen will, dass man jemandem etwas vorlege, damit er *die Wahl treffe*. Auf die Wörtlichkeit des Sinnes gestützt hätte man niemals im ›Sichetwasvorstellen‹ die geistige Tätigkeit übersehen, welche wählt und zugreift, und wäre der hartnäckig immer noch beharrenden Verwechslung entgangen des Vorstellens mit dem bloß leidenden Aufnehmen schlechtweg *erscheinender* Bilder im Zustande des Phantasierens oder des Träumens.« (L. Klages: *Ausdruckskunde* [SW 6], 166)

79 L. Klages: *Rhythmus* [1934], 507.

80 Ebd., 508.

81 Ebd., 511; vgl. 529.

82 Das ist genau die Operation, vermöge der Bergson das Lachen nur als Auslachen kennt: (Aus-)Lachen als gesellschaftliches Bloßstellen eines steif gewordenen, rein

Der logische Kern des Unterschieds liege darin, dass der Rhythmus, etymologisch abgesichert, zu verstehen ist als »etwas Fließendes und mithin ununterbrochen Stetiges«.[83] Demgegenüber ist ein durch unsere Leistung gegliedertes Ding keine kontinuierliche Gestalt, denn durch uns gesetzte Grenzen unterteilen in diskrete Einheiten. In Bezug auf den Rhythmus ist deshalb eine Weise der Gliederung gesucht, die sich mit der Stetigkeit des Vollzugs verträgt. Das Paradigma sei die Wellenbewegung.

Einen Taktschlag hören heißt, sein Stattfinden feststellen: Beides geschieht im selben Augenblick. »Dagegen nun *folgt* auf die Wahrnehmung des Wellenberges wie ebenso des Wellentales die Wahrnehmung des Umkehrpunktes, beidemal von jener getrennt durch eine zwar winzige, doch aber merkliche Zwischenfrist.«[84]

»Jeder Takt beginnt und endet, aber keine Welle beginnt und endet; und wenn sie denn schon weder Anfang noch Ende hat, so ist sie wortwörtlich etwas ›Unendliches‹. Wer unbefangen solche Wellenzüge betrachtet, hat noch niemals geäußert, die Welle beginne und ende, sondern er äußert etwa, die Welle komme und gehe. Der Vorgang des Wogens ist nichts als Vorgang, und was ihn gleichwohl zu etwas Gegliedertem macht, sind keine wie immer beschaffenen Grenzen, sondern die an ihm selber unterscheidbaren Gegensätze der Richtung. Ein Unendliches aber können wir nicht begreifen.«[85]

3.4.2 Klages als Lebensphilosoph

Damit scheint der Fall recht klar zu sein, dass auch Klages mindestens in dieser Hinsicht ein typischer Vertreter einer lebensphilosophischen Grundposition ist: Das Unendliche ist unbegreifbar und verlangt ein anderes, ein ›intuitives‹ Verfahren seiner – ja, was? seiner Erkenntnis? Das wäre etwas viel, denn was wäre denn eine *Erkenntnis* eines Unbegreifbaren? Ein ›intuitives‹ Verfahren des Zugangs? Das wäre zu wenig, denn die Unbegreifbarkeit ist der Spezifik der Sache, und nicht lediglich der Schwierigkeiten des Zugangs zu dieser Sache geschuldet.

So viel jedenfalls scheint klar zu sein: Klages selbst betont, dass »Geist« und »Leben« grundverschieden sind, und dass auch »begreifen« und »erleben«

---

mechanischen Lebensvollzugs; vgl. Henri Bergson: Das Lachen. Ein Essay über die Bedeutung des Komischen [1900], Darmstadt 1988; s.u., Kap. 3.7.2.

83 L. Klages: *Rhythmus* [1934], 512.

84 Ebd., 513; vgl. auch Ludwig Klages: »Geist und Seele [1917/19]«, in: ders., Philosophische Schriften, Bonn 1974, 1-154, hier: 109, 121.

85 L. Klages: *Rhythmus* [1934], 513f.

grundverschiedene Weisen sind, von Geistigem und Lebendigem zu wissen. Klar ist auch noch die Asymmetrie hinsichtlich der Wertung: Das Leben ist (auch) für Klages deutlich das Eigentliche, während der Geist tötet. Nicht zuletzt ist dies die Grundlage einer sehr robusten Kulturkritik.[86] Die Geschichte des sogenannten und von Klages massiv kritisierten Fortschritts(gedankens) sei eine Erhebung des Geistes über die Seele, getragen durch die Völker des Christentums. In den »mörderischen Taten« solchen Fortschritts zeige sich »für jeden nicht völlig Verblendeten« offen, » dass eine außerweltliche Macht in die Sphäre des Lebens einbrach«.[87] Entsprechend operiert das empfohlene Gegenprogramm mit dem behaupteten Hiatus von Geist und Leben: »Dafür die Augen zu öffnen, ist das einzige, was wir vermögen. Wir sollten endlich aufhören zu vermengen, was im Tiefsten gespalten ist: die Mächte des Lebens und der Seele mit denen des Verstandes und des Willens. Wir sollten einsehen, dass es zum Wesen des ›rationalen‹ Willens gehört, den ›Schleier der Maya‹ in Fetzen zu reißen, und dass eine Menschheit, die sich solchem Willen anheimgegeben, in blinder Wut die eigene Mutter, die Erde, verheeren muss, bis alles Leben und schließlich sie selbst dem Nichts überliefert ist.«[88]

Unklar bleibt bisher, ob das Erleben im Sinne von Klages *unmittelbares* Wissen gibt, und ob, damit eng verbunden, es sich beim Erleben um eine irrationale Weise der Kenntnisgewinnung handelt.

Selbst Karl Albert, dem man unsolidarisches Verhalten mit den Lebensphilosophen sicher nicht nachsagen kann, findet die Unterscheidungen bei Klages als zu trennend. So habe Klages etwa »niemals sehen wollen, dass die geistige Seite des menschlichen Erkennens nicht nur den Verstand, den Intellekt, die Rationalität enthält, sondern auch ein schauendes intellektuelles oder noetisches Vermö-

86 Exemplarisch die Litanei in folgendem Stil: »Eine Verwüstungsorgie ohnegleichen hat die Menschheit ergriffen, die ›Zivilisation‹ trägt die Züge entfesselter Mordsucht, und die Fülle verdorrt vor ihrem giftigen Anhauch. So also sehen die Früchte des ›Fortschritts‹ aus!« (Ludwig Klages: »Mensch und Erde [1913]«, in: ders., Philosophische Schriften, Bonn 1974, 614-630, hier: 619) – Oder in einem der vielen konkreten Beispiele gesprochen: »Man beweise uns die Notwendigkeit, dass die Menschheit mit Milliarden schlechter Zeitungen, Schmähschriften, Schauerromanen überschwemmt werde; und wenn man es nicht kann, so ist die Rodung der Urwälder nackter Frevel« (ebd., 617) – sprach's und mutete seinen Mitmenschen ein Hauptwerk von mehr als 1500 Seiten zu.

87 Ebd., 626-628.

88 Ebd., 628; vgl. L. Klages: *Geist und Seele* [1917/19], 93.

gen«,[89] also ein Moment, dass Klages ausschließlich auf der Seite des Erlebens verorte. Klages sei »einfach blind dafür«.[90] Und auch auf der anderen Seite der Unterscheidung, also im Hinblick auf die Charakterisierung des Konzepts von Erleben bei Klages, ist Albert nicht gerade zimperlich. Bei dem, was Klages als Schau bezeichnet, höre letztlich »das philosophische Verständnis auf (nur der Klages-Anhänger kann mit dergleichen etwas anfangen)«.[91]

Und auch noch die Selbstinterpretation von Klages spricht gelegentlich eine deutliche Sprache. Er sieht sich nämlich in der Lage, einen »ersten *unmittelbaren* Beleg«[92] für den Hiatus von Leben und Bewusstsein zu geben. Er nennt den Fall des völlig vertieften Lesers, der sich erst einige Zeit später auf das Schlagen der Uhr besinnt. Hier müsse man von einem *Hören* sprechen – denn ein Tauber hätte Gleiches nicht erlebt –, »und haben also von *diesem* Hören anzunehmen, dass es jedenfalls *ohne* Bewusstsein geschah«.[93] Dass hier ein Unterschied zum Hören mit Bewusstsein vorliegt, kann man zweifellos annehmen. Aber es handelt sich mitnichten um einen Beleg, geschweige um einen unmittelbaren, dass man diesen Unterschied als einen Unterschied zwischen Erleben und Bewusstsein fassen muss. Klages hatte vorher auf mehreren Seiten *dagegen argumentieren müssen*, dass solcherart Unterschiede nicht als Unterschied *innerhalb* des Bewusstseins zu interpretieren seien (z.B. als Unterscheidung bewusst/unbewusst, oder Bewusstsein/Bewusstheit). Und d.h. doch, dass man jenen »Beleg« ganz anders interpretieren kann als Klages es tut, und dass der Beleg also nicht für sich selber spricht, sondern weitere Gründe nötig sind, ihn so wie Klages, oder aber anders (etwa so, wie die von ihm kritisierten Psychologen) zu verstehen. Klages selber spricht das kurz darauf aus, wenn er zugesteht, dass alle bis dato gegebenen Beispiele für Erleben »an dem Übelstande« leiden, so interpretiert werden zu können, »des Bewusstseins bloß ausnahmsweise zu ermangeln«.[94]

Ein Punkt ist all dem gegenüber jedoch bedenkenswert. Klages selbst hält es für einen sophistischen Trick, ihm vorzuhalten, er würde auf Begriffe verzichten. Das Wort ›begreifen‹ bezeichnet ein Verfahren der Erkenntnis, das Klages exklusiv für den Geist reserviert. Wenn er *dann* sagt, Lebendiges sei unbegreifbar, dann vertritt er zunächst nur und ausschließlich seine These, dass »erleben« und

89 Karl Albert: Lebensphilosophie. Von den Anfängen bei Nietzsche bis zu ihrer Kritik bei Lukács, Freiburg, München 1995, 135.

90 Ebd., 136.

91 Ebd., 139.

92 L. Klages: *Geist und Seele* [1917/19], 102; Hervorhbg. durch Klages.

93 Ebd.

94 Ebd., 118.

»begreifen« grundverschieden sind. »Unbegreifbar« heißt zunächst und ausschließlich nur, dass Lebendiges nicht zu begreifen ist, weil und insofern es nicht durch den Geist erkannt werden kann. Es ist eine formale Negation, die nur sophistisch positiv ausgebeutet werden kann – so, als bedeute unbegreifbar schon irrationaler Verzicht auf Begriffe. Man dürfe sich eben nicht »durch den Namen ›Begriff‹ in das Sophisma verstricken lassen, Unbegreiflichkeit schreibe Verzicht auf Begriffe vor«.[95] Nun ist das seinerseits mindestens sophisticated von Klages. Wenn Klages das deutsche Wort »unbegreifbar« benutzt, dann weiß auch er, was das bedeutet, und was er damit suggeriert. Und wenn er in vergleichbaren Kontexten von einem »dem Fassungsvermögen unerreichbaren Erlebnisgehalt« (s.o.) spricht, dann kann er sich hinterher nur schwer herausreden, dass er es so aber nicht gemeint habe.

Buytendijk u. Plessner sind denn auch weniger skrupulös und lesen (Bergson und) Klages eindeutig als typischen Vertreter der Lebensphilosophie, getragen durch eine spezifische Interpretation und Weiterentwicklung des evolutionistischen Naturalismus (s.o., Kap. 3.2.1; s.u., Kap. 3.7, 5.1.3). Das darwinistische Paradigma hatte den Menschen zu einer besonderen Species der Tiere gemacht und damit die antike und christliche Konzeption eines prinzipiellen Wesensunterschiedes außer Kraft gesetzt. Und auch dort, wo die zunächst popularisierte Version des Darwinismus (als Konzeption eines linearen evolutiven Fortschritts hin zum Menschen) unhaltbar wird, wird der Darwinismus u.a. in der Lebensphilosophie »überholt«[96] – gerade nicht im Sinne, eine prinzipielle Unterscheidung von Tier und Mensch zu revitalisieren, sondern um auch noch die letzten Reste der Idee einer Sonderstellung des Menschen »abzustoßen«.[97] »Gefiel sich das ausgehende neunzehnte Jahrhundert in einer Nivellierung der Stellung des Menschen zugunsten seiner tierischen Natur, so hielt es dafür wie zum Ausgleich am Gedanken des Fortschritts vom Unbewussten zum Bewusstsein, von Reflex und Instinkt zur Intelligenz unbedingt fest. Die Intelligenz aber war ein Axiom, an ihr wagte die Zeit nicht zu zweifeln. Diese Intelligenzfrömmigkeit durchschaut die neue Generation als Fessel und Vorurteil einer zivilisationsfreudigen, entwicklungsgläubigen Epoche. Sie wirft die Fessel ab und verhilft damit, ungläubig, antichristlich wie sie ist, einem entfesselten, intelligenzfeindlichen Naturalismus des blinden Lebens ans Licht. Der Darwinismus lebte noch im Geist der Aufklärung [...]. Mit dem Zweifel an der Zivilisation, dem zunehmenden Miss-

95 L. Klages: *Geist und Leben* [1934], 590.

96 F. J. J. Buytendijk/H. Plessner: *Tier und Mensch* [1938], 155.

97 Ebd.

behagen an der Kultur wird der Fortschrittsglaube an sich unsicher.«[98] Und für einen solchen »Antagonismus von Intellekt und Leben« steht insbesondere Klages – »zivilisationsfeindlich und antiwestlerisch im höchsten Grad«.[99] Leben und Seele sind dort eins, und erst durch den Einbruch des Geistes als Macht der Objektivierung gehe seine Ursprünglichkeit verloren, gefasst als »mütterliche Einheit in sich und mit den Mächten der Erde und des Blutes«.[100] Die Konsequenz ist klar: Es ist die Aufforderung, den Geist zu opfern, »um das wieder zu werden, was er im Wesen ist: Leben, Blut, Erde, Tier«.[101] Hinzuzufügen bleibt nur, dass diese Konsequenz nicht bloß unschönes Akzidens ist, sondern wesentlich zur Konzeption von Klages gehört.[102]

Immerhin jedoch blitzt bei Klages ein Wegweiser in eine Richtung auf, dass auch ›intuitive Schau‹ nicht zwingend begriffslos sein muss, sondern dass die Grundverschiedenheit von *begreifen* und *erleben* eine andere Weise der Begrifflichkeit sein könnte. »Etwas begreifen bedeutet keineswegs, von etwas einen Begriff haben; sondern es bedeutet: ich habe es geistig in Besitz genommen.«[103] Die Alternativen zum Begreifen als ›etwas in Besitz nehmen‹ wären dann etwa ›etwas in Gebrauch nehmen‹ oder ›etwas ausleihen‹ oder ›etwas verschenken‹. Und so etwas wäre wahrlich kein irrationales Tun – mindestens nicht von vornherein.

3.4.3 Exkurs: Hermann Schmitz

Es wäre vermessen, ja stümperhaft, der Philosophie von Hermann Schmitz hier in einer Nebenbemerkung gerecht werden zu wollen. Aber es wäre unlauter, sie aus diesem Grunde wortlos zu übergehen. Kozljanič macht völlig zu Recht darauf aufmerksam, dass »Schmitz sie alle gelesen und verarbeitet [hat]«.[104] Insbe-

98 Ebd., 155f.

99 Ebd., 157.

100 Ebd.

101 Ebd., 158.

102 Bloch spricht von »romantisch-reaktionären Ausbiegungen, die Bergsons Vitalismus gefunden hat«, u.a. bei »kompletten Tarzan-Philosophen wie Ludwig Klages«. (Ernst Bloch: Das Prinzip Hoffnung [1959], Frankfurt/M. 1979, 65)

103 L. Klages: *Geist und Leben* [1934], 590. – Nicht-feststellbares Wissen wäre also nicht primär unbegrifflich, sondern nicht arretierbar. Die Philosophie von Georg Misch stellt *diesen* Gegensatz in den Mittelpunkt und ringt um eine Begrifflichkeit, die nicht-arretierbarem, gleichsam flüchtigem Wissen gerecht werden kann (s.u., Kap. 4.2).

104 R. J. Kozljanič: *Lebensphilosophie*, 213.

sondere geht Schmitz aktiv mit der Herausforderung ›Klages‹ um: »[Er] kennt, würdigt und ergänzt, wie sonst kaum einer unter den zeitgenössischen Denkern, die klagessche Lebensphilosophie und Ausdruckstheorie.«[105]

Und dennoch: Hinsichtlich der hier verhandelten Grundstruktur – Ungründlichkeit in der Polarität von Vermitteltheit und Unmittelbarkeit – geht Schmitz, so die zugegeben etwas plakative These, nicht *wesentlich* über Klages hinaus. In der Philosophie von Schmitz gibt es, so die thesenhafte Diagnose, eine Art *sachliche*, und eben nicht: perspektivische, Zweiteilung des menschlichen Körpers: Körperliches und Leibliches *am Körper*. Es gibt gleichsam zwei verschiedene Körperzonen am Menschen, einhergehend mit zwei grundsätzlich verschiedenen Erkenntnisweisen: Den Körper begreifen wir, den Leib spüren wir. Damit bleibt es bei einer entsprechenden Zweiteilung von Unmittelbarkeit und Vermitteltheit.

Die heutige Herausforderung (in Bezug auf das Thema) ist daher in der Tat die Philosophie von Schmitz. Wer das philosophische Problem der Unmittelbarkeit resp. vermittelten Unmittelbarkeit als Grund reiner Vermitteltheit nicht versteht oder verstehen will, dem wird diese Philosophie nichts zu sagen haben, und der wird sie als »Philosophie der Schwellkörper« (Schwemmer) abtun. Wer – quasi-romantisch – immer noch davon ausgeht, dass sich das Thema der Unmittelbarkeit nicht erledigt hat, hat zwei Optionen: Unmittelbarkeit oder vermittelte Unmittelbarkeit. Wer angesichts dieser Alternative auf Unmittelbarkeit setzt, der findet bei Schmitz die wohl am meisten entwickelte Version.[106]

3.5 Immer noch Kulturkritik: Ein Beispiel

Den Grundsatz, dass Politik nicht »angewandte Ethik« sei, postuliert Plessner bereits 1916;[107] 1920 wendet er sich öffentlich gegen die »Überwindung der Po-

105 Ebd.

106 Vgl. aktuell Christoph Demmerling: »Den Leib zur Sprache bringen: Überlegungen zur Leib-Körper-Unterscheidung«, in: Allgemeine Zeitschrift für Philosophie 36 (2011) 1, 7-25. – Demmerling beharrt, u.a. mit Bezug auf Schmitz, darauf, dass ein entweder – oder von Vermitteltheit und Unmittelbarkeit in der Sache zu grobklotzig ist. Allerdings sehe ich auch bei ihm keine Verhältnisbestimmung, die über ein abwechselndes Vorkommen von Vermitteltheit und Unmittelbarkeit hinaus deren logisches Zugleich konzipiert; s.u., Kap. 3.7.3.

107 Helmuth Plessner: »Vom abendländischen Kulturbegriff [1916]«, in: ders., Politik – Anthropologie – Philosophie. Aufsätze und Vorträge, München 2001, 25-32, hier: 26;

litik und ihre Ersetzung durch eine rein moralisch orientierte Ethik«,[108] und 1931 macht er diesen Grundsatz zum Ausgangspunkt und zur Grundlage eines ganzen Buches, nämlich von *Macht und menschliche Natur*.[109] 1921 votierte er für eine *politische* Kultur, in der Politik nicht als »Niederes, Allzumenschliches«, als bloße Technik angesehen wird, der dann die eigentliche Kultur als etwas »Über-Alltäglichem« gegenübersteht.[110] Er diagnostiziert das »Bestrickende« an der »Gegenüberstellung des Zeitlosen gegen das Zeitliche, der reinen Norm gegen die unreine, unbefriedigende Welt des Daseins«, die »unserer Philosophie und unserer ganzen Bildung tief im Blut« stecke.[111] 1931 richtet er sich gegen philosophische Konzeptionen, gemeint ist vor allem Heidegger, die »den durch das Luthertum tragisch erzeugten Riss zwischen einer privaten Sphäre des Heils der Seele und einer öffentlichen Sphäre der Gewalt saekularisiert« haben, und er nimmt den Erfolg, den eine Philosophie »eines Verfallens an das Man einer depravierten Öffentlichkeit« gerade bei »den philosophisch Gebildeten« hatte, als Indiz einer Gefahr, die von solchem »politischen Indifferentismus des Geistes« ausgeht.[112]

Im Jahre 2000 machen Karl Albert und Elenor Jain einen Vorschlag »zur ontologischen Erneuerung der Lebensphilosophie«. Und, man fasst es nicht, sie singen das Hohelied der höheren Werte, der sich die Philosophie widmet in Abkehr vom Alltäglichen. Oder besser gesagt: Diese Abkehr vom Alltäglichen vollzieht (nur) eine richtig verstandene Philosophie, was zugleich ein kritischer Impetus gegen ihre allgegenwärtige Profanierung ist. »Während es der ersten Auffassung [von Philosophie] um die äußeren Bedingungen menschlichen Lebens geht, handelt die zweite philosophische Betrachtung von den inneren Erfahrungsmöglichkeiten. Diese philosophische Auffassung aber ist Grundlage der folgenden Überlegungen, insofern es um Grundprobleme geht, welche die

---

vgl. Kersten Schüssler: Helmuth Plessner. Eine intellektuelle Biographie, Berlin 2000, 16ff., 29ff.

108 Helmuth Plessner: »Staatskunst und Menschlichkeit [1920]«, in: ders., Politik – Anthropologie – Philosophie. Aufsätze und Vorträge, München 2001, 47-50, hier: 47.

109 Vgl. H. Plessner: *Macht* [1931], 140.

110 Helmuth Plessner: »Politische Kultur. Vom Wert und Sinn der Staatskunst als Kulturaufgabe [1921]«, in: ders., Politik – Anthropologie – Philosophie. Aufsätze und Vorträge, München 2001, 51-56, hier: 51.

111 Ebd., 52.

112 H. Plessner: *Macht* [1931], 234.

menschliche Existenz fundamental bestimmen.«[113] Und das ist in der Tat eine Androhung; Nietzsche muss zwar für das Motto herhalten, aber dann werden fröhlich Hinterwelten als bewohnbare Heimstätten propagiert: »Das philosophische Denken scheint gegenüber dem Denken des Alltags mehr in eine dort unbekannte Tiefe zu dringen. Ihr gegenüber bleibt das Alltagsdenken an der Oberfläche. Es ist im Unterschied zum philosophischen Denken auf die vordergründige Vielheit der Dinge gerichtet, während die Philosophie hinter dem Vielen die Einheit erfasst, hinter dem Seienden das Sein. Schon die anfängliche Philosophie der Griechen ist gekennzeichnet durch eine solche Gegenüberstellung.«[114]

3.6 ZWISCHENBILANZ

Eine Art Grundfigur der verschiedenen lebensphilosophischen Positionen liegt darin, dass menschliche, begrifflich oder symbolisch vermittelte Weltaneignung eigentliche Wahrheit in deren Lebendigkeit nicht erreichen könne. Vermittelte Weltaneignung bleibe defizitär, weil und insofern sie sich an ein unterstelltes Maß tatsächlicher Wahrheit besserenfalls approximativ nähern könne, es aber immer tragisch verfehlen wird. Der Graben zwischen Starrheit und Lebendigkeit sei für den Menschen nicht zu überbrücken. Es definiert diese Grundfigur, dass es überhaupt einen Graben zu überbrücken gilt.

Die Figur selbst kann ganz unterschiedlich und mit ganz unterschiedlichen, ja entgegengesetzten Konsequenzen realisiert sein. Nietzsche etwa empfiehlt, die so gezeichnete Grundsituation beherzt anzunehmen und positiv zu bewerten. Es sei nur gut für die Selbstmächtigkeit, jenem unterstellten Maß tatsächlicher Wahrheit nicht mehr hinterher zu hecheln. Wohlgemerkt: Nietzsche bestreitet nicht, dass die Grundsituation des Nicht-erreichen-Könnens angemessen gefasst ist, sondern er empfiehlt, diese Situation positiv zu bewerten. Bergson dagegen sieht das Problem nur dort, wo Weltaneignung auf vermittelte Weise geschieht, und behauptet demgegenüber eine unmittelbare Weltaneignung, die jenes Problem der bloßen Annäherung nicht hat. Simmel sieht und formuliert bereits die Problematik dieser Annäherungsfigur, die er eine Zeit lang selbst vertreten hatte. In seiner Spätphilosophie insistiert er demgegenüber darauf, dass die je endliche Formung des unendlichen Lebens gerade nicht eine Verbiegung sei, sondern zum Wesen des Lebens gehöre. Allerdings bleibt Simmel dabei, (lediglich) ein

113 Karl Albert u. Elenor Jain: Philosophie als Form des Lebens. Zur ontologischen Erneuerung der Lebensphilosophie, Freiburg, München 2000, 12.

114 Ebd., 28.

Spannungsverhältnis von Leben und Formung des Lebens zu thematisieren; der vermeintliche Widerspruch sei lediglich einer des Ausdrucks. In diesem Sinne bleibt auch bei Simmel das Leben letztlich rein von und vor aller Formung. Klages ist vielleicht die Grenzfigur dieser Lebensphilosophie im melancholischen Ton. Man kann versuchen, ihn nüchtern zu lesen und sich von den kulturkritischen Litaneien nicht provozieren zu lassen. Dann liest man einen Autor, der energisch einen bestehenden Unterschied von Wissensweisen herausstellt; Thema ist dann das prinzipielle Anderssein intuitiven Wissens und dessen Nicht-Reduzierbarkeit auf feststellbares Wissen. Aber das ist eben nur der halbe Klages. Die andere Hälfte – und einen Text kann man nicht zerschneiden, also hat man immer beide Hälften – beutet das Anderssein des Lebens zugunsten dessen Höherwertigkeit aus: Geist tötet und Erleben ist eigentlich lebendig. Dadurch zementiert Klages einen Unterschied zu einem Graben, und empfiehlt zudem, alle Zugbrücken, die von der eigenen Burg des Lebens ins Feindesland der Kultur führen, einzuziehen.

Vielleicht kann man daher doch von einer (geheimen) Stiftungsfigur der Lebensphilosophie sprechen. Was Husserl offenkundig für die Phänomenologie ist, ist Pascal vielleicht insgeheim für die Lebensphilosophie. Zum Beispiel: »Denn, was ist zum Schluss der Mensch in der Natur? Ein Nichts vor dem Unendlichen, ein All gegenüber dem Nichts, eine Mitte zwischen Nichts und All. Unendlich entfernt von dem Begreifen der äußersten Grenzen, sind ihm das Ende aller Dinge und ihre Gründe undurchdringlich verborgen, unlösbares Geheimnis; […]. Der Schöpfer dieser Wunder begreift sie; niemand anderes vermag es. […] Das ist unsere wirkliche Lage. Sie ist es, die uns unfähig macht, etwas gewiss zu wissen und restlos ohne Wissen zu sein. [...] Also suche man keine Sicherheit und Beständigkeit.«[115] Auch der Unterschied von Wissenschaft und Metaphysik bei Bergson hat in der Unterscheidung von Vernunft und Herz bei Pascal eine Entsprechung.[116] Und die politische Konsequenz, die letztlich die Polemik von Lukács speist, ist ebenfalls von Pascal ausgesprochen worden: »Hat man das recht begriffen, so wird man sich, glaube ich, ruhig verhalten und jeder in der Lage, wohin ihn die Natur gestellt hat.«[117] Hegel sah darin »eine sehr falsche christliche Demut und Bescheidenheit, durch seine Jämmerlichkeit vortrefflich

115 Blaise Pascal: Über die Religion und über einige andere Gegenstände (Pensées), übertr. u. hg. v. Ewald Wasmuth [1937], Darmstadt ^{5}1954, Frg. 72, 43-47.

116 Vgl. ebd., Frg.e 277-284, 141-143.

117 Ebd., Frg. 72, 47.

(zu) sein, – das Erkennen seiner Nichtigkeit ein innerer Hochmut und Selbstgefälligkeit.«[118]

Wie dem auch sei. Jedenfalls wird selbst bei vielen Kritikern der Lebensphilosophie jene Grundfigur als selbstverständlich akzeptiert, wie exemplarisch bei Rickert gezeigt werden kann.

3.7 Der Verzicht auf Einsicht: Rickert

> Absolute Formlosigkeit macht die Wissenschaft nicht lebendig, sondern tötet sie. [...] Erstreben wir eine Wissenschaft vom Leben, so brauchen wir feste unlebendige Lebensformen, da anderenfalls von einem lebendigen, sich verändernden Leben überhaupt nicht die Rede sein könnte. [...] Wie immer wir also auch den intuitionistischen Lebensbegriff verstehen: das Ergebnis ist das gleiche. Eine Philosophie, die mit ihm allein auszukommen sucht, entbehrt der festen ordnenden Form gegenüber der verwirrenden Fülle der Inhalte, die allein Wissenschaft ermöglicht.[119]

Die von Rickert formulierte Kritik an der Lebensphilosophie ist prominent und einschlägig. Offenbar stellte es für Rickert eine Herausforderung dar, dass der Begriff des Lebens seinerzeit zu einer Art Grundbegriff und zu einem »erlösenden Wort« (Plessner) erwachsen war. Die Grundhaltung seiner Kritik ist durch zwei Bestimmungen charakterisiert. Zum einen ist Rickert entschieden der Meinung, dass die Lebensphilosophie ein tatsächliches philosophisches Problem verhandelt. Zum anderen aber gilt ihm die Lebensphilosophie als eine »Modeströmung«.[120] Aus beidem zusammen ergibt sich, dass die Lebensphilosophie ein

---

118 Hegel: *Werke*, Bd. 20, 362.

119 Max Frischeisen-Köhler: »Philosophie und Leben. Bemerkungen zu Heinrich Rickerts Buch: Die Philosophie des Lebens«, in: Kantstudien 26 (1921), 112-138, hier: 115f.

120 Heinrich Rickert: Die Philosophie des Lebens. Darstellung und Kritik der philosophischen Modeströmungen unserer Zeit, Tübingen 1920, III; vgl. ebd., 171ff.; Heinrich Rickert: »Lebenswerte und Kulturwerte [1912]«, in: ders., Philosophische Aufsätze, Tübingen 1999, 37-72, hier: 38.

sachliches Problem stellt, das aber in und mit ihr nicht lösbar sei. Entsprechend »[besteht] der Hauptzweck der Schrift also darin, zu zeigen, dass man beim Philosophieren über das Leben mit dem Leben allein nicht auskommt«.[121]

3.7.1 Rickerts Gestus der Kritik

Rickerts Interesse an der Lebensphilosophie ist damit ein didaktisches. Er sieht in ihr eine »notwendige Aufgabe«,[122] weil sie auf ein Problem aufmerksam macht, das sich jedem Philosophieren stellt und also auch explizit verhandelt werden sollte. Zugleich kann man an ihr lernen, wie man das Problem *nicht* lösen kann,[123] und damit wird der Boden der Einsicht bereitet, dass die Rickertsche Philosophie das Problem angemessener löst.

Mit dem Begriff *Modeströmung* soll »allein noch kein Werturteil« gefällt sein.[124] Aber Rickert weiß natürlich selbst am besten,[125] dass das vielleicht nicht sein soll, de facto aber ein Werturteil ist und von den Lebensphilosophen auch so empfunden werden muss. Außerhalb von Vorworten hält er denn auch nicht so mit seiner Meinung hinter dem Berg: »Die Mode [bleibt], mag sie auch noch so ›modern‹ und noch so sehr die neueste Mode sein, auch in der Wissenschaft stets das ewig Gestrige.«[126] Dafür gibt es im Kern zwei Gründe.

Zum einen liegt in einer Mode als deren wichtigstes Charakteristikum eine wissenschaftlich unzulässige Vagheit – »man kann geradezu sagen: nur selten wird etwas Mode werden, wenn es sich nicht auf mannigfaltige Weise missverstehen lässt«.[127] Zum anderen führt Rickert ein geradezu ›lebensphilosophisches‹ Argument an: Es sei schlechterdings nicht möglich, eine ganze Epoche durch *einen* Begriff zu charakterisieren. Bestenfalls ist damit das Durchschnittliche einer Epoche herausgestellt – selbst das ist fraglich –; den je individuellen Ausprägungen aber könne ein solcher Begriff eo ipso nicht gerecht werden. Ein solcher Versuch ist notwendigerweise eine »Vergewaltigung« des Individuellen, Beson-

121 H. Rickert: *Philosophie des Lebens* [1920], III.

122 Ebd.

123 Ebd., 2f.

124 Ebd.

125 Ebd., 4.

126 H. Rickert: *Lebenswerte* [1912], 38; vgl. H. Rickert: *Philosophie des Lebens* [1920], 2.

127 H. Rickert: *Lebenswerte* [1912], 38; vgl. H. Rickert: *Philosophie des Lebens* [1920], 5. – Rickert hat den Inhalt des Aufsatzes von 1912 »zum großen Teil wörtlich in dies Buch aufgenommen« (ebd., 4, FN 2; ich verzichte daher im Folgenden darauf, auf Parallelstellen hinzuweisen).

deren, Einmaligen.[128] »Jede Stufe der Kulturentwicklung ist in ihrer Totalität viel zu reich, als dass auch nur das Durchschnittliche in ihr unter *einen* allgemeinen Begriff zu bringen wäre«[129] – geschweige das Einmalige. Ein Allgemeinbegriff für eine Epoche kann, so Rickert, nichts weiter sein als eine Etikette (die bestimmte Nützlichkeiten haben mag), die aber *nichts* aussagt über den Charakter der Epoche.[130]

Ich stelle das deshalb so ausführlich dar, weil es etwas aussagt über die *Art* der Rickertschen Kritik (unbenommen dessen, *was* er kritisiert). Seine Ausführungen über Modebegriffe mögen plausibel, ja suggestiv sein, aber alternativlos sind sie nicht – und insofern prägen sie die Art der Kritik. Weil und insofern ein Modebegriff nur Etikette ist und *nichts* Charakteristisches einfängt, sind die Individuen, die diesen Begriff in wissenschaftlicher Absicht nutzen, gleichsam geblendet, und es bedarf der Anstrengung eines wahrhaften Wissenschaftlers, namentlich Rickert selbst, um das Problem endlich wieder wissenschaftlich zu behandeln.

So formuliert, klingt es wie ein moralischer Vorwurf an Rickert. Und das ist es *auch*. Immerhin nimmt er für sich eine Definitionshoheit für Wissenschaftlichkeit in Anspruch, was nicht lustig, sondern moralisch mindestens fragwürdig ist. Aber das ist nicht der Punkt, den ich meine, wenn ich behaupte, dass es die Art seiner Kritik prägt. Ich meine nicht den moralischen, sondern den sachlichen Aspekt daran: Dass es eine Kritik von außen *an* der Lebensphilosophie ist. Rickerts Art der Kritik ist derart, dass bereits feststeht, was Wissenschaft sei, um von diesem Ort aus zu messen, ob das Kritisierte in diesem Sinne wissenschaftlich ist oder nicht. Ein solches Verfahren mag in manchen Fällen berechtigt, angemessen, alternativlos sein. Was aber wäre, wenn die Lebensphilosophie unter anderem ein Beitrag zu der *Frage* ist, was Wissenschaft denn sei? Ein solcher Beitrag könnte durch die Art der Rickertschen Kritik gar nicht in den Blick

128 Ebd., 1.

129 Ebd.

130 Relativierend dazu vgl. aber ebd., 179: Der Gebrauch des Wortes *Leben* bei Nietzsche mache eine Ausnahme. Der hätte es, man weiß nicht recht wie, geschafft, zum Bewusstsein zu bringen, »worauf es ankommt: die ungeheure atheoretische Wichtigkeit dessen, was sich in keinen Begriff bringen lässt. Man *fühlt* sie bei Nietzsche unmittelbar, auch ohne dass man sie logisch versteht. Das ist zwar nicht selbst schon Wissenschaft, aber wissenschaftlich bedeutsam, weil es auf die Grenzen des wissenschaftlichen Denkens hinweist.«

kommen, weil dort ja bereits ein Wissen um Wissenschaftlichkeit vorausgesetzt ist.[131]

Deshalb ist eine Kritik *an* der Lebensphilosophie *sachlich* etwas anderes als eine Kritik *der* Lebensphilosophie. Selbst dann, wenn sich herausstellen sollte, »dass man beim Philosophieren über das Leben mit dem Leben allein nicht auskommt« (Rickert, s.o.), so macht es einen sachlichen Unterschied, ob man schon selbst eine Lösung parat hält und dann die Lebensphilosophen dafür kritisiert, nicht die gleiche Lösung wie man selber zu haben, oder ob es gelingt, Lebensphilosophie selbst über sich selber hinauszutreiben – also eine Kritik der Lebensphilosophie in und mit der Lebensphilosophie.

Baumgartner hat unter Verweis auf Rickert diese Kritikart aufgegriffen und sehr viel feiner geschliffen. »Das Problematische der Lebensphilosophie liegt sachlich in einem Selbstwiderspruch: Sie zeigt sich der kritischen Analyse als ein den Begriff destruierendes Begriffsdenken, als eine Philosophie, die von eben dem lebt, was sie negiert.« Und insofern sei ihr »Grundwort Leben als Kampfparole und Ausdruck eines Protestes zwar sinnvoll, als philosophischer Grundbegriff aber in sich bestimmungslos und undenkbar, mithin unbrauchbar« und »höchstens Stimulans, das mit der Intuition des Lebens aufgeworfene philosophische Problem energisch aufzugreifen und der Anstrengung des Begriffs zu unterwerfen.«[132]

Der Vorwurf des Selbstwiderspruchs scheint für jedes Konzept von Lebensphilosophie desaströs zu sein. Aber unbenommen dessen, dass Baumgartners Diagnose eines Selbstwiderspruchs sachlich zutreffend ist, kann man im Gegenzug den Ausgleich herstellen. Röttgers hat das getan. Lebensphilosophie insistiert darauf, dass die Ordnung des Lebens und die Ordnung der Begriffe andere gegeneinander sind *und* dass es keine Über-Ordnung gibt, *in* der ein Übergang dieser beiden Ordnungen geordnet vor sich geht. In diesem Sinne ist und bleibt jeder Übergang zwischen jenen beiden Ordnungen des Lebens und der Begriffe irrational. *Das* ist das lebensphilosophische Problem. Wenn man nun, wie Baumgartner empfiehlt, dieses Problem durch eine »Anstrengung des Begriffs« meistern will, dann sucht man nach einer rationalen Theorie irrationaler Übergänge. »Damit bewegt sie sich am Rande des Selbstwiderspruchs. [...] Man muss dann

131 Vgl. exemplarisch ebd., 53, wo er argumentativ einsetzt, dass (ihm) bereits fest steht, was Philosophie ist, und ebd., 68 am Fall von Logik.

132 Hans M. Baumgartner: »Lebensphilosophie«, in: Herbert Vorgrimler u. Robert van der Gucht (Hg.), Bilanz der Theologie im 20. Jahrhundert. Perspektiven, Strömungen, Motive in der christlichen und nichtchristlichen Welt. Bd. I, Freiburg u.a. 1969, 290-296, hier: 294.

z.B. erläutern können, warum die [Philosophie] zwar die rationale Beschreibung der Irrationalität [des Übergangs zur Ordnung des Lebens] leisten kann, aber ihre eigene Rationalität nicht ausreicht«, diese Irrationalität selbst durch eine philosophisch garantierte Rationalität zu ersetzen.[133] Es steht nunmehr 1:1 in Sachen Selbstwiderspruch.

Ansätze anderer Arten von Kritik liegen vor. So ist die Art der Kritik von Lersch durch die Annahme geprägt, dass die Lebensphilosophie nicht in ihrer »modischen Aktualität« aufgeht, sondern ein »überzeitliches Problem der philosophischen Besinnung« darstellt.[134] Und Plessners Kritik ist dadurch geprägt, dass ein »erlösendes Wort« *auch* etwas aussagt über den Charakter der Epochen, also nicht pure Etikette ist. Nicht etwa, dass Plessner des Gebrauch des Wortes umstandslos feiert. Schon die Charakterisierung als »erlösendes« Wort macht kritische Distanz deutlich. Aber der Gebrauch des Wortes *Leben* ist für Plessner nicht auf die individuellen Verblendungen der dieses Wort gebrauchenden Individuen reduzierbar. Dass der Begriff Leben so vielfach als Begriff geprägt wird, ist zweifellos individuellen Akten geschuldet – die Zeit schreibt ihre Begriffe nicht selbst –, aber dass ein solcher Begriff zum *Grund*begriff und zum *erlösenden* Wort wird, liegt nicht mehr in der Gewalt der Individuen: »Erlösend wirkt ein Wort nur, wenn die Zeit sich zugleich in ihm ihre Rechtfertigung und ihr Gericht spricht.«[135] Und im Falle des Begriffs des Lebens heißt das: »Der große Augenblick für die Ideologie des Lebens kam mit dem Rückschlag gegen den Fortschrittsoptimismus, mit der Zivilisationsmüdigkeit, mit der Verzweiflung am schöpferischen Sinn des Sozialismus.«[136]

3.7.2 Rickerts Kritik an der Lebensphilosophie

Theoretische Bemühungen um das Leben finden sich zahlreiche. Die Biologie beispielsweise beschäftigt sich mit lebendigen Organismen und alle Humanwissenschaften sind in gewisser Hinsicht auf das menschliche (gesellschaftliche, soziale, geschichtliche, kulturelle, individuelle, ...) Leben bezogen. Rickert gibt zunächst eine kurze Charakterisierung dessen, was all diesen Bemühungen gegenüber eine *Philosophie des Lebens* auszeichnet: »Unter ihr ist nicht etwa eine Philosophie über das Leben als einen *Teil* der Welt zu verstehen, neben dem es noch andere Weltteile gibt, denn das wäre für sich noch keine ganze Philosophie

133 K. Röttgers: *Metabasis*, 18f.

134 P. Lersch: *Lebensphilosophie* [1932], 1f.

135 H. Plessner: *Stufen* [1928], 3.

136 Ebd.

des Lebens, und ferner kommt auch nicht die Art von ›Lebensanschauung‹ in Betracht, die nur den Sinn des menschlichen Lebens kennen lernen will, denn darin läge noch nichts gerade unserer Zeit Eigentümliches. Solche Lebensanschauungen hat man immer in der Philosophie gesucht. Das Charakteristische der modernen Lebensphilosophie besteht vielmehr darin, dass man mit dem Begriff des Lebens selbst und mit ihm *allein* die gesamte Welt- und Lebensanschauung aufbauen will. [...] Man erklärt das Leben für das eigentliche ›Wesen‹ des Weltalls und macht es zugleich zum Organon seiner Erfassung. Das Leben selber soll aus dem Leben heraus ohne Hilfe anderer Begriffe philosophieren, und eine solche Philosophie muss sich dann unmittelbar erleben lassen.« Dies sei ein »auf die Spitze getriebener Standpunkt der *Lebensimmanenz*«.[137] Genau dagegen richtet sich dann Rickerts Einwand, dass man beim Philosophieren über das Leben nicht beim Begriff des Lebens allein stehen bleiben könne, sondern darüber hinaus müsse.

Der Lebensbegriff selber sei sehr vieldeutig, auch und gerade der in den Lebensphilosophien gebrauchte. Das Charakteristische der Lebensphilosophie liegt also nicht in einem ganz spezifischen Inhalt des von ihr favorisierten Lebensbegriffs, sondern in der Rolle des jeweiligen Lebensbegriffs als allumfassende Erklärungs- und Begründungsinstanz. Diese Rolle zu spielen, das macht die metaphysische Dimension des Lebensbegriffs (der Lebensphilosophien) aus bzw. das macht ihn zu einem im engeren Sinne philosophischen Begriff. Davon zu unterscheiden ist derjenige Lebensbegriff, der (ebenfalls in und von der jeweiligen Lebensphilosophie) diejenige Instanz bzw. denjenigen »Teil der Welt« bezeichnet, der ausgezeichnet ist gegenüber den anderen Instanzen, diese Rolle spielen zu sollen. Am Lebensbegriff einer Lebensphilosophie sind somit zwei Dimensionen zu unterscheiden: die metaphysische, *dass* irgendein X namens Leben die Rolle eines Prinzips, einer allumfassenden Erklärungs- und Begründungsinstanz spielt; und die materiale Dimension, *welches* X – welcher »Teil der Welt« – diese Rolle spielt. Oder noch anders: Die materiale Dimension des Lebensbegriffs einer Lebensphilosophie gibt Auskunft auf die Frage, welcher Teil der Welt paradigmatisch für ›Leben‹ steht, und die metaphysische Dimension liegt in der praktizierten Inanspruchnahme dieses Paradigmas als Grund der Welt insgesamt.

Rickert macht nun auch noch eine relative Einigkeit der Lebensphilosophien hinsichtlich dieser materialen Dimension aus.[138] Der Begriff des Lebens sei verbreitet orientiert an der ›lebendigen‹ Natur, im Unterschied zum mechanistischen Zeitalter, das orientiert war an der toten oder physikalischen Natur: »Sogar die

137 H. Rickert: *Philosophie des Lebens* [1920], 5.

138 Ebd., 75.

verkappten Materialisten spielen das Organische gegen das Mechanische aus und reihen sich so der Zeitströmung ein.«[139] Lebens*philosophisch* wird diese Inanspruchnahme dann durch die Extrapolation der Biologie zu einer Philosophie des Lebens, wodurch auch umgekehrt das biologische Denken eine spezifische »Färbung« bekommt.[140] Kurzum: ›Leben‹ gilt als die eigentliche Wirklichkeit, und die Biologie gilt als der einzig legitime Ort der Diskussion und Lösung von Weltanschauungsfragen. Eben darin liegt ein doppelter Naturalismus, hier: »Biologismus«,[141] nämlich in der Fokussierung aller Wirklichkeit auf die lebendige Natur als eigentlicher Wirklichkeit und in der Unterstellung, eine Einzelwissenschaft sei hinreichende Grundlage für Wertentscheidungen. In dieser Hinsicht kann, folgt man Rickert, als Grundsatz einer solchen Philosophie des Lebens gelten: »Alle Werte also, die gelten sollen, sind als Lebenswerte zu erweisen, d.h. als Werte, die am Leben haften, bloß darum, weil es Leben ist.«[142]

Nun muss sich eine Lebensphilosophie freilich nicht auf die lebendige *Natur* als Paradigma des Lebens beziehen. Simmel beispielsweise richtet sich entschieden *dagegen*, dass man das Leben der Menschen vermöge der Bezugnahme auf das Organische erklären kann. Das wäre ein unzulässiger Reduktionismus, der der Eigenbedeutsamkeit der Sphäre des Menschen nicht gerecht würde.[143] Bei Simmel wird nicht das natürlich-Lebendige, sondern das gesellschaftliche Leben zum Paradigma von *Leben*, und folglich die Soziologie zur Leitwissenschaft. Eine Lebensphilosophie mit einer solchen materialen Dimension wäre dann sicher kein *Biologismus*. Dennoch bleibt das grundsätzliche Problem, in welcher Weise (dann eben) das gesellschaftliche Leben als *Grund* der Welt ausgezeichnet wird. Ein doppelter Soziologismus, ganz analog zu jenem doppelten Biologismus, ist dann zum Mindesten nicht fern.

Allerdings scheint das 1920, wohl u.a. durch Kenntnis der Arbeiten von Simmel,[144] nicht mehr der Hauptvorwurf von Rickert zu sein. 1920 ist einerseits explizit zugestanden, dass es eine der Aufgaben einer »wahrhaft umfassenden Philosophie« sei, neben den Seinsproblemen die Wertprobleme »in Angriff zu

---

139 Ebd., 9.

140 Ebd., 72ff.

141 Ebd., 74.

142 Ebd., 76.

143 Vgl. G. Fitzi: *Soziale Erfahrung*, 35f.

144 Vgl. Rickerts eigenen Verweis in H. Rickert: *Philosophie des Lebens* [1920], 4, FN 2, sowie die ausführliche Auseinandersetzung mit der Position von Simmel (ebd., 64ff.); dazu auch G. Fitzi: *Soziale Erfahrung*, 56ff., 257ff.

nehmen«.[145] Zum anderen ist explizit zugestanden, dass »auch unter diesem Gesichtspunkt die Philosophie des Lebens als echte Philosophie [erscheint]«.[146] Von einem generellen Naturalismus, sei es als Biologismus, sei es als Soziologismus, ist an dieser Stelle nicht mehr die Rede. Was die Lebensphilosophie einzig nicht leisten könne im Hinblick darauf, »echte« Philosophie zu sein, sei deren traditionell und essentiell systematischer Charakter:[147] »Ein lebendiges Denken soll [angesichts des stets fließenden und strömenden Lebens] die Statik des Systems ablösen und uns damit endlich von jeder Systematik erlösen.«[148] Dies ist dann auch der Kern des verbleibenden Vorwurfs an Simmel: Dessen Einsichten könnten positiv nicht widerspruchsfrei durchgeführt werden, weshalb seine Konzeption von Lebensphilosophie scheitern würde.[149]

In der eigentlichen Darstellung der Lebensphilosophie und in der Formulierung seiner Kritik an ihr ist dann jedoch wieder explizit vom *biologistischen* Charakter des materialen Lebensbegriffs die Rede.[150] Dort ist also weder der Naturalismus-Vorwurf fallen gelassen worden noch die Simmelsche Variante der Soziologie als Leitwissenschaft bedacht.

Nimmt man das nicht als offenkundigen Widerspruch, dann belegt dieses Vorgehen, dass der Vorwurf des Naturalismus und der der Unfähigkeit zum philosophischen System für Rickert eng miteinander zusammenhängen. Vorwegnehmend kann man sagen, dass für Rickert der lebensphilosophische Naturalismus die Anti-Systematik und damit Unwissenschaftlichkeit der Lebensphilosophie *ist*.

Zunächst einmal ist Rickert entschieden der Meinung, dass *jeder* Versuch, einen *Teil* der Welt zur eigentlichen und wahren Wirklichkeit zu (v)erklären, ein

---

145 H. Rickert: *Philosophie des Lebens* [1920], 12f.

146 Ebd., 15.

147 Ebd., 14.

148 Ebd., 16. – Hier wäre dann wieder so ein Punkt erreicht: Offenbar weiß Rickert schon, was »echte« Philosophie ist, um daran die Bemühungen der Lebensphilosophie messen zu können. Dass sich Lebensphilosophen gerade mit der Frage mühen könnten, wie angesichts des stets strömenden Lebens systematische, wiewohl nicht in einem System formulierbare, Philosophie möglich ist, kann so nicht in den Blick geraten. Rickerts, wörtlich genommen vorsichtigeren, Formulierungen – Lebensphilosophie muss »fehlen, was bisher zu jeder echten Philosophie zu gehören schien« (ebd.) – können diese Haltung nur mühsam verbergen. Vgl. auch M. Frischeisen-Köhler: *Leben* [1921], 136-138.

149 H. Rickert: *Philosophie des Lebens* [1920], 68.

150 Vgl. ebd., 35f., 72ff., pass.

zu kritisierender Naturalismus sei; und er ist, damit eng zusammenhängend, ebenso entschieden der Meinung, dass man Wertfragen, Fragen der Welt- und Lebensanschauung, nicht von der Basis einer Einzelwissenschaft aus beantworten kann. »Die Biologie beschränkt sich ihrem Wesen nach auf einen *Teil* des Weltganzen, wo sie vom ›Leben‹ redet. Sie muss das als Spezialdisziplin. Sie handelt nicht vom Leben überhaupt [...]. Der Biologismus der Philosophie dagegen möchte den Teil zum Ganzen machen. [...] Um zu einer umfassenden Philosophie zu kommen, werden wir uns *keiner* Spezialwissenschaft anvertrauen.«[151]

Nun ist diese generelle These in zweierlei Hinsicht fraglich oder gar problematisch (falls man nicht sowieso bestreitet, dass Aufgabe der Philosophie sei, das Ganze der Welt zu denken). Zum einen ist fraglich, wie man denn zum Ganzen der Welt kommen soll, wenn man *nicht* von *Teilen* der Welt als Prototypen des Ganzen ausgeht. Soll man alle Teile addieren und sich dann wundern, dass man nicht fertig wird? Oder soll man sich einen Begriff des Ganzen der Welt vom Himmel holen und ihn der Analyse der Teile der Welt vorsetzen? Doch das wären schon Fragen an Rickerts eigenen Entwurf, was hier nicht Thema ist. Zum zweiten ist fraglich, und das diskutiert Rickert selbst, ob denn tatsächlich *jede* Einzelwissenschaft gleich wenig geeignet ist zur Leitwissenschaft. Man könnte doch der Meinung sein – und z.B. Lebensphilosophen scheinen diese Auffassung zu vertreten –, dass dann, wenn man einen umfassenden Begriff vom Leben haben möchte, die Biologie im Unterschied zu anderen Wissenschaften besonders geeignet sei. Rickert stärkt diesen möglichen Einwand gegen seine Position sogar noch dadurch, dass er einen älteren und einen neueren Biologismus unterscheidet. Der ältere Biologismus beziehe sich zwar auf die Biologie, aber de facto würde dort die Biologie lediglich als eine Art verkappte Physik behandelt. Der ältere Biologismus lege ein mechanistisches Prinzip zugrunde, was sich letztlich im Leitprinzip der *Lebensökonomie* manifestiere. Der neuere Biologismus richte sich exakt gegen diese Grundauffassung. Gerade der Spezifik des Lebens würde man nicht gerecht, wenn man es lediglich als komplexere Natur behandelt. Prinzip des Lebens sei nicht Sparsamkeit, wie im Prinzip der Lebensökonomie unterstellt, sondern Verschwendung. »Echtes Leben ist nach ihr nicht bloßes Dasein, d.h. Leben, das sich lediglich *erhält*. Zumal die Art der Anpassung, die zur Daseinserhaltung führt, bildet kein *Lebens*prinzip, das diesen Namen verdient. Sie kommt nur ausnahmsweise in einer Notlage vor, und diese ist nicht für das Leben überhaupt charakteristisch. In der Meinung, dass Lebewesen aus Not sich anpassen, steckt eine ungerechtfertigte Uebertragung physikalischer Begriffe, wie Trägheit und Beharrung, auf das biologische Gebiet. Sie bedeutet daher Me-

151 Ebd., 105.

chanisierung und Tötung. Eine Philosophie des *lebendigen* Lebens kann auf dem Boden dieses Pseudo-Lebensprinzips nicht erwachsen. Sie bedarf einer anderen biologischen Grundlegung. Das lebendige Leben geht, wenn es echtes Leben ist, mit sich selbst *verschwenderisch* um. Es will sich nicht im Sein *erhalten*, sondern immer mehr wachsen, sich reicher, kräftiger, lebendiger *entfalten.*«[152] Insofern sei Nietzsche der am meisten charakteristische Philosoph der entwickelten Lebensphilosophie: »nicht der ›Wille zum Dasein‹ und der Kampf um die Lebenserhaltung beherrscht die lebende Welt, sondern der ›Wille zur Macht‹ und deren Steigerung ist der treibende Faktor.«[153]

Etwas salopp formuliert, könnte man das so zusammenfassen: Gegen den Vorwurf des Biologismus könnte man seinerseits einwenden, dass man sich in falscher Weise auf die Biologie beziehen kann – dann sei der Vorwurf des Biologismus berechtigt –, aber wenn man sich denn nur richtig auf die Biologie beziehe, dann träfe der Vorwurf nicht. Oder in Rickerts Darstellung: Die neuesten Lebensphilosophen sind der Meinung, dass verschiedene Einzelwissenschaften verschieden nah oder entfernt vom Leben seien, und man müsse eben a) überhaupt eine solche Einzelwissenschaft zugrunde legen, die nah am Leben sei – also die Biologie und nicht die Physik –, und das müsse man b) noch in der richtigen Weise tun, nämlich die Biologie auch biologisch, und nicht physikalistisch anschauen.

Und dagegen nun hält Rickert entschieden daran fest, dass solcherart geistiger Verrenkungen wichtige Differenzierungen liefern, aber keinesfalls den Naturalismus beseitigen würden (s.o., Kap. 3.2.1, 3.4.2). »Früher war die Physik in der Philosophie Mode, heute ist es die Biologie [und morgen vielleicht die Soziologie]. Die Moden wechseln, aber das Prinzip bleibt dasselbe: der Teil soll das Ganze bedeuten. Jede Tendenz, die darauf hinauskommt, ist gleich unphilosophisch.«[154] Rickerts Gegenthese besagt, dass *jede* Wissenschaft als Wissenschaft – also insofern und weil sie Wissenschaft ist – nicht das Leben selbst sei. Der entscheidende Punkt sei in jedem Fall, dass Wissenschaften vom Leben entfernt seien, und daran gemessen helfe es überhaupt nicht über den Naturalismus-Vorwurf hinweg, etwas näher dran zu sein als andere Wissenschaften. Diese prinzipielle Ferne vom Leben liege, so Rickert, genau darin, dass Wissenschaften als Wissenschaften *begriffliche* Erkenntnisse seien. Welche Wissenschaft man auch immer zugrundelege und wie gut oder schlecht man diese Wissenschaft dann auch interpretiere: Immer und prinzipiell liefere sie begriffliche Er-

152 Ebd., 94.

153 Ebd., 95.

154 Ebd., 110.

kenntnis vom Leben und nicht das Leben selbst.[155] »Auch der Biologe verfertigt, um mit Bergson zu reden, Konfektionskleider, die keinem Lebewesen passen, weil sie jedem Lebewesen passen sollen.«[156] Und eben deshalb komme man nicht, ausgehend von einer Einzelwissenschaft, zu einer Anschauung vom Leben überhaupt – so Rickert. Der Lebensphilosoph müsse vor allem vor seiner eigenen Haustüre kehren: Wenn er den anderen vorwerfe, dass deren Verstandesbegriffe das Leben töten, so gelte das eben für Begriffe generell, und also auch für die Begriffe seiner eigenen Lebensphilosophie. Und deshalb bleibt festzuhalten: Solange der Lebensphilosoph Philosoph ist und bleiben will, kann er nicht in seinem Sinne *Lebens*philosoph sein; und solange er eine ›lebendige‹ Anschauung vom Leben verlangt, kann er nicht Lebens*philosoph* sein.

Naturalismus und Anti-Systematik sind also für Rickert die beiden Seiten der selben Medaille: Wer meint, zur Analyse des Lebens mit dem Begriff des Lebens allein auskommen zu können, der praktiziere einen Naturalismus und leugne zugleich, dass jede Begrifflichkeit nur vermittelten Zugang zum Leben gewährt. De facto leugnen Lebensphilosophien damit ein begriffliches Erkennen des Lebens und insofern erst recht ein systematisches.

Rickerts zentraler Kritikpunkt ist die Unmittelbarkeit, mit der der Rekurs auf das Leben eine Anschauung vom ›wahren‹ Leben geben soll und damit insbesondere Werte begründen können soll. Den Grundsatz der »Lebensimmanenz« (s.o.) sieht er so ausgelegt, dass die Lebensphilosophie sich glücklich preist, jeden Dualismus von Leben und Wertung »glücklich überwunden« zu haben.[157] Dem unmittelbar erlebten Leben lasse sich dort vermeintlich nicht nur entnehmen, dass es ist, sondern auch, wie es sein soll, und daher bleiben Wertungen und Ideale nichts dem Leben fremd Gegenüberstehendes. »Auf das Leben selbst will man die sittlichen Ideale gründen.«[158] Und so kann Rickert mit guten Gründen lästern: »Vor dem unmittelbaren Erleben des tiefsten Lebensgrundes verschwinden alle die Schranken und Trennungslinien, die ein borniertes Denken gezogen hatte. Wir gehen jetzt, auf Erlebnisse oder Intuition gestützt, nicht mehr nur betastend und berechnend um die Welt herum, sondern wir versetzen uns mitten in sie hinein, erfassen ihr tiefstes Wesen als Leben und erfüllen so zu-

155 Ebd., 107ff.

156 Ebd., 109.

157 H. Rickert: *Lebenswerte* [1912], 46; vgl. H. Rickert: *Philosophie des Lebens* [1920], 76-80.

158 Ebd., 11.

gleich den Sinn unseres individuellen Lebens durch Einswerden mit diesem Leben des All.«[159]

Dass diese Kritik Rickerts nicht rein von außen, von einem fraglos angenommenen Standpunkt hehrer Wissenschaftlichkeit aus, erfolgt, sondern dass diese Kritik einen Grund in der Sache vieler Philosophien des Lebens hat, scheint mir unbestreitbar. Neben all dem oben bereits Gesagten kann man als besonders eindrücklichen Beleg, gleichsam als Beispiel und Symptom, die Lachtheorie Bergsons heranziehen.[160] Bergson kennt das Lachen nur als Auslachen, und zwar als Auslachen von mechanisch gewordenen Bewegungen und Versteifungen gegenüber einem ›eigentlich‹ geschmeidig ablaufen sollenden Verlauf. Das Auslachen ist dort die gesellschaftliche Strafe, nicht hinreichend mit dem Leben selber mitzugehen. Methodisch hat das immerhin noch den Vorteil, dass dort nicht ein »Einswerden mit dem Leben« in positiver Weise beschworen wird, sondern dass negativ Abweichungen vom Eigentlichen diagnostiziert und im Lachen bloßgestellt werden. Aber auch bei Bergson, und bei weniger vorsichtigen Varianten allemal, steht ›Intuition‹ geradezu für das Erfassen eines *eigentlichen* Lebensgrundes (der für bloßes ›Berechnen‹ unzugänglich bleibe). Beschworen wird die Unergründlichkeit des Lebens. Gemeint ist damit aber lediglich, dass das Leben für ein begriffliches Erfassen im weitesten Sinne unergründlich bleibt, und eben deshalb nur intuitiv erfasst werden könne und intuitiv erfasst werden müsse.

Der beste Beleg dafür, dass Rickerts Kritik nicht an dem Kritisierten gänzlich vorbeigeht, liegt vielleicht darin, dass er selber demselben Modell verhaftet ist. Er teilt die Grunddiagnose, dass Begriffe grundsätzlich die Lebendigkeit des Lebens nicht erreichen und in diesem Sinne »töten«, aber er *wertet* diesen Befund diametral entgegengesetzt. In diesem Nicht-Erreichen der Lebendigkeit des Lebens liegt für ihn kein Grund zum Jammern, sondern im Gegenteil sieht er im begrifflichen, vor allem wissenschaftlichen Erkennen den einzig adäquaten Weg und Umgang mit dieser Grundsituation. Der Fortschritt der Wissenschaft liegt für Rickert genau darin, sich qua Begrifflichkeit der Lebendigkeit des Lebens immer besser anzupassen und anzunähern; freilich ohne diese ›eigentliche‹ Lebendigkeit je erreichen zu können.[161] Die Unergründlichkeit des Lebens ist auch hier eine Unergründlichkeit für begriffliches Erfassen; aber Rickert singt deshalb nicht das Hohelied der Intuition, sondern allenfalls einen Choral der Begrifflich-

159 H. Rickert: *Lebenswerte* [1912], 47.

160 Vgl. H. Bergson: *Lachen* [1900].

161 Vgl. H. Rickert: *Philosophie des Lebens* [1920], 156ff., 171ff.

keit, deren Relativität und Wandelbarkeit gerade durch jene Unergründlichkeit gewährleistet ist: Wissenschaft als unendliche Aufgabe.

Es gibt eine Formulierung bei Rickert, die auf den ersten Blick der hier gegebenen Interpretation widerspricht. Rickert sagt nämlich selbst ausdrücklich, dass die ›Tötung‹ des Lebens durch Begriffe »kein Fehler [*ist*]. Der Fehler besteht darin, dass man darin einen Fehler sieht und ihn innerhalb irgend einer Philosophie für vermeidlich hält.«[162] Aber Rickert wendet sich damit gerade nicht gegen das Grundmodell, sondern er übernimmt die Problemdiagnose und wertet deren Ergebnis anders, sprich: Er akzeptiert, dass Begriffe das ›eigentliche‹ Leben nicht erreichen.

Dass Rickert das Modell mit den von ihm kritisierten Positionen teilt und ›nur‹ anders bewertet, das hatte sich auch als Ungenauigkeit in seine Kritik eingeschlichen. Der Vorwurf des Naturalismus zielt dagegen, einen Teil der Welt – im Biologismus: die Lebendigkeit lebender Organismen – zum ›wahren‹ Konzept des Ganzen der Welt – hier: zum Konzept des Lebens überhaupt – zu machen. Rickerts Argumentation gegen die moderne und modische Lebensphilosophie richtete sich aber an entscheidender Stelle nicht (bloß) dagegen, sondern richtete sich gegen eine spezifische Art und Weise, in und mit der diese Lebensphilosophien jenes Konzept des Ganzen meinten haben zu können oder haben zu müssen. Rickert vermengt den Vorwurf des Naturalismus mit der Kritik an einer behaupteten oder herbeigewünschten Unmittelbarkeit des Wissens vom Ganzen. Rickert meinte gezeigt zu haben, dass »[man] eben deshalb nicht, ausgehend von einer Einzelwissenschaft, zu einer Anschauung vom Leben überhaupt [komme]« – so meine Darstellung oben. Argumentiert hatte er aber nur dagegen, dass man so nicht zu einer *unmittelbaren* Anschauung vom Leben überhaupt kommt.

3.7.3 Vorblick auf Kapitel 4

Noch nicht ›erledigt‹ sind daher all diejenigen Lebensphilosophien, die das Konzept der Intuition gar nicht mit einer Unmittelbarkeit intuitiven Wissens in Verbindung bringen, sondern sich im Gegenteil genau davon abgrenzen. Allerdings behauptet Rickert auch nicht, das bereits mit erledigt zu haben. Im Gegenteil hebt er ausdrücklich hervor, dass sich seine Kritik gegen den »modischen« Begriff von Intuition richtet, und nicht gegen jeden Begriff von Intuition, und insbesondere nicht gegen jenen Begriff von Intuition, den Josef König sechs Jahre später in seiner Dissertation behandelt.[163] »Ferner kann man noch eine Bedeu-

162 Ebd., 115.

163 Vgl. J. König: *Intuition* [1926].

tung mit der ›cognitio intuitiva‹ verknüpfen. Sie hat mit der Lebensphilosophie unserer Zeit jedoch so gut wie gar nichts zu tun. Auf sie sei nur hingewiesen, um sie in Gegensatz zu der Intuition zu bringen, die in der Modephilosophie eine Rolle spielt. Es ist die Intuition, die sich z.B. bei Plotin oder bei den Mystikern des Mittelalters wie Meister Eckhardt, aber auch bei dem ›Rationalisten‹ Spinoza und später wieder bei nachkantischen deutschen Idealisten findet. Sie wird hier ›intellektuale Anschauung‹ genannt. Wer sie preist, dem schwebt eine Erkenntnis vor, die durch das logische Erkennen hindurch gegangen ist und damit jene ›Einheit‹ wiederherstellt, welche die ›ratio‹ zerstören muss. Sie liegt der Absicht nach von dem unmittelbaren *diesseitigen* Erleben des modernen Intuitionismus so weit entfernt wie möglich. Auf keinen Fall ist sie für weit verbreitete Strömungen unserer Zeit maßgebend.«[164]

Im folgenden Kapitel möchte ich genau diese Traditionslinie von ›Intuition‹ vorstellen – jedoch in einer gegenüber Rickert ›geringfügig‹ geänderten Lesart. Nach der nun vorzustellenden Lesart liegt diese Lebensphilosophie ›der Absicht nach von dem *unmittelbaren* diesseitigen [statt: unmittelbaren *diesseitigen*] Erleben des modernen Intuitionismus so weit entfernt wie möglich‹. Solche Lebensphilosophie beschwört nichts Jenseitiges, wie Rickert unterstellt, sondern ganz im Gegenteil die »Immanenz des Transzendenten« (Misch). Der entscheidende Unterschied zur bisher dargestellten Lebensphilosophie liegt stattdessen darin, der Absicht nach – mit unterschiedlichem Erfolg – eine Theorie der *Vermitteltheit* intuitiven Wissens zu sein. Der Unterschied zwischen intuitiv und nicht-intuitiv ist dort nicht unmittelbar vs. vermittelt, sondern ein prinzipieller, nicht bloß gradueller Unterschied im Modus von Vermitteltheit.[165]

Solcherart Lebensphilosophie liegt im Wesentlichen mit der Diltheyschen Traditionslinie vor, und mindestens Dilthey selbst war auch nach Rickerts eigenem Bekunden für die damalige Lebensphilosophie durchaus »maßgebend«.[166]

---

164 H. Rickert: *Philosophie des Lebens* [1920], 54f.

165 Mir ist bewusst, dass dieser letzte Satz Unsinn von der Art eines weißen Schimmels redet. Modale Unterschiede sind eben als modale eo ipso nicht graduierbar. Die Formulierung ist daher lediglich eine, vielleicht altkluge und übertriebene, Vorsichtsmaßnahme, gerichtet gegen die Verharmlosung der Problemlage. Es geht nicht um die Versöhnung von ein bisschen Unmittelbarkeit und ein bisschen Vermitteltheit, auch nicht um ein ewiges Hin und Her; die Formel bei Plessner lautet »vermittelte Unmittelbarkeit«. Das kann man für einen logischen Unsinn halten oder aber man muss die Härte dieser Formulierung und der damit gemeinten Sache aushalten.

166 Ebd., 27f., 46ff.

4. Vermittelte Unmittelbarkeit. Lebensphilosophien im heiteren Ton

> Dem wahrhaft religiösen Menschen ist Gott kein bestimmungsloses Wesen, weil er ihm ein gewisses, *wirkliches* Wesen ist. Die Bestimmungslosigkeit und die mit ihr identische Unerkennbarkeit Gottes ist daher nur eine Frucht der neuern Zeit, ein Produkt der modernen Ungläubigkeit.[1]

Ging es im Kapitel 3 um Lebensphilosophien im melancholischen Ton, so soll es nun um solche im heiteren Ton gehen. Dabei verstehen sich *melancholisch* und *heiter* als Charakterisierungen *der Systematik* des jeweiligen Grundkonzeptes, genauer: ihrer Art und Weise der Durchführung, ihres Modus. Ihr Gebrauch spielt zwar mit der psychologischen Bedeutung dieser Attribute, aber will keinesfalls eine Theoriestruktur psychologisieren. Beispielsweise ist nicht gemeint, dass Lebensphilosophien im melancholischen Ton grundsätzlich ein miesepetriges Bild vom Leben zeichnen. Melancholisch sind sie zunächst nur, insofern sie die postulierte Unergründlichkeit des Lebens in *der* Weise interpretieren, dass wir Menschen im Erkennen und Handeln an diese Unergründlichkeit niemals heranreichen. Das Beispiel Nietzsche zeigt, dass dieser Umstand aber durchaus fröhlich gefeiert werden kann. Ein anderes Beispiel ist Thomas Mann. Seine Joseph-Romane gelten als ein Meisterwerk ironischer Literatur. Aber mir ist kein Text bekannt, der den melancholischen Ton jener Lebensphilosophien besser auf

1 Ludwig Feuerbach: Das Wesen des Christentum [1841; ^{3}1849], Nachwort v. Karl Löwith, Stuttgart 1994, 55.

den Punkt, genauer: auf das Bild der Geschichte als Brunnen, bringt als die ersten Sätze dieses Werkes:

Vorspiel: Höllenfahrt – Tief ist der Brunnen der Vergangenheit. Sollte man ihn nicht unergründlich nennen?
Dies nämlich dann sogar und vielleicht eben dann, wenn nur und allein das Menschenwesen es ist, dessen Vergangenheit in Rede und Frage steht: dies Rätselwesen, das unser eigenes natürlich-lusthaftes und übernatürlich-elendes Dasein in sich schließt und dessen Geheimnis sehr begreiflicherweise das A und das O all unseres Redens und Fragens bildet, allem Reden Bedrängtheit und Feuer, allem Fragen seine Inständigkeit verleiht. Da denn nun gerade geschieht es, dass, je tiefer man schürft, je weiter hinab in die Unterwelt des Vergangenen man dringt und tastet, die Anfangsgründe des Menschlichen, seiner Geschichte, seiner Gesittung, sich als gänzlich unerlotbar erweisen und vor unserem Senkblei, zu welcher abenteuerlichen Zeitenlänge wir seine Schnur auch abspulen, immer wieder und weiter ins Bodenlose zurückweichen. Zutreffend aber heißt es hier ›wieder und weiter‹; denn mit unserer Forscherangelegentlichkeit treibt das Unerforschliche eine Art von foppendem Spiel: es bietet ihr Scheinhalte und Wegesziele, hinter denen, wenn sie erreicht sind, neue Vergangenheitsstrecken sich auftun, wie es dem Küstengänger ergeht, der des Wanderns kein Ende findet, weil hinter jeder lehmigen Dünenkulisse, die er erstrebte, neue Weiten zu neuen Vorgebirgen vorwärtslocken.

4.0 DAS PARADIGMA MISCH

Umgekehrt geht es bei Dilthey, Misch, König durchaus nicht immer lustig zu. Heiter sind ihre Konzeption zunächst nur, insofern sie die auch von ihnen postulierte Unergründlichkeit des Lebens nicht in einer unerreichbaren Ferne verorten, sondern als wirkliche und wirkmächtige Dimension des tatsächlich und gegenwärtig gelebten Lebens. Sie behaupten nachdrücklich, dass wir Wissen vom Unergründlichen haben (können); wir haben es jedoch in grundsätzlich anderer Weise als gewöhnliches Wissen.

Paradigmatisch für solche Lebensphilosophien im heiteren Ton steht hier die Philosophie von Georg Misch. Diese These schließt die These ein, dass die Philosophie von Misch nicht lediglich Dilthey-Interpretation ist (als die sie oft genommen wird), sondern eine qualitative Weiterentwicklung. Zwar ist sie ohne Dilthey nicht zu haben, aber sie ist nicht reine Dilthey-Exegese oder -Extrapolation.[2] Die beste Begründung dafür ist nun vielleicht gerade das, was im Folgen-

2 Vgl. V. Schürmann: *Hermeneutisches Sprechens*, 47-49.

den herauszustellen sein wird: Dass Dilthey zwar mit dem melancholischen Grundmodell bricht und ein heiteres anzielt, dass ihm aber die theoretischen Mittel fehlen, dies auch positiv zu realisieren. Erst Misch wird dann die *Verbindlichkeit* der Unergründlichkeit postulieren und als Prinzip geltend machen.

Misch nimmt durchaus für sich in Anspruch, eine Philosophie des Lebens konzipieren zu wollen und zielt ausdrücklich auf einen *Aufbau der Logik auf dem Boden der Philosophie des Lebens*,[3] aber er bricht ebenso ausdrücklich mit jenem Grundmodell, dass die Unergründlichkeit des Lebens für begriffliches Erfassen unerreichbar sei. Jenes Grundmodell diagnostiziert er als den »romantischen« Zug vieler Philosophien des Lebens:

»Man könnte an dieser Universalität der Ausdrucksmöglichkeit des Innern nur irre werden, wenn die Romantiker recht hätten, die von dem gestaltlosen, bild- und wortlosen menschlichen Innenleben als einer formlosen und strukturlosen rein intensiven gärenden und strömenden Lebendigkeit sprechen, die durch jeden Ausdruck festgemacht, verfestigt und damit verfälscht werde. Aber das ist eine romantische Theorie, die den mystischen ekstatischen religiösen Erlebnissen entnommen ist und zwar einer bestimmten Auslegung dieser Erlebnisse, von einem vorgefassten Begriff des religiösen Lebens aus, wonach das religiöse Erlebnis etwas rein Subjektives in einem isolierten Binnenleben des Ichs ohne ursprünglichen Bezug zur Gemeinschaft wäre. Aber so gefasst wäre es dann auch nichts universal Geistiges mehr. Das ist ein unhaltbarer Begriff von Leben, da zum Leben als Geistigem wesentlich gehört die Beziehung von Tun und Wissen um den Sinn dieses Tuns.«[4]

Misch unterscheidet stattdessen zwei grundsätzlich unterschiedene Weisen von Logik und von Sprechen. Unergründlicher Sinn ist zwar nicht rein diskursiv *feststell*bar, aber auch unergründlicher Sinn ist überhaupt nur Sinn als vernehmbarer und in einem Sprechen manifestierter Sinn. Wie alle Lebensphilosophien, und wie auch noch Rickert, teilt Misch die Kritik an rationalistischen Konzeptionen, für die jeglicher Sinn eo ipso ›berechenbar‹ ist. Das Leben sei sozusagen reicher als das, was Rationalismen als eigentliche Wirklichkeit übrig und gelten lassen. Aber die Unergründlichkeit von spezifischen Fällen von Sinn, und insbesondere die Unergründlichkeit des metaphysischen Sinns des Lebens, gilt Misch nicht als Unerreichbarkeit, sondern als in grundsätzlich anderer Weise vernehmbarer Sinn. Josef König hat diesen für Misch grundlegenden Punkt nachdrücklich her-

3 Georg Misch: *Aufbau Logik.*

4 Ebd., 79.

ausgestellt. Es geht darum, *»in selber logischer Weise* das Wirkliche noch tiefer und besser zu verstehen, als jener Logismus es vermag«.[5]

4.1 DILTHEY: DIE UNERGRÜNDLICHKEIT DES LEBENS ALS UNENDLICHE ANNÄHERUNG

Ob mit dem Konzept von Misch nun innerhalb der Philosophien des Lebens tatsächlich das direkte Gegenteil jener Lebensphilosophien im melancholischen Ton vorliegt, das ist selbstverständlich keine Frage von guten Absichtserklärungen. Es dürfte vielmehr weit eher der philosophische Normalfall sein, dass sich verschiedene, vermeintlich oder de facto widerstreitende, Anliegen einer philosophischen Konzeption gerade nicht zu Einer Konzeption aufheben, sondern in ihrer Ambiguität verharren. Und selbst dieses Faktum kann in *philosophischen* Angelegenheiten nicht von vornherein und umstandslos den Status eines kritischen Einwandes für sich in Anspruch nehmen, denn allerspätestens seit dem pyrrhonisch-skeptischen Isosthenie-Prinzip kann man wissen, dass keineswegs ausgemacht ist, dass eine antinomie*freie philosophische* Konzeption überhaupt durchführbar ist. Jedenfalls: Die *Absicht* von Misch hatte bereits Dilthey; ja Misch selber trägt beinahe alles oder doch sehr viel dazu bei, seinen eigenen Anteil an seiner Position (in der Öffentlichkeit) zu leugnen, und sie stattdessen als Dilthey-Interpretation auszugeben.[6] Aber es spricht einiges dafür, dass diese gute Absicht Dilthey in *seiner* Durchführung nichts genutzt hat.

So betone etwa Gadamer »die ›Ambiguität‹ des Wissenschaftsbegriffs von Dilthey«; und diese Ambiguität ist nicht zu leugnen, sondern sei »positiv zu unterstreichen«, denn »hier liegt in der Tat eine der großen Schwierigkeiten der

---

5 Josef König: »Der logische Unterschied Theoretischer und Praktischer Sätze und seine philosophische Bedeutung. Unveröff. Beitrag f. geplante Festschrift Georg Misch [1947/49]«, in: Nachlass Josef König, Universitätsbibliothek Göttingen, Cod. Ms. 68, hier: 133.

6 Dass die Binnensicht eine durchaus andere war, und dass viele Bezugnahmen auf Dilthey seitens der ›Schüler‹ von Misch de facto Bezugnahmen auf Misch waren, macht der Briefwechsel zwischen König und Plessner sichtbar; vgl. Josef König u. Helmuth Plessner: Briefwechsel 1923-1933. Mit einem Briefessay von Josef König über Helmuth Plessners ›Die Einheit der Sinne‹, hrsg. v. Hans-Ulrich Lessing u. Almut Mutzenbecher, Freiburg, München 1994.

Dilthey-Interpretation, die übrigens schon die engsten Schüler und Herausgeber seiner Schriften, wie Georg Misch und Bernhard Groethuysen, gesehen haben«.[7]

4.1.1 Leben und Erleben

Diese »Schwierigkeiten der Dilthey-Interpretation« können z.B. am Status und der Rolle der Psychologie in Diltheys Konzept aufgezeigt werden. Schon an der Oberfläche der Texte gibt es diametral entgegengesetzte Thesen. 1894 ist die Rede davon, dass jede einzelne Geisteswissenschaft grundlegend »psychologischer Erkenntnisse [bedarf]«;[8] 1910 gilt es gerade als ein »gewöhnlicher Irrtum, für unser Wissen von der inneren Seite [geistiger Gebilde] den psychischen Lebensverlauf, die Psychologie einzusetzen«.[9]

Selbstverständlich ist die konkrete Durchführung komplizierter, als es solche Textoberfläche suggeriert.[10] So sind in der ganzen Diskussion zwei Begriffe von Psychologie anwesend – Dilthey unterscheidet eine erklärende und eine beschreibende Psychologie –, und auch 1894 ist bereits hervorgehoben, dass es »untunlich [wäre], der Erkenntnistheorie eine durchgeführte beschreibende Psychologie als Grundlage vorauszusenden«, denn jede Psychologie ist bereits und »nur die wissenschaftliche Vollendung dessen, was auch den Untergrund der Erkenntnistheorie bildet«.[11] Das alles aber ändert nichts daran, dass es der *seelische* Zusammenhang ist, der »den Untergrund des Erkenntnisprozesses [bildet]«.[12] Dilthey vertritt dort die starke These, dass Struktur und Ordnung überindividueller geistiger Gebilde wie Wirtschaft, Recht, Religion, Kunst und Wissenschaft sowie deren Zusammenhang überhaupt nur verständlich sind, »weil Gleichförmigkeit und Regelmäßigkeit im Seelenleben besteht und eine gleiche Ordnung für die vielen Lebenseinheiten ermöglicht«.[13] Wie überindividuelle geistige Ge-

7 Frithjof Rodi: Erkenntnis des Erkannten. Zur Hermeneutik des 19. und 20. Jahrhunderts, Frankfurt/M. 1990, 95f.

8 Wilhelm Dilthey: »Ideen über eine beschreibende und zergliedernde Psychologie [1894]«, in: ders., Gesammelte Schriften, Bd. V: Die geistige Welt. Einleitung in die Philosophie des Lebens. Erste Hälfte, Stuttgart, Göttingen, [4]1964, 139-240, hier: 147.

9 W. Dilthey: *Aufbau* [1910], 84.

10 Vgl. Hans-Ulrich Lessing: Die Idee einer Kritik der historischen Vernunft. Wilhelm Diltheys erkenntnistheoretisch-logisch-methodologische Grundlegung der Geisteswissenschaften, Freiburg, München 1984.

11 W. Dilthey: *Ideen* [1894], 150f.

12 Ebd., 151.

13 Ebd., 148.

bilde »aus dem lebendigen Zusammenhang der Menschenseele hervorgegangen sind, so können sie schließlich auch nur aus diesem verstanden werden«.[14] Anders ausgedrückt: Dort, wo Dilthey den Titel *Leben* als Grund aller Kultur oder als Grund aller Geisteswissenschaften gebraucht, da ist ›Leben‹ synonym mit ›*Seelen*leben‹.[15] Der methodische Vorzug einer beschreibenden Psychologie, die diesen Zusammenhang des Seelenlebens zum Gegenstand hat, liegt, so Dilthey, im *Erleben* dieses Zusammenhangs: Darin, dass ihr dieser »unmittelbar, lebendig, als erlebte Realität [...] gegeben ist«.[16] Und darin liegt die Hoffnung begründet, die Erkenntnistheorie könne der beschreibenden Psychologie »einen solchen Zusammenhang von Sätzen entnehmen, wie sie ihn bedarf und wie er keinem Zweifel ausgesetzt ist«,[17] also als »feste, allgemeingültige Grundlage«[18] der Geisteswissenschaften.

1910 ist die Erläuterung eine gänzlich andere. ›Leben‹ ist dort synonym mit ›geistiges Leben‹, wobei dieses geistige Leben gerade nicht zurückgerechnet wird auf Struktur und Zusammenhang des Seelenlebens von Individuen, und also: »Das Verstehen dieses Geistes ist nicht psychologische Erkenntnis«, auch nicht einer beschreibenden Psychologie. Am Beispiel der Dichtung: Was durch den »sinnfälligen Zusammenhang« dichterischer Worte ausgedrückt ist – und dies »ist entscheidend« –, »sind nicht die inneren Vorgänge in dem Dichter, sondern ein in diesen [Worten] geschaffener, aber von ihnen ablösbarer Zusammenhang«. Das Verstehen des Geistes bezieht sich auf die »Struktur des Werkes«.[19] Die Ordnung geistiger Gebilde gründet jetzt nicht mehr in einem Seelenleben, sondern[20] ausschließlich in diesen geistigen Gebilden selbst. Das Gemeinsame von Natur- und Geisteswissenschaften liegt darin, dass »hier wie dort der Gegenstand geschaffen [wird] aus dem Gesetz der Tatbestände selber«.[21]

Darin liegt zugleich, dass mit dieser Grundlegung des Geistes in sich selbst noch nicht die *Spezifik* der Geisteswissenschaften getroffen ist. Im Prinzip kann die Struktur eines Werkes auch (naturwissenschaftlich) erklärt werden, und es ist

14 Ebd., 147.

15 Vgl. ebd., 152.

16 Ebd., 151.

17 Ebd., 150.

18 Ebd., 146.

19 W. Dilthey: *Aufbau* [1910], 85.

20 Dieses »sondern« ist nicht eindeutig; vgl. Helmut Johach: »Wilhelm Dilthey: Die Struktur der geschichtlichen Erfahrung«, in: Josef Speck (Hg.), Grundprobleme der großen Philosophen. Philosophie der Neuzeit IV, Göttingen 1986, 52-90, hier: 73.

21 W. Dilthey: *Aufbau* [1910], 85f.

ein anderes Tun, sie (geisteswissenschaftlich) zu verstehen. Oder allgemeiner: Gemeinsamer Gegenstand aller Geisteswissenschaften ist die Menschheit resp. die menschliche Welt, aber die Spezifik der Geisteswissenschaften gründet nicht in diesem Gegenstand als solchem, sondern in der »Art der Beziehung [...], welche in den Geisteswissenschaften zu dem Tatbestand der Menschheit besteht«.[22] Als Gegenstand der Geisteswissenschaften entsteht die Menschheit »nur, sofern menschliche Zustände erlebt werden, sofern sie in Lebensäußerungen zum Ausdruck gelangen und sofern diese Äußerungen verstanden werden«.[23] Es ist der Zusammenhang von Erleben, Ausdruck und Verstehen, der die Spezifik der Geisteswissenschaften »fundiert«.[24]

4.1.2 Das Leben betrachten – im Leben mitspielen

Diese Unterscheidung zweier Möglichkeiten der Betrachtung der Menschheit ist zunächst völlig analog zu einer Kantischen Unterscheidung. Kant hatte eine Anthropologie in physiologischer Hinsicht von einer Anthropologie in pragmatischer Hinsicht unterschieden als Unterschied dessen, was die Natur aus dem Menschen macht und dessen, was der Mensch aus sich selber macht. Eine Anthropologie in physiologischer Hinsicht betrachtet den Menschen wie jeden anderen Naturkörper auch, nämlich als ein Produkt des »Spiel[s] der Natur«; eine Anthropologie in pragmatischer Hinsicht bezieht sich auf die dem Menschen bedeutsame Welt. Sodann aber hatte Kant, wichtiger noch, eine Unterschied innerhalb der Anthropologie in pragmatischer Hinsicht getroffen, denn auch eine Erkenntnis der für den Menschen bedeutsamen Welt »wird eigentlich alsdann noch nicht pragmatisch genannt«, wenn sie lediglich »ein ausgebreitetes Erkenntnis der *Sachen* in der Welt« ist. Anthropologie bleibt dann – und dies ist kein Vorwurf, sondern eine Unterscheidung – »theoretische Weltkenntnis«, die die für Menschen bedeutsame Welt *betrachtet*, insofern sie »nur das Spiel *versteht*, dem [sie] zugesehen hat«. Demgegenüber ist eine Erkenntnis des Menschen als Weltbürger – eine Anthropologie in pragmatischer Hinsicht im strengen Sinne – keine Betrachtung mehr, sondern ein Verstehen eines Spiels, in dem der Mensch »mitgespielt hat«.[25]

22 Ebd., 81.

23 Ebd., 86.

24 Ebd., 87.

25 Immanuel Kant: »Anthropologie in pragmatischer Hinsicht [A: 1798; B: 1800]«, in: ders., Werkausgabe, Frankfurt/M., Bd. XII, hier: Vorrede.

Dilthey drückt den gleichen Gedanke so aus, dass in den Naturwissenschaften primär die Tendenz wirksam ist, »dass der Mensch sich selbst ausschaltet« – so etwa auch in der erklärenden Psychologie oder in einer ›naturwissenschaftlichen‹ Betrachtung geistiger Gebilde –, während in den Geisteswissenschaften die Tendenz des »Rückgang[s] des Menschen in das Erlebnis, durch welches für ihn erst die Natur da ist, in das Leben, in dem allein Bedeutung, Wert und Zweck auftritt«, wirksam ist.[26] Naturwissenschaftliche Objektivität ist einer Objektivierung im Sinne einer *Betrachtung* der Welt geschuldet, d.h. der *Ausschaltung* des Selbstbezugs des Beobachters beim Beobachten, während geisteswissenschaftliche Erkenntnis notwendig einen solchen Selbsteinschluss des Beobachters beim Beobachten einschließt, gar durch ihn konstituiert ist. Dilthey redet hier von »Selbstbesinnung«. Falls in Bezug auf die Geisteswissenschaften dann überhaupt von Objektivität die Rede sein kann, ist sie sicher nicht Objektivierung: Geisteswissenschaften können ihren Gegenstand nicht ›vor sich hinstellen‹.[27]

Gleichwohl gibt es Differenzen zwischen Kants und Diltheys Fassungen dieses Unterschieds. Für Kant lässt sich die Differenz sehr nüchtern angeben: Gegenstand einer nicht-pragmatischen Anthropologie ist die menschliche Welt (als objektivierter Gegenstand); Gegenstand einer pragmatischen Anthropologie ist das *Verhältnis* des Menschen und der menschlichen Welt. Den Menschen als Weltbürger, als *Mit*spieler im Geschichtsspiel zu nehmen, *ist* es, den Menschen in einer für ihn wertvollen Welt zu verorten. Was immer Kant selbst getan hat: Dieses Vorgehen legt den Verdacht nahe, dass eine *wertvolle* Welt deshalb und nur deshalb wertvoll ist, weil *wir* sie in einer pragmatischen Anthropologie als wertvolle konstituieren. Manchen ist das zu wenig. Rickert z.B. bemüht objektive Werte, die es auch ohne unser Zutun ›gibt‹.[28]

Und auch die zitierte Formulierung Diltheys, dass allein im Leben Bedeutung, Wert und Zweck auftritt, legt mindestens sehr nahe, dass hier das Leben, gegen eine bloße Konstitutionsphilosophie, als eine Instanz bemüht wird, in der Werte gleichsam hausen, um dann von uns bewohnt werden zu können, was freilich sofort dadurch relativiert wird, dass Leben dort mit Erleben gleichgesetzt wird, womit Werte nicht unabhängig vom Erlebnis zu haben sind.

26 W. Dilthey: *Aufbau* [1910], 83.

27 Dies kann man auch als Unterschied im Erfahrungs-Begriff formulieren; vgl. H. Johach: *Dilthey*, 69f.

28 H. Rickert: *Philosophie des Lebens* [1920], 186ff.

4.1.3 Erleben statt Zusammenhang von Leben, Ausdruck und Verstehen

Doch gerade die Gleichsetzung von Leben und Erleben macht das Erleben zu einer eigenen Instanz, die *dann* ausgedrückt wird, um *dann* verstanden zu werden. Bereits terminologisch ist 1910 bei Dilthey ›Leben‹ als Grund der geistigen Gebilde *nicht* der Zusammenhang von Erleben, Ausdruck und Verstehen, sondern synonym mit ›Erleben‹, denn er postuliert einen »Zusammenhang von Leben, Ausdruck und Verstehen«.[29] Nimmt man diese Terminologie wörtlich und pointiert sie gegen alle widerstreitenden Tendenzen, dann ist das geistige Leben *nicht* das Ausdrucksgeschehen als solches, *an* dem dann die Momente des Erlebens, des Ausdrückens und des Verstehens differenziert werden können, sondern geistiges Leben gründet im Erleben, um sich von dort einen Ausdruck zu suchen, der verstanden werden kann und muss. *Diese* Tendenz des Textes erlaubt, dass Dilthey zwar nachdrücklich zwischen Seelenleben und geistigem Leben unterscheidet, dass er aber gleichwohl noch vom »Innewerden eines psychischen Zustandes« als »Grundlage der Geisteswissenschaften« reden kann.[30] Die Grundlage der Geisteswissenschaften *nicht* in jenem *Zusammenhang* von Erleben, Ausdrücken und Verstehen zu sehen, *sondern* im Erleben (das dann und als solches einen Ausdruck und ein Verständnis nötig hat), ist ganz zweifellos ein Ausgang bei einem *psychischen* Sachverhalt. Hier reproduziert sich, dass Dilthey geistige Gebilde denn doch nicht in sich selbst gründend ansieht, sondern im Seelenleben von Individuen.[31]

Eine *andere* Tendenz des Textes ist, den *Zusammenhang* von Erleben, Ausdrücken und Verstehen zu betonen. Aber diese Tendenz widerstreitet der oben herausgestellten Tendenz nicht, sondern lässt sich bruchlos mit ihr vereinbaren. Im Spiel sind nämlich, wie bereits angedeutet, zwei verschiedene Bedeutungen von ›Zusammenhang‹. Widerstreitend wäre dieses Beharren auf einem Zusammenhang dann, wenn das Ausdrucksgeschehen als solches – der Prozess der gedeuteten Manifestation des geistigen Lebens als objektiver Geist – der Grund des Verstehens des Geistes wäre. Die These des *Zusammenhangs* von Erleben, Ausdrücken und Deuten wäre dann in *der* Weise gedeutet, dass man einen verstehenden Zugriff allein auf jenen Prozess hat. Und *diese* Deutung *widerstreitet* der Deutung, dass man einen verstehenden Zugang sei es auf das Erleben, sei es auf

29 W. Dilthey: *Aufbau* [1910], 86, 87.

30 Ebd., 136.

31 Vgl. Hans M. Baumgartner: Kontinuität und Geschichte. Zur Kritik und Metakritik der historischen Vernunft [1972], Frankfurt/M. 1997, 100-114, insbes. 111.

das Ausdrücken, sei es auf das Deuten hat, um daraus eine, als nötig postulierte, Synthesis zu erstellen. Dilthey jedoch transportiert dieses Konzept von *Synthesis* – und diese Deutung widerstreitet nicht nur nicht jener oben genannten Tendenz, sondern ist lediglich ein anderer Ausdruck dafür, ›Leben‹ mit ›Erleben‹ zu identifizieren und *nicht* mit dem Zusammenhang von Erleben, Ausdrücken und Deuten. Ganz zweifellos postuliert Dilthey jenen Zusammenhang dreier Momente als nötig; aber er ist nicht *deshalb* nötig, weil man einen verstehenden Zugang überhaupt nur auf jene Dreiheit hat, sondern weil man – entgegen der Thesen von Dilthey (1894) – gerade nicht einen unmittelbaren und direkten verstehenden Zugang zum Erleben hat, sondern dieses Erleben nur verstehen kann vermittels des Verstehens derjenigen Gebilde, in denen sich das Erleben ausdrückt. Anders gesagt: Zu verstehende Instanz ist und bleibt das Erleben (und nicht der Zusammenhang von Erleben, Ausdrücken und Deuten), aber aus irgendwelchen angebbaren und von woanders herbeigeholten Gründen ist ein direktes Verstehen des Erlebens nicht möglich, sondern erzwingt ein Verstehen des Erlebens über seine Ausdrucksgestalten. Und *nur* in diesem Sinne ist der so genannte Zusammenhang von Erleben, Ausdrücken und Deuten nötig. Er ist gerade nicht logisch notwendig.

Hier sei, als Vergleichs- und Kontrastfolie, auf die Dilthey-Interpretation von Bollnow verwiesen. Er stellt zu Recht heraus,[32] dass Dilthey das »Erleben« nicht psychologisieren will, weil er es als geistiges Phänomen in den Blick nimmt. Schon das steht freilich in einem Spannungsverhältnis zu der erklärten methodischen Beschränkung auf »den einzelnen Menschen in der Geschichtlichkeit seines Daseins«, denn das Geistige ist auch »vorläufig« bei »Vernachlässigung« gerade der »Gemeinschaftsbeziehungen zu den andern Menschen«[33] nicht zu haben. Hinzu kommt, dass Bollnow nichts mehr dazu sagt, warum es notorisch zu dem »Missbrauch«[34] kommt, Dilthey ein psychologistisches Verständnis von *Erleben* zu unterstellen. Er findet es einfach *nur* falsch.[35] – Bollnow selbst reproduziert aber die entscheidende Grundlage des Psychologismus, weil auch er zwei verschiedene *Arten* des Verstehens, und nicht zwei verschiedene Momente an jedem Verstehen, voneinander unterscheidet. Er kennt ein »elementares Verstehen«, das er auch als natürliches, unmittelbares Verstehen bezeichnet, und ein

32 Otto F. Bollnow: Dilthey. Eine Einführung in seine Philosophie [1936], Stuttgart ^{2}1955, 101-107.

33 Ebd., 101.

34 Ebd., 106.

35 Vgl. auch ebd., 214-216.

»höheres Verstehen«, das (allein) ein Verstehen im Medium des objektiven Geistes sei.[36] *Nur* für das höhere Verstehen ergebe sich »die Notwendigkeit des Umwegs über den Ausdruck«,[37] was in doppelter Hinsicht dem Anliegen Diltheys nicht gerecht wird: Zum einen ist es, dem Anliegen nach, kein »Umweg«, sondern Erlebnis und Ausdruck sind »in Wirklichkeit *eines*«[38] (was Bollnow aber nicht für Ausdrücke generell, sondern nur für »Erlebnisausdrücke« zulassen will[39]). Zum zweiten bliebe dann ein Verstehen zurück, das gerade nicht je schon in einem Medium des Gemeinsamen situiert wäre[40] – was Bollnow auch ausdrücklich so behauptet,[41] was aber strukturell mit einem Anti-Psychologismus unverträglich ist, denn ein solcher setzt, wie auch Bollnow weiß,[42] voraus, dass eine eigenständige Instanz des Seelischen vor dem Verstehen abgeschafft ist. Um es formelhaft zu sagen: Bollnow kennt den Unterschied des Verstehens von Natur und von Geistigem, anstelle einer Binnen-Unterscheidung von Natur-Geistigem und sozusagen Geist-Geistigem.[43] – König weist in seiner Rezension des Buches von Bollnow darauf hin, dass die vorgelegte Interpretation »aus Diltheys Arbeiten *allein* nicht ganz gewonnen werden kann«,[44] und er bescheinigt der Lesart Bollnows »eine Art Mittelstellung zwischen Heidegger und Dilthey«.[45] – Misch dagegen hatte auf seine Weise Konsequenzen aus jenem Schwanken Diltheys gezogen: Bei Misch ist (geistiger) *Ausdruck* der Gegenbegriff zu (psychischem) *Erleben*: »Wir bewegen uns in einer Ausdruckswelt und nicht in einer Erlebniswelt.«[46]

Um jene Differenz an einem Beispiel zu belegen: Dilthey betont, dass »nur seine Handlungen, seine fixierten Lebensäußerungen, die Wirkungen derselben auf andere den Menschen über sich selbst [belehren]«; aber dies gilt als nötiger

36 Vgl. ebd., 192-209.

37 Ebd., 208.

38 Ebd., 178.

39 Ebd., 186-188.

40 Ebd., 169, in Abkehr von ebd., 170.

41 Ebd., 198-200.

42 Ebd., 212.

43 Vgl. dazu Josef König: »Die Natur der ästhetischen Wirkung [1957]«, in: ders., Vorträge und Aufsätze, Freiburg, München 1978, 256-337, hier: 332.

44 Josef König: »Otto Friedrich Bollnow, Dilthey (Rezension von Bollnow 1936)«, in: Deutsche Literaturzeitung (1938) 19, 656-660, hier: 657.

45 Ebd., 659.

46 Georg Misch: *Aufbau Logik*, 78.

»Umweg des Verstehens«.[47] Diese Rede von »Umweg« ist kein Lapsus, sondern ernst zu nehmen: Selbsterkenntnis ist keine Reflexion auf die menschliche Tätigkeit, sondern Selbsterkenntnis ist die Erkenntnis einer Instanz, genannt ›Selbst‹; diese Erkenntnis des Selbst ist jedoch, aus angebbaren Gründen, nur möglich mit der nötigen Hilfe des Verstehens der Handlungen dieses Selbst, die wiederum lediglich als die *fixierten* Lebensäußerungen dieses Selbst gelten. Und daraus folgt sofort – für dieses Beispiel und auch für den allgemeinen Fall –, dass das Verstehen über diesen Umweg der fixierten Ausdrucksgebilde sich dem Erkennen des lebendigen Erlebens allenfalls *annähern* kann und ein niemals abgeschlossener Fortgang bleibt.[48] Das (Er-)Leben selbst bleibt unergründlich, was keinen Irrationalismus begründet, sondern eine Spezifik der Geisteswissenschaften, deren Wissen niemals ›in Besitz genommen‹ und fest-gestellt werden kann. »Die Geschichte zeigt, wie die Wissenschaften, welche sich auf den Menschen beziehen, in einer beständigen Annäherung an das fernere Ziel einer Besinnung des Menschen über sich selbst begriffen sind.«[49] Damit es sich jedenfalls an das Erleben *annähern* kann, dazu muss es methodisch geleitetes, eben geistes*wissenschaftliches*, Wissen sein.

Gadamer sieht nun einen Zwiespalt in Diltheys Konzept, und er sieht diesen Zwiespalt begründet in dessen Ideal von Wissenschaftlichkeit.[50] Dieses Ideal sei im Kern ein cartesianisches, das Objektivität allein in der Weise als allgemeingültiges Wissen denken kann, dass es dadurch ausgewiesen ist, als sicheres Wissen übrig zu bleiben, nachdem an allem gezweifelt wurde. Maßstab dieses Verständnisses von Objektivität seien die Naturwissenschaften; die Geisteswissenschaften sollen mit diesem naturwissenschaftlich geprägten Verständnis von Objektivität »mitkommen« und ihre »Ebenbürtigkeit« erweisen.[51] Dieses cartesiani-

---

47 W. Dilthey: *Aufbau* [1910], 87.

48 Vgl. F. Rodi: *Erkenntnis*, 97, der jedoch mit dem *approximativen* Charakter solchen Verstehens kein Problem hat, sondern darin ausschließlich das »Prinzip der Offenheit« der Hermeneutik sieht.

49 W. Dilthey: *Aufbau* [1910], 83. – Diese Formulierung ist selbstredend nur dann trennscharf, wenn sie nicht lediglich betont, dass Wissenschaften generell niemals ›fertig‹ sind, was in einem gewissen Sinne auch für die Naturwissenschaften gilt. Aber dieses Nicht-fertig-sein ist bei naturwissenschaftlichem Wissen (im Sinne Diltheys) einem Noch-nicht-geschafft-haben geschuldet, bei geisteswissenschaftlichem Wissen dagegen einer Spezifik ihres Gegenstandes.

50 Hans-Georg Gadamer: Wahrheit und Methode. Grundzüge einer philosophischen Hermeneutik [1960], Tübingen ^{2}1965, insb. 241ff.

51 Ebd., 244.

sche Ideal führe dazu, auch geisteswissenschaftliches Wissen in Analogie zum induktiven Verfahren und als Subsumtion unter eine Gesetzeserkenntnis zu konzipieren;[52] die von Dilthey durchaus betonte Individualität geschichtlicher Erfahrung sei »lediglich privatim bestimmt. Es ist unmethodische und der Verifizierbarkeit ermangelnde Induktion.«[53] Gadamers These ist somit: Weil Dilthey einem cartesianischen Wissenschaftsideal verpflichtet bleibt, deshalb gilt ihm die Unergründlichkeit des Lebens als etwas Unerreichbares und Unzugängliches, demgegenüber methodisch geleitetes geisteswissenschaftliches Wissen »trotz der Unergründlichkeit des Lebens Schutz und Sicherheit gewährt«.[54]

Dies mag eine zutreffende Analyse der Psyche des Individuums Wilhelm Dilthey sein. Als Analyse des Textes scheint mit Gadamers These zweifelhaft.[55] Es mag sein, dass Dilthey ein fragwürdiges Verständnis von Objektivität praktiziert – immerhin redet er recht ungeschützt von Sätzen, die »keinem Zweifel ausgesetzt sind« (s.o.). Aber worin immer das wurzelt, es ist sicher kein Verständnis von Objektivität, das Maß nimmt am Objektivitätsverständnis der Naturwissenschaften. Dem widerstreitet der von Gadamer selbst hervorgehobene »Rang« Diltheys, der »[nicht vergisst], dass Erfahrung [im Bereich der Geisteswissenschaften] etwas grundsätzlich anderes ist als im Bereich der Naturerkenntnis«.[56] Daher muss man weit eher formulieren – wiewohl auch das problematisch bleibt –, dass Dilthey das Objektivitätsverständnis der Naturwissenschaften am Objektivitätsverständnis der Geisteswissenschaften misst.[57]

Der ›Mangel‹ liegt – so diese Tendenz Diltheys – aufseiten der Naturwissenschaften, der nur deshalb kein *Mangel* ist, weil er berechtigten Zwecken dient. Die Objektivität der Naturwissenschaften ist eben einer Objektivierung geschuldet; die Ausschaltung des Menschen aber ist eine nachträgliche Abstraktion, die bestimmten Zwecken dient; die Begriffe der Naturwissenschaften »sind Hilfskonstruktionen, welche das Denken zu diesem Zwecke schafft. So ist die Natur uns fremd, dem auffassenden Subjekt transzendent, in Hilfskonstruktionen ver-

52 Vgl. ebd., 245f.

53 Ebd., 246.

54 Ebd., 244.

55 Vgl. auch F. Rodi: *Erkenntnis*, 97.

56 H.-G. Gadamer: *Wahrheit und Methode* [1960], 225.

57 »Diltheys Projekt [...] zielt darauf ab, [...] geschichtlich-gesellschaftliche Wirklichkeit als die uns nächste Realität aufzuweisen, aus der alle anderen Weltperspektiven durch Abstraktion gewonnen sind.« (Matthias Jung: Dilthey zur Einführung, Hamburg 1996, 71; vgl. ebd., 37f., 52f., pass.)

mittels des phänomenal Gegebenen zu diesem hinzugedacht«.[58] Die Objektivität *einer Objektivierung* setzt ein vorgängiges Erleben bereits voraus; und ein Erleben muss unergründlich sein – nicht, weil ›Erleben‹ die seltsame und okkulte Qualität hätte, sich jeglichem begrifflichen Zugriff zu entziehen, sondern weil hier der Mensch »mit im Spiel« ist, d.h.: Ein Verstehen des Erlebens ist *logisch* nicht in objektivierender Betrachtung möglich, sondern nur qua Selbstbezug: der Erlebende ist Moment des Erlebten. Das hat, bei aller Problematik, den Vorteil der »Gleichartigkeit von Subjekt und Objekt«, was allererst, unter Berufung auf Vico, »die historische Erkenntnis ermöglicht«, denn »die geschichtliche Welt [...] ist immer schon eine vom Menschengeist gebildete und geformte«.[59]

Die Unergründlichkeit des Lebens ist daher zunächst keinesfalls ein Mangel im Vergleich zur Feststellbarkeit naturwissenschaftlichen Wissens; das Erleben ist nicht gedacht als irrationales Raunen und Brausen, das, im Lichte naturwissenschaftlicher Wissenschaftsideale, allererst methodisch zu bändigen wäre, was aber letztlich nie gelingen könne. Die Unergründlichkeit besagt zunächst einfach nur: Falls Objektivität überhaupt möglich ist, dann ist sie nicht als Objektivierung möglich, sondern nur unter Bedingungen des Selbsteinschlusses des Betrachters ins Betrachtete.[60]

4.1.4 Vom Umgang mit Antinomien

Die Spezifik, oder wenn man will: die Schranke, von Diltheys Konzept liegt vielmehr darin, dass er de facto einen Selbsteinschluss des Verstehenden im zu Verstehenden – ein Mitspielen im Leben – für unvereinbar hält mit wissenschaftlicher Objektivität. Das Modell der ›unendlichen Annäherung‹ ist lediglich eine andere Weise, diesen Selbstbezug *auszuschalten*, als es die naturwissenschaftliche Objektivierung ist; also eine andere Weise dessen, was Luhmann heutzutage als »Entparadoxierungsstrategie« geradezu feiert.[61] Als zu verstehende Instanz

---

58 W. Dilthey: *Aufbau* [1910], 90.

59 H.-G. Gadamer: *Wahrheit und Methode* [1960], 226.

60 Vgl. auch Wilhelm Dilthey: »Leben und Erkennen. Ein Entwurf zur erkenntnistheoretischen Logik und Kategorienlehre [1893]«, in: ders., Gesammelte Schriften, Bd. XIX: Grundlegung der Wissenschaften vom Menschen, der Gesellschaft und der Geschichte. Ausarbeitungen u. Entwürfe zum 2. Bd. d. Einl. in d. Geisteswiss. (ca. 1870-1895), Göttingen 1982, 331-388, hier: 346f.

61 Die Sachlage bei Luhmann ist natürlich komplizierter, als es solch saloppe Rede suggeriert. Dessen Theorie ist hier deshalb einschlägig (vgl. exemplarisch Niklas Luhmann: Die Gesellschaft der Gesellschaft (2 Teilbände) [1998], Frankfurt/M. [2]1999),

nicht den Zusammenhang von Erleben, Ausdrücken und Deuten zu nehmen, sondern das Erleben, das ein Verstehen über den Umweg seiner Ausdruckgebilde nötig macht, das verortet das Verstehen des Geistes nicht *in* den Selbsteinschluss, sondern schickt das Verstehen auf die unendliche Reise des permanenten Hin und Her zwischen Erleben einerseits und Verstehen der Ausdrucksgebilde andererseits. Dies mag eine naheliegende und für den wissenschaftlichen Alltag erfreuliche oder gar nötige Operationalisierung jenes Selbsteinschlusses sein; und hier wurzelt wohl Diltheys buridanische Struktur der »Haltung zwischen Idealismus und Erfahrungsdenken«.[62] Philosophisch bleiben aber Alternativen.

In die Strategie der ›unendlichen Annäherung‹ geht eine spezifische Voraussetzung ein: *Erleben* und *Verstehen von Ausdrucksgebilden* »haben ein Substrat, an dem der Übergang geschieht; [sie] werden in der Zeit auseinandergehalten, als in ihr abwechselnd vorgestellt, nicht aber in ihrer Abstraktion gedacht, und daher auch nicht so, dass sie an und für sich dasselbe sind«.[63] Luhmann feiert gerade diese Voraussetzung – und das sei unbenommen.

Die Pointe dieser Strategie der ›unendlichen Annäherung‹ hat Hegel in seiner Kant-Kritik herausgestellt. Kant mochte nicht aushalten, so Hegel, dass das Vernunftwissen durch Antinomien konstituiert ist. Kant nahm sie als Indikator für ein Scheinwissen, weshalb die *Kritik der reinen Vernunft* eben Grenzen des gesicherten Wissens bestimmen musste und damit Platz schaffte für den Glauben. Damit nahm Kant Maß am verständigen Wissen. Hegel dagegen deutete die Antinomien als Indikator für die eigentümliche Spezifik vernünftigen Wissens. Daher der berühmt-berüchtigte Vorwurf der Kantschen »Zärtlichkeit für die

weil sie *die* zeitgenössische Theoriebildung ist, die die durch Selbstbezug entstehende paradoxale Struktur bedenkt. Die erste Bedeutung von »Entparadoxierungsstrategie« ist nun: Eine Strategie, die die Paradoxie ignoriert, unkenntlich macht, »invisibilisiert«. In *diesem* Sinne will Luhmann gerade keine Entparadoxierung; sein eigenes Anliegen ist vielmehr ein betontes Kenntlichmachen der Paradoxie (vgl. ebd., 15, 69f., 1109ff., pass.). Gleichwohl scheint auch Luhmann *nicht* die Strategie zu verfolgen, die Paradoxie als Paradoxie produktiv zu wenden. Mir scheint, dass auch er selber eine *Ent*paradoxierungsstrategie verfolgt durch *lokale* Auflösung der Paradoxie qua »Unterscheidung von Ebenen« plus gelegentlichem artigen Diener vor der global-paradoxen »Fundierung der Gesamttheorie« (ebd., 80; vgl. ebd., 57f.). Doch gerade »die Spezifik der Gödelschen Beweisführung« (ebd., 68, Anm. 85) ist eine andere – meine ich.

62 H.-G. Gadamer: *Wahrheit und Methode* [1960], 222.

63 Hegel: *Werke*, Bd. 5, 84f.

weltlichen Dinge«.[64] Antinomien als Indikator für ein Scheinwissen zu nehmen, heißt, die Antinomien als ein Problem unseres Erkennens zu behaupten und nicht als ein Charakteristikum der Sache.

Dieser Befund reproduziert sich dann bei Dilthey. Wenn die Unergründlichkeit des Erlebens so gedeutet wird, dass ein Verstehen von fixierten Ausdrucksgebilden (im methodisch geleiteten Fall) eine unendliche Annäherung gewährleistet, dann ist es eben ein Problem *des Verstehens*, dass ein gesichertes (wissenschaftliches) Wissen von Unergründlichem nicht zu haben sei. Damit ist zwar verbal zugestanden, dass das Erleben unergründlich ist, aber für unser Verstehen ist das faktisch belanglos. Wir können gar nicht anders als so zu tun, als sei es ergründlich. Sensible Naturen haben dann ein schlechtes Gewissen damit und schicken das Verstehen auf die unendliche Reise der unendlichen Annäherung. Mit anderer Begründung (als etwa Simmel) gilt das Erleben auch hier als eine Instanz, die sich jedem Verstehen entzieht. Aber diese Irrationalität des Erlebens ist eine Folgerung aus *dieser* Deutung der Unergründlichkeit; sie ist nicht eine Qualität oder gar die Definition von ›Unergründlichkeit des Lebens‹.

Der Unterschied zu den Lebensphilosophien im melancholischen Ton liegt darin, dass das Modell der unendlichen Annäherung je etwas anderes bedeutet. Bei Dilthey gründet dieses Modell in einer Besonderheit des Verhältnisses des Erkennenden bzw. Erlebenden zum Gegenstand, nämlich in dem Selbsteinschluss des Erlebenden im Erlebten. Dadurch ist, im Prinzip, das Leben an sich selbst antinomisch[65] und insofern unergründlich. Dilthey stellt das als Charakteristikum der Sache heraus, aber hält es nicht aus oder durch, darin einen tragfähigen Grund des Erkennens dieser Sache zu sehen. Erkennen, und insbesondere das wissenschaftliche Verstehen geistiger Gebilde, könne nur, so die implizite Unterstellung, dadurch gesichert werden, dass die zugrundeliegende antinomische Struktur aufgelöst wird. *Deshalb* ergibt sich bei Dilthey das Konzept einer unendlichen Annäherung. Genau hier liegt ein feiner Unterschied zur Konzeption von Simmel.[66] Simmel verortet den »Widerspruch« eben nicht im Leben selbst,

---

64 Hegel: *Werke*, Bd. 8, § 48.

65 Dieses Charakteristikum von Selbsteinschlüssen ist in den mengentheoretischen und semantischen Paradoxien sichtbar geworden. Wenn ein Dichter spricht ›Alle Dichter lügen‹, dann kann und muss man lange rätseln, ob er lügt oder nicht. Heutzutage sind es vor allem Texte von Luhmann, die diese Einsicht kultivieren.

66 Ich möchte noch einmal nachdrücklich betonen, dass ich dies im Sinne einer Typisierung meine. Der Textbestand ist bei beiden Autoren schwankend, so dass es rein philologisch viel vom Typus Simmel in den Texten Diltheys gibt und umgekehrt. Vgl. z.B. den sehr bedenkenswerten Hinweis von Frischeisen-Köhler, in Bezug auf Sim-

sondern in dem Verhältnis von Leben und Ausdrucksgestalten. Daher bleibt bei Simmel ein Rest an Melancholie, insofern das Erkennen nicht ans Leben heranreicht. Bei Dilthey dagegen ist die Situationsanalyse die, dass das Erkennen grundsätzlich in das Leben eingebunden, um nicht zu sagen: an das Leben gefesselt, ist, woraus sich die (ggf. unglücklich machende) Sehnsucht speist, dieses Verhältnis umkehren zu können: Das Leben qua Erkennen in der Weise bändigen zu können, in der Dompteure Löwen oder große Geisteswissenschaftler Texte in den Griff bekommen. Doch das Leben scheint mehr und anderes zu sein, als bloß ordentlicher Umgang mit Dingen *im* Leben.

Hier ist zugleich der Ort, an dem Rickerts Kritik grundsätzlich an Diltheys Konzept vorbeizielt. Der von Rickert kritisierte Grundsatz der Lebensimmanenz meint bei Dilthey zunächst nichts weiter, als dass *jedes* Erkennen ein Erkennen von innerhalb des Lebenszusammenhangs ist – dass es für Menschen keinen ›göttlichen‹ Standpunkt gibt, von dem aus das Leben von außen (oder auch nur neutral) erkannt werden könnte. Die Kritik, die Rickert mit diesem Grundsatz verbindet, nämlich die Kritik an der Unterstellung eines *stetigen* Übergangs vom Leben zum Wissen um das Leben, ist zwar in Bezug auf Dilthey naheliegend und berechtigt,[67] aber *das* war gar nicht gemeint mit Diltheys Grundsatz der Lebensimmanenz. Und umgekehrt: Insofern Rickert die eigentliche Pointe des Grundsatzes der Lebensimmanenz nicht versteht, kennt sein eigenes Konzept einen Ort der Betrachtung des Lebens von außerhalb. Sein Konzept »objektiver Werte« ist weitaus mehr als das Beharren auf einer Unterschiedenheit von Leben des Lebens und Erkennen des Lebens, nämlich die Vorstellung eines unverrückbaren Felsens in der Brandung des Lebens, von dem aus Auserwählte das Leben betrachten können.

4.1.5 Die Tragik Diltheys in Abgrenzung

Wie gesagt: Der Unterschied zur Konzeption Simmels ist fein, aber entscheidend dafür, Dilthey nicht unter der Rubrik »... im melancholischen Ton« zu behandeln. Simmel diagnostiziert die Antinomie zwischen Leben und dessen Ausdrucksgestalten, und das melancholische Moment dieser Konzeption gründet darin, dass die Reihe der Ausdrucksgestalten das Leben niemals erreichen wird. Dilthey dagegen verortet die Antinomie *im* Leben, und die Figur der unendlichen

---

mel nicht die Antinomie von Leben und Form, sondern die von Leben und Idee in den Mittelpunkt zu stellen (M. Frischeisen-Köhler: *Leben* [1921], 127).

67 Vgl. H. M. Baumgartner: *Kontinuität*, 109; H. Johach: *Dilthey*, 70f.

Annäherung ist bei ihm der Unterstellung geschuldet, Antinomien seien eo ipso keine Grundlage wissenschaftlichen, objektiven Verstehens.

Daraus entspringt freilich eine von Dilthey selbst so genannte »Tragik«.[68] Dilthey stattet die Natur des Menschen mit einem »Bedürfnis« aus, es mit jener Unruhe und Unrast des Verstehens, die mit der diagnostizierten Antinomie des Lebens einhergeht, nicht aushalten zu können. Das Denken des Lebenszusammenhangs soll »zum Zusammenhang der Welt und schließlich alles Wirklichen« erweitert werden.[69] Abgesehen von der Frage, was es außerhalb der Welt noch an Wirklichkeiten geben mag, ist hier dem Menschen also der Entwurf einer Idee von Welt (bzw. von umfassender Wirklichkeit) aufgegeben, in die er den gedachten Lebenszusammenhang platzieren kann. »Der Mensch möchte das aus dem Dunkel in das Dunkel verlaufende Leben [= Unergründlichkeit des Lebens qua antinomischer Struktur] einem Zusammenhang einordnen, in welchem es begreiflich wird.«[70]

Religion, Kunst und Metaphysik seien drei verschiedene Weisen – ein paar Zeilen später kommt die positive Wissenschaft als vierte Weise hinzu –, ein solches Fixum zu liefern, vermittels dessen der eigene Lebenszusammenhang begriffen werden kann. Sie geben also Antwort auf dieselbe Problemlage, aber insofern sie das auf sehr unterschiedliche Weise tun, seien es »feindliche Geschwister«.[71] Die Melancholie des Lebens liegt, so Dilthey, nun darin, dass dieses Bedürfnis notwendigerweise unbefriedigt bleiben muss. Dem Menschen ist es nun einmal nicht vergönnt, noch hinter das Leben schauen zu können.

»Alle Religion, alle Metaphysik, alle Poesie arbeiten daran, dieses Feste und Wertvolle im Weltzusammenhang festzustellen, welches dem flüchtigen, veränderlichen, von Dunkel umgebenden Leben eine dauernde Befriedigung durch Beziehung auf ein Festes und Wertvolles gewähren (soll). So suchen sie das Leben auf einen umfassenderen und wertvollen Zusammenhang alles Wirklichen zu beziehen. Nun kann aber das Denken zwar das Leben selber erhellen, aber nicht hinter das Leben kommen. So entsteht ein tragischer Widerspruch. Nach diesem strebt das Denken, den Zusammenhang zu begreifen, in welchem das Leben sich bildet, während doch es selber am Leben auftritt, sonach niemals hinter das, an welchem es entsteht, greifen kann.«[72]

---

68 W. Dilthey: *Leben und Erkennen* [1893], 356-359.

69 Ebd., 356.

70 Ebd., 357.

71 Ebd.

72 Ebd.

Die von Dilthey diagnostizierte »Tragik« hat somit, systematisch gesprochen, zwei Grundlagen. Zum einen ist es jene ›Etwas-Warmes-braucht-der-Mensch‹-Unterstellung, der gemäß überhaupt etwas Festes nötig sei, an dem man das Verstehen des eigenen Lebens aufhängen kann. Zum anderen ist es die Unterstellung, dass eine solche Idee von Welt *aufgegeben* ist, also nicht bereits in *irgend*einer Weise im Gebrauch, wenn und insofern wir den Lebenszusammenhang denkend verstehen. Es sind diese Unterstellungen, die das Szenario schaffen, das Verstehen des Lebens benötige eine *Ergänzung* in einer Weltanschauung, was zugleich tragisch scheitern müsse.

All dem gegenüber ist es eine gänzlich andere Konzeption, das Konzept der *unendlichen Annäherung* aufzugeben und stattdessen zu behaupten, a) dass das Leben unergründlich *ist* und b) dass Unergründliches gewusst werden kann. Warum aber sollte es der *Absicht* von Misch besser ergehen als der Absicht Diltheys? Das Konzept der *unendlichen Annäherung* nicht zu *wollen*, ist keine Frage von Beteuerungen, sondern eine Frage der Logik der Theoriebildung.

4.2 MISCH: DAS PRINZIP DER VERBINDLICHKEIT DER UNERGRÜNDLICHKEIT

Zunächst taucht bei Misch eine grundsätzliche Unterscheidung zweier Wissensweisen wieder auf, die auch die Darstellung der obigen Kapitel 2 und 3 strukturiert hatte.[73] Misch unterscheidet »rein diskursive« Feststellungen von »evozierenden« Ausdrücken, wobei evozierende »logoi« Ausdrücke ›intuitiven‹ Wissens sind. Es bleibt zu klären, was das bei Misch meint. Ganz allgemein kann man darauf antworten, dass im Unterschied zu rein diskursiven Feststellungen evozierende Ausdrücke *unergründlichen* Sinn manifestieren. Es geht im Folgenden zunächst darum, diese Redeweise von *unergründlichem Sinn* näher zu klären. In einem zweiten Schritt wird es dann darum gehen, Mischs Prinzip der Verbindlichkeit der Unergründlichkeit herauszustellen, mit dessen Formulierung er entscheidend über die Konzeption von Dilthey hinaus geht.

Zwar ringt damit auch Misch um eine Bestimmung ›intuitiven‹ Wissens, aber dabei ist von vornherein eine Besonderheit zu beachten, die gleichsam ins Auge springt, wenn es sich auch um eine ganz leise Perspektivenverschiebung handelt. Misch verhandelt die Frage nicht so sehr als Frage nach den Charakteristika des Wissens, das wir *haben*, sondern als Frage nach Unterschieden im *Vollzug* sol-

---

73 Zur Konzeption von Misch vgl. auch V. Schürmann: *Hermeneutisches Sprechen*, Kap. 5 und 6. Z.T. habe ich auch Formulierungen von dort übernommen.

chen Wissens. Fraglich sind Unterschiede in der Weise, in der wir jeweils Sinn *ausdrücken*. Die Bestimmung des Unterschieds von feststellbarem und intuitiven Wissen ist gleichsam eine Folge der Bestimmung des Unterschieds von rein diskursivem und evozierendem *Sprechen*. Solchem Unterschied im *Sprechen* korrespondiert dann ein Unterschied im Gegenstandstypus: evozierendes Sprechen ist Ausdruck »hermeneutischer Gestaltungen«. Freilich ist bei Misch jener hier diagnostizierte begründungstheoretische Vorrang des Sprechens vor dem Gesprochenen noch schwankend, und wird erst bei und mit Josef König eindeutig vollzogen.

Solcher Vorrang des Vollzugs steht zum einen in der Traditionslinie einer bestimmten Sprachphilosophie, die an die Traditionslinie der Rhetorik anknüpft und mit den Namen Vico, Herder, Hamann und Humboldt verbunden ist.[74] Zum anderen knüpft Misch damit in direkter Weise an den hermeneutischen Grundzug Diltheys an, der – wie schwankend auch immer (s.o.) – von der ›Einheit‹ von Erleben, Ausdrücken und Verstehen ausgegangen war. Entscheidend für Misch ist jedoch – und damit bekommen diese genannten Traditionslinien allererst ihre eigentliche systematische Begründung – die Anknüpfung an den *logos*-Begriff, wie er ihn bei Heraklit angelegt sieht.

Mischs Bemühungen, all jene genannten Unterschiede zu bestimmen, sind von vornherein angesiedelt in einer *Logik*. Ihm geht es um den *Aufbau der Logik auf dem Boden einer Philosophie des Lebens*.[75] Und Namen und Thema gewinne eine Logik eben, so Misch, von *logos* her, genauer: Nicht vom bloßen Alltagssprachgebrauch des griechischen Wortes, sondern vom terminologischen Gebrauch her, den Heraklit diesem Wort gegeben habe.[76] Dort meine *logos* wesentlich ein Zugleich von Denken, Sprechen und Struktur und sei ohne seinen Vollzugsaspekt unverständlich. Von einem so verstandenen *logos*-Begriff her kann Misch zum einen die Einschränkung der ›traditionellen‹ Logik auf das rein diskursive Sprechen kritisieren, und zum anderen verankert er hier jene Verbind-

---

74 Humboldt etwa hatte zwischen Sprache als *energeia* und als *ergon* unterschieden bei Betonung eines Vorrangs von *energeia*; vgl. Tilman Borsche: Sprachansichten. Der Begriff der menschlichen Rede in der Sprachphilosophie Wilhelm von Humboldts, Stuttgart 1981. Vgl. jetzt auch A. Hetzel: *Rede*.

75 Georg Misch: *Aufbau Logik*.

76 Ebd., 107ff., 120ff; Georg Misch: Lebensphilosophie und Phänomenologie. Eine Auseinandersetzung der Diltheyschen Richtung mit Heidegger und Husserl [1929/30], Darmstadt [3]1967, 51-53; Georg Misch: Der Weg in die Philosophie. Eine philosophische Fibel. 1. Teil: Der Anfang (2., stark erweiterte Aufl.), Bern, München 1950, 329-393.

lichkeit des Unergründlichen, die die Spezifik des eigenen Konzepts ausmachen wird. Genau hier ist die Grundlage einer gerade nicht irrationalistischen Lebensphilosophie, der es vielmehr darum geht bzw. gehen muss, »*in selber logischer Weise* das Wirkliche noch tiefer und besser zu verstehen« (König, s.o.).

4.2.1 Rein diskursives und evozierendes Sprechen

Welchen Unterschied hat Misch nun im Blick, wenn er rein diskursives Sprechen von evozierendem Sprechen unterscheidet? Es gibt Fälle von Sprechen, die ohne Rest im Aussagen der wörtlichen Bedeutung aufgehen. Ganz einfache Beispiele: Wenn jemand am Fenster sitzt, von einem Mitbewohner, der im Begriff ist, das Haus zu verlassen, gefragt wird, wie das Wetter sei, und dann antwortet ›Es gibt ein paar dunkle Wolken, aber im Moment regnet es nicht.‹ – Oder der Satz: ›Die Winkelsumme im Dreieck beträgt im Rahmen der euklidischen Geometrie 180°.‹

Paradigmatisch liegt solches Aussprechen rein wörtlicher Bedeutung z.B. in der Durchführung eines mathematischen Beweises vor. Was die einzelnen Ausdrücke bedeuten, ist eindeutig festgelegt, und um die Bedeutung des Beweises zu erfassen, muss man ihn nacheinander Schritt für Schritt durchlaufen.

Nun gibt es offenkundig Fälle menschlichen Sprechens, die man nicht nach diesem Muster verstehen kann. Gedichte sind beispielsweise von dieser Art. Misch zeigt den unterscheidenden Punkt anhand Goethes Ballade *Der Fischer*.[77] Würde man diese Ballade nach jenem Muster verstehen wollen, dann wäre man der Meinung, dass dort eine Begebenheit erzählt wird: Dass da dereinst ein Fischer beim Angeln saß, dass ihm dabei eine Nixe erschien und einiges mehr bis er zuletzt »nicht mehr gesehn ward«. Dann würde man vielleicht kommentieren, dass das doch ziemlicher Unsinn sei, denn Nixen gebe es doch gar nicht, oder man würde sich über die Sprache mokieren – »Fischlein«! Offenkundig geht das aber völlig an der Sache vorbei, denn die Ballade erzählt gerade nicht eine Begebenheit. Auch sie kann gar nicht anders als in einem Nacheinander sprachlicher Ausdrücke zu erscheinen, aber ihre Bedeutung erschöpft sich nicht im Durchlaufen des Nacheinander der wörtlichen Bedeutung ihrer Teilausdrücke. Vielmehr steht die Ballade als ganze für einen Sinn, den sie gerade nicht direkt aussagt. Der Sinn dieser Ballade steht nicht in, sondern zwischen den Zeilen, wie man so sagt. Er klingt im Nachvollzug der wörtlichen Bedeutung mit an, oder auch: Er wird nicht rein diskursiv ausgesagt, sondern im Aussprechen dieser Worte, die gerade nicht wörtlich gemeint sind, evoziert. Solchen Sinn nennt

77 Georg Misch: *Aufbau Logik*, 511ff.

Misch »unergründlich«; weniger emphatisch könnte man ihn auch schlicht *unfestgestellten Sinn* nennen.

Der Verweis auf den *Vollzug* des Sprechens macht somit zwei verschiedene ›Erweiterungen‹ gegenüber den Bedeutungen der gesprochenen einzelnen Worte geltend. Zum einen ein *systemisches Moment*: Die Bedeutung einer Rede – etwa eines geschriebenen Satzes – ist ›mehr‹ als die bloß addierende Zusammenfügung der einzelnen Wortbedeutungen – im Gegenteil bekommen die lexikalisch möglichen Wortbedeutungen erst in der Rede ihre aktual-situative Bedeutung (ggf. auch über den bis dato gegebenen lexikalischen Bestand hinaus). Dieses systemische Moment ist freilich noch neutral gegenüber dem Unterschied von Rhetorik und Sprachphilosophie. Um es geltend zu machen, muss man nicht zwingend auf den *Vollzug* des Sprechens verweisen; das systemische Moment kann sich vielmehr auch in einem Unterschied im sprachphilosophischen Grundansatz manifestieren. Im einen Fall sind Worte, im anderen Fall sind Sätze die zu analysierenden Bedeutungseinheiten. Zum zweiten aber, und dies ist der eigentümliche Punkt, macht Misch auf einen Unterschied im *Modus des Vollzugs* aufmerksam. Dieser Unterschied ist tatsächlich an den Vollzug gebunden, denn er meint *nicht*, dass jeder gesprochene Satz immer auch kontextualisiert werden müsse. Dies ist zwar auch der Fall, ist aber nicht das, worauf Misch aufmerksam macht. Eine Analyse des künstlerischen Gehalts eines Gedichtes etwa – oder, ein noch einfacheres Beispiel: Der Sinn einer ironischen Äußerung – kann und wird klugerweise den Verweis auf Kontexte als Heuristik nutzen, um den Bedeutungsgehalt des Gedichtes/der Ironie *zu erschließen*, aber der Gehalt selber liegt nicht im Kontext, sondern in dem Gedicht/in der ironischen Äußerung selber, und nirgendwo sonst.

Misch macht damit einen wichtigen Unterschied zwischen *aussagen* und *aussprechen*. Auch die Ballade spricht ihren Sinn aus – wo sonst sollte er zu finden sein, wenn nicht im Vollzug des vorliegenden Wortlauts? –, aber evozierendes Sprechen sagt seinen Sinn nicht aus (sondern weckt ihn durch die gebrauchten Ausdrücke). Diese Unterscheidung von *aussprechen* und *aussagen* ist im Rahmen des Konzepts von Misch nötig, und nicht bloß spitzfindig, weil bereits dadurch abgesichert ist, dass es sich bei evoziertem Sinn um einen anderen Fall von ausgedrücktem Sinn handelt. Es wird hier gerade nicht ein Versagen der Sprache beschworen; Misch ist gerade nicht der Meinung, dass die Sprache im evozierenden Sprechen den ›eigentlich‹ gemeinten Sinn nicht erreichen kann. Die Grundbedeutung von *logos* ist vielmehr: vernehmbarer/verstehbarer Sinn, und diese Grundbedeutung gilt auch für Fälle evozierten Sinns. Für Misch ist es ein Fehler, wenn man den Sinn einer Ballade *in* den Zeilen sucht; aber seine Alternative ist nicht, dass der Sinn einer Ballade dann wohl jenseits der Zeilen liegen muss. Gleiches gilt für Ironie, Orakelsprüche, Metaphorik, Small-Talk[78] und einige Fälle menschlichen Sprechens mehr.

Dass evozierter Sinn *zwischen* den Zeilen liegt bzw. im Sagen der wörtlichen Bedeutung mit anklingt, kann man auch weniger metaphorisch und formaler fassen: Im evozierenden Sprechen erschöpft sich das Wie des Sagens nicht im Nacheinander-Aussagen der wörtlichen Bedeutung. Das *Wie* des Sagens ist konstitutiv für das, *was* ausgesprochen wird. In dieser Perspektive ist rein diskursives Sprechen ein Sonderfall des evozierenden Sprechens, nämlich derjenige Fall, in dem das Wie des Sagens als reines Nacheinander des Sagens der wörtlichen Bedeutung vorliegt, mithin pragmatisch vernachlässigt werden kann bzw. soll. Das macht *dieses* Wie nicht weniger konstitutiv: Ein mathematischer Beweis wäre nicht, was er wäre, nämlich ein Beweis, wenn auch bei ihm noch Sinn zwischen den Zeilen läge. So oder so ist eine Logik im Sinne von Misch nicht ohne ein Moment von Rhetorik zu haben, denn die Rhetorik differenziert unser Sprechen hinsichtlich der Bedeutsamkeit des Wie des Sagens.

Nun ist jene Unterscheidung in gewisser Hinsicht trivial. Mir jedenfalls ist niemand bekannt, der bestreiten würde, dass es Fälle von Metaphorik, Ironie, Poesie gibt, und dass das etwas anderes ist als das Treffen von Feststellungen. Es mag (erwachsene) Menschen geben, die keine Ironie verstehen, aber dass es so etwas wie Ironie gibt, ist selbst denen noch bekannt. Der eigentliche Streitfall ist der, ob diese Unterscheidung *logisch* bedeutsam ist, was man wiederum durch die Frage operationalisieren kann, ob auch evozierendes Sprechen in *irgend*einem Sinne wahrheitsdefinit ist. Hier liegt die eigentliche Pointe von Misch.

Er diagnostiziert eine (für ihn) falsche Vereinseitigung der traditionellen Logik, die sich ausschließlich an Fälle rein diskursiver Feststellungen – apophantischer Aussagesätze im Sinne von Aristoteles – gehalten habe. Die generelle Unterstellung dieser Tradition ist die, dass es zwar trivialerweise Fälle von evozierendem Sprechen gibt, dass aber in der Evokation keinerlei Eigenbedeutsamkeit liege. Um es beispielhaft an einem der Typen zu sagen: Selbstverständlich reden wir alle gelegentlich metaphorisch. Aber immer dann – so jene Unterstellung –, wenn es darum geht, unser Reden hinsichtlich wahr/falsch zu unterscheiden, dann müssen und können wir solch metaphorische Reden *vollständig* paraphrasieren. Die Metapher mag ein schöner Schmuck der Rede sein, aber zur Wahrheit oder Falschheit des Sprechens trage sie nichts bei, weshalb sie in wissenschaftlichen Kontexten durch ihre Paraphrase zu ersetzen sei. Oder allgemeiner

78 Es ist bekanntlich hochgradig irritierend, wenn man einen flüchtigen Bekannten bei der Begrüßung fragt ›Wie geht's?‹, und dann als Antwort einen Bericht der tatsächlichen Befindlichkeit bekommt.

gesagt: In einseitiger bzw. schlecht verstandener Kritik an den Sophisten war die Rhetorik prinzipiell verdächtig: Das Wie des Sagens durfte in jener Tradition nicht konstitutiv sein für das Was des Sagens.

Genau diese Unterstellung stellt Misch auf den Kopf. Er möchte zeigen, dass das evozierende Sprechen ein eigenbedeutsamer Fall des Ausdrückens von Sinn und also logisch bedeutsam ist. Es ist zwar nicht wahr oder falsch in dem gleichen Sinne, in dem rein diskursive Feststellungen dies sind, aber evozierendes Sprechen kann treffend bzw. angemessen sein (oder auch nicht). In diesem Sinne ist auch evozierendes Sprechen der Frage nach Wahrheit zugänglich. In Anspielung an den ersten Satz von Wittgensteins *Tractatus* könnte man den Grundsatz von Misch auch so formulieren, dass die Welt mehr ist als alles, was der Fall ist, oder genauer: mehr, als von ihr festgestellt werden kann.

Hierin spricht sich nun durchaus die typisch lebensphilosophische, auch von Misch geteilte Kritik an rationalistischen Konzeptionen aus, ja in gewisser, vorsichtig zu nehmender Lesart Kritik an der Aufklärung.[79] Aber sein Konzept ist nicht anti-rational. Er übernimmt in seiner Kritik gerade nicht die Unterstellung, in rationalistischen Konzepten sei Rationalität sachlich zutreffend gefasst. Dann nämlich müsste jede Kritik an einer diagnostizierten Unzulänglichkeit solcher Konzepte notwendigerweise der Rationalität ein anderes Grundprinzip entgegenhalten. Die Strategie von Misch liegt demgegenüber darin, das Konzept von

---

79 »An den Interpretationszugängen und ihren Früchten zeigen sich deutlich die Unterschiede zwischen Romantikern und Aufklärern. Die Aufklärer sahen in der Literatur weniger als sie tatsächlich ist. Von einem fiktiven Standpunkt außerhistorischer Vernunft erschien ihnen allzu vieles überflüssig, unnötig und unverständlich. Sie wollten bereinigen und kürzen. Diese Haltung illustriert sehr schön Voltaires Plan zu einer ›Göttlichen Bibliothek‹, für die alle Bücher gründlich verbessert und gekürzt werden müssten. Die Aufklärer neigten dazu, die Welt zu reduzieren: es gebe weniger Reales, als es den Anschein habe, die Realität sei aufgebläht von Relikten der Vergangenheit, Vorurteilen, Illusionen, phantastischen Vorstellungen und Träumen. Dieser beschränkte und völlig statische Realitätsbegriff bestimmte die gesamte Wahrnehmung und damit auch die literarische Wertung der Aufklärer und führte sie zu ihren Bereinigungs- und Kürzungsversuchen. Im Gegensatz dazu schufen die Romantiker einen erweiterten Begriff von Realität, an dem die *Zeit* und das *historische Werden* wesentlichen Anteil haben. [...] Das erweiterte Realitätskonzept der Romantiker hat Vorzüge und Nachteile.« (Michail Bachtin: Rabelais und seine Welt. Volkskultur als Gegenkultur, hg. u. mit e. Vorwort versehen v. Renate Lachmann [1987], Frankfurt/M. 1995, 169f.)

Rationalität zu erweitern und anders zu fundieren. Konkreter: Auch evozierendes Sprechen ist ein Modus diskursiven Sprechens.

Hatte ich oben darauf hingewiesen, dass auch rein diskursives Sprechen ein Sonderfall des evozierendes Sprechens ist – insofern für beide Fälle das Wie des Sagens konstitutiv ist –, so gilt aber auch, dass das *rein* diskursive Sprechen das Gegenteil zum evozierenden Sprechen innerhalb einer allgemeinen Diskursivität ist.[80]

Die allgemeine Diskursivität bezeichnet die von Misch so genannte »horizontale« Gliederung des Sprechens. Unser Sprechen vollzieht sich als ein Nacheinander unterscheidbarer Sinneinheiten, die als ein Zusammen eine Sinneinheit bilden – in der Regel schließt sich eine bestimmte Anzahl von Worten zu einem Satz zusammen. Diese Gliederung, die sich als ein Durchlaufen diskreter Momente eines Ganzen manifestiert – discurrere –, macht das Sprechen zu etwas Geistigem im Verständnis von Misch. Diese Gliederung sei nämlich einerseits ein Gegenbegriff zu einem bloß kontinuierlichen Fließen (ohne unterscheidbare diskrete Sinneinheiten) und grenzt sich andererseits ab gegen ein Kompositum. Die diskreten Einheiten sind keine Sinnatome, die erst noch zu einer Bedeutungseinheit verbunden werden müssten, sondern im Sprechen sind Momente der Gesamtbedeutung unterscheidbar – selbst oder gerade in Ein-Wort-Sätzen.[81] Die Grundform alles Geistigen sei eine solche »Einheit in der Mannigfaltigkeit«.[82] Platon habe »zuerst erkannt«, dass diese Grundform des Geistigen für das Sprechen Gültigkeit habe: »dass die Einigung der Vielen das ewige Pathos (Geschehnis) bei der Rede sei«.[83]

80 Georg Misch: *Aufbau Logik*, 93ff., 434ff.

81 Eine *diskrete Sinneinheit* ist nicht zu identifizieren mit dem, worin sie erscheint, also weder mit einem dieser Sinneinheit ›entsprechenden‹ Wort noch mit einem ›entsprechenden‹ Satzteil. »Der Gedanke steht als eine simultane Einheit vor mir, während die Worte sich sukzedieren. Und diese Einheit des Gedankens kann ein in sich gegliedertes Ganzes sein, während der sprachliche Ausdruck mit einem Wort geprägt (sein kann). Im Satz findet der Gedanke eben seinen Ausdruck und nicht sein Abbild. Der Ausdruck ist durchaus nicht so, dass jedem Teil des Satzes, z.B. jedem Worte, ein besonderer Teil des Gedankens entsprechen müsste.« (Ebd., 451)

82 Ebd., 94.

83 Ebd., 437.

4.2.2 Die Verbindlichkeit unergründlichen Sinns

Die Theoriebildung von Misch ist nun dadurch gekennzeichnet, dass er ein weiteres Prinzip einführt, nämlich das Prinzip der *Verbindlichkeit.* »Gedankenmäßigkeit und Unendlichkeit – diese beiden Brennpunkte der philosophischen Bahn [...] scheinen hier [bei Dilthey] lediglich nebeneinander [...], oder doch nur in einer rätselhaften ›Beziehung‹ zueinander, hingestellt zu sein. Indes, jene Erklärung besagt noch mehr. [...] Aber das Entscheidende ist doch erst, wie sich dieser [...] Zusammenhang in der philosophischen Grundlegung auswirkt: so, dass das Wissen vom Unerforschlichen für die Theorie des Wissens selber verbindlich wird. [...] Also nicht mit dem Wissen des Nichtwissens enden in der Weise der docta ignorantia, sondern von ihm aus aufbauen, [...] in der logischen Grundlegung ebenso wie in der geisteswissenschaftlichen Interpretation die hermeneutische Bewegung durchführen: willst Du ins Unendliche schreiten, geh nur im Endlichen nach allen Seiten.«[84] Formaler gesprochen: Den Ausgangspunkt bildet nicht die Unergründlichkeit, sondern »grade das *Verhältnis* von Gedankenmäßigkeit und Unergründlichkeit«.[85]

Entscheidend ist, dass ›Verbindlichkeit‹ hier nicht lediglich als verständliches Wort der deutschen Sprache gebraucht wird, sondern *terminologisch*: ›Verbindlichkeit‹ behauptet einen logischen Unterschied in der Art und Weise, in der die Unergründlichkeit aufgefasst werden kann, und ergreift Partei für die Auffassung, dass ›Unergründlichkeit‹ ein Charakteristikum von unergründlichem Sinn selbst ist und nicht bloß ein Problem unseres Ergründens dieses Sinns. Im Konzept der *Verbindlichkeit* der Unergründlichkeit ist unergründlicher Sinn eben nicht solcher, der vom ›göttlichen‹ Standpunkt doch *betrachtet* werden könnte und also ›eigentlich‹ feststellbar ist, aber durch uns noch nicht ergründet ist oder de facto (= aus *anderen* Gründen als auch dem Grund der Charakteristik dieses Sinns; z.B. aus Gründen der ›Endlichkeit‹ des diesen Sinn verstehenden Menschen) niemals ergründet werden kann. Sondern solcher Sinn selbst *ist* unergründlich, besser: unfestgestellt.

Die Unergründlichkeit *verbindlich* nehmen zu sollen, ist damit nicht ein Ausdruck subjektiver Emphase und also redundante Verdoppelung, die die Logik der Theoriebildung nichts angehen würde, sondern eine Modifikation dessen,

---

84 G. Misch: *LuPh* [1929/30], 50f.

85 Georg Misch: *Aufbau Logik*, 111, Hervorhb. v. mir; vgl. G. Misch: *Fibel-2* [1950], 373ff.; Josef König: »Georg Misch als Philosoph«, in: Nachrichten der Akademie der Wissenschaften in Göttingen aus dem Jahre 1967. Philologisch-Historische Klasse (1967), 152-243, hier: 202ff.

was eine Philosophie vom Unergründlichen besagt. Die Redeweise der *unendlichen Annäherung* an solch unergründlichen Sinn oder die Redeweise des *niemals vollendeten Abschlusses* des Prozesses der Sinndeutung sind im Konzept der Verbindlichkeit prinzipiell ausgeschlossen,[86] während die Möglichkeit solcher Redeweisen das Gegenkonzept (die Unergründlichkeit unverbindlich zu nehmen) definiert. Die Verbindlichkeit ist nicht bereits analytisch in der Unergründlichkeit enthalten, denn die Unergründlichkeit solchen Sinns kann auch – so in der »romantisch«-intuitionistischen Lebensphilosophie oder bei Rickert – unverbindlich genommen werden als bloßes Problem des Erkennens oder Ausdrückens solchen Sinns.

Da (im Konzept von Misch) nicht jeder Sinn unfestgestellt ist, gilt die Verbindlichkeit der Unergründlichkeit nicht für Sinn *überhaupt*, sondern für spezifische Fälle von manifestiertem Sinn. *Falls* Sinn unergründlich ist, dann ist diese Unergründlichkeit verbindlich zu nehmen. Aber auch dann, falls Sinn unergründlich ist, kann und muss man noch formal verschiedene Fälle unterscheiden – Fälle, die die Bedeutung von ›Verbindlichkeit‹ modifizieren. Es gibt Fälle von unfestgestelltem Sinn, die sich immerhin *auch* diskursiv aussprechen lassen; also Sinn, der zwar im vorgelegten Fall unfestgestellt ist und in der Aussage evoziert wird, der aber gleichwohl *auch* festgestellt werden *kann*. Wenn Goethe die Ballade *Der Fischer* schreibt, ist darin ein unfestgestellter Sinn manifestiert, denn ganz offenkundig erzählt diese Ballade nicht eine Begebenheit. Aber Goethe konnte auch sagen, was er mit dieser Ballade ausdrücken wollte: »das Gefühl des Wassers, das Anmutige, was uns im Sommer lockt zu baden«.[87] Jede übliche Interpretation der Ballade *ist* der Versuch, diesen Sinn zu sagen, und belegt, dass solcher Sinn nicht unaussag*bar*, sondern je unausgesagt ist. Es ist jedenfalls nicht zwingend, dass eine Gedichtinterpretation selbst wieder die Gestalt eines Gedichts, eines Gemäldes, eines Musikstücks, etc., kurz: eines evozierenden Ausdrucks annimmt. Freilich kann sie das tun, und dann liegt ein besonderer Fall vor.[88]

Mindestens in vielen Fällen kann somit ›derselbe‹ Sinn sowohl in rein diskursiver Weise ausgesagt *oder* aber in evozierender Weise ausgesprochen werden, wobei er dann als unfestgestellter vorliegt. Aber auch dann noch bleibt der Eindruck, dass es nicht im strikten Sinn *derselbe* Sinn ist, der dort mal evozie-

86 S.u., Anm. 92.

87 Georg Misch: *Aufbau Logik*, 512.

88 Möglicherweise zeigt sich hier eine Spezifik der Musik. In der Musik ist es durchaus üblich, vielleicht sogar einzig angemessen, dass eine Interpretation eines Musikstückes wiederum ein Musikstück ist.

rend, mal rein diskursiv ausgesprochen wird, sondern dass es sich je um Modifikationen dieses ›selben‹ Sinnes handelt. Dieser Eindruck dürfte daher rühren, dass der unfestgestellte Sinn gleichsam nur im Vollzug (des Lesens oder des Hörens der Ballade) gegeben ist: Die *Form* der Ballade ist keine bloße Hülle des ausgedrückten Sinns, und damit ›lebt‹ der unfestgestellte Sinn von deren Rhythmus, Metrik, etc.pp.; *da*gegen bewahrt die rein diskursive Ausdrucksweise ihren Sinn gleichsam auf: sie stellt ihn fest. Auf einen diskursiv festgestellten Sinn kann man »zurückkommen«;[89] einen evozierend ausgesprochenen unfestgestellten Sinn kann man nur je neu nachvollziehen.[90] In dieser ganz engen Eingrenzung – dass evozierend ausgesprochener Sinn immer nur je neu nachvollziehbar, nie aber festgestellt ist – ist dann zutreffend, dass der unfestgestellte Sinn unaussagbar ist. In Fällen, in denen der Sinn *auch* rein diskursiv ausgesagt werden kann, kreist evozierend ausgesprochener Sinn um einen feststellbaren Fixpunkt, aber die *Form* evozierenden Sprechens sichert eine Eigenbedeutsamkeit, die ein Zusammenfallen mit jenem Fixpunkt verhindert. Je unfestgestellter Sinn ist in diesem Sinne reicher als er selber als festgestellter, wenn auch vielleicht weniger klar. Hier gilt dann immer noch, dass die *Verbindlichkeit* der Unergründlichkeit etwas besagt, nämlich eine *eigene Charakteristik* des je unfestgestellten Sinns, die sich *nicht* misst daran, diesen Sinn als festgestellten (nicht) zu erreichen. In diesen Fällen, in denen evozierend ausgesprochener Sinn durchaus *auch* rein diskursiv ausgesagt werden kann, spreche ich von *hermeneutischem Sprechen.*

Daneben und darüber hinaus gilt es jedoch eine Bedeutung von ›unfestgestellt‹ und ›unausgesagt‹ zu wahren, die mehr besagt als jenes ›je unausgesagt‹: Es gibt Fälle von unergründlichem Sinn, bei denen gerade nicht gemeint ist, dass er nur je unergründet ist, aber im Prinzip in einer rein diskursiven Weise mit *eigener* Charakteristik auch festgestellt sein könnte. Kandidaten sind ein spezifisches Gottesverständnis, dem gemäß Gott das Unerforschliche *ist*; die Seele bei Heraklit (B 45); oder auch das Individuum, das als »ineffabile« gilt. Im Unter-

---

89 Ebd., 525.

90 In den Theorien der Metapher ist ein solcher Unterschied wohlbekannt und viel diskutiert: in welchem Verhältnis steht metaphorisches Sprechen zu seiner möglichen Paraphrasierung? Und dort »[liegt] trotz einer unendlichen Literatur die ebenso naheliegende wie plausible Antwort nur in einer unscharfen negativen Fassung vor. Der metaphorisch geäußerte Satz, so heißt es, gibt etwas zu verstehen, das in keiner noch so ausführlichen Paraphrase reformuliert werden kann.« (Martin Seel: »Am Beispiel der Metapher. Zum Verhältnis von buchstäblicher und figürlicher Rede«, in: Forum für Philosophie Bad Homburg (Hg.), Intentionalität und Verstehen, Frankfurt/M. 1990, 237-272, hier: 243)

schied also zu *lediglich evozierendem* (= hermeneutischem) Sprechen wäre solcher Sinn, hier *metaphysisch-unfeststellbarer* Sinn genannt, nicht nur je unausgesagt, sondern unaussag*bar*. Jedoch wird auch hier kein generelles Versagen der Sprache beschworen, an dessen Stelle ein ›eigentliches‹ Organon des Metaphysischen – Kandidaten wären das Schweigen, rituelle Handlungen, die Musik, etc. – treten müsste. Auch für metaphysisch-unfeststellbaren Sinn bleibt jene Grundbedeutung von ›*logos*‹, *bestimmter*, *vernehmbarer* Sinn zu sein, erhalten, denn auch metaphysischer Sinn *wird* in evozierender Rede ausgesprochen, wenn auch nicht feststellend ausgesagt. Für metaphysischen Sinn ist jedoch charakteristisch, dass er nicht *auch* ausgesagt werden kann, sondern dass er *nur* in evozierender Rede ausgesprochen werden kann. Hier ist es nicht nur so, dass die spezifisch unfestgestellte *Modifikation* eines *logos*, der im übrigen *auch* (direkt) ausgesagt werden kann, ausschließlich in evozierender Rede ausgesprochen werden kann, sondern der Eine und ganze *logos* selbst kann hier nur in evozierender Rede ausgesprochen werden.

Metaphysischer Sinn als solcher kann somit nicht fest-gestellt werden, sondern ist überhaupt nur im jeweiligen *Vollzug* einer evozierenden Rede gegeben: »immer wieder Nachvollzug, realisierende Vergegenwärtigung«.[91] Damit verschärft sich das Problem des Verhältnisses der vielen bestimmten evozierenden Reden zu dem Einen in ihnen ausgedrückten Sinn. Insofern der Eine, je bestimmte Sinn (z.B.: Gott *oder* Seele) in evozierenden Reden überhaupt nicht eindeutig festgestellt wird, sondern geweckt wird, gibt es der Möglichkeit nach *viele* evozierende Reden, die diesen Einen, je bestimmten Sinn ausdrücken.[92] Bei nicht-metaphysischen evozierenden Reden aber ist es immerhin möglich, diesen Einen, je bestimmten Sinn *auch* direkt auszusagen: Er erscheint damit gleichsam selbst in einer der Reden, wenn auch in einer rein diskursiven Rede; und nur die Einsicht, dass die spezifisch je *unfestgestellte* Modifikation des ausgedrückten Sinns in einer diskursiven Rede gerade verloren geht, schützt in diesem Falle die vielen evozierenden Reden davor, im Vergleich zur rein diskursiven Rede als Redeluxus angesehen und damit in der Sache für überflüssig gehalten zu wer-

91 Georg Misch: *Aufbau Logik*, 525.

92 Und dieser Sachverhalt *motiviert* die oben kritisierte Redeweise, der Prozess der Sinndeutung sei niemals abgeschlossen. Beim Wort genommen, ist sie dennoch falsch, denn im Konzept der Verbindlichkeit unergründlichen Sinns ist gedacht, dass der Prozess des Sinndeutung in jedem einzelnen evozierenden Sprechen abgeschlossen *ist* – aber dass er freilich in zahllosen (unendlichen?) *anderen* Ausdrücken ausgesprochen werden kann.

den.[93] Und *dem*gegenüber kann metaphysischer Sinn überhaupt nicht in einer rein diskursiven Rede ausgedrückt werden: Metaphysisch-unfeststellbarer Sinn ist überhaupt nur manifestiert in einer Vielheit evozierender Reden. Hier ist es also nicht so, dass eine mögliche Vielheit evozierender Reden um einen einzelnen Sinn als deren Fixpunkt gleichsam kreist (oder tanzt oder springt). Metaphysisch-unfeststellbarer Sinn ist vielmehr *nichts als* das in gewissen evozierenden Reden Ausgedrückte, und mithin ändert er sich *selbst*, wenn er in einer neuen evozierenden Rede ausgedrückt wird. Anders gesagt: metaphysisch-unfeststellbarer Sinn *ist* (an sich selbst) unerschöpflich, und es ist nicht nur so, dass er in unerschöpflicher Weise *ausgedrückt* werden kann. Hier ist somit systematisch noch Raum für *geschichtliche* Variationen des gleichwohl ›selben‹ metaphysischen Sinnes. Ein solches Sprechen, in dem sich metaphysisch-unfeststellbarer Sinn manifestiert, nenne ich *spekulatives Sprechen*.

4.2.3 Zwischendiskussion: Verhältnis von Sprechen und Gegenstand

Das Konzept von Misch bleibt an einer entscheidenden Stelle schwankend. Dieses Schwanken habe ich in der bisherigen Darstellung vereindeutigt, weshalb es jetzt eigens herauszustellen ist. Die Bestimmung von unergründlichem Sinn ist bei Misch gebunden an eine Spezifik des Sprechens bzw. Ausdrückens. In der bisherigen Darstellung habe ich zur Charakterisierung dieses spezifischen, nämlich evozierenden Sprechens nicht auf eine mögliche Spezifik dessen verwiesen, *was* dort ausgedrückt wird – und musste es offenbar auch gar nicht. Misch diagnostiziert jedoch mindestens und immerhin eine Korrespondenz zwischen evozierendem Sprechen einerseits und einem spezifischen Gegenstands*typus* andererseits. Was immer inhaltlich in evozierendem Sprechen ausgesprochen werden mag, formal handelt es sich um so genannte »hermeneutische Gestaltungen«. Hermeneutische Gestaltungen sind solche Gegenstände, die, sie konstituierend, selbst ein Wissen um sie enthalten.[94] Damit gehören hermeneutische Gestaltun-

93 Hier ist ein Ort der oben herausgestellten unterschiedlichen Bewertung der Rhetorik. Die Eigenbedeutsamkeit des evozierenden Sprechens steht und fällt damit, dem Wie des Sagens eine eigene Bedeutsamkeit an- oder abzuerkennen.

94 Ebd., 555, 557, 558. – Die christliche Religion z.B. gründet nicht nur beiläufig, sondern wesentlich in der Heiligen Schrift, in der wiederum das, was ›Christentum‹ meint, »offenbart und dargestellt ist« (ebd., 558); oder auch die Rechtswissenschaft: sie handelt nicht einfach bloß vom Recht, wie es in Gesetzen dokumentiert ist, sondern in diesen Gesetzen ist ein Bewusstsein niedergelegt »von dem, was rechtens ist«

gen »schon selber, von sich aus, der Welt des Ausdrucks an, in der wir leben«;[95] sie sind nicht, wie alle Gegenstände, lediglich insofern Ausgedrücktes, als sie das im Ausdruck Gemeinte sind, sondern »auf seiten der Gegenstände selbst kann so etwas vorkommen wie das eine Meinung haben, einen Sinn in sich tragen und zum Ausdruck bringen«.[96] Hermeneutische Gestaltungen sind gleichsam geronnene Verstehensprozesse; es sind solche Gegenstände, die an sich selbst einen Richtungssinn haben, der unter Berührung durch einen treffenden Ausdruck zum Erzittern kommt. Es macht ihr *spezifisches*, sie definierendes Sein aus, an sich selbst sinnhaft zu sein, und nicht nur, wie alle anderen Gegenstände *und sie selbst auch*, »von dem auffassenden Geist« sinnhaft gedeutet zu werden: »sie nehmen sich selbst so, sie sind *für sich da*«.[97]

Wenn man nun nach dem begründungstheoretischen Vorrang fragt, dann bleibt das Konzept von Misch schwankend: Nach der bisherigen Darstellung ist eigentlich ›klar‹, insbesondere für die Fälle spekulativen Sprechens, dass es hermeneutische Gestaltungen überhaupt nur *im* konkreten Sprechen gibt, nicht aber diesem Sprechen vorgeordnet. Bis dato kann man mit Misch *nicht* sagen, dass wir von bestimmten Gegenständen schon wissen, dass es sich um hermeneutische Gestaltungen handelt, und dass wir diese Gegenstände also und deshalb nur evozierend aussprechen können. Bis dato war das Gegenteil der Fall: Wir finden eine Spezifik des Sprechens (z.B. in Gedichten) vor, und können in Folge einen Unterschied im Gegenstandscharakter ausmachen.

Wenn man nun den begründungstheoretischen Vorrang des Sprechens vor dem Gegenstandstypus so pointiert herausstellt, dann wird er sogleich fraglich. Kann es denn tatsächlich *so* gemeint sein? Ist es denn nicht doch gerade umgekehrt? Ist es denn nicht eine bestimmte Theorie der Seele, die Heraklit vertritt? Oder eine bestimmte Theorie des Individuums, der das Individuum als *ineffabile* gilt? Dann wüssten wir doch um eine bestimmte Charakteristik (der Seele, des Individuums, von Gott), und könnten aufgrund dieser Charakteristik *schließen*, dass wir dieser Charakteristik durch rein diskursives Sprechen nicht gerecht werden, und also über solche Charakteristika nur evozierend sprechen können und sollten. Pointiert: Weil jemand schon weiß oder glaubt, dass Gottes Wege unerforschlich sind, deshalb kann so jemand, so scheint doch auch ›klar‹, nur spekulativ über Gottes Wege reden. Es scheint sehr viel naheliegender zu sein,

---

(ebd.). Dies sei auch in all den Wissensformen der Fall, die wesentlich eine Geschichtsschreibung ihrer selbst enthalten.

95 Ebd., 555.

96 Ebd., 558.

97 Ebd., 561.

von einem begründungstheoretischen Vorrang des Gegenstandstypus vor dem Sprechen auszugehen. Und genau dieses Naheliegende gibt es – gegenläufig zu der bisherigen Darstellung – auch bei Misch. Er redet dann vom Evozieren ganz allgemein, gelegentlich sogar vom »Verfahren« des Evozierens.[98] Ein Verfahren des Evozierens hätte sich von der Gebundenheit an einen korrespondierenden Gegenstand verallgemeinernd gelöst; es könnte folglich auf gewisse Gegenstände *angewandt* werden. Das setzt dann ein vorgängiges Wissen bereits voraus, was eine hermeneutische Gestaltung ist und was nicht.

So naheliegend und plausibel *dieser* begründungstheoretische Vorrang (des Gegenstandstypus vor dem Sprechen) auch sein mag, so fraglich wird er ebenfalls, wenn man ihn so pointiert herausstellt. Woher sollten wir den jenes, einem Sprechen vorgängige Wissen haben, wenn nicht in einem gewissen Sprechen bzw. Ausdrücken?

Selbst wenn man an dieser Stelle auf so etwas wie Erfahrung, in Sonderheit auf so genannte *innere Erfahrung* verweist, so beharrte schon Dilthey darauf, dass jegliche Erfahrung kategorial bzw. ausdruckhaft geordnet gegeben ist. Für die äußere Wahrnehmung sei das spätestens mit Helmholtz evident; er selbst formuliert ergänzend in Bezug auf die so genannte innere Wahrnehmung den Satz von der »Intellektualität der inneren Wahrnehmung«.[99] Dann aber ist ein begründungstheoretischer Vorrang des Gegenstandstypus vor dem Sprechen kaum noch haltbar. So hält Dilthey, an einem Beispiel gesprochen, sehr energisch fest:

»Die Intellektualität der inneren Erfahrung ist von großer Bedeutung für die Psychologie, die historische Kritik, insbesondere aber für die Grundlegung der Theologie. […] Die Theologen pflegen die religiösen Erfahrungen als einfache, unmittelbare Gegebenheiten zu behandeln. Unzählige Irrtümer der Theologie beruhen hierauf. Erkennt man erst, dass man es überall mit Gegebenheiten, welche durch intellektuelle Prozesse angeordnet und interpretiert sind, zu tun hat, so sind durch diese Einsicht die Mystik und der Pietismus, größtenteils auch die Orthodoxie in ihrem Kern zerstört.«[100]

98 Ebd., 531.

99 W. Dilthey: *Leben und Erkennen* [1893], 335.

100 Ebd., 336.

4.2.4 Die Unergründlichkeit philosophischen Sinns

Der Unterschied innerhalb des evozierenden Sprechens zwischen hermeneutischem und spekulativem Sprechen ist auch ein Bedeutungsunterschied von ›Verbindlichkeit‹. In beiden Fällen richtet sich das Prinzip der Verbindlichkeit der Unergründlichkeit gegen das Konzept einer unendlichen Annäherung; aber bei lediglich evozierendem Sprechen stellt das Prinzip der Verbindlichkeit die prinzipielle Eigenbedeutsamkeit der *Form* des evozierenden Sprechens heraus, während es sich beim spekulativen Sprechen auf den unergründlichen Sinn als solchen bezieht.

Es ist eine entschiedene Gemeinsamkeit mit Hegel an einem entscheidenden Punkt, die das Philosophie-Verständnis auch von Misch ausmacht: Falls und indem wir philosophieren, können wir einen letzten Grund dieses Philosophierens nicht nicht im Gebrauch haben. Nicht wir haben die Idee, sondern eine Idee hat uns. Falls dem so ist, dann kann ein solcher je letzter Grund entweder implizit bleiben oder in einer Grundlegung des jeweiligen Philosophierens explizit gemacht werden. Lauthalse Verzichtserklärungen auf eine ›Letztbegründung‹ verschleiern, so gesehen, lediglich den eigenen letzten Grund. Was Misch auf dieser Basis anstrebt, ist eine explizite Grundlegung (s)einer Philosophie des Lebens.

Nun haben jene vorlauten Anti-Letztbegründungs-Begründungen zweifellos einen rationalen Kern, den sie freilich bereits bei Misch hätten spicken können. Kann man auch einen letzten Grund des Philosophierens nicht nicht im Gebrauch haben, so gibt es doch qualitative Unterschiede, ja Gegensätze in der Art und Weise der konkreten Durchführung expliziter Grundlegungen. Und in Bezug auf solche Modus-Unterschiede bezieht Misch klar und eindeutig Position: Jede Grundlegung des Philosophierens, der ihr letzter Grund zu einem Fixum gerät, *von dem aus* das Philosophieren als einer sicheren, unerschütterlichen, unveränderlichen Basis ausgehen könnte, ist zum Scheitern verurteilt. Auch noch solch letzter Grund ist Moment des Lebens selber (ggf. dessen Grenze), und *kann* daher kein solch unbewegtes Fundament sein – weder *im* Leben geschweige *jenseits* des Lebens. »Wir glauben ja überhaupt nicht mehr daran, dass es ein festes Fundament für die Begründung der Philosophie oder der Theorie des Wissens gibt oder geben kann.«[101]

Rickerts Kritik an dem »auf die Spitze getriebenen Standpunkt der *Lebensimmanenz*«[102] zielt zwar, wie gesagt, am eigentlichen Punkt, den Dilthey und Misch setzen, vorbei. Dennoch trifft Rickert mit seiner Kritik einen anderen, und

101 Georg Misch: *Aufbau Logik*, 139.

102 H. Rickert: *Philosophie des Lebens* [1920], 5.

durchaus zentralen Punkt. Das Verstehen des Lebens ist in *dem* Sinne nicht rein immanent zu haben, als es nicht als bruchloser, schlicht ableitbarer Übergang aus dem gelebten Leben zu gewinnen ist. In *dem* Sinne muss ein Verstehen des Lebens durchaus über das Leben des Leben hinaus: »Nur wer verstanden hat, dass das Leben des Lebens und das Erkennen des Lebens auseinanderfallen, kann ein Philosoph des Lebens werden, der sowohl das Leben liebt als auch über das Leben nachdenkt. [...] Nie wird das Leben weise, und nie wird die Weisheit lebendig werden.«[103]

Misch leugnet die qualitative Unterschiedenheit von »Leben des Lebens« und »Erkennen des Lebens« nicht.[104] Er redet weiter von einem transzendenten Moment des Lebens, und dieses Moment von ›Unendlichkeit‹ ist nicht in Extrapolation des ›Endlichen‹, nicht als ›unendlich-approximatives‹ Durchlaufen des Immanenten zu gewinnen. Der Grundsatz der Lebensimmanenz behauptet hier gerade nicht die Bruchlosigkeit im Übergang vom Leben zu einer Philosophie des Lebens, sondern behauptet die Immanenz *des Transzendenten*, oder mit Hegel: die Gegenwärtigkeit des Vernünftigen im Verständigen.[105]

---

103 Ebd., 194.

104 Es scheint mir daher mindestens unglücklich, und dem eigenen Anliegen entgegenlaufend, wenn Ginev von einem »indifferenten Urgegenstand« spricht (Dimitri Ginev: »Wohin führt Georg Mischs Kritik an der hermeneutischen Phänomenologie Martin Heideggers?«, in: Deutsche Zeitschrift für Philosophie 50 (2002) 2, 299-312, hier: 303, 310-312). Genau dann nämlich ist die jeweilige Differenzierung ein erst (logisch) nachträglicher Akt, der erst noch zu leisten ist (und nicht je situiert geleistet ist). Folgerichtig sprich auch Ginev weiter von einer »unendlichen Aufgabe« (ebd., 309); es sei die »epistemische Einstellung, die diese Einheit ›zerstört‹ und die relativierbare semantische Differenz hervorbringt« (ebd., 310f.). Dies ist wiederum jene »Zärtlichkeit« für das Leben, die – bei Ginev freilich äußerst verschämt – noch *den* Urgegenstand kennt, »der jeder Situation einer Objektivation des Lebens voran[(!)geht] und gleichzeitig eine (empirische) Ausprägung [bleibt]« (ebd., 311). Mit Misch zu haben ist nur die Notwendigkeit irgend-eines, je situierten, in sich differenzierten Lebensgrundes; die »epistemische Einstellung« bricht nicht zerstörend ins harmonische Paradies ein, sondern wird sich der jeweiligen spannungsvollen Welt inne.

105 Zum Verhältnis von Leben und Geist vgl. auch Cassirer aus Anlass von Scheler. Cassirer deutet die ›Zwischenstellung‹ zwischen einem kontinuierlichen Übergangsverhältnis und einem dualistischen Bruch allerdings nicht als Immanenz des Transzendenten, sondern »als die ständige, stets erweiterte und verfeinerte ›Kunst des Umwegs‹« qua symbolischer Formung. (Ernst Cassirer: »›Geist‹ und ›Leben‹ in der Philosophie der Gegenwart [1930]«, in: ders., Geist und Leben. Schriften zu den Le-

Dass dieser Grundsatz überhaupt etwas besagt, macht Misch u.a. deutlich in Abgrenzung zu Heidegger. Beide Konzeptionen haben entscheidende Gemeinsamkeiten, so dass die Differenzierung an dieser Stelle überhaupt möglich ist: Beiden Konzeptionen geht es um eine explizite Grundlegung eines je schon im Gebrauch seienden Grundes des (eigenen) Philosophierens. Aber *innerhalb* dieses gemeinsamen Anliegens behauptet Misch sein eigenes Vorgehen als das direkt gegenteilige zu Heideggers Verfahren der Fundierung.

Unstrittig und gemeinsam ist noch, dass das Grundphänomen als ein strukturiertes, als ein in sich differenziertes ausgewiesen wird. Der Unterschied liegt darin, *wie* das *Verhältnis* der vielen unterscheidbaren Momente zur Ganzheitlichkeit der Einen Grundstruktur zu bestimmen ist. Klar ist noch, wie dieses Verhältnis *nicht* zu bestimmen ist: »Die Ganzheit des Strukturganzen ist phänomenal nicht zu erreichen durch ein Zusammenbauen der Elemente. Dieses bedürfte eines Bauplans.«[106] Die Alternative zu diesem »Zusammenbauen« ist für Heidegger, *eines* der vielen Momente als das sich und die anderen fundierende auszuzeichnen: »Zugänglich wird uns das Sein des Daseins, das ontologisch das Strukturganze als solches trägt, in einem vollen[!] Durchblick *durch* dieses Ganze *auf ein* ursprünglich einheitliches Phänomen, das im[!] Ganzen schon liegt, so dass es jedes Strukturmoment in seiner strukturalen Möglichkeit ontologisch fundiert.«[107] Zwar kann und muss Heidegger diese Fundierungsrelation noch abgrenzen gegen die Redeweise »eines letzten Aufbauelements« im Rahmen eines linear-sukzessiven ›Tieferlegens‹, aber das ändert nichts daran, dass diese Fundierungsrelation eine Asymmetrie realisiert (hinsichtlich realisierbarer Möglichkeiten): »Der ontologische Ursprung des Seins des Daseins ist nicht ›geringer‹ als das, was ihm entspringt, sondern er überragt es vorgängig an Mächtigkeit, und alles ›Entspringen‹ im ontologischen Feld ist Degeneration.«[108]

Dieser Fundierungsrelation meint Misch einen »dialektischen« Weg der Grundlegung entgegenhalten zu sollen: »innerhalb des vorgängigen Ganzen die herausanalysierbaren Züge in ihrer relativen Selbständigkeit gegensätzlich hin[stellen], um zu dem produktiven Punkt ihrer Vereinigung vorzudringen«.[109] In Königs Terminologie kann die entscheidende Differenz formal viel klarer gefasst werden: Heidegger bestimmt *ein* Moment des Strukturganzen als das fun-

---

bensordnungen von Natur und Kunst, Geschichte und Sprache, Leipzig 1993, 32-60, hier: 47)

106 Martin Heidegger: Sein und Zeit [1927], Tübingen [17]1993, 181.

107 Ebd.

108 Ebd., 334; vgl. G. Misch: *LuPh* [1929/30], 9.

109 Ebd., 8f.

dierende, wodurch alle anderen Momente dieses Ganzen zu Modifikationen dieses fundierenden Moments im Sinne einer Ab-Änderung werden. Königs eigener Begriff von Modifikation dagegen kennt kein solches Fundament, das dann, *auch noch*, abgeändert wird, sondern bezeichnet einen je konkreten »*Modus* des Wirkens und Seins«.[110] Die Ganzheit des Einen Strukturganzen ist dann »nichts als« das Verhältnis/Verhalten der vielen es strukturierenden Momente. Was immer dann ›Entspringen‹ im ontologischen Feld sein mag: Es ist keine Bewegung *vom* Fundierenden *zum* Fundierten, weder dem Sein noch der Mächtigkeit nach.

Diesen Unterschied der Grundlegungsstrategien zwischen einer Fundierung und einer dialektischen Bewegung kann Misch auch als Unterschied zwischen einem *organischen* und einem *geschichtlichen bzw. produktiven* Entwicklungszusammenhang fassen (und strukturell, über den Fall der Grundlegung von Philosophie hinaus, verallgemeinern). Ein organischer Entwicklungszusammenhang ist nach dem Modell des Keimes konzipiert: Aus einem grundlegenden Moment wird ein Resultat in der Weise abgeleitet, dass jegliche Kontingenz in diesem Entwicklungszusammenhang geleugnet wird. Kontingent ist allein, ob die Ableitung erfolgt resp. gelingt; *falls* sie gelingt, ist das abgeleitete Ergebnis eineindeutig. Demgegenüber postuliert ein produktiver Entwicklungszusammenhang eine nicht-willkürliche Kontingenz im Übergang vom Grund zum Gegründeten; genauer: ein *gesetztes Verhältnis* von Grund und Gegründetem.

Genauer gesprochen lassen sich zwei, direkt gegenteilige, Modi eines organischen Entwicklungszusammenhangs in Bezug auf den Grund der Philosophie unterscheiden. Zum einen dasjenige Verständnis von *Lebensimmanenz*, das Rickert kritisiert: Der Übergang vom ›Leben‹ in die Philosophie bzw. deren Grund wird dort als gänzlich bruchlos und also rein graduell gedacht – und dieses Verständnis ist, wenigstens in der Interpretation von Misch, auch bei Dilthey letztlich nicht außer Kraft gesetzt.[111] Zum anderen handelt es sich bei einem Fundierungsverhältnis im Sinne Heideggers insofern um einen organischen Ent-

110 Josef König: Sein und Denken. Studien im Grenzgebiet von Logik, Ontologie und Sprachphilosophie [1937], Tübingen ^{2}1969, 222.

111 »Da opfert er nun dem Kontinuitätsprinzip des Hervorgehens der Philosophie aus dem Leben nicht bloß ihre eigene Bedeutung auf – dass sie eine entscheidend ins Leben eingreifende Wendung bedeutet –, sondern er zerfällt sie in Verfolg des zweiseitigen Ansatzes dieser Kontinuität, dem Unterschied von Wissenschaft und Weltanschauung gemäß, in zwei Teile: Theorie des Wissens, die auf die Erfahrungswissenschaften bezogen ist, und Weltanschauungslehre.« (G. Misch: *LuPh* [1929/30], 288); vgl. Matthias Jung: »Lebensphilosophische und fundamentalontologische Kritik der Metaphysik«, in: Dilthey-Jahrbuch 11 (1997-98), 74-81, hier: 79.

wicklungszusammenhang, als Heidegger zwar einen Bruch zwischen ›Leben‹ und ›Philosophie des Lebens‹ (dort: zwischen ›Existenz‹ und ›Daseinsontologie‹) annimmt, gleichwohl aber so tut, als könne der Grund der Philosophie eineindeutig bestimmt werden. Demgegenüber behauptet Mischs Konzept der Lebensimmanenz *des Transzendenten*, die logische Mitte zwischen jenen Modi – und in diesem Sinne keinen organischen, sondern einen produktiven Entwicklungszusammenhang – einnehmen zu können: »Zwischen den allgemein-strukturellen und den inhaltlich-konkreten Aspekten des hermeneutischen Prozesses besteht nach der Einsicht Mischs eben ein *Innen-*, kein Außenverhältnis. Dieses Innenverhältnis werde in den Positionen Heideggers und Diltheys mit ihren respektiven Metaphysikbegriffen verfehlt. Bei Dilthey dadurch, dass er die geschichtlich eröffnete Möglichkeit reflexiver Distanznahme zum Strömen des Lebens nur als dessen Ausdruck, nicht auch als Erhebung über seine Kontingenzen fasse. Bei Heidegger hingegen werde Metaphysik nicht als erst durch konkrete Ausdruckshandlungen verwirklichte Möglichkeit des Daseins, sondern als dessen primordiale Wirklichkeit begriffen.«[112]

Der sachliche Grund dieser Differenzen liegt in unterschiedlichen (impliziten oder expliziten) Positionen bezüglich der Objektivierbarkeit des Lebens. Falls es denn so ist, dass all unseren Weltverständnissen immer schon ein je bestimmtes ›Koordinatenkreuz‹ zu Grunde liegt – eben jenes »Grundphänomen« –, dann sind es logische, und nicht bloß faktische Gründe, dass kein Weltverständnis im Sinne der *Betrachtung* (= aus der Sicht eines äußeren Beobachters) realisiert ist.[113] Daher »[verficht] Dilthey eine[..] unhintergehbare[..] Vielzahl von Weltinterpretationen, die sich höchstens typologisch ordnen lassen«,[114] während Heidegger gegen eine solch bloß typologische Ordnung meint zeigen zu können, dass alle Weltinterpretationen ›eigentlich‹ in der Struktur der Sorge fundiert sind. Während Dilthey also mit jenem logischen Argument (des immer schon im Gebrauch sein eines Grundes der jeweiligen Weltinterpretation) jegliche objektive Weltinterpretation leugnet (Weltanschauungsphilosophie), gerät Heideggers Fundamentalontologie zu einer *Betrachtung* zweiter Stufe: Mag jenes logische Argument auch greifen, so gibt es doch Auserwählte jenseits des Man, die ein letztes Fundament der Vielheit bloß fungierender Gründe noch objektivierend vor sich hinstellen und betrachten können.[115]

---

112 M. Jung: *Kritik der Metaphysik*, 80f.

113 Vgl. ebd., 77f.

114 Ebd., 79.

115 »Und wenn auch Heidegger mit seiner Theorie des Zeitigens dem ›Sein‹ die Blindheit nehmen wollte [...], so ist er der Größe der Aufgabe nicht Herr geworden, weil er

Beidem gegenüber insistiert Misch darauf, dass das Entspringen von Philosophie »ein Ereignis und kein notwendiger Vorgang«,[116] ein »geschichtlicher Lebensvorgang« ist,[117] der als ein solcher einen *Bruch* vollzieht und somit nicht bloße Verlängerung des Lebens ist. Misch teilt damit Rickerts Kritik an einer solchen Version von »Lebensimmanenz«, aber ohne formulieren zu können, dass ein solcher Bruch »über das Leben hinaus« führt. Letztere Position – so Rickert, so Heidegger – ist für Misch gleichbedeutend mit der Unterstellung, das Leben von einem äußeren Standpunkt aus *betrachten* zu können.[118] *Philosophisches* Weltverstehen ist damit, so Misch, weder einfach im Leben bereits an- und grundgelegt, noch kann es eine feste, unveränderliche Basis im oder gar außerhalb des Lebens angeben, von dem aus es ›aufbauen‹ kann. Anders gesagt: Philosophisches Weltverstehen ist weder bloße Explikation noch pure Setzung, sondern Über-Setzung des Lebens; oder eine Artikulation; oder mit Gramsci:[119] Ein *kritisches* Inne-Werden des Lebens.[120] Bei Heidegger dagegen »wird dem Menschen auf das Konto der ›Existenz‹ das gutgeschrieben, was das Soll und Haben der Philosophie ist«,[121] während bei Dilthey – so könnte man analog formulieren – dem Leben im Leben das verloren geht, was immerhin der Philosophie gutge-

---

die Frage: was ist das Sein – für beantwortbar hält.« (Plessner, 22.2.1928, in: Josef König u. Helmuth Plessner: *Briefwechsel*, 179)

116 G. Misch: *Fibel-2* [1950], 52.

117 Vgl. J. König: *Misch* [1967], 164ff.

118 Geschichtliche Entwicklungszusammenhänge im Sinne von Misch, und insbesondere das Entspringen von Philosophie im Leben, möchten also Übergänge solcherart sein, die Röttgers »radikale Übergänge« nennt (vgl. K. Röttgers: *Metabasis*). Sie sind dadurch ausgezeichnet, dass es keine über-geordnete Ordnung gibt, die einen solchen Übergang regelt, ohne dass deshalb schon Beliebiges entspringen würde oder könnte. Der Akzent liegt hier ein wenig anders: Es gibt keine Über-Ordnung des Lebens, weil man nicht aus dem Leben aussteigen kann, um es von außen zu betrachten – »Lebensimmanenz«; gleichwohl geht nicht alles im Leben so geordnet zu, dass Übergänge jeglicher Art ins Kalkül gezogen werden können – »Ereignisse«.

119 Antonio Gramsci: »Elftes Heft: Einführung ins Studium der Philosophie [1932-33]«, in: ders., Gefängnishefte. Kritische Gesamtausgabe, Hamburg 1994, Bd. 6: Philosophie der Praxis, 1365-1493, hier: §12.

120 Vgl. V. Schürmann: *Hermeneutisches Sprechen*, 394f.

121 G. Misch: *LuPh* [1929/30], 254.

schrieben werden *kann*.[122] – »Beides muss also zusammengenommen werden: das gemeinsame Thema und der ›andere Ton‹ des Denkens.«[123]

Eine explizite Grundlegung der Philosophie *ist* es also (nach diesem Verständnis), die Vielheit der Weltinterpretationen noch einmal zum Gegenstand zu machen, und nicht bloß typologisch zu ordnen, ohne aus einer solchen Grundlegung das kontingente Moment der geschichtlichen Tat exorzieren zu können. Philosophisches Weltverstehen ist damit nicht etwas, was lediglich geschieht und nicht mehr rechenschaftsfähig wäre; aber die »menschenmögliche Festigkeit«, im Leben das Leben zu bewältigen,[124] ist nicht von der Art, an einer Grundstruktur des Lebens einfach ablesbar zu sein.

Der Sinn der Philosophie ist, so gesehen, insofern unergründlich, als er prinzipiell nicht eineindeutig festgestellt werden kann, sondern in expliziten Grundlegungen von Philosophie je geschichtlich kontingent ausgesprochen ist. Diese Unergründlichkeit des Sinns der Philosophie verbindlich zu nehmen, heißt anzuerkennen, dass ein Grund des Philosophierens nicht nicht im Gebrauch sein kann, wenn falls und indem man philosophiert. Aber bei und für Misch bleibt diese Verbindlichkeits-Setzung, anders als paradigmatisch in Heideggers *Sein und Zeit*, die Verbindlichkeit einer *Unergründlichkeit* des Sinns von Philosophie: Dass immer *irgend*-ein Grund des Philosophierens im Gebrauch ist, lässt sich nicht dahingehend ausschlachten, dass dieser Grund ›eigentlich‹ X ist, wenn man denn ›eigentlich angemessen‹ Philosophieren will. Gerade X, und nicht, wie logisch durchaus möglich, Y als Grund des eigenen Philosophierens zu gebrauchen, ist einem irreduziblen Entscheidungsmoment geschuldet – jedenfalls dann, wenn man von der Verbindlichkeit der Unergründlichkeit des Sinns von Philosophie ausgeht. Philosophisches Weltverstehen ist (dann) Ausdruck einer Haltung, eines ethos.[125]

---

122 Vgl. ebd., 281ff.

123 Jean Greisch: »Das Prinzip des Unergründlichen. Mischs Weg von der Lebensphilosophie zur Logik und sein Weg in die Philosophie«, in: Dilthey-Jahrbuch 12 (1999-2000), 15-30, hier: 28.

124 G. Misch: *LuPh* [1929/30], 309.

125 An dieser Stelle erweist sich tatsächlich, worauf Misch in anderen Zusammenhängen gelegentlich verweist (vgl. Georg Misch: *Aufbau Logik)*, dass sein Konzept als ein Nachfolge-Projekt Fichtes lesbar ist (wenn auch in strikt anti-individualistischem Modus): »Es ist kein Entscheidungsgrund aus der Vernunft möglich; denn es ist nicht von Anknüpfung eines Gliedes in der Reihe, wohin allein Vernunftgründe reichen, sondern von dem Anfange der ganzen Reihe die Rede, welches, als ein absolut erster Act, lediglich von der Freiheit des Denkens abhängt. Er wird daher durch Willkür,

4.2.5 Die Verbindlichkeit eines ethos für die Philosophie?

Die Spezifik dieses Konzepts, Philosophie in einem ethos gegründet zu sehen, liegt wiederum in einem Zwei-Schritt: Der Betonung eines ethos als Moment jeglicher Philosophie überhaupt, und der These der Verbindlichkeit eines ethos. Den ersten Schritt kann Misch noch mit Dilthey gehen.

Gegen die »zeitübliche These«,[126] Dilthey habe lediglich auf den Bereich der Geisteswissenschaften übertragen, was Kant an Grundlegung der Naturwissenschaften geleistet hat – und also des Nachweises »der Immanenz der Philosophie in den positiven Wissenschaften«[127] –, stellt Misch durchgehend heraus, dass das nicht alles sein kann: »Die eigentliche Intention muss tiefer liegen.«[128] In jenem Ansatz liegt nämlich ein gravierendes Folgeproblem, das Dilthey zwar zunächst durchaus reproduziert und das auch »in späteren systematischen Schriften« noch nachwirkt,[129] das aber zugleich das Kernproblem ist, für das Diltheys Ansatz eine Lösung sein will. Das Folgeproblem liegt darin, dass eine so verstandene ›Grund‹legung der Geisteswissenschaften auch den Kantschen Dualismus von Glauben und Wissen reproduziert; es käme gleichsam zu einer Zweiteilung (der Aufgaben) der Philosophie, nämlich zu einem Dualismus von gesetzmäßiger Erkenntnis und dem »Weltanschauungszug« der Philosophie. Ginge es bloß um eine Gebietsausdehnung auf die Geisteswissenschaften, dann wäre im Erfolgsfall zwar auch dieser Bereich des Wissens »zu Verstande gebracht«, aber die »übersinnliche Welt« wäre keiner *wissenschaftlichen* Behandlung mehr zugänglich: »von dem alten Stamme der Vernunftwissenschaft Metaphysik [bliebe nur] ein irrationaler Rest zurück«.[130] Und legt man dann (mit Kant) zugrunde, dass unser Gemüt zwangsläufig von solch metaphysischen Fragen belästigt wird, dann hätte solcherart Verwissenschaftlichung bloß des wissenschaftlichen Wissens faktisch

---

und da der Entschluss der Willkür doch einen Grund haben soll, durch *Neigung* und *Interesse* bestimmt. [...] Was für eine Philosophie man wähle, hängt sonach davon ab, was man für ein Mensch ist.« (Johann G. Fichte: »Erste Einleitung in die Wissenschaftslehre [1797]«, in: ders., Fichtes Werke, Berlin 1971, Bd. 1, hier: 432-434)

126 G. Misch: *Vorbericht* [1923], XVIII.

127 Ebd.

128 Ebd., XIX; vgl. ebd., XLI, LII, pass.; vgl. Georg Misch: »Die Idee der Lebensphilosophie in der Theorie der Geisteswissenschaften [1924]«, in: Frithjof Rodi u. Hans-Ulrich Lessing (Hg.), Materialien zur Philosophie Wilhelm Diltheys, Frankfurt/M. 1984, 132-146, hier: insb. 139, 145.

129 G. Misch: *Vorbericht* [1923], XX.

130 Ebd., XXf.

immer ein Komplement, entweder in der Variante der »Epigonenspekulation« zur Erbauung des Gemüts oder in der Variante eines »Irrationalismus freier Lebensdeutung, von künstlerischen, ethischen, religiösen Genies getragen«.[131] Dilthey klagt dagegen die Notwendigkeit und Möglichkeit einer *wissenschaftlichen* Behandlung auch und gerade dieses Weltanschauungszuges der Philosophie ein, was hier zunächst meint, das Weltanschauungsmoment von Philosophie nicht einem privaten Glauben zu überlassen, sondern überindividuell wissenschaftlich wissbar zu machen – Gramscis kritisches Innewerden. Erst hierin liegt die eigentliche und spezifische Bedeutung der geisteswissenschaftlichen Grundlegung. Angezielt ist damit das Unterlaufen des Dualismus von strenger Erkenntnis und Gesinnung, von logos und ethos, von theoretischer und praktischer Vernunft, von Lebens*regelung* und Lebens*gestaltung*.[132] Und in diesem Sinne handelt es sich keinesfalls bloß um eine ›transzendentalphilosophische‹ Grundlegung der Geisteswissenschaften, »sondern eine Fortbildung der ganzen kantisch-kritischen Haltung steht in Frage: ›Selbstbesinnung‹ statt Erkenntnistheorie; Kritik der ›historischen‹ statt der reinen Vernunft – und zwar Umbildung von eben jener weltanschaulich entscheidenden Stelle aus, wo Kant die theoretische und die praktische Vernunft, die Gesetzlichkeit der Natur und die Verbindlichkeit im Reiche der Sitten geschieden hatte«.[133]

Dass Dilthey hier terminologisch von »Selbstbesinnung« spricht, reflektiert, dass eine solche ›Einverleibung‹[134] des Gegenstandes der Vernunft in die wissenschaftliche Behandlung nach Kant nicht mehr unkritisch erfolgen kann; auch sie muss hindurchgegangen sein durch die Kantsche Kopernikanische Wendung und durch den »reformatorischen« Zug der Verinnerlichung resp. der Grundlegung des Wissens im Gewissen. Insofern wird hier der von Kant begonnene »Kampf gegen die Metaphysik« fortgesetzt:[135] gegenüber »der Logik-Ontologie der antiken Vernunftwissenschaft«,[136] verstanden als »Anschauung des Kosmos

131 Ebd., XXI.

132 Vgl. ebd., XXXVIIIf.; Georg Misch: »Die Idee der Lebensphilosophie in der Theorie der Geisteswissenschaften [1924]«, in: Frithjof Rodi u. Hans-Ulrich Lessing (Hg.), Materialien zur Philosophie Wilhelm Diltheys, Frankfurt/M. 1984, 132-146, hier: 136; Georg Misch: Der Weg in die Philosophie. Eine philosophische Fibel, Leipzig, Berlin 1926, 115-117.

133 G. Misch: *Vorbericht* [1923], XXII; vgl. ebd., XXVIII.

134 Vgl. ebd., XXII.

135 Ebd., XXVIII.

136 Ebd., XXVIIIf.

als einer objektiven göttlichen Vernunftordnung«,[137] geht es darum, in Richtung der der Reformation eigenen inneren Verbindung von ethos und logos weiterzugehen.[138] Diltheysche »Selbstbesinnung« soll durch solche »Befreiung von der Logik-Metaphysik Raum schaffen für strenge Wissenschaft gerade an der zentralen Stelle der Metaphysik, wo der Übergang von der Erkenntnis der Wirklichkeit zur Aufstellung von Werten in Frage steht«.[139]

Eine *wissenschaftliche* Behandlung der ›Gesinnung‹ kann jedoch gerade nicht bei einem bloß privat verstandenen Gewissen ansetzen, welches lediglich in der Weise eines Appells ans innere Orakel offenbar werden könnte. Eine wissenschaftliche Klärung des ethos erfolgt über die gesellschaftlichen Manifestationen des »moralischen Bewusstseins« resp. über das »sittliche Gesamtgewissen«; Diltheys Zugang zum verinnerlichten Metaphysischen erfolgt wie bei Hegel über das »Reich der objektiven Sittlichkeit«, wo »sich das Moralische gegenständlich dar[bietet]«.[140] Hierin liegt der eigentliche Grund der Bezugnahme auf ›Geisteswissenschaften‹ bzw. hier klärt sich allererst die Bedeutung dessen, was ›Geist‹ dort meint: Dilthey verhandelt das Moralische nicht in direkter, sondern in indirekter Weise, nämlich als »in der Geschichte vorliegende[r] Inbegriff moralischer Zustände und der mit ihnen verbundenen Theorien«.[141] Die ›Privilegierung‹ des Geistes gegenüber der Natur im Diltheyschen Ansatz gründet somit darin, dass der Gegenstand der Philosophie nicht ›das Leben‹ als solches ist bzw. sein kann, sondern spezifische Gestaltungen und Deutungen dieses Lebens – Objektivationen des Geistes –, die »innerlich bezogen« sind auf diesen ihren Grund, nämlich ›das Leben‹: Gegenstand der Philosophie ist nicht ein pulsierendes, ein strömendes Leben, sondern ein »sich wissendes Leben«.[142]

Da diese Bezugnahme auf die Objektivität des Geistes bei Dilthey aber kein prinzipielles Argument in der Sache ist, sondern die faktische Notwendigkeit eines »Umweges« behauptet (s.o.), steht Diltheys Lösung der Aufgabe, »die zentrale Einheit von Theorie und Praxis neu [zu] erringen«,[143] noch unter dem Modell der unendlichen Annäherung (s.o., Kap. 4.1). Dass das Philosophieren Ausdruck eines ethos ist, wäre dann doch verstanden als ein faktisch nicht überwindbares Übel, als eine Störung einer ›eigentlich‹ ethos-neutralen Objektivität.

137 Ebd., XXVII.

138 Vgl. ebd., XXVIIIf.

139 Ebd., XXIX.

140 Vgl. ebd., XLVIf.; vgl. ebd., LXXXVff., XCII.

141 Dilthey, zit. n. ebd., XLVI.

142 Ebd., LII.

143 Ebd., XXVII.

Demgegenüber besagt die These der Verbindlichkeit eines ethos für das Philosophieren, dass man beim Philosophieren nicht nur faktisch, sondern von der Bedeutung dessen her, was Philosophie ist, ein ethos nicht nicht haben kann, und dass also eine ethos-neutrale Objektivität bezogen auf die uns allein gegebene menschliche Welt ein Unbegriff ist. Es ist gerade dies, was Misch, über Dilthey hinaus, behaupten will: Die, in marxistischer Terminologie, Parteilichkeit der Wahrheit selbst (was mehr und anderes ist als die Behauptung einer nötigen Parteinahme bei der Durchsetzung von Wahrheit).[144]

Zugleich ist es gerade diese Klarheit, von der Verbindlichkeit eines ethos auszugehen, die mit der transzendentalphilosophischen Tradition nur schwer in Einklang zu bringen ist. Für die Transzendentalphilosophie ist es nämlich geradezu definitiv, vermeintlich einen neutralen Ort *über* dem Kampfplatz der metaphysischen Streitigkeiten auszeichnen zu können. Traditionell ist dieser Ort die (transzendentale) Logik. Und auch Misch mutet seiner Logik gelegentlich diese Aufgabe zu, was jedoch und de facto dadurch konterkariert wird, dass er von einer *anthropologischen* Logik ausgehen muss, die in Bezug auf den Begriff des Mensch-seins nicht ethos-neutral sein kann. Bei ihm ist gleichsam unentschieden, ob er eine eigenbedeutsame Logik als Grunddisziplin der Philosophie kennt – als idealen Ort, jene menschenmögliche Festigkeit doch noch *über* dem Leben zu erreichen.

Dieser Spannungsbogen findet im Anschluss an Misch seinen Ausdruck in den Philosophien zwei verschiedener Personen, nämlich König und Plessner. König geht ganz explizit davon aus, dass die Logik »die Grunddisziplin der Philosophie ist«;[145] und damit reizt er die Strategie, einen neutralen Ort in und neben allen metaphysischen Streitigkeiten bestimmen zu wollen, in maximaler Konsequenz aus. Und das richtet sich durchaus auch gegen Misch, will König doch auch dort noch eine Art von »logischer Morphologie« betreiben, wo bei Misch der »lebensphilosophische Gesichtspunkt« so stark in den Vordergrund rückte.[146] Für König bleibt dann die »große, sehr große Frage« – die er zwar formuliert, aber der er sich m.W. nirgends stellt –, ob die Logik ethisch neutral

---

144 Vgl. V. Schürmann: *EnzPhil-Parteilichkeit.*

145 Josef König: »Über einen neuen ontologischen Beweis des Satzes von der Notwendigkeit alles Geschehens [1948]«, in: ders., Vorträge und Aufsätze, Freiburg, München 1978, 62-121, hier: 119.

146 J. König: *FS Misch* [1947/49], 141.

sein kann. Die von ihm »entwickelten Gedanken [sind] *nicht ohne Gefahr*. Mensch-sein eines Menschen.«[147]

Plessner dagegen geht davon aus – ohne überhaupt im engeren Sinne Logik zu betreiben –, dass jegliches Philosophieren eo ipso einen Begriff des Menschseins im Gebrauch hat, und von dem er explizit behauptet, dass ein solcher Begriff nicht ethos-neutral sein kann: »dass es keine indifferente Wesensbetrachtung des Menschen gibt, die sich nicht schon im Ansatz ihrer Frage für eine bestimmte Auffassung entschieden hätte«.[148]

4.2.6 Das Verhältnis von Logik, Ontologie und Ethik

Die Logik zur Grunddisziplin der Philosophie zu machen, hat nun sehr gute Gründe hinter sich. Was König, exemplarisch an den Konzepten von Heidegger und N. Hartmann, aufzeigt, ist, dass ein ontologisches Argument dort einspringt, wo auch noch ein logisches gegeben werden könnte. Der Verweis auf eine ontologische Grundstruktur schützt sich vor nochmaligem Nachfragen. Ein solcher Verweis kann sich nicht mehr als Auslegung auslegen, »und wir wären in der Tat darauf angewiesen, dass sie [die Rechenschaft einer gewissen Differenz] uns eine *Ontologie* entdeckt und zum Geschenk macht, ohne dass es möglich wäre, dieser Gabe, als eben einer ontologischen, gleichsam recht ins Maul zu sehen«.[149] Metaphysische Ismen aller Art sind ihm, König, ausgesprochen zuwider; ihm dient die Logik dazu, dass die Metaphysik nicht zu früh und durch die falsche Tür ins Spiel kommt.[150] Aber er sagt nirgends, wo sie denn dann zur Tür hereinkommt.

Bleibt der Verweis auf die Logik das letzte Wort, genau dann ist das Konzept einer *neutralen* Logik unterstellt. Geht man dagegen davon aus, dass *jede* Logik ontologische Minimalannahmen machen muss, dann mag die Logik in irgendeinem, dann noch zu bestimmenden, Sinne Grunddisziplin der Philosophie sein, aber sie kann dann nicht rein in sich selbst gründen. Das Verhältnis von Logik und Ontologie ist dann vielmehr auf die lange Reise eines wechselseitigen Begründungsverhältnisses geschickt.

147 Josef König: Der logische Unterschied theoretischer und praktischer Sätze und seine philosophische Bedeutung [1953ff.], hrsg. v. Friedrich Kümmel, Freiburg, München 1994, 190.

148 H. Plessner: *Macht* [1931], 221.

149 J. König: *FS Misch* [1947/49], 140.

150 J. König: *Logische Unterschied* [1953ff.], 516.

Was König aus Achtung vor seinem Lehrer nur sehr vorsichtig sagt, ist, dass sich das Konzept der Logik *als Grunddisziplin* der Philosophie auch noch gegen Mischs Konzept von Lebensphilosophie richtet. Es ist jenes oben herausgestellte Schwanken bei Misch, das König gerne unterbinden möchte. Bei Misch (und auch noch bei König 1926) gibt es eine Tendenz dazu, Unterschiede innerhalb der Welt der Gegenstände zu kennen, um aus diesem Wissen zu schließen, dass man bei bestimmten Gegenständen adäquaterweise diskursiv sprechen muss, bei anderen Gegenständen aber adäquaterweise evozierend. Eine solche Tendenz, um Unterschiede von Gegenstandstypen bereits zu wissen, um dann sagen zu können, wie man darüber sprechen muss – in diesem Sinne: *Ontologie* als Grunddisziplin der Philosophie –, ist das direkt gegenteilige Konzept zum späteren König. Dort ist es ein formaler Unterschied im Sprechen, vermittels dessen eine metaphysisch-hermeneutische Gestaltung allererst entspringt. Als *transzendentale*, und nicht formalistische, Logik, ist eine Logik *als Grunddisziplin* innerlich bezogen auf eine Ontologie. Aber weil und insofern bei metaphysisch-unergründlichem Sinn keine ›Gegenstände‹ *vor*-geben sind, sondern allererst im spekulativen Sprechen als spekulative Gestaltungen entspringen, ist eben (für König) *die Logik* Grunddisziplin der Philosophie: »Die Logik unterscheidet nicht einfach nur zwischen sich selber und einer – möglichen – Ontologie, sondern *ist das sich und die Ontologie Unterscheidende.*«[151]

Selbst wenn man diese Königsche Position teilt, so ist sie sicher nicht die einzig mögliche. Im Gegenteil. Es scheint mir vielmehr klar, dass man mit gleich guten Gründen der anderen Tendenz folgen kann, und annehmen kann, dass die Ontologie das sich und die Logik Unterscheidende ist. Dazu muss man lediglich betonen, dass das spekulative Sprechen, bei Strafe einer formalistischen Konzeption, den spekulativen Gestaltungen nicht *vor*-geordnet ist. Es bedarf eines äußeren Arguments, um sich hier (zwischen Logik und Ontologie als Grunddisziplin) zu entscheiden – will man nicht einer *neutralen* Logik (bzw. einer formalistischen Logik bzw. einer logikfreien Ontologie) das Wort reden, und all das wäre bereits ein äußeres Argument.

Um an die obige Zwischendiskussion anzuknüpfen: Dilthey mag gute Gründe und einige Erfahrungen ins Feld führen, dem Satz von der Intellektualität der Wahrnehmung zu folgen. Aber dass dieser Satz *bewiesen* sei, ist selbstredend nur eine von mehreren möglichen intellektuellen Ordnungen von Erfahrungen. Dass Erfahrungen nur intellektuell geordnet *gegeben* sind, beweist nicht, dass sie selbst intellektuell geordnet sind. Insbesondere wird dadurch nicht die kantische

151 J. König: *Ontologischer Beweis* [1948], 119.

Option widerlegt, Erfahrungsdaten als logisch nachträglich durch unsere Anschauungsformen geordnet aufzufassen.

Königs veröffentlichte Schriften lassen wesentlich die Möglichkeit zu, seine Rede von der Logik als Grunddisziplin als Votum für eine *neutrale* Logik zu interpretieren. Das ist nun insofern sehr erstaunlich, weil er damit die entscheidende Einsicht bzw. das zentrale Anliegen der Dilthey-Interpretation von Misch durch Nicht-Thematisierung straft, nämlich die Überwindung des Kantschen Dualismus von theoretischer und praktischer Vernunft. Genau an dieser Stelle ist Plessner der Konzeption von Misch entschieden näher: Einen Begriff des Mensch-seins zu setzen, ist Ausdruck eines ethos. Es ist ein politischer Akt, diesen und nicht jenen Begriff des Mensch-seins zu setzen (das Politische liegt *nicht* allein darin, einem gesetzten Begriff des Mensch-seins zur gesellschaftlichen Wirklichkeit zu verhelfen), und damit steigt Plessner aus der unendlichen Geschichte des Wechselverweises von Logik und Ontologie aus. Der Verweis auf die Unergründlichkeit des Menschen zeichnet keine gegebene und als solche zugängliche *ontologische* Struktur aus, sondern die Nicht-Neutralität einer Onto-Logik liegt in der Verbindlichkeit eines ethos. Das Verhältnis von Logik und Ontologie als solches ist das einer Isosthenie: Es ist *unentscheidbar*, ob *Exzentrizität* resp. *Unergründlichkeit* das Prinzip der Ansprechbarkeit des Menschen als Menschen ist oder aber das Prinzip des Mensch-seins.[152]

Anhand des Dreigestirns Misch, König, Plessner kann man lernen, dass es nicht hinreicht, zum Verständnis von Lebenslogik als einer transzendentalen Logik nur das Verhältnis von Logik und Ontologie zu thematisieren, sondern dass eine Lebenslogik Ausdruck einer Dreiheit von Sein, logos und ethos ist. Dabei gebrauche ich »ethos« hier ausschließlich im Sinne einer Variablen zu Bezeichnung des fraglichen systematischen Orts. Es ist dann ein Folgeproblem, ob diese Variable durch eine Ethik, eine Rechtsphilosophie oder durch eine politische Philosophie zu konkretisieren ist oder gar durch eine Moral oder durch Politik.

152 Vgl. H. Plessner: *Macht* [1931].

4.3 KÖNIG: VERMITTELTE UNMITTELBARKEIT ALS SELBST-VERMITTLUNG

Auf die Gefahr, dass die Wiederholung solcher Hinweise überflüssig sein mag: Das Folgende ist keine Einführung in *die* Philosophie von Josef König. Das gilt hier schon alleine wegen des (unzureichenden) Forschungsstandes und wegen der Unklarheiten, die sich aus Königs Sprachgebrauch ergeben, der in den Jahren wechselt und offen lässt, wie sich sachliche Verschiebungen und Gleichbleibendes darin niederschlagen.[153]

Königs Unterscheidung, die die hier vorgelegte leitende Unterscheidung von intuitivem und nicht-intuitivem Wissen einkreist, ist in *Sein und Denken* die von determinierenden und modifizierenden Prädikationen.[154] Diese Unterscheidung kommt *in etwa* mit der von Misch gebrauchten Unterscheidung von rein diskursivem und evozierendem Sprechen überein; dennoch handelt es sich um mehr als einen bloßen Namensunterschied, insofern sich dort in unterschiedlicher Terminologie jene im vorigen Kapitel diskutierten unterschiedlichen Akzentsetzungen niederschlagen.

Zentrale Anliegen von Misch reproduzieren sich bei König. Dass *evozierendes Sprechen* zwar der Gegenbegriff zum *rein diskursiven Sprechen* ist, gleichwohl aber nicht nicht-diskursiv, reproduziert sich bei König insofern, als auch modifizierende Prädikate determinierend sind, wenn auch in anderer Weise. Und dass die letztlich leitende Hinsicht der Unterscheidung die des Wie des Sagens ist, ist bei König beinahe noch deutlicher als bei Misch. Gleich zu Beginn stellt er nämlich den Zusammenhang von »modifizierend« zum Problemfeld des Modus ganz explizit her. Vereindeutigt hat sich zudem der Grundsatz, dass die Gegenständlichkeit im evozierenden Sprechen resp. in modifizierenden Prädikationen allererst entspringt. Die Subjekte modifizierender Prädikationen sind so genannte hinterhergesetzte Subjekte – im Unterschied zu vorausgesetzten, bei denen bereits klar ist, was sie sind und bedeuten, wenn man dann, *auch noch*, das determinierende Prädikat von ihnen aussagt. Nicht zuletzt hält König entschieden an Mischs Prinzip der Verbindlichkeit des Unergründlichen fest. Durch die Unterscheidung von *Prädikationen* betont er noch entschiedener als schon

153 Zur ausführlicheren Einführung vgl. V. Schürmann: *Hermeneutisches Sprechen*, insb. Kap. 0.1 und 1; ausführlicher zu dem nun folgenden ebd., Kap. 2-4.

154 In *Der Begriff der Intuition* steht diese Terminologie noch nicht zur Verfügung; in dem Aufsatz *Natur der ästhetischen Wirkung* wird sie nicht gebraucht, und in dem Beitrag für die (nicht erschienene) Misch-Festschrift bzw. in den Vorlesungen über *Theoretische und praktische Sätze* ist sie vermutlich systematisch verrückt.

Misch, dass festgestellter und unergründlicher Sinn sich nicht auf zwei Sorten von Sätzen – zum Beispiel: Aussagesätze und Metaphoriken – verteilen lassen, sondern dass ausgedrückter Sinn grundsätzlich ein *Verhältnis* von Festgestelltheit und Unergründlichkeit dieses Sinns ist.

Das Anliegen ist im Folgenden die Darstellung einer bestimmten systematischen Zuspitzung der Struktur der vermittelten Unmittelbarkeit, wie sie von König her zu gewinnen ist. Als Leitfrage könnte man formulieren, warum denn die Diltheysche Traditionslinie der Lebensphilosophie (implizit oder explizit) an einem Konzept von Unmittelbarkeit festhält. Gerade dann, wenn man *Unmittelbarkeit* nicht als (ausschließenden) Gegensatz zur Vermitteltheit begreifen will – also gerade dann, wenn man sich gegen den »romantischen Zug« jener Lebensphilosophien im melancholischen Ton richtet –, liegt doch nahe, auf ein Konzept von Unmittelbarkeit gänzlich zu verzichten. Prototypisch für eine solche Konsequenz aus der Kritik an reiner Unmittelbarkeit steht die Philosophie von Ernst Cassirer, der *jegliches* Erkennen als ein *vermitteltes* Erkennen gilt, und die nichts Gegebenes, sondern nur noch Aufgegebenes kennt.[155] Warum also noch ein Konzept vermittelter *Unmittelbarkeit* bei Dilthey, Misch und König?

Nun könnte man darauf etwas spitz antworten: Weil es sonst eben nicht mehr Lebensphilosophie wäre.[156] Aber das ist selbstverständlich keine befriedigende Antwort, weil man ja wissen wollte, warum denn dann noch Lebensphilosophie, wenn man schon kein Konzept *reiner Unmittelbarkeit* möchte.

Ein Beispiel der Relevanz, an einem Konzept von vermittelter *Unmittelbarkeit* festzuhalten, ist der Vergleich der Anthropologien von Plessner und Gehlen. Sie besagen etwas grundsätzlich anderes, auch dann, wenn man das Gehlensche Konzept des Menschen als Mängelwesen und das Plessnersche Konzept der natürlichen Künstlichkeit *beinahe* mit denselben Worten erläutern muss. In Bezug auf beide kann man durchaus formulieren, dass der Mensch je als von Natur aus künstlich gilt. Aber diese Rede ebnet den systematischen Unterschied beider Konzepte ein. Bei Gehlen ist die Künstlichkeit eine *Option*, die zwar de facto und ›normalerweise‹ von Menschen praktiziert wird, die aber, rein logisch, ergriffen werden kann oder auch nicht; Künstlichkeit ist eine erst noch zu voll-

155 Cassirer behält allerdings ein ›Rest‹problem zurück und kennt dann doch wider Willen einen Punkt von Unmittelbarkeit; vgl. C. Möckel: *Urphänomen;* s. auch Kap. 1.2.

156 Schon deshalb finde ich den Versuch von Orth, die Philosophie Cassirers als Lebensphilosophie zu präsentieren, nicht überzeugend. (Ernst Wolfgang Orth: »Cassirers Philosophie der Lebensordnungen«, in: Ernst Cassirer, Geist und Leben. Schriften zu den Lebensordnungen von Natur und Kunst, Geschichte und Sprache, hrsg. v. Ernst Wolfgang Orth, Leipzig 1993)

bringende Leistung (eines zunächst im Prinzip rein natürlich zu beschreibenden Menschen). Bei Plessner dagegen *ist* Künstlichkeit die Natur des Menschen: qua Mensch-sein kann er nicht nicht künstlich sein.[157]

Ein anderes Beispiel jener Relevanz – und das soll im Folgenden gezeigt werden – ist die Metaphernkonzeption von König.

Dabei geht es jedoch nicht um Königs expliziten Beitrag zu einer Metapherntheorie, also nicht darum, was er *über* Metaphern und deren Verwendung sagt. Das wäre ein eigenes und sicher lohnendes Thema.[158] Im Folgenden geht es demgegenüber um den Gebrauch von Metaphern in den Texten von König. Thema ist also, dass König ganz bestimmte Metaphern gebraucht – vornehmlich die Metaphern des Spiegels, des Weckens, des Resonierens und die Lichtmetaphorik –, und dass er dies in sehr strenger und reflektierter Weise tut. Jedoch sagt er beinahe nichts dazu, warum er das tut bzw. tun kann, und er sagt auch nichts dazu, welchen Status diese Metaphern haben. Thema ist insofern, welchen Stellenwert der Gebrauch dieser Metaphern in und für die Königsche Konzeption hat: Wofür steht, dass König diese Metaphern gebraucht? Könnte er nicht auch auf sie verzichten?

157 Ausführlicher zu diesem Beispiel vgl. Volker Schürmann: »Kultur als Mittel oder Medium. Zur systematischen Differenz der Modelle ›Gehlen‹ und ›Plessner‹«, in: Barbara Ränsch-Trill (Hg.), Natürlichkeit und Künstlichkeit. Philosophische Diskussionsgrundlagen zum Problem der Körper-Inszenierung, Hamburg 2000, 57-66.

158 Z.B. könnte Blumenbergs Unterscheidung von absoluten und kontingenten Metaphern gewinnbringend mit Königs Ansatz verglichen werden. Dass König überhaupt einen Beitrag zur Metapherntheorie geleistet hat (vgl. J. König: *SuD* [1937], pass.; Josef König: »Bemerkungen zur Metapher [1937]«, in: ders., Kleine Schriften, Freiburg 1994, 156-176; J. König: *Ästhetische Wirkung* [1957], 259f., 321ff.; Josef König: *Logische Unterschied* [1953ff.], 292ff.), ist bis heute in der Regel gar nicht gemerkt, geschweige gewürdigt worden. Ausnahme von dieser Regel ist H.H. Holz; vgl. Hans H. Holz: »Das Wesen metaphorischen Sprechens«, in: Rugard Otto Gropp (Hg.), Festschrift Ernst Bloch zum 70. Geburtstag, Berlin 1955, 101-120; Hans H. Holz: »Metapher«, in: Europäische Enzyklopädie zu Philosophie und Wissenschaften, hrsg. v. Hans Jörg Sandkühler, Hamburg 1990, Bd. 3, 378-383, sowie im Anschluss daran Jörg Zimmer: Metapher, Bielefeld 1999.

4.3.1 Determinierende und modifizierende Prädikationen

Zunächst einige Paare von Beispielen für den Unterschied von determinierenden und modifizierenden Prädikationen bzw. von voraus- und hinterhergesetzten Subjekten. Es geht je um den Vergleich der beiden Sätze:

1.1.: Die Rose ist rot.
1.2.: Das Gerichtsurteil ist gerecht.
Wer Satz 1.1. sagt, der weiß bereits, was eine Rose ist. Was Rose-sein bedeutet, steht schon fest, wenn man von einer bestimmten Rose ihr Rotsein aussagt. In sehr vielen Situationen ist die Äußerung von Satz 1.2. von der gleichen Art. Wir wissen dann schon, was ein Gerichtsurteil ist und wir verfügen über ein moralisches oder juridisches Gerechtigkeitsempfinden, um gerechte Urteile von ungerechten zu unterscheiden. Aber es gibt Situationen, in denen die Äußerung des gleichen Wortlautes auf eine Doppeldeutigkeit von *gerecht* aufmerksam macht. Gemeint ist dann gar nicht eine Unterscheidung von ›mehr-oder-weniger-gerecht‹, sondern gemeint ist etwa, dass es sich überhaupt um ein (gültiges) Gerichtsurteil, und nicht etwa um einen Justizskandal handelt. *Gerecht* bezeichnet dann nicht einen von zwei möglichen Modi von Gerichtsurteilen, sondern so etwas wie *gerechtigkeitsdefinit*: Was ein Gerichtsurteil (im Unterschied zu Justizskandalen) ist und bedeutet, ist es, auf Gerechtigkeit hin befragbar zu sein. In einem Justizskandal ist das Maß möglicher gradueller Unterschiede überschritten, und insofern liegt gar kein Urteil vor. Das Gerichtsurteil-sein wird hier somit durch das Prädikat *gerecht* mit festgelegt. Das ist ganz analog zu der Situation, in der der Satz ›Das Urteil ist wahr‹ meint, dass es *Urteile* sind, und nicht z.B. Wunschsätze, die auf wahr/falsch befragbar sind.

2.1.: Das Zimmer ist leer.
2.2.: Das Zimmer ist leer-wirkend.
Satz 2.1. sagt einfach aus, das sich nichts in dem entsprechenden Zimmer vorfindet. Das Zimmer ist ein Zimmer – d.h. hier: ein Raum des Hauses oder der Wohnung – ganz unabhängig davon, ob es leer steht oder nicht. Demgegenüber ist in Satz 2.2. das Zimmer *als Wohnstätte* gemeint, also als ein Raum, der uns *irgend*wie anmutet, in dem wir uns vorzugsweise wohl fühlen oder auch nicht. Das Zimmer als Wohnstätte gibt es für uns, im Unterschied zum Zimmer als bloßen Raum eines Hauses, überhaupt nur im Eindruck eines solchen *irgendwie* beschaffenen Anmutens – also *beispielsweise* durch die Prädikation *ist leer-wirkend.*

3.1.: Die Landschaft wirkt erhebend.
3.2.: Die Landschaft wirkt erhaben.
Satz 3.1. besagt, dass jene Landschaft einen Betrachter in eine bestimmte Gemütslage versetzt. Falls man Satz 3.2. als einen Satz im Rahmen einer Ästhetik nimmt *und* nach dem Muster des Satzes 3.1. interpretiert, dann kommt man zu einer Rezeptionsästhetik. Falls man aber Satz 3.2. als eine modifizierende Prädikation liest, dann kommt man zu einer Ästhetik im Sinne Königs, in der das so-Wirken die Charakteristik einer so-wirkenden Landschaft ausmacht.

Der konzeptionelle Unterschied liegt darin, dass es möglich ist, einen Gemütszustand zu beschreiben, ohne ihn *als bewirkt* durch X (beispielsweise jene Landschaft) zu beschreiben. Falls ich also überhaupt diesen Gemütszustand beschreibe, dann ist es nicht zwingend, ihn als verursacht oder bewirkt zu beschreiben. Das ist ganz analog dazu, dass ich eine Wunde beschreiben kann, aber dass ich sie dazu nicht als Folge einer Verletzung beschreiben muss. Das ist schon deshalb so, weil manche Wunden gar nicht Folgen *von Verletzungen* sind (gleichwohl aber natürlich als Wunden beschreibbar sind). Z.B. würde man die Wundmale, die sich an den Unterarmen von Old Shatterhand und Winnetou finden, nicht als Folgen einer Verletzung beschreiben, denn Blutsbrüderschaft zu schließen, ist kein Akt der (Selbst-)Verletzung. Der Gemütszustand des Erhobenen, eine Wunde und vieles mehr mögen durchaus bewirkt sein, aber sie sind nicht, was sie sind, *als Wirkungen*. Demgegenüber ist das erhaben-Wirken der Landschaft im Rahmen der Königschen Ästhetik von seinem Seins-Status her ein Wirken – d.h. es ist das, was es ist, nur als Wirken.

In modifizierenden Prädikationen steht das Was-sein des Inhalts des Subjekts also nicht bereits fest, sondern wird in der Prädikation erst festgelegt. Insofern ist das hinterhergesetzte Satzsubjekt (etwa im Beispiel 2.2.) nicht das Zimmer, sondern das leer-Wirken des Zimmers.[159] Sprachlich entsteht daher bei hinterhergesetzten Subjekten ein Schein von Tautologie, denn der korrekt formulierte Satz muss nun lauten: ›Das leer-Wirken des Zimmers ist leer-wirkend‹.[160]

159 Ich übernehme diese Schreibweise – klein geschriebenes »so«, »leer«, »erhaben« etc. in »x-Wirken« – von König. Sie indiziert dort eine spezifische Auffassung zum Problemkreis des Modus; vgl. V. Schürmann: *Hermeneutisches Sprechen*, 69-75.

160 In diesem Beispiel gibt es einen anschaulichen Gehalt, der die Deckung des hinterhergesetzten Subjekts mit einem beiherspielenden vorausgesetzten vermittelt; scheinbar reden wir ja über jenen sinnlich gegebenen Raum einer Wohnung (und nicht über dessen Wirkung). Für die allgemeine Struktur modifizierender Prädikationen ist eine solche Deckung mit einem anschaulichen Gehalt nicht zwingend.

So schwierig diese Unterscheidung auch sein mag, so viel oder wenig sie sachlich überzeugend sein mag und so viel dazu noch zu sagen wäre, um sie überzeugender zu machen, so geht es für den weiteren Gang der Argumentation darum, diesen Königschen Ausgangspunkt einfach mal mitzumachen. Es geht nicht darum zu überzeugen, *dass* man König folgen sollte, sondern darum, dass und wie man auf das Problem bestimmter Metaphern stößt, *falls* man König folgt.

4.3.2 Die Struktur der mittleren Eigentlichkeit

In modifizierenden Prädikationen, also etwa in ›Das leer-Wirken des Zimmers ist leer-wirkend‹ – entsteht ein Schein von Tautologie, aber auch nur ein Schein. Dasselbe so-Sein spielt zwei verschiedene logische Rollen, denn es ist einmal in der Rolle des hinterhergesetzten Subjekts, und zum anderen in der Rolle des modifizierenden Beschaffenseins. Traditionell gesprochen ist dies der Unterschied von Essenz und Modus. Die Pointe ist allerdings, dass es in modifizierenden Prädikationen zu einer Koinzidenz von Essenz und Modus kommt: Die Sache entspringt allererst im Zusammenkommen von Subjekt und ausgesagtem Beschaffensein. Aber auch diese Koinzidenz beseitigt nicht die Unterschiedenheit, und auch nicht die Asymmetrie von Essenz und Modus; auch modifizierendes Beschaffensein kommt zu einem Subjekt hinzu, sonst wäre es nicht das Beschaffensein einer Sache. Freilich soll es nicht so sein, dass es dieses Subjekt bereits gibt, und dann, *auch noch*, eine Bestimmung hinzutritt (wie beim Rotsein der Rose). Das Verhältnis von Essenz und Modus in modifizierenden Prädikationen ist also das eines nicht-äußerlichen Hinzukommens. Das Hinzukommen des Beschaffenseins zur Sache gründet in der Asymmetrie von Essenz und Modus; die nicht-Äußerlichkeit des Hinzukommens gründet in deren Koinzidenz.

Das eigentlich Entscheidende und der springende Punkt liegt nun darin, dass König diese Struktur der Koinzidenz von so-Wirken und so-beschaffen-wirken als ein logisch Mittleres fasst. D.h.: König gibt zwei Vergleichsfälle an und sagt, dass die fragliche Struktur logisch genau in der Mitte angesiedelt sei zwischen diesen Vergleichsfällen.

»Die Wirkung des Seienden, von der gehandelt werden soll, ist die, dass es einen *bestimmten Eindruck* auf uns macht. Der Ausdruck *bestimmter Eindruck* ist nun aber mehrdeutig. [...] Es besteht nun eine singuläre Art von *Äquivalenz* zwischen einem solchen bestimmten Eindruck und dem entsprechenden Eindruck von einem Bestimmten. [...] *Was* damit und *dass* überhaupt damit etwas getroffen ist, dessen versichern wir uns noch entschiedener dadurch, dass wir die singuläre Sachlage von zwei anderen abheben, in deren Mitte sie gleichsam steht. Weder nämlich ist jeder beliebige Eindruck ein bestimmter in *dem* Sinn, dass auch nur entfernt die Auffassung nahe läge, die fragliche Bestimmtheit sei sein Attribut oder seine Eigenschaft; noch ist jeder nun in der Tat echt qualifizierte Eindruck als und nur als Eindruck von eben dieser Qualität eines so qualifizierten Eindrucks. Unter das Erste fallen alle solche Wendungen wie z.B.: *ich hatte den Eindruck, als stehe dort ein Mensch* [...]. Zweifelsohne ist auch dieser Eindruck ein bestimmter, insofern nämlich als er Eindruck ist *davon*, d.h. von dem Angegebenen. *Lediglich* jedoch *insofern* ist er ein bestimmter; und niemand wird auch nur in Versuchung geraten, diese Bestimmtheit zu seinem Attribut zu machen. Zweitens aber gibt es nun in der Tat echt qualifizierte Eindrücke und also auch Eigenschaften von Eindrücken, die *rein*, d.h. ohne jede Bedingung oder Einschränkung, Eigenschaften sind. Wir sprechen z.B. sinnvoll von *deutlichen, klaren, tiefen, nachhaltigen, flüchtigen Eindrücken*. Die Nachhaltigkeit oder Deutlichkeit sind *rein* Eigenschaften oder determinierende Prädikate solcher Eindrücke, d.h. sie sind nicht deren Eigenschaften nur insofern, als diese zugleich auch Eindrücke *von* Nachhaltigkeit oder *von* Deutlichkeit wären. Durchaus nicht vielmehr ist z.B. ein nachhaltiger, lange nachwirkender, Eindruck so etwas wie ein Eindruck von Nachhaltigkeit. Freilich sind hier mögliche Zweideutigkeiten wohl zu beachten. Z.B. mit *klarer Eindruck* kann gemeint sein: 1. ein klarer Eindruck von irgend etwas, beliebig was; *klar* ist dann *rein* Eigenschaft des Eindrucks; 2. jener klare Eindruck, der äquivalent ist mit einem Eindruck von Klarheit; Schriftzüge z.B. können *klar wirken* oder *anmuten*; und *klar* ist dann *nicht rein* Eigenschaft des Eindrucks. Bei anderen Eindrücken ist die entsprechende Zweideutigkeit ausgeschlossen. *Erhaben* z.B. ist niemals *rein* Attribut eines erhabenen Eindrucks. Die Sachlage, auf die hier der Ausdruck Äquivalenz abzielt, scheint einzigartig oder sui generis zu sein. Wahrscheinlich ist sie es sogar in einem strengen, unemphatischen Sinn.«[161]

König kann und will dann sagen: Der Eindruck eines so-Wirkenden ist »in mittlerer Eigentlichkeit« ein bestimmter Eindruck – weder ist die Bestimmtheit dieses Eindrucks rein eigentlich ein Attribut noch rein uneigentlich kein Attribut eines solchen Eindrucks.

Was tut König da? Belauscht er einen waltenden Sprachgeist? Die Rede von *vermittelter Unmittelbarkeit* mutet wie ein logischer Unsinn an. Hilft es, wenn man zur Erläuterung Konzepte anruft, die offenbar das eine Rätsel mit dem nächsten erläutern wollen? Was *mittlere Eigentlichkeit* sein soll, ist nicht nur nicht klarer als das, was *vermittelte Unmittelbarkeit* sein soll, sondern hinzu kommt, dass dabei der sowieso schon befremdliche Jargon von »Eigentlichkeit« noch einmal antik-tugendethisch getoppt wird. Kann das anderes sein als antiquierter Nonsens? Die Tugend der Trunkenheit ist ja bekanntlich auch ein Mitt-

161 J. König: *SuD* [1937], 8-10.

leres zwischen der Nüchternheit und dem Delirium. Immerhin aber, und dies fordert zu genauerer Lektüre auf, kommt »Logik« bei Misch und König von *logos* her, und insofern postuliert König ein logisch Mittleres »zwischen zwei anderen ähnlichen Reden«. Insofern geht hier entschieden ein bestimmtes Verständnis von rhetorischer Sprachphilosophie ein. Wir *reden* von Tapferkeit als einer gewissen Sorte von Mut, aber wir meinen mit dem Mut *der Tapferkeit* weder Übermut noch Kleinmut. So zu reden, ist nicht von vornherein antiquiert, oder!? Und, vor allem: Können wir anders sagen, was wir mit dem *Mut der Tapferkeit* meinen? Also ohne zu sagen, dass diese Sorte von Mut ein logisch Mittleres ist von Übermut und Kleinmut?

Jenes Konzept von *mittlerer Eigentlichkeit* ist die, vielleicht nicht alles, aber wahrscheinlich sehr vieles, entscheidende Operation bei König. Er kann sowohl das, was Koinzidenz der Sache nach ist, als auch die These, dass Koinzidieren ein Eigenes ist im Unterschied zum Subsumieren und zum Schauen, überhaupt nur vermittels dieses Konzepts von mittlerer Eigentlichkeit sagen und begründen. Und, um es zuzuspitzen: *mittlere Eigentlichkeit* ist selber ein logisch Mittleres zwischen reiner Eigentlichkeit und reiner Uneigentlichkeit. Die Grundoperation ist jeweils die, dass die fragliche Sache definiert ist durch die Abgrenzung gegenüber zwei Vergleichsfällen – also diese Sache ist nur, was sie ist, in und durch diese Abgrenzung. Solche Abgrenzung ist nicht etwas, was man z.B. aus didaktischen Erwägungen auch noch tun kann, nachdem man die Sache als solche bereits erfasst hat. Aber diese fragliche Sache ist tatsächlich eine eigenbedeutsame, positive Struktur, und das meint hier: Es ist nicht zu fassen als ein Zugleich jener beiden Abgrenzungsfälle, also weder als ein einerseits/andererseits noch als ein sowohl als auch. Oder noch allgemeiner und formaler: Ein logisch Mittleres in diesem Sinne ist ein Drittes und *nicht Resultat* einer irgendwie gearteten Kombination jener abgrenzenden Fälle. In Königs Terminologie: Ein logisch Mittleres »erinnert« an die beiden abgrenzenden Vergleichsfälle.

Ein anderes Beispiel: Das Spiegeln ist ein Darstellen in mittlerer Eigentlichkeit. Was ist ein Darstellen in reiner Eigentlichkeit? Wenn man z.B. den Fall annimmt, dass ein Maler ein Portrait malt, dann kann man sagen, dass der Maler den Portraitierten darstellt. Dieses Darstellen ist ein rein eigentliches. Zu einem rein eigentlichen Darstellen gehört ein Wesen aus Fleisch und Blut, das da etwas tut. Wenn man demgegenüber sagt, dass das Portrait oder auch eine Photographie den Portraitierten darstellt, ist das ein Darstellen in reiner Uneigentlichkeit, denn selbstverständlich *tut* das Portrait oder die Photographie nichts. Falls man nun das Spiegeln als ein Darstellen des Bespiegelten nimmt, dann ist zunächst klar, dass der Spiegel nicht rein eigentlich darstellt, denn er ist ja, ähnlich wie das Bild oder die Photographie, nicht Täter solchen Darstellens. Aber es wäre auch nicht richtig zu sagen, dass es rein uneigentlich ein Darstellen ist, denn beim Spiegeln fehlt das Analogon zum Maler oder Photographen: Bei rein uneigentlichem Darstellen gab es immerhin einen Täter, der etwas getan hat, wobei das Produkt dieses Tuns eben rein uneigentlich etwas darstellt. Beim Spiegeln fehlt ein solcher »Spiegeler«.

Diese Gedankenfigur des logisch Mittleren oder der mittleren Eigentlichkeit ist so etwas wie der tragende Grund der Königschen Philosophie. Das Problem ist dann klar, und König sagt es in einer seiner Hegel-Vorlesungen auch explizit: Die Annahme eines solchen Dritten ist zunächst nichts weiter als eine gedankliche Forderung. Man solle sich sozusagen diese Phänomene so denken. Was garantiert dann aber, dass diese Forderung auch erfüllbar ist und nicht bloßer Gedanke, also Wunschgedanke bleibt? Um es ganz deutlich zu sagen: Die Struktur der mittleren Eigentlichkeit ist (bei bisherigem Stand) das *Problem*, und nicht etwa die Antwort auf ein Problem.[162]

4.3.3 Prototypen als Fälle von Selbst-Vermittlung

An diesem systematischen Ort nun kennt König Ausdrücke, von denen er meint zeigen zu können, dass sie nicht nur vermittels einer bestimmten problematischen Struktur verstanden werden *können*, sondern dass wir sie überhaupt nur deshalb verstehen, weil wir sie vermittels dieser Struktur verstehen. Solche Ausdrücke sind dann »mehr als bloß« Beispiele für diese Struktur: sie realisieren diese Struktur. Ich möchte hier von *Prototypen* sprechen.

Um es noch einmal in Abgrenzung deutlicher zu machen, was hier unter *Prototyp* zu verstehen ist: In seinem Aufsatz zur ästhetischen Wirkung sagt König

162 Es lohnt, sich diesen Sachverhalt sehr klar zu machen. Der erste Eindruck ist ja vielleicht der, sich zu wundern, was man denn jetzt noch sagen kann oder soll diesseits dessen, dass ein logisch Mittleres die logische Mitte von zwei Abgrenzungsfällen ist. Aber es ist eben noch unklar, *dass* dort in der Mitte überhaupt *etwas* ist. *Falls* dort etwas ist, dann ist es ein logisch Mittleres. Aber ist dort etwas? – Ein analoges Problem ist aus und in der Tradition der dialektischen Philosophie bekannt. Es ist ja nicht sonderlich klar, was eine *Einheit von Widersprüchen* oder eine *Identität von Identität und Nicht-Identität* ist oder sein soll. Und der schlechte Leumund der Dialektik bei Nicht-Dialektikern rührt sicher *auch* daher, dass viele Möchte-gern-Dialektiker immer dann, wenn es schwierig oder spannend wird, sagen, dass es sich eben um ein dialektisches Verhältnis handelt. Auch das ist keine Erklärung, sondern das *Problem*: Was soll denn das sein? Manche Dialektiker beharren dann auch auf der Umkehrung jenes so suggestiven Schachzugs: Nicht alles, was man nicht versteht, ist bereits Dialektik.

explizit, dass man eine Voraussetzung machen und mitmachen muss, um sagen zu können, dass eine ästhetische Wirkung von der Struktur ist, die König dann im Folgenden herausstellt (welche Struktur das ist, ist jetzt nicht wichtig; im wesentlichen die der hinterhergesetzten Subjekte). Für das Argument wichtig ist diese Voraussetzung: Dass man zugestehen muss, dass es sinnvoll möglich ist anzunehmen, dass der Dichter rein und genau spricht; oder äquivalent dazu: Dass man auch in Bezug auf Dichtungen einen Begriff von logischer Wahrheit in Anschlag bringen kann. Das bedeutet, dass der Aufweis jener Struktur einer ästhetischen Wirkung abhängig ist von einer gedanklichen Forderung. Die Analyse der ästhetischen Wirkung kann nicht zugleich begründen, dass diese Forderung (in Bezug auf Dichtungen einen Begriff von Wahrheit zugrunde zu legen) realisiert ist; diese gedankliche Forderung ist so etwas wie der blinde Fleck jener Analyse. Der zentrale Punkt in Bezug auf dieses abgrenzende Beispiel ist der logische Status jener Voraussetzung, dass die Analyse der Struktur der ästhetischen Wirkung eben jene *Voraussetzung* macht, die diese Analyse nicht zugleich begründen kann. Anders gesagt: Wenn und falls man die Voraussetzung zugesteht, dann erfolgt das aus *anderen* Gründen als aus Gründen der Analyse des fraglichen Phänomens. Formaler ausgedrückt:

1. Eine ästhetische Wirkung ist von der Struktur X.
2. Eine ästhetische Wirkung ist von der Struktur X dann, falls man annimmt: Y.
3. Y anzunehmen, ist begründet durch Z; Z ist unabhängig von Satz (1).

Und demgegenüber – also dieser Begründungssituation gegenüber – mag es andere Begründungssituationen geben. Ganz abstrakt könnte man sich Begründungssituationen vorstellen, in denen in die Analyse eines Phänomens keinerlei Voraussetzungen eingehen. Ich habe bei König nicht entdecken können, dass er solche Situationen kennt. Aber König kennt eben Prototypen, und das meint jetzt: Zu ihrer Analyse muss man, genau wie bei der Analyse der ästhetischen Wirkung, eine Voraussetzung machen und mitmachen – in diesen Fällen: wir müssen zugestehen, dass wir solche Ausdrücke verstehen, wenn wir sie gebrauchen: sie *sind* uns verständlich. Aber in diesen Situationen gilt – und das macht ihre Spezifik aus –, dass die Analyse dessen, was wir da verstehen, zugleich die Begründung dessen ist, dass wir sinnvollerweise davon ausgehen, dass wir den Ausdruck verstehen. Die Gründe, dieser Voraussetzung zuzustimmen, liegen nicht außerhalb der Analyse dieses Phänomens, und sind in diesem Sinne durch sich selbst vermittelt: *vermittelt*, weil auch dieses Phänomen auf einer getroffenen Voraussetzung beruht, aber vermittelt *durch sich selbst*, weil die Begründung dieser Voraussetzung nicht auf Gründen beruht, die dem Phänomen äußerlich sind. Man kann dann wohl abkürzend sagen: Prototypen (und nur Prototypen) sind *evident* – also aus sich heraus verständlich ohne doch voraussetzungslos, also unmittelbar, verständlich zu sein.

Also: Die Analyse von Prototypen erklärt nicht, *dass* wir sie verstehen, sondern erklärt, *wie* wir sie verstehen unter der Voraussetzung, dass wir sie schon verstanden haben. Und das ist dann (in diesen Fällen) zugleich die (einzig angemessene) Begründung, dass wir sie verstehen.

Ich habe bei König drei Beispiele für solche Prototypen gefunden: Die beiden Bilder des Spiegels und des Weckens und den Begriff ›Geist‹. Für den Fall, dass solche Prototypen Bilder sind, also einen sinnlichen Gehalt haben, spreche ich von *Metapher* (was einfach eine terminologische Festlegung ist und keine Metapherntheorie vorwegnehmen will); dann, wenn Prototypen Begriffe sind, sollte man vermutlich von *Idee* sprechen.

Um es am Beispiel des Spiegels zu erläutern: Das Spiegeln gilt König, wie gesagt, als ein Darstellen in mittlerer Eigentlichkeit. Es müsste also als solches über eine gewisse Aktivität oder Produktivität verfügen: Das Analogon zum Maler, der sozusagen »Spiegeler« ist ins Spiegeln integriert, ohne dass dadurch der Spiegel Täter des Darstellens würde. Inwiefern nun?

Was Spiegeln ist, verstehen wir: Wir haben einen Spiegel und ein Ding, das bespiegelt wird, und wir sehen das Ding zweimal: einmal vor dem Spiegel – als Bespiegeltes – und einmal im Spiegel – als Gespiegeltes –, und wir sehen beides als dasselbige.[163] Der entscheidende Punkt ist nun, dass dieses miteinander Identifizieren von Be- und Gespiegeltem kein zusätzlicher logischer Vergleichsakt ist: Etwas im Spiegel sehen, *heißt*, etwas-im-Spiegel-und-nicht-es-selbst sehen. Die Negation ›und nicht es selbst‹ ist konstitutiv für das etwas-im-Spiegel-sehen und nicht eine Abgrenzung, die *auch noch* gemacht werden kann. Und das ist einzigartig für den Spiegel bzw. für ein Darstellen in mittlerer Eigentlichkeit.

Wenn jemand eine Photographie des Bremer Rathauses sieht, dann kann der- oder diejenige natürlich auch formulieren, dass sie dann eine Photographie des Rathauses sieht ›und nicht das Rathaus selbst‹. Aber eine Photographie des Bremer Rathauses kann man auch an jedem beliebigen Ort der Welt betrachten, während ein Spiegel über diese Aufbewahrungsqualität nicht verfügt. Die Photographie ist ein eigenständiges Ding so wie das Rathaus auch ein Ding ist; man kann das, was auf der Photographie zu sehen ist, deuten oder wissen als Bremer Rathaus, aber dadurch wird die Photographie nicht zu einem Rathaus. Man kann sich kaum einen Kontext denken, in dem der Zusatz ›... eine Photographie und

163 Ich übernehme diese Terminologie – Bespiegeltes/Gespiegeltes – von Hans H. Holz: »Die Selbstinterpretation des Seins«, in: Hegel-Jahrbuch (1961/II), 61-124.

nicht das Rathaus selbst‹ nicht redundant, sondern von irgendeinem Informationswert wäre. Genau das ist beim Spiegel aufgrund der notwendigen Präsenz des Bespiegelten anders. Im Spiegel sieht man nämlich nicht eigentlich ein Bild *von* dem Bespiegelten, sondern man sieht das Bespiegelte selbst als Gespiegeltes. Oder anders: Im Spiegel sieht man, im Unterschied zur Photographie, nicht ein Bild vom Abgebildeten, sondern das Bespiegelte als virtuelles Bild. Das Spiegelsehen als solches ist somit ein Übersetzen; es ist konstituiert durch einen Wechsel im ontologischen Status: etwas-als-virtuelles-Bild-sehen. Eben hierin liegt die Produktivität spiegelnder Darstellung. Wobei klar ist und bleibt, dass *wir*, Sie und ich, das Bespiegelte als Bild sehen. Würde der Spiegel das selber so sehen, dann wäre es kein Darstellen in mittlerer Eigentlichkeit mehr.

Wenn man einen Blick in die Metapherngeschichte des Spiegels wirft,[164] dann begegnet man der Differenz von totem und lebendigem Spiegel. Die Metapher des Spiegels ist in der Geschichte des Abendlandes sehr häufig selber metaphorisch verwendet worden – z.B. dort, wo die Welt als Spiegel Gottes gilt. Dort ist das entscheidende Charakteristikum des Spiegelns – nämlich die notwendige und sichtbare Präsenz des Bespiegelten – ganz offenbar nicht gegeben. Jene metaphorische Verwendung der Metapher des Spiegels will zwar gerade ausdrücken, dass Gott anwesend ist und dass man ihn als Welt anschauen kann, aber es ist eben nicht so, dass man ihn auch sozusagen von Angesicht zu Angesicht anschauen kann, was man bei gewöhnlichem Spiegeln doch immer machen kann. Die Schöpfungsontologie ist also bereits vorausgesetzt, wenn jene Metaphorik als sinnvoll behauptet wird. Solch metaphorische Verwendungsweise der Metapher des Spiegels wird nun in der Metapherngeschichte von ›Spiegel‹ durch das Attribut *lebendig* bezeichnet: lebendige Spiegel spiegeln nicht sichtbar Präsentes. Da aber die Metapher des Spiegels das gerade nicht hergibt, wurde solche Gebrauchsweise der Metapher auch scharf kritisiert und provozierte die Gegenmetapher des toten Spiegels. Und die wiederum konnte ganz unterschiedlich bewertet werden, nämlich entweder positiv als vernichtende Kritik am Gebrauch des lebendigen Spiegels, oder aber negativ als bloßes Abspiegeln. Die Metapher des Spiegels gilt dann (als totes Spiegeln) als *die* Metapher schlechthin für das unnütze Verdoppeln weltlicher Dinge. Königs Analyse steigt nun gewissermaßen aus dieser Metapherngeschichte aus: Er äußert sich m.W. gar nicht zur Möglichkeit oder Unmöglichkeit der metaphorischen Verwendungsweise des Spiegels, sondern er weist an demjenigen Spiegeln, das in jener Entgegensetzung ein totes

164 Vgl. Ralf Konersmann: Lebendige Spiegel. Die Metapher des Subjekts, Frankfurt/M. 1991.

Spiegeln wäre, die gezeigte Produktivität auf (Totgesagte leben bekanntlich länger).

Damit liegt, exemplarisch, jene Begründungszirkularität einer Selbst-Vermittlung vor: Wir wissen um das etwas-im-Spiegel-sehen; es macht uns kein Problem, Akte solchen Spiegel-sehens zu identifizieren. Wenn wir dann analysieren, was denn die Spezifik des Spiegel-sehens ist, finden wir es ausgezeichnet durch eine gewisse Produktivität, die es zu einem Darstellen in mittlerer Eigentlichkeit macht. Wir müssen also, um zu verstehen, *was* wir da eigentlich als Spiegel-sehen schon verstanden haben, die gedankliche Forderung in Anspruch nehmen, dass es so etwas wie ein Darstellen in mittlerer Eigentlichkeit überhaupt gibt. Gefragt nun, *ob* es denn ein Darstellen in mittlerer Eigentlichkeit überhaupt gibt, können wir sinnvollerweise auf das Spiegeln (zurück) verweisen, genauer: Darauf, dass wir doch verstanden haben, was Spiegel-sehen ist. Insofern ›wissen‹ wir schon, dass es Fälle von Darstellen in mittlerer Eigentlichkeit tatsächlich ›gibt‹. Diese Begründung *ist* zirkulär. Dass *diese* Zirkularität nicht von der Art eines logisch unzulässigen Zirkels ist – dass sie nicht von der Art einer nichtssagenden Tautologie: ›wir verstehen, was Spiegel-sehen ist, weil wir verstehen, was Spiegel-sehen ist‹ ist –, behält ein appellatives Moment. Haben wir nicht jetzt etwas (mehr als vorher) verstanden? Ist es nicht das eine, *dadurch* zu verstehen, was Spiegel-sehen ist, dass wir problem- und fraglos Fälle von Spiegel-sehen identifizieren; und ist es nicht ein anderes, nunmehr zu verstehen, was wir da verstehen? Handelt es sich somit hier etwa nicht um einen erkenntniserweiternden Begründungszirkel? Das Argument, hier von einem nicht-vitiösen Zirkel auszugehen, ist am Beispiel gesprochen: Falls wir zugestehen, dass wir verstanden hatten, was Spiegel-*Bild* meinte, können wir uns nachher nicht herausreden, dass es aber gar kein Darstellen sei – selbst dann nicht, wenn wir gezwungen wären, eine bizarre logische Struktur zugrunde zu legen, um begründet sagen zu können, wie wir die Rede von Spiegel-Bild verstehen.

Hier taucht sie also wieder auf: Jene »ikonische Macht«, von der Merleau-Ponty sprach (s.o., Kap. 2.1). Irgendetwas scheint uns der Spiegel aus sich heraus zuzuflüstern; vermutlich irgendeine Weise der Bestätigung dessen, was wir (ihn?) vorher gefragt haben. Fraglich bleibt, ob er uns auch widersprechen könnte, oder ob das dem Märchen – Schneewittchen – vorbehalten bleibt.

Nun ist es sicher *auch* ein wenig Geschmacksfrage, ob man in Bezug auf solche Fälle von Selbst-Vermittlung noch von vermittelter *Unmittelbarkeit* reden möchte. Darin spricht sich zunächst lediglich eine gewisse Tradition aus. Dass sich in Bezug auf Prototypen die Figur der Evidenz geradezu aufdrängt (s.o.), legt die

Rede von Unmittelbarkeit traditionell sehr nahe. Unabhängig von dem Namen sind es zwei sachliche Aspekte, die es festzuhalten gilt.

Zum einen ist eine Vermittlung durch sich selbst schlicht etwas anderes als eine Vermittlung-durch-anderes. Das ist sogar, atmosphärisch argumentiert, derart anders, dass spontan der Begriff der Vermittlung wohl mit Vermittlung-durch-anderes identifiziert wird, und Fälle von Selbst-Vermittlung scheinbar Un-Fälle sind. Dieser Aspekt spricht eher *gegen* den Namen *Unmittelbarkeit*, denn dabei gilt es eher festzuhalten, dass auch hier ein Modus von Vermitteltheit vorliegt – eben, wenn schon, *vermittelte* Unmittelbarkeit.

Zum anderen aber gilt festzuhalten, dass das Konzept von *Vermittlung* in beiden Fällen ein anderes ist. Es ist nämlich gerade nicht so, dass dort eine allgemeine Form Vermittlung-durch-X vorliegt, die man praktischerweise sortieren kann nach jenen Fällen, in denen X das zugrundeliegende Phänomen selbst ist und anderen Fällen, in denen X ein Anderes ist. Insofern nämlich jenes X das Phänomen selbst ist, ist solcherart Vermittlung ein Innewerden eines bereits im Vollzug Gegebenen, im Unterschied zu einer Vermittlung-durch-anderes, die als Aufbau aus vor-gegebenen Elementen gefasst werden muss. Um diesen Unterschied *von Vermitteltheit* anhand des wichtigsten Indikators zu sagen: In Fällen von Selbst-Vermittlung ist *wesentlich* fraglich, ob überhaupt neue Einsicht gewonnen wird. Dass es sich *nicht* um eine Tautologie handelt, behält wesentlich ein appellatives Moment. Demgegenüber ist mitnichten fraglich, dass der Beweis eines mathematischen Satzes eine neue Einsicht herbeiführt. Allerdings ist dort genauso *fraglos*, dass durch einen mathematischen Beweis kein neuer Sinn produziert wird, denn das Führen eines mathematischen Beweises expliziert lediglich das, was in den Axiomen schon enthalten ist. Die neue Einsicht liegt exakt darin, dass nunmehr etwas explizit gemacht ist, was vorher implizit in den Axiomen enthalten war, ohne dass wir darum wussten. In Fällen von Selbst-Vermittlung wird insofern nicht lediglich eine neue *Einsicht*, sondern neuer Sinn produziert. Selbst-Vermittlung ist »mehr als bloß« Explikation vor-gegebenen Sinns, nämlich das Entspringen von neuem Sinn aus *gegebenem* Sinn. Dieser Unterschied von Vermitteltheit, der in *Gegebenem*, und nicht in Vor-Gegebenem, gründet, macht Selbst-Vermittlung zu vermittelter Unmittelbarkeit.

4.3.4 Die Verbindlichkeit der Sprache

Dass König solche Prototypen kennt, ist charakteristisch – ja, man muss wohl sagen: prototypisch – für die Konzeption des Primats des verständlichen Sprechens. Dieses Konzept besagt, dass das, was gutes oder richtiges Sprechen ist, sich letztlich nicht bemessen kann an einer anderen Instanz – etwa am Urteilsakt oder an der Gegenstandsstruktur –, sondern dass umgekehrt diesen Instanzen verständliches Sprechen bereits zu Grunde liegt. Diese Konzeption des Primats verständlichen Sprechens scheint mir die entscheidende Grundlage für das Verständnis von Logik bei Misch und bei König zu sein.[165]

Und diese Konzeption ist nicht nichtssagend. Nimmt man etwa die Voraussetzung, die wir machen und mitmachen müssen, dass uns Prototypen verständlich *sind*, dann ist das keineswegs eine Selbstverständlichkeit bzw. eine harmlose oder gar triviale Voraussetzung. Diese Voraussetzung sichert immerhin, dass solche Redeweisen nicht sinnlos oder sinnleer sind – und zwar unabhängig davon, von welcher logischen Struktur sie sind. *Falls* man zugesteht, dass man die Redeweise R versteht, dann kann man später nicht mehr sagen, es sei eine sinnlose Redeweise, nur weil man merkt, dass wir sie nur vermittels einer kuriosen logischen Figur (z.B. auf Basis einer Antinomie; s.o.) verstehen. Wenn wir z.B. zugestehen, wir verstünden, was ein Christ sagt, wenn er sagt: ›Gott ist das Allmächtige‹, dann können wir nicht mehr sagen, dieser Satz sei sinnlos. Und zwar, und dies ist entscheidend, ist dieser sonst naheliegende Ausweg des für-sinnlos-Erklärens auch dann verbaut, falls man herausfindet, den Satz nur aufgrund der Figur der Identität von Identität und Nicht-Identität zu verstehen.

Dass diese Konzeption nicht nichtssagend ist, kann ein Vergleich mit der Philosophie der Normalsprache zeigen. Savigny diskutiert die philosophische Hypothese, dass das ganze Leben vielleicht bloß ein Traum sei.[166] Er misst diesen Satz an unseren normalen Gebrauchsweisen des Wortes *träumen*. Zu denen gehört, dass man bei bestimmten Gelegenheiten einen Traum auch als Traum erkennt bzw. erkennen kann. Das ist nun in jener philosophischen Hypothese ganz offenkundig nicht der Fall, denn wenn das ganze Leben ein Traum ist, könnten wir bestenfalls träumen, dass wir träumen, aber eben nicht von außerhalb des Traums entscheiden, dass es ein Traum ist. Für Savigny ist die Konsequenz klar: Jene philosophische Hypothese ist ein unklarer Satz; man muss ihn eindeutig machen durch Gebrauch der normalen Verwendungsweisen und sieht dann schnell, dass jene Hypothese falsch ist.

---

165 Den gleichen Grundsatz findet man auch bei Hans Lipps, der von der »Verbindlichkeit der Sprache« spricht (vgl. Hans Lipps: »Die Verbindlichkeit der Sprache [1938]«, in: ders., Die Verbindlichkeit der Sprache (Werke IV), Frankfurt/M., ^{3}1977, 107-120). Innerhalb dieses gleichen Ansatzes gibt es freilich auch entscheidende Unterschiede (vgl. V. Schürmann: *Hermeneutisches Sprechen*, Kap. 3.6).

166 Eike v. Savigny: »Einführung«, in: Eike v. Savigny (Hg.), Philosophie und normale Sprache. Texte der Ordinary-Language-Philosophy, Freiburg, München 1969, 7-18, hier: 8f.

Was Savigny dort vorführt, ist aber selbstredend nur ein spezifisches Verständnis unseres Sprachgebrauchs bzw. von philosophischem Sprachgebrauch – und eben ein anderes, als es etwa bei Misch und König zu finden ist. Savigny setzt voraus, dass eine philosophische Verwendungsweise des Wortes *träumen* nichts Eigenes zum Bedeutungsfeld von träumen hinzufügt bzw. hinzufügen kann (s.o., Kap. 37.1 zum Kritik-Verständnis von Rickert). Das hat die direkte Folge, dass Savigny einen philosophischen Satz genau so behandelt wie einen gewöhnlichen Satz. Eine doch immerhin fragliche Spezifik der Philosophie ist dabei gänzlich abgeschafft.[167] Würde man nun, gegen Savigny, setzen, dass wir doch wenigstens in etwa verstehen, was jene philosophische Hypothese sagt, dann läge nicht eine unklare Verwendungsweise des Wortes *träumen* vor, sondern (z.B.) eine metaphorische: Das, was jene Hypothese sagen will, sagt sie dadurch, dass sie von der normalen Verwendungsweise abweicht, und sie muss das tun, weil sie etwas aussagt über das *ganze* Leben und nicht lediglich über Situationen *in* diesem Leben. In beiden Konzeptionen sind also Setzungen im Spiel. Die führen bei Savigny dazu, von vornherein eine Spezifik der Philosophie abzuschaffen; in der Gegenkonzeption ist von vornherein eine Spezifik der Philosophie unterstellt. Und dieser Unterschied ist wahrlich nicht nichtssagend.

»Ich bin tief überzeugt, dass jeder Versuch von uns Menschen, unsere Sprache korrigieren zu wollen und soz. ihr überlegen sein zu wollen, in sich selber tief töricht ist; und eigentlich gesprochen Hybris (Vermessenheit) ist. Hier ist ein Punkt, wo ich sehr lebhaft fühle, dass mich von gewissen Auffassungen – *nicht der mathematischen Logik*, wohl aber vieler mathematischer Logiker – ganze Welten trennen.«[168]

Und das schließt durchaus ein, dass »eine Korrektur des schlechten, unreinen *Gebrauchs*« der Sprache »tief berechtigt« ist.[169] Angezielt ist hier also eine Art *katharsis* des gelebten Sprachgebrauchs, mithin ein Selbst-Verhältnis des Sprachgebrauchs. Jegliche Instanz außerhalb des Sprachgebrauchs – Urteilsakte, außersprachliche Dinge etc. – oder aber Fälle ›eigentlichen‹ Sprachgebrauchs

---

167 Immerhin kann man hier ganz anderer Meinung sein als Savigny und, wie etwa Hegel, auf solcher eigenen Spezifik der Philosophie beharren. Savigny ist völlig geschützt vor dieser möglichen Irritation seiner eigenen Position, denn gemäß seiner eigenen Position muss er Hegel völlig unklar finden, denn Hegel kann den Unterschied von philosophischem und gewöhnlichem Sprechen nur innerhalb des philosophischen Sprechens aussprechen.

168 Josef König: *Logische Unterschied* [1953ff.], 227.

169 Ebd., Hervorhbg. v. mir.

stehen nunmehr für eine Kritik an konkreter Sprachverwendung nicht mehr zur Verfügung. Man kann den Sprachgebrauch nunmehr nur noch von Fall zu Fall ›beim Wort nehmen‹, wie man so sagt. – Man sagt dann in diesem Falle aber nicht ganz korrekt, denn Misch und wohl auch König schränken das, was sie unter *Sprache* verstehen, nicht auf die Sprache der Worte ein. Das Ausdrucksgeschehen ist umfassender als die Rede oder das Schreiben. So reden wir durchaus von der Sprache der Musik, der Bilder etc. Es mag aber wohl so sein, dass das Verständnis der Sprache der Worte als Sprache prototypisch ist für unser Verstehen von etwas als Sprache.

4.3.5 Ausblick

Die hier dargestellte Lebensphilosophie von Misch und König ist eine *philosophische* Hermeneutik. Dabei bezeichnet das Attribut *philosophisch* keine höhere Weihe, sondern einen sachlichen Unterschied zu *methodischen* Hermeneutiken. Zentrales Anliegen einer methodischen Hermeneutik ist es, Verfahren bereit zu stellen, bereits vorliegenden und manifestierten Sinn zu verstehen. Einer philosophischen Hermeneutik geht es dagegen nicht primär um den in Sinngebilden wie Texten, Denkmälern, menschlichen Gesichtern etc. bereits konstituierten Sinn, sondern um den Prozess des Sinnkonstituierens. Eine philosophische Hermeneutik möchte nicht entsprungenen Sinn, sondern das Entspringen von Sinn verstehen.[170]

Gerade in dieser Hinsicht ist daher der von Misch so sehr betonte Vollzugsaspekt des *logos* wichtig und entscheidend. Zugleich weist die angedeutete Einbettung der Sprache der Worte in ein allgemeineres Ausdrucksgeschehen darauf hin, dass der Vollzug der Rede ein Sonderfall von Sinnkonstitution ist. Allgemein gesprochen stellt sich an dieser Stelle das Problem des Verhältnisses von Sprechen und Agieren bzw. von Wissen und Können. Ist *logos* ein Titel für das, was die miteinander Redenden gemeinsam teilen und also miteinander praktizieren, um sich als sinnvoll *Redende* zu begegnen (und nicht als Geräusche-produzierende Entitäten), so bietet es sich an, diese Struktur auf *agon* zu übertragen bzw. zu verallgemeinern: *agon* als Titel für das im jeweiligen Miteinander-Tun notwendig miteinander Geteilte. »›Agon‹ ist im Griechischen ursprünglich die Bezeichnung des Versammlungsplatzes, des Orts der Gemeinsamkeit.

---

170 Gewöhnlich wird der Übergang zu solch einer *philosophischen* Hermeneutik (ausschließlich) mit Heideggers *Sein und Zeit* in Verbindung gebracht. Demgegenüber liegt hier die These zugrunde, dass die Konzeption von Misch ebenfalls diesen Übergang vollzieht – und somit eine Alternative zu Heidegger vorliegt.

Gegeneinander Kämpfen setzt voraus, dass man etwas gemeinsam hat und gemeinsam macht, dass man die Bedingungen und den Rahmen des Wettkampfs herstellt und respektiert.«[171]

Ein wichtiges Vermittlungsglied, das Verhältnis von Sprechen und Tun zu thematisieren, liegt mit Königs Unterscheidung von theoretischen und praktischen Sätzen vor. Praktische Sätze seien Handlungen in Form von Sätzen.[172]

Das Paradigma Misch ist also formelhaft im folgenden Sinne eine Lebensphilosophie im heiteren Ton: Es handelt sich um eine lebensphilosophische Hermeneutik, die grundsätzlich mit der Figur der unendlichen Annäherung an gemeinten Sinn gebrochen hat, sondern stattdessen die *Verbindlichkeit* unergründlichen Sinns postuliert. Für jedes Sinn-Verstehen ist dann anerkannt, dass es in einem je schon Verstanden-Haben fundiert ist, so dass eben der Melancholie generierende Schein einer Unerreichbarkeit zugunsten einer gegenwärtigen Präsenz unterlaufen ist. Soll dies nicht seinerseits wieder rationalistisch resp. logizistisch verstellt werden, bedarf es einer plausiblen Logik *vermittelter Unmittelbarkeit* resp. eines evident-intuitiven Wissens, das gleichwohl nicht voraussetzungslos ist. Dass konzipiertes Verstehen ›im Leben‹ gründet, heißt dann, den schulphilosophischen Begründungsprimat umzukehren: Die Praxis des Lebensvollzugs ist nicht deshalb vernünftig (präziser: geistvoll), weil wir vernünftig verstanden haben, sondern die Güte des Verstehens gründet im jeweiligen Geist der Praxis. Sinn ist hier öffentlich-präsentisch, nicht aber unerreichbar-eingekapselt im inneren Erleben von Sinn-Verstehern.

171 Gebauer; zit. n. V. Schürmann: *Hermeneutisches Sprechen*, 370.

172 Vgl. J. König: *FS Misch* [1947/49]; J. König: *Logische Unterschied* [1953ff.]; V. Schürmann: *Hermeneutisches Sprechen*, 337-350.

5. Plessner: Die Grenze von Lebensphilosophie und Lebenswissenschaft

> Eine Philosophie, die dem Denken den Mut nimmt und damit der wissenschaftlichen Erkenntnis ihren Wert raubt, kann auf jeden Fall nicht den Anspruch machen, die Einheit und Homogenität der Erfahrungsrichtung in Natur und Geschichte gewahrt bzw. ermöglicht oder gerechtfertigt zu haben. Denn was ist eine Erfahrung noch wert, welcher der Zugang zur Wahrheit versperrt ist?[1]

Eines der zentralen Plessnerschen Theoreme ist das der »Unentscheidbarkeit«. Eine Konstellation ist im Sinne Plessners nicht deshalb unentscheidbar, weil unsere Einsichten *noch* nicht hinreichen, eine nötige Entscheidung (begründet) treffen zu können. Plessner hat vielmehr solche Konstellationen im Blick, die aus sich heraus nicht entscheidbar *sind* (z.B. gute tragische Konflikte auf der Theaterbühne). Eine Konstellation ist unentscheidbar, wenn sie gleichsam eine ›Bifurkation‹ generiert: Es sind nur *bestimmte* (diese, und nicht jene, nicht aber beliebige) Anschlüsse bzw. Weiterentwicklungen möglich, aber aus der Konstellation selbst ist nicht ableitbar – und damit nicht eineindeutig entscheidbar –, welche der möglichen Anschlüsse realisiert wird. *Unentscheidbarkeit* im Sinne Plessners ist kein Mangel (an Einsicht), sondern ein positives Charakteristikum von Offenheit resp. Freiheit. Eine solche Konstellation muss sich gleichsam belehren *lassen*. Sie zeigt sich als offen für eine (ihr) äußere Erfahrung, angesichts

1 H. Plessner: *Stufen* [1928], 13.

derer diese Konstellation ihren entschiedenen Anschluss findet. – Ein Beispiel: In den *Stufen* findet sich das grundlegende Postulat »Ohne Philosophie der Natur keine Philosophie des Menschen«.[2] Was man hier noch als Voraus-Setzung einer Anthropologie lesen könnte (aber nicht muss), hat sich in *Macht und menschliche Natur* geklärt: Es ist »unentscheidbar«, ob im Plessnerschen Projekt einer (lebensphilosophischen) Hermeneutik der Anthropologie oder der Naturphilosophie ein begründungstheoretischer Primat zukommt.[3] – Im jetzt zu diskutierenden Zusammenhang heißt das, dass bis in den Wortlaut hinein die Aufgabenstellung der *Stufen* in vielfacher Weise ein Grenzprojekt ist, hier: zwischen Philosophie und Einzelwissenschaft. Eine *Philosophie* des Lebens sei das »lebenswissenschaftliche[..] Fundament« einer »Hermeneutik als Anthropologie«. Es gehe um die »naturgewachsene Existenz des Menschen in der Welt als Organismus in der Reihe der Organismen« – und damit sei der Gegenstand der Untersuchung »festgelegt«: eine »Wesensanalyse des Lebendigen«. Wesentlich bleibe »die durchgehende Tendenz nach einer Überwindung der fraktionierenden Betrachtungsweise des Menschen in Philosophie, Biologie, Psychologie, Medizin und Soziologie«.[4]

5.1 KRITIK DER LEBENSWISSENSCHAFT

In einer wesentlichen Hinsicht ist und bleibt Plessner Transzendentalphilosoph. Er hält entschieden an dem Unterschied und der Nicht-Reduzierbarkeit von Genese und Geltung fest. Das, was eine Sache ausmache – was sie ›ist‹ bzw. bedeute –, lasse sich nicht auf eine Geschichte reduzieren, wie diese Sache zu dieser Sache geworden ist (denn, ganz simpel: Um sagen zu können, wie etwas geworden ist, muss man ja schon mitgesagt haben, was dort wozu geworden ist). Insofern geht es um die Klärung der Bedingungen der Möglichkeit von Erfahrung, um die Klärung derjenigen Bestimmungen, die schon in Anspruch genommen sind, wenn man von der *Erfahrung von X* spricht. Geradezu programmatisch: »Erfahrung gibt viel, aber nicht ihre eigene Grundlegung.«[5]

2 Ebd., 26.

3 Vgl. H. Plessner: *Macht* [1931], 221ff.

4 H. Plessner: *Stufen* [1928], 36f.

5 Ebd., 75; vgl. auch H.-P. Krüger: *Lebenspolitik*.

5.1.1 Positionalität als materiales Apriori

Insofern ist eine »Wesenslehre« des Lebendigen dasjenige Unternehmen, das die Bedingungen der Möglichkeit der Erfahrung von Lebendigem klärt: Es sei erst einmal »Klarheit darüber zu gewinnen, was als lebendig bezeichnet werden darf«. Es geht also durchaus nicht um sog. ›Wesens‹bestimmungen des ontisch verstandenen Lebendigen, sondern um eine Grundlegung der *Erfahrung* von Lebendigem. Die transzendentalphilosophische Option beharrt darauf, dass man solcherart Bedingungen der Möglichkeit der Erfahrung von X *nicht im selben Sinne* erfahren kann, in dem man X erfährt – und das gilt für jedes feste, aber beliebige X. Jede Erfahrung eines beliebigen X sei *als Erfahrung* gleichsam eine Verortung in einem mit-gegebenen Koordinatenkreuz, genannt »Apriori von X«. Und insofern kann eine solche Erfahrung von X aus logischen Gründen, und nicht aus Gründen von Inkompetenz, nicht ihre eigene Grundlegung liefern. Eine Grundlegung der Erfahrung von X ist kein erfahrungswissenschaftliches, sondern ein philosophisches Tun, nämlich Kritik der Erfahrung von X, resp. Grenzbestimmung: diese Erfahrung und nicht jene. Das ist – simpel, aber streitbar – das Gegenkonzept gegen jede sich induktiv verstehende Erfahrungswissenschaft. Apriorische Bestimmungen sind nicht von der Art von Hypothesen, die im Prinzip *in the long run* durch Erfahrungsdaten ersetzt werden könnten. »Der naturwissenschaftliche Logiker führt hier noch ein ›einstweilen‹ ein.«[6] In transzendentalphilosophischer Option dagegen gibt es nirgends einen Ort – auch keinen idealen *at the end of the long run* –, an dem Erfahrung einen unmittelbaren Zugriff auf materiale Daten liefert, sondern Erfahrung gilt prinzipiell als Verortung in *irgend*-einem Koordinatenkreuz. »Kategorien sind keine Begriffe, sondern ermöglichen sie.«[7]

---

6 H. Plessner: *Stufen* [1928], 107.

7 Ebd., 116. – Wenn auch nicht in transzendentalphilosophischem Vokabular, so findet sich bezogen auf das Thema diese Einsicht z.B. bei Fox Keller in ihrer Darstellung der Geschichte der Biologie im 20. Jahrhundert: Der Diskurs über die Genaktivität »legte den Rahmen für die Fragen fest, die sie sinnvollerweise stellen konnten, dafür welche Organismen sie untersuchen wollten, welche Experimente sinnvoll, welche Erklärungen annehmbar waren. In diesem Sinne erfüllte der Gen-Diskurs kognitive wie auch politische Funktionen. [...] Mit anderen Worten: Ein bestimmter Stil schaffe erst die Voraussetzung für wahr oder falsch und bestimme daher, was als objektiv gilt (Hacking). Meine Vorstellung von Diskurs entspricht in etwa Hackings Begriff von Stil.« (Evelyn Fox Keller: Das Leben neu denken. Metaphern der Biologie im 20. Jahrhundert, München 1998, 28-30)

In der Sicht Plessners bedarf es daher einer Kategorie *Lebendiges überhaupt*, die allen je konkreten Begriffen resp. erfahrungswissenschaftlichem Einzelwissen vom Lebendigen je schon als Koordinatenkreuz zugrunde liegt. Die Abgrenzung belebt/unbelebt ist bereits vollzogen, wenn empirisch gewisse Merkmale als Charakteristika lebendiger Naturkörper behauptet oder bestritten werden.[8] – Der Vorschlag von Plessner geht dahin, den Unterschied von belebt und unbelebt am Charakter der Grenze festzumachen. Ein belebter Körper habe »außer seiner Begrenzung den Grenz*übergang* selbst als Eigenschaft«,[9] er *vollzieht* in seiner Begrenzung zugleich den Grenzübergang. Oder auch: »Während anorganische Körper lediglich einen Rand haben, an dem sie mehr oder weniger eindeutig zu Ende sind, haben Lebewesen eine von ihnen selbst bewirtschaftete Grenze.«[10] Dieses sehr besondere Verhältnis eines lebendigen Naturkörpers zu seiner Grenze fasst Plessner auch als *Positionalität*, worin er das gesuchte »Modal des Lebendigen« sieht.

Der Lebens*vollzug* erweist sich damit als eine eigentümliche Mitte von Aktivität und Passivität. Plessners Grundanliegen, die *besondere und einzigartige* Stellung des Menschen in der Welt zu denken und *ineins* die Depotenzierung dieser »Sonderrolle« durch die Nebenordnung des Menschen in einer Reihe *neben* allen anderen Naturkörpern, wird hier auf der Ebene der lebendigen Naturkörper bereits grundgelegt. Zum einen ist ein Lebensvollzug – im Unterschied zur Bewegungsweise anorganischer Körper – eine reflexiv höherstufige Aktivität: Lebendige Systeme behaupten sich in und gegen ihre Umwelt. Könnte man den System-Umwelt-Austausch gleichsam unterbrechen, würden sich anorganische Systeme erhalten (Eisen würde aufhören zu rosten), lebendige dagegen sterben. Lebendige Systeme beziehen sozusagen Position. Zugleich gilt auch für sie, was für Naturkörper generell gilt, nämlich dass sie gesetzt *sind*. Sie verdanken ihre Existenz nicht sich selbst (wie Feuerbach formuliert) und bestehen nicht rein autark aus sich heraus. Positionalität ist in dieser Hinsicht nicht aktives Setzen, sondern Gesetztheit. Darin verbinden sich realistisch-empiristische Motive mit dem Feuerbachschen Motiv eines »passiven Prinzips«, d.h. mit dem Grund-

8 Vgl. H. Plessner: *Stufen* [1928], 116.

9 Ebd., 103.

10 Volker Gerhardt: »Die rationale Wendung zum Leben. Helmuth Plessner: ›Die Stufen des Organischen und der Mensch‹«, in: Joachim Fischer u. Hans Joas (Hg.), Kunst, Macht und Institution. Studien zur Philosophischen Anthropologie, soziologischen Theorie und Kultursoziologie der Moderne. Festschrift für Karl-Siegbert Rehberg, Frankfurt/M., New York 2003, 35-40, hier: 39.

satz der »Abhängigkeit von der Natur«.[11] Mit diesem passivischen Grundzug von *Positionalität* wird »die bioevolutionäre Einsicht in die Gesetztheit, Geworfenheit, Getragenheit des Organischen in die Kategorie mit eingeholt, die Einsicht in den Es-Charakter des Lebens, auch des menschlichen Lebens, die jeder Konstruktion, jeder Ich-Konstruktion, auch jeder Wir-Konstruktion vorausgeht«.[12]

Das alles mag etwas banal und selbstverständlich klingen. Dass dieser Ansatz Plessners überhaupt etwas besagte und auch heute noch etwas zu sagen hat, gerät aus dem Blick, wenn man in ihm nur Versicherungen sachlicher Art liest. Er ist nur zu würdigen als ein Versuch, einer gewissen denkerischen und gesellschaftspolitischen »Lage stand zu halten«,[13] was zunächst heißt, jene Selbstverständlichkeiten – der Mensch als ausnehmend besonderen Naturkörper *und* als einen Teil der Natur – konsequent aus *einer*, und aus einer nicht-reduktiven, Position heraus zu denken.[14] Unter dem Strich: Als transzendentalphilosophischer Ansatz richtet er sich gegen jegliche Naturalisierungen, und als naturphilosophischer Ansatz richtet er sich gegen alle Reduktionismen des Nicht-Ich bzw. Nicht-Wir auf Setzungsakte des Ich bzw. Wir – gegen das, was Feuerbach »Idealismus« nennt (»außer dem Ich ist nichts, alle Dinge sind nur als Objekte des Ich«[15] bzw. Wir). Plessners Ansatz ist weder als evolutionsbiologisches noch als konstruktivistisches Paradigma zu verstehen. Die Mitte, die Plessner damit behauptet, ist gerade heute von Brisanz und Aktualität: »Plessners ›grenzrealisie-

11 Vgl. Volker Schürmann: »Natur als Fremdes«, in: Gerhard Gamm, Mathias Gutmann u. Alexandra Manzei (Hg.), Zwischen Anthropologie und Gesellschaftstheorie. Zur Renaissance Helmuth Plessners im Kontext der modernen Lebenswissenschaften, Bielefeld 2005, 33-52.

12 Joachim Fischer: »Biophilosophie als Kern des Theorieprogramms der Philosophischen Anthropologie. Zur Kritik des wissenschaftlichen Radikalismus«, in: Gerhard Gamm, Mathias Gutmann u. Alexandra Manzei (Hg.), Zwischen Anthropologie und Gesellschaftstheorie. Zur Renaissance Helmuth Plessners im Kontext der modernen Lebenswissenschaften, Bielefeld 2005, 159-182, hier: 169.

13 Ebd., 167.

14 Hier liegt z.B. der logische Kern des Unterschieds zu Agamben, dessen Konstruktion sich mit derselben Problemlage konfrontiert sieht, daraus aber die Konsequenz eines »Zwischenbereichs« – halb Tier, halb Mensch – zieht. (Giorgio Agamben: Homo sacer. Die souveräne Macht und das nackte Leben, Frankfurt/M. 2002)

15 Ludwig Feuerbach: »Grundsätze der Philosophie der Zukunft [1843]«, in: ders., Gesammelte Werke, Berlin 1969 ff., Bd. 9 (^{2}1982), 264-341, hier: § 17, S. 290.

rendes Ding‹ ist etwas anderes als das gendeterminierte Ding des Lebens und etwas anderes als das diskursformatierte, kulturalistische Ding des Lebens.«[16]

Hier geht Plessner einen wesentlichen Schritt über den Kantianismus hinaus. Mit Kant ist zunächst nur eine allgemeine transzendentale *Logik* zu formulieren: Kant postulierte allgemeine Bedingungen der Möglichkeit von Erfahrung *überhaupt*. Kants apriorische Bestimmungen abstrahieren von jeglicher bestimmten Gegenständlichkeit; die Konkretheit einer *bestimmten* Erfahrung scheint ausschließlich eine empirische und nicht mehr transzendentalphilosophische Frage zu sein. Genau das bestreitet Plessner und meint, in das kritische Verfahren selbst einen Bezug auf den je bestimmten Erfahrungsgegenstand hineinnehmen zu sollen. (Nur) in eben diesem Sinne kann er überhaupt eine philosophische *Biologie* resp. Kritik des *Lebendigen* konzipieren. Was er zuvor besonders eindrucksvoll in der *Ästhesiologie des Geistes* anhand der qualitativen Unterschiede der Sinne aufgezeigt hatte – mit und gegen Cassirer ist dort notwendigerweise »eine *je spezifische* symbolische Prägnanz« von Sinn und Sinnlichkeit gedacht –,[17] setzt er mit den Stufen fort: *Positionalität* ist ein *materiales* Apriori.

---

16 J. Fischer: *Biophilosophie*, 160. – Vergleichbar auch Tanner, wenn er konstatiert, »dass Positionen, die entweder einseitig universalistisch oder radikal kulturrelativistisch argumentieren, kaum mehr theoretische Schubkraft zu entwickeln vermögen. Die Vorstellung einer überhistorischen ›menschlichen Natur‹, die auf ›anthropologische Grundkonstanten‹ zurückgeführt werden kann, hat sich ebenso erschöpft wie ein Ansatz, der angesichts der Fülle der zu entdeckenden menschlichen Phänomene rein deskriptiv-additiv verfährt und ›Kulturen‹ voneinander isoliert. Wenn diese Alternativen nicht mehr interessant ist: Welche theoretischen Entwürfe, welche Argumentationsstrategien bieten sich dann an?« – Z.B. diejenige Plessners, so möchte ich nahelegen. (Jakob Tanner: Historische Anthropologie zur Einführung, Hamburg 2004, 25)

17 Vgl. Heike Delitz: »Spannweiten des Symbolischen. Helmuth Plessners Ästhesiologie des Geistes und Ernst Cassirers Philosophie der symbolischen Formen«, in: Deutsche Zeitschrift für Philosophie 53 (2005) 6, 917-936; Volker Schürmann: »Anthropologie als Naturphilosophie. Diskutiert anhand eines Vergleichs der Konzepte Plessners und Cassirers«, in: Enno Rudolph u. Ion O. Stamatescu (Hg.), Von der Philosophie zur Wissenschaft. Cassirers Dialog mit der Naturwissenschaft, Hamburg 1997, 133-170; Volker Schürmann: »Sinn der Bewegung – Vorüberlegungen im Anschluß an Plessner«, in: Manfred Lämmer u. Tim Nebelung (Hg.), Dimensionen der Ästhetik. Festschrift für Barbara Ränsch-Trill, St. Augustin 2005, 124-142.

5.1.2 Das Erscheinen der Dinge kraft Doppelaspekt

Ob Plessner auch über Kant selbst hinausgeht, ist schon weniger klar. Wenn man unter *Kantianismus* diejenige Konzeption versteht, die allgemeine apriorische Bestimmungen von Erfahrung überhaupt *vor* jeder konkreten Erfahrung verortet – und damit eine Anwendung allgemeiner Kategorien und Transzendentalien auf gegebenes jeweiliges Rohmaterial –, dann war Kant mindestens in der Hinsicht kein Kantianer, als er apriorische Bestimmungen nicht vor, sondern mit der Erfahrung gegeben verortet hat.

Es ist zunächst einfach dieser Aspekt, den Plessner stark macht: Eine Wesensanalyse plaudert nicht in einer und über eine Sphäre jenseits aller Erfahrung – sie beschwört keine »Hinterwelt« (Nietzsche) –, sondern formuliert *Bedingungs*sätze: Wenn, falls und indem wir die Erfahrung von X machen, dann haben wir diese Erfahrung bereits in einem bestimmten Koordinatenkreuz verortet, das nunmehr als mindestens zweidimensional zu denken ist: In der einen Dimension ist es eine Verortung vermittels logischer Apriori, in der anderen vermittels materialer Apriori. Transzendentale Logik und Wesensanalyse von X sind Re-Konstruktionen derjenigen Bestimmungen, die die Erfahrung von X *begleiten*. – Brandom spricht vom explikativen Charakter der Logik;[18] Stekeler-Weithofer legt nahe, dass dies schlicht der Job einer wohlverstandenen Dialektik ist.[19]

In diesem Sinne ist auch eine Wesensanalyse im Sinne Plessners erfahrungsgebundenes Wissen. Zwar sind apriorische Bestimmungen nicht wie erfahrbare Bestimmungen *in* der Erfahrung gegeben, aber sie sind auch nicht wie schlecht-unendliche Bestimmungen außerhalb aller Erfahrung gegeben. Das gemeinsame Feld bezeichnet Plessner als »Anschauung«, das sich in der Wahrnehmung in Sinnlichkeit und *intuitio* differenziert. »Was sinnlich belegbar da ist, bleibt Ausschnitt aus einer selbst nicht auf ein Mal erscheinenden, trotzdem als das daseiende Ganze anschaulich mitgegebenen Struktur.«[20]

Auch Plessner vollzieht (in heiterem Ton) die typisch lebensphilosophische Unterscheidung von Wissensformen: »Eine Theorie der konstitutiven Wesensmerkmale oder Modale des Lebens [...] entfernt sich damit zwar unvermeidlich von der Sphäre der konkretsinnlichen Anschauung, in welcher die Wesensmerkmale des Lebens (ohne selbst sinnlichen Charakter zu haben) eingebettet

18 Robert B. Brandom: Making It Explicit. Reasoning, Representing, and Discursive Commitment [1994], Cambridge, London 1998.

19 Pirmin Stekeler-Weithofer: »Dialektik«, in: Enzyklopädie Philosophie. In drei Bänden mit einer CD-ROM, hrsg. v. Hans Jörg Sandkühler, Hamburg 2010, Bd. 1, 395-407.

20 H. Plessner: *Stufen* [1928], 82.

liegen. Aber sie stützt sich doch nur auf echt intuitive Sachverhalte, nicht auf irgendwelche Begriffe.«[21] Insofern nur diejenigen Bestimmungen erfahrbar sind, die *in* der Erfahrung liegen, gibt Erfahrung »nicht ihre eigene Grundlegung«[22] und darf in dieser Hinsicht »nicht als ausschlaggebende Instanz angerufen werden. In jeder echten Erfahrung werden die rein anschaulich gewonnenen Inhalte auf das Maß des Feststellbaren reduziert. Feststellen [...] heißt aber einen Sachverhalt so fassen, dass er auf mehr als eine Weise zur Gegebenheit gebracht wird.«[23] Je eigene Temperaturempfindung ist das eine; erfahrbar wird Temperatur »erst durch das Steigen der Quecksilbersäule am Thermometer oder durch den Schmelzvorgang an einer Substanz, durch Verdunsten usw.«; Appetit wird erfahrbar etwa »durch den Nachweis verstärkter Sekretion des Magensaftes«. Feststellbarkeit sei somit an solche Übersetzbarkeit von Gegebenheitsweisen gebunden, und das führe zum Ausschluss »derjenigen Sachverhalte, welche nur in *einer* Gegebenheitsweise zu fassen sind. Es gibt infolgedessen viel mehr in der Welt, als an ihr feststellbar ist. Wenn es auch in die Erfahrung eingeht und sie mit formen hilft, so kann es doch aus ihr nicht wieder herausgeholt werden, weil es den Ansprüchen der Feststellung nicht genügt. Alle nur anschauungsmäßig zu gewinnenden [nur »zu erschauenden«] Gehalte haben dieses Schicksal, in die Erfahrung einzugehen, ohne im Fortgang der Erfahrung bestimmbar zu werden.«[24]

Auch Plessner kennt also den Unterschied zwischen feststellendem und hermeneutischem Wissen: »Umrandung, Kontur lassen sich zeichnen, der Sachverhalt der Begrenzung lässt sich nur verstehen, aber nicht zeichnen.«[25] Gleichwohl – und dies macht, mit Misch gesprochen, den anti-romantischen, heiteren Ton seiner lebensphilosophischen Hermeneutik aus – wird dieses Verstehen nicht vor oder hinter die Sphäre des Feststellbaren verlagert, sondern als das Feststellbare begleitend (mit-gegeben) verortet: »Und doch muss sich dieses besondere Verhältnis zu seinen Grenzkonturen, wenn anders es überhaupt ontisch und nicht nur logisch möglich sein, wenn es real stattfinden soll, an dem Realen aussprechen und bemerkbar machen, in einer Art, die dem Realen als physischem Ding nicht zuwiderläuft und seinen ›Mitteln‹ konform ist.«[26]

21 Ebd., 114f.

22 Ebd., 75.

23 Ebd., 118.

24 Ebd., 118f.

25 Ebd., XX.

26 Ebd., 128; vgl. auch Helmuth Plessner: »Mit anderen Augen [1953]«, in: ders., Gesammelte Schriften, Frankfurt/M. 1980-1985, Bd. 8 (1983), 88-104.

Entsprechend den oben aufgezeigten beiden Dimensionen des apriorischen Koordinatenkreuzes ist das nur erschaubare Moment des Erfahrungswissens zweigeteilt. Zum einen bildet es den logischen Einheitspunkt, der den Rechtsgrund liefert, von dieser, und nicht jener, Erfahrung zu sprechen. Der Rechtsgrund qualitativer Unterscheidungen liegt nicht *in* der Erfahrung, obwohl zunächst durchaus gilt, dass ein Modal im Sinne Plessners auf »physikalisch-chemische Bedingungen« zurückführbar sein kann und muss – Farben etwa sind Licht von bestimmter Wellenlänge.[27] Diese Dimension der Beschreibung ist durch lediglich graduelle Unterschiede charakterisiert: Die Unterschiede der Farben sind hier ein Mehr oder Weniger von Wellenlänge. Qualitative Unterschiede, die uns von ›rot‹ als einer anderen Farbe als ›blau‹ reden lassen, sind in dieser Dimension der Beschreibung lediglich willkürlich vergebene Etiketten. Man muss also entweder einer nominalistischen Ontologie folgen, oder aber, wie Plessner, kritisch argumentieren. In diesem Fall ist die kritische Sicht der Dinge so, dass die qualitative Unterscheidung der Farben der Aussage ›Rot ist Licht von der Wellenlänge x‹ bereits zugrunde liegt. Eben dies bedeutet hier, dass die Erfahrung der Farben nicht ihre eigene Grundlegung gibt, denn die qualitative Unterscheidung liegt der Erfahrung dieser oder jener bestimmten Farbe logisch bereits zugrunde – bei Strafe einer nominalistischen Ontologie.

Mit diesem *logischen* Punkt geht bei Plessner der Wetteinsatz auf das Verfahren der *phänomenologischen* Deskription Hand in Hand. Rein philologisch betrachtet ist jene aufgezeigte logische Argumentationslinie in den *Stufen* kaum präsent – sie wird erst in *Macht und menschliche Natur* explizit: Jede Frage nach dem Wesen des Menschen habe sich schon im Ansatz der Frage entschieden. In den *Stufen* schlägt Plessner zwei Fliegen mit einer Klappe. Er setzt auf eine »vorempirische[..] d.h. nicht spezialwissenschaftlich gebundene[..] Betrachtung«,[28] die dem phänomenalen Tatbestand Rechnung trägt, schon qualitativ Unterschiedene wahrzunehmen. Pars pro toto gesprochen: »Naiv betrachtet, liegt der Fall so, dass ich die körperlichen Bewegungen des anderen Menschen, einerlei, ob ich sie nun faktisch verstehe oder nicht verstehe, von vornherein als deutbar, als sinnhaft wahrnehme. Mir steht nicht ein bloßer Körper gegenüber, an dem ich bestimmte Bewegungen ablese, sondern ein lebendiger Leib. Es erwächst mir infolgedessen auch garnicht die Aufgabe, aus den Veränderungen eines Körpers auf bestimmte psychische Ursachen zu schließen.«[29] In phänomenologischer Deskription sind wir also nicht in der Situation, erst *nachträglich* ge-

---

27 H. Plessner: *Stufen* [1928], 107.

28 Ebd., 36f.

29 Ebd., 26.

wisse qualitative Unterschiede in die Erscheinungsdinge hineinzutragen, sondern wir nehmen sie von vornherein ›gestalthaft‹ wahr. Obwohl dieses phänomenologische Argument indifferent ist gegen den logisch-ontologischen Status jener Qualitätsunterschiede – auch ein Nominalist könnte problemlos dieser phänomenologischen Argumentation folgen und dies durch die Faktizität unserer Wahrnehmungsvorgänge begründen –, nimmt Plessner es ineins mit jenem logischen Argument. Der phänomenologische Befund ist ihm hinreichendes Argument, den logischen Grundsatz, dass Erfahrung nicht ihre eigene Grundlegung gibt, für bestätigt zu halten. Dieser Kurzschluss – den Plessner nicht in der Sache, sondern in der Unbekümmertheit der Darstellung vollzieht – hat immerhin den schönen Nebeneffekt, die Logik der Sache beiseite stellen zu können, und sich ganz der phänomenologischen Deskription zu widmen, die u.a. jene Aufgabe erfüllt, die Konformität der philosophischen Analyse mit den realen ›Mitteln‹ des Naturkörpers aufzuzeigen.

Im Sinne dieses phänomenologischen Einsatzes erscheinen Wahrnehmungsdinge im »Doppelaspekt«: Die sinnlich belegbaren Eigenschaften verweisen von sich aus auf einen sie tragenden »Kern«, der selbst nicht sinnlich belegbar, sondern bestenfalls zu erschauen ist, basierend auf einer Evidenz einer Distinktion: Dies-da ist ein Baum und nicht nicht ein Baum – »Der Baum vor meinem Fenster ist nicht bloß eine Summe von Farbendaten, zusammengehalten von einer Gestalt.«[30] Beide Aspekte – Kern und Eigenschaften – sind prinzipiell divergent, da sie »wesensmäßig nie in einander überführbar sind«; gleichwohl »zerbricht« der Gegenstand nicht an diesem »Zwiespalt«, sondern wird im Gegenteil durch ihn allererst ermöglicht.[31]

In diesem Sinne ist jegliche Wahrnehmung aspektiv, was zugleich ein Gegenbegriff zu »subjektiv« ist. Es ist der Wahrnehmung eigen, bestimmte Aspekte des Ganzen zu sehen – das Wahrnehmungsding könnte sich immer auch ganz anders zeigen. Es ist eine dem Wahrnehmungsding »selbst zugehörige Begrenztheit«.[32] Würde man diese Aspektivität restlos auf der Seite des Wahrnehmenden verorten, dann wäre genau das eine Form von Reduktionismus, die davon träumt, dass ideale Wahrnehmung darin bestünde, den tragenden Kern *in the long run* in die durch ihn getragenen Eigenschaften auflösen zu können. Dagegen hält Plessner an der prinzipiellen Divergenz von zu erschauendem Kern und

30 Ebd., 81.

31 Ebd., 88.

32 Ebd., 83.

sinnlich belegbaren Eigenschaften fest – und muss folglich entschieden am »Unterschied von Aspektivität und Subjektivität« festhalten.[33]

Von diesem erreichten Stand der Analyse an »wird der Begriff [der Doppelaspektivität] vieldeutig. Denn Doppelaspektivität nimmt nunmehr auf jeder Stufe des Realen eine andere Gestalt an.«[34] So verändert der Unterschied von unbelebt/belebt das Aufgezeigte gravierend. Bis dato war nicht davon die Rede, dass die Divergenz der Aspekte selbst in Erscheinung tritt. Bis dato war eine »nachträgliche Besinnung« nötig, die auf jene grundlegende Distinktionsleistung aufmerksam macht und jene Evidenz einer Einheit hinter den sinnlich belegbaren Eigenschaften artikuliert. »Dass es sich bei dem Innen-Außenverhältnis überhaupt um eine echte Aspektdivergenz und nicht um das Verhältnis einer relativen Verborgenheit des durch's Äußere verdeckten Innern handelt, leuchtet erst durch philosophische Überlegung ein. Der Doppelaspekt konstituiert das Anschauungsgebilde des Dingkörpers, aber als echte Bedingung verliert es sich in dem von ihm Bedingten. Gerade die Unkompliziertheit des anschaulichen Gegenstandes ist es, die über die Komplikation der Voraussetzungen hinwegtäuscht.«[35] *Lebendige* Naturkörper werden sich dann als solche erweisen, »die nicht nur kraft des Doppelaspekts, sondern *im* Doppelaspekt erscheinen, bei denen also die Divergenz der gegenstandsbedingenden Sphären selbst den Gegenstand der Anschauung bildet«.[36]

5.1.3 Die Expressivität der Erscheinungen

Plessners methodischer Zugriff redet nicht nur über Grenzen, sondern ist auch selbst eine (stets prekäre) Grenzoperation. Bereits in der *Krisis*-Schrift von 1918, und bestätigt dann in *Macht und menschliche Natur* von 1931, ist klar, dass Plessner kein Phänomenologe sein will. Die Phänomenologie gilt ihm als »analytisches Philosophieren«, das er dadurch definiert, nicht wahrhaben zu wollen, dass der Maßstab des Erkennens nichts Gegebenes ist, sondern stets eine produktive Leistung. In diesem Sinne ist auch die Phänomenologie das direkte Gegenteil einer kritischen Philosophie, wie Plessner sie verfolgt. *Insofern* ist das phänomenologische Credo, zurück zu den Sachen selbst zu wollen, für Plessner schlicht ein Unding. Gleichwohl macht er sich dieses phänomenologische *Motiv*

33 Ebd.

34 Jan Beaufort: »Dialektische Lebensphilosophie. Schopenhauers und Plessners Naturphilosophie im Vergleich«, in: Schopenhauer-Jahrbuch 84 (2003), 57-73, hier: 67.

35 H. Plessner: *Stufen* [1928], 88f.

36 Ebd.

zu eigen. Mit bloßer Erkenntniskritik, Sprach- oder Kulturphilosophie sei es nicht getan, denn genau das vergesse das Moment der Gesetztheit des sich in der Welt Orientierenden, seine Verankertheit in der Welt. Gegen das Aufgeben jedes passiven Prinzips gerichtet, ist das Konzept *materialer* Apriori zwar immer noch kein analytisches Philosophieren – es beschwört keine Onta, sondern eben Erscheinungen-für-Erkennende –, aber gleichwohl ein *ontologisches* bzw. »naturphilosophisches« Konzept, denn *insofern* ist es streitbar gegen einen Idealismus im Sinne Feuerbachs.[37] Bloch wird später von Kategorien als »Daseinsformen« reden, die als Bestimmungen von *Gegenständen* in der logischen Mitte zwischen Sachverhalten und Objekten angesiedelt sind.[38] Es handelt sich wahrhaftig um eine Hinwendung zu den Dingen – und nicht lediglich um cartesianische Meditationen –, aber nicht um vorkritische Anrufung der Dinge selbst. Auch im Umgang mit den Dingen bewahrt Plessner Takt, denn es ist keine unmittelbare, sondern eine *bedingte* Bezugnahme: »Die Möglichkeit von ›Jemand‹ oder der ›Person‹, als Erkenntnissubjekt Distanz zur eigenen Position einzunehmen, wird vorausgesetzt, um nun im Sachfeld der anschaulich-physischen ›Wahrnehmungsdinge‹ methodisch den Blick dem Ding am Objektpol – gegenüber dem Erkenntnissubjekt – zuzuwenden.«[39]

Das postulierte *Erscheinen kraft Doppelaspekt* drückt diese methodische Grenzoperation aus. Insofern in der Erscheinung tragender Kern und getragene Eigenschaftshülle als prinzipiell divergent gelten, könnte das Wahrnehmungsding eben immer auch ganz anders erscheinen – *uns* ganz anders erscheinen selbstverständlich. Kraft dieser postulierten Divergenz bewahren die Erscheinungsdinge eine Eigenheit gegenüber dem, dem sie erscheinen. Insofern kann in Bezug auf diesen »Objektpol« von einer Minimalstruktur von *Sich* bzw. *Selbstheit* gesprochen werden – Erscheinungen zeigen *sich* uns –, und in der Folge dann von reflexiven Stufen von Selbstheit – lebendige Dinge zeigen *sich* im Modus des sich-Behauptens, Exzentriker zeigen *sich* im Modus des Grundsatzes ›Hier stehe ich – ich könnte auch anders‹.

Anders ausgedrückt: Im Erscheinen sind Erscheinungen von je bestimmtem *Ausdrucks*charakter. Ein Ausdruck ist, etwa mit Leibniz, keine Abbild-, sondern

37 Vgl. Volker Schürmann: »Plessners parteiliche Anthropologie. Aspekte eines sperrigen Verhältnisses zur Phänomenologie«, in: Journal Phänomenologie 34 (2011), 11-21.

38 E. Bloch: *Hoffnung* [1959], 266.

39 J. Fischer: *Biophilosophie*, 168.

eine Projektionsbeziehung.[40] Die tragende Eigenschaftshülle präsentiert den tragenden Kern, aber bildet ihn, Aspektdivergenz vorausgesetzt, nicht ab: er könnte sich ja anders zeigen. Von der Seite der Subjekte formuliert, denen Erscheinungen erscheinen: sie manifestieren »Besonnenheit« (Herder). Sie nehmen schon diesseits von »Besinnung« (reflektierte Besonnenheit, Herder) die Dinge *als Erscheinungen*, womit sie einen Gegenstandsgaranten *an*erkennen, und nicht bloß etwas erkennen.[41]

Insofern ist das sich-Zeigen der Erscheinungen ein sich-Darstellen, wobei das »sich« hier selbstverständlich zunächst wieder in jenem Minimalsinne genommen werden muss, der die Aspektdivergenz, und damit die Nicht-Reduzierbarkeit der Erscheinung auf ein uns-Erscheinen gewährleistet. Wenn es nun so ist, dass lebendige Dinge nicht nur kraft des Doppelaspekts, sondern *im* Doppelaspekt erscheinen – wenn also die Aspektdivergenz selbst anschaulich wird –, dann erscheint (ggf.[42]) nicht nur anderes, sondern das Erscheinen hat sich geändert. Ein sich-Zeigen im Modus des sich-Behauptens wird als Darstellen ein anderes sein als das sich-Darstellen anorganischer Naturkörper. Hier liegt wohl der rationale Kern all jener Überlegungen, die bereits das Organische nicht rein durch Zweckmäßigkeit, sondern durch Luxus und Überschuss kennzeichnen (Portmann, Buytendijk). Portmann wird später – in einer Festschrift für Plessner – Organismen geradezu dadurch definieren, dass sich bei ihnen das sich-Darstellen in spezifischer Weise ausprägt. Das könne jedoch überhaupt nur in den Blick kommen, und hier liegt ein zentrales Motiv und eine grundsätzliche Gemeinsamkeit mit dem Ansatz von Plessner, wenn sich die Biologie wieder ernsthaft auf erscheinende Gestalten bezieht, was als Gegenbewegung zu verstehen sei gegen die Auflösung der organischen *Gestalten* in bloße Prozesse. Für solche Auflösung in gleichsam ungegenständliche Prozesse stehe die Evolutionstheorie (bzw. ihre Interpretationen), aber diese Tendenz sei auch durch die Lebensphilosophie befördert worden.[43] Portmann unterscheidet zwei Aspekte von erscheinenden Organismen: deren Inneres, das funktional wesentlich auf Stoffwechsel bezogen bzw. an der Ökonomie des Überlebens orientiert sei; und deren

40 Vgl. Hans H. Holz: Gottfried Wilhelm Leibniz. Eine Monographie, Leipzig 1983, 44f. – So ja auch Misch; s.o. Kap. 4.2.1, Anm. 81.

41 J. G. Herder: *Ursprung* [1772], 31f.

42 Das ist nicht zwingend: Es könnte durchaus Dasselbige sein, was mir mal als lebendiges, mal als anorganisches Ding erscheint, künstliche Pflanzen etwa.

43 Adolf Portmann: »Die Erscheinung der lebendigen Gestalten im Lichtfelde«, in: Klaus Ziegler (Hg.), Wesen und Wirklichkeit des Menschen. Festschrift für Helmuth Plessner, Göttingen 1957, 29-41, hier: 29.

Äußeres, vorzüglich die opake Haut, die »zum Schauplatz von Mustern, Färbungen und Strukturen wird«, und nur zum geringen Teil der Selbsterhaltung dient. Vielmehr seien die Strukturen des Äußeren »in beträchtlichem Ausmaß Selbstdarstellung des betreffenden Organismus«.[44] Wie unterschiedlich dieser Unterschied Inneres/Äußeres auch immer realisiert sein mag, so existiert »doch eine Gemeinsamkeit: in allen Fällen sind diejenigen Bildungen, die der belichteten Sphäre zugewandt sind, nach anderen Gesetzen gestaltet als die dem Lichtbereich entzogenen Teile«.[45] Laut Portmann ist dieser Befund tatsächlich ein allgemeiner und für Organismen charakteristisch: »Selbstdarstellung muss als eine der Selbsterhaltung und der Arterhaltung gleichzusetzende Grundtatsache des Lebendigen aufgefasst werden.«[46]

Man kann diese generelle Expressivität der Phänomene samt der reflexiven Stufigkeit der Darstellung des Selbst in einem Vokabular fassen, das hier Stufen von Freiheit kenntlich macht. Insofern nunmehr, generell, an Phänomenen nicht alles im Modus der Feststellbarkeit erscheint, so setzt unsere Sicht der Dinge ein Maß, innerhalb dessen sich die Phänomene der Feststellung entziehen bzw. ihr widersprechen können. Das rehabilitiert nachkritisch die alte Idee, die Natur (z.B. in Experimenten) befragen zu können.[47] Damit wird der kantische Grundsatz, dass ›der Verstand seine Gesetze (a priori) nicht aus der Natur schöpft, sondern sie dieser vorschreibt‹ (Prolegomena, A 113) als ein bedingter Grundsatz sichtbar. Insofern wir den Ausdruckscharakter der Phänomene ernst nehmen, aretieren unsere erklärenden Feststellungen nicht, sondern lassen einen »Spielraum des Verhaltens« (Waldenfels), der sich im Durchgang durch die Stufen der Naturkörper gleichsam erweitert bzw. stabilisiert. Plessner selbst spricht von einer »Lockerung«,[48] die beispielsweise den belebten Körpern im Vergleich zu den unbelebten zukomme, eben weil sie positioniert sind. Sich-Behaupten heißt

44 Ebd., 35.

45 Ebd., 36.

46 Ebd., 40; vgl. J. Fischer: *Biophilosophie*, 169f. – In anderem Vokabular und anderer, jedoch vergleichbarer theoretischer Perspektive spricht heutzutage Litsche von »Komfortaktionen« als dritter Größe neben den auf Selbsterhaltung und auf Arterhaltung gerichteten Aktionen. (Georg A. Litsche: Theoretische Anthropologie. Grundzüge einer theoretischen Rekonstruktion der menschlichen Seinsweise, Berlin 2004, 338ff.)

47 Zur Unterscheidung des Prinzips der geschlossenen und offenen Frage vgl. H. Plessner: *Macht* [1931], 175-185; dazu G. Lindemann: *Verstehen-Plessner*.

48 H. Plessner: *Stufen* [1928], 129.

im Unterschied zu bloßem sich-Zeigen, dass belebte Körper »außerhalb und innerhalb« ihrer sind. Von dieser »Komplikation« seien unbelebte Körper frei, was insofern ein weniger lockeres Selbst bedeute.[49] Exzentriker zeigen sich uns dann, am anderen Ende der Stufung, darin, dass sie »mit und in ihren Rollen spielen«, wie Krüger formuliert.[50] Um solch etwas heikles Vokabular besser gegen naheliegende naturalistische Fehlschlüsse zu schützen, muss man wohl die Bedingtheit all dieser Formulierungen wiederholen: Es geht um Phänomene, um Erscheinungen-für-Jemanden, nicht um Onta. Alle Aussagen, insbesondere diejenigen zu nicht-exzentrischen Stufen, sind Aussagen im Lichte von Exzentrizität, nicht aber Versuche, dem Ontischen ein Sosein abzulauschen. Dass Plessner vehement den naturphilosophischen Zug herausstellt, und in diesem Sinne darauf beharrt, dass auch Exzentrizität eine Form von Positionalität ist, ändert nichts an dieser grundsätzlichen Einsicht, sondern bekundet eine genealogische resp. gegenteleologische Kritik reiner Phänomenologie.[51]

5.2 PLESSNERS PHILOSOPHIE ALS LEBENSPHILOSOPHISCHE HERMENEUTIK

Es ist ein eigen Ding mit Etiketten. Plessners Philosophietypus scheint mir ein sehr singulärer zu sein – und damit wird es ihm nicht gerecht, ihm ein Label wie z.B. *Lebensphilosophie* aufzukleben. Wenn überhaupt, dann muss dieser Typus als *Philosophische Anthropologie* angesprochen werden, auf deren Eigenart Joachim Fischer immer wieder zu Recht aufmerksam macht und beharrt. Und noch innerhalb dieser Spezifik kann man m.E. die ausnehmende Besonderheit der Konzeption von Plessner herausstellen.[52] In *diesem* Sinne ist Plessner weder Lebensphilosoph noch Phänomenologe noch Hermeneutiker noch (Neu-)Kantianer

49 Ebd.

50 Hans-Peter Krüger: Zwischen Lachen und Weinen. Bd. I: Das Spektrum menschlicher Phänomene, Berlin 1999; Hans-Peter Krüger: Zwischen Lachen und Weinen. Bd. II: Der dritte Weg Philosophischer Anthropologie und die Geschlechterfrage, Berlin 2001; H.-P. Krüger: *Lebenspolitik*.

51 Im Sinne von Christoph Menke: »Geist und Leben. Zu einer genealogischen Kritik der Phänomenologie«, in: Rüdiger Bubner u. Gunnar Hindrichs (Hg.), Von der Logik zur Sprache, Stuttgart 2007, 321-348.

52 Vgl. V. Schürmann: *Pos. Exzentrizität.*

noch (idealistischer oder materialistischer) Dialektiker noch Existentialist noch Kritischer Theoretiker etc.pp.[53]

Und doch ist seine Philosophie das irgendwie auch. Dass sie in einer philosophiehistorischen Konstellation gewachsen ist, in der all die genannten Ansätze gleichsam in der Luft lagen und schon von daher einen ›Einfluss‹ ausübten, ist klar, aber zu banal, um für theoretische Verortungen zu taugen. Eher schon ist an Josef Königs logische Figur einer mittleren Eigentlichkeit zu erinnern: Plessners ganz eigene Konzeption »erinnert« an die genannten Ansätze. Man könnte dann gar nicht (gleichsam ›zu Fuß‹, aus sich heraus) sagen, was die Plessnersche Philosophie ausmacht, sondern man müsste sie definitiv in ein Verhältnis zu ihren Abgrenzungen setzen.[54]

Eine dieser Abgrenzungen ist die lebensphilosophische Hermeneutik. Plessners Selbstauskünfte sind eindeutig: Er verortet sich klar in die Traditionslinie Dilthey – Misch,[55] das Theorem der *exzentrischen Positionalität* komme mit dem überein, was Josef König als *Verschränkung* herausgearbeitet hat[56] und der ganze Sinn einer Anthropologie *als Naturphilosophie* – »geistig-geschichtliche Wirklichkeit *und* Natur in ein und derselben Erfahrungsrichtung zu erfassen«[57] – sei ein Projekt Diltheys, das es gegen all diejenigen festzuhalten gelte, die glauben, »dass mit Sprachphilosophie oder Kulturphilosophie die Sache gemacht ist«.[58] Auch der Sache nach vollzieht Plessner wie aufgezeigt die lebensphilosophische Grundunterscheidung zwischen feststellbarem und intuitivem Wissen. Und er kann geradezu als *der* Philosoph des heiteren Tons der Lebensphilosophie gelten. Er kanzelt den Intuitionismus – die Lebensphilosophie im melancholischen Ton – geradezu ab,[59] und er kann, wichtiger noch, in der Beschwörung von Unmittelbarkeiten nichts anderes sehen als (eine Aufforderung

---

53 Vgl. Joachim Fischer: »Exzentrische Positionalität. Plessners Grundkategorie der Philosophischen Anthropologie«, in: Deutsche Zeitschrift für Philosophie 48 (2000), 265-288, hier: 284-288; Joachim Fischer: Philosophische Anthropologie. Eine Denkrichtung des 20. Jahrhunderts, Freiburg 2008.

54 Vgl. z.B. in Bezug zum Existentialismus: Hans-Peter Krüger: »Existenz als exzentrische Lebensform? Überlegungen zum Vergleich der Philosophien von Karl Jaspers und Helmuth Plessner«, in: Anton Hügli et al. (Hg.), Einsamkeit – Kommunikation – Öffentlichkeit, Basel 2004, 207-219.

55 Vgl. H. Plessner: *Stufen* [1928], 19ff.; H. Plessner: *Macht* [1931].

56 Vgl. H. Plessner: *Stufen* [1928], VI.

57 Ebd., 21.

58 Ebd., 25.

59 Vgl. ebd., 12-14.

zu) würdelos-demütigende(n) Entblößungen, wogegen er emphatisch die Schutzfunktion der Maske setzt. – Die Übereinstimmung mit dem Misch-Königschen Projekt von lebensphilosophischer Hermeneutik ist grundlegend; es gehe jetzt um »Konstituierung der Hermeneutik als philosophische Anthropologie«.[60]

5.2.1 Das Verhältnis zu Cassirer

Programmatisch scheint die Sachlage klar zu sein: Plessners Absage an bloße Sprach- bzw. Kulturphilosophie ist geradezu auf Cassirers Projekt einer *Philosophie der symbolischen Formen* gemünzt. Er vermisst darin gerade das für ihn entscheidende naturphilosophische Moment einer an Dilthey anschließbaren lebensphilosophischen Hermeneutik. Oder auf einen für Plessner und Cassirer gleichermaßen wichtigen Kronzeugen bezogen: Aus der systematischen Sicht von Plessner ist Cassirers Goethe ein um dessen Naturphilosophie halbierter Goethe.

Umgekehrt ist das Selbstverständnis verzwickter. In einer wesentlichen Hinsicht bezieht sich Cassirer durchaus positiv-zustimmend auf Plessners *Stufen*.[61] Andererseits ist dieses Cassirersche Selbstverständnis auch ein Missverständnis, denn er nimmt die *Stufen* gleichsam als willkommene anthropologische *Fundierung* seiner Kulturphilosophie, während in Plessners Verständnis das naturphilosophische Moment das kulturphilosophische *modifiziert*. Plessners Konzept einer *Verschränkung* von Natur- und Kulturphilosophie ist der Sache nach etwas anderes als Cassirers Konzept einer Symbolphilosophie, die eben *Kultur*philosophie ist und auch nach einer anthropologischen Fundierung *Kultur*philosophie bleibt. In zweierlei Hinsicht hat dieser Unterschied deutliche systematische Konsequenzen:

Zum einen verfolgt Plessner ein anderes Konzept einer Überwindung einer ›bloßen‹ Erkenntniskritik als Cassirer. Für Plessner ist eine Erweiterung der Kantschen Kritik der Vernunft und ihr Umbau zu einer Kritik der Kultur im Sinne Cassirers gerade nicht hinreichend. Er meint vielmehr, auch noch eine solche Kulturkritik mittels *irgend*einer Version von Ontologie gleichsam übersteigen bzw. unterlaufen zu sollen. In diesem Sinne bleibt Plessner sozusagen seinen

---

60 Ebd., 30 u. 31.

61 Ernst Cassirer: Zur Metaphysik der symbolischen Formen. Nachgelassene Manuskripte und Texte, hrsg. v. John M. Krois u. Oswald Schwemmer, Hamburg 1995, 35f., 43, 60; vgl. auch Ernst Cassirer: Vorlesungen und Studien zur Philosophischen Anthropologie. Nachgelassene Manuskripte und Texte, hrsg. v. Klaus C. Köhnke, John M. Krois u. Oswald Schwemmer, Hamburg 2005.

phänomenologischen Wurzeln treu, insofern auch er in einem bestimmten Sinne an dem Schlachtruf ›Zurück zu den Sachen selbst‹ festhält. In *bloßer* Kulturphilosophie wittert Plessner eine reine Konstitutionsphilosophie – einen Idealismus im Sinne Feuerbachs, der die Dinge in ihrem Gesetztsein durch uns aufgehen lässt, also ohne seinerseits den Setzungsakt auch durch die Dinge bedingt sein zu lassen. Cassirer wiederum kann in diesem Gestus nichts anderes sehen als den erklärten Versuch, doch wieder an irgendeinem Ort der Theoriebildung einen direkten und unmittelbaren Zugriff auf die Onta zu postulieren bzw. herbeizusehnen. Für Cassirer ist *jeder* Rückgriff auf Ontologie lebensphilosophisches Unmittelbarkeits-Geraune; für Plessner dagegen ist dieses (von Cassirer de facto praktizierte) Verdikt die Halbherzigkeit ›bloßer‹ Erkenntnis- bzw. Kulturkritik. Frischeisen-Köhler hat in *diesem* Konflikt die eigentliche Herausforderung seitens der Lebensphilosophie gesehen,[62] wobei er freilich unterstellt, dass die Rückbesinnung auf die ›Natur‹ bzw. auf das ›Leben‹ eo ipso ein Rückgang auf ein »vorkritisches« Verständnis von Philosophie sei.[63] Systematisch zugespitzt kann man diesen Unterschied so formulieren, dass sich Cassirer für die verschiedenen Modi menschlicher *Orientierung* in der Welt interessiert, während Plessner meint, dass solche Modi von Orientierung immer schon als Modi sich-orientierenden-Bewegens in der Welt zu verstehen sind. Der Lackmustest auf diesen *Unterschied* kann die Frage sein, welcher Goethe welche Rolle für den jeweiligen Ansatz spielt, oder auch die Frage, wie es der jeweilige Ansatz mit Feuerbach hält.

Zum zweiten generiert jener Unterschied im Verständnis des naturphilosophischen Moments einen Unterschied der Anthropologie. Cassirer verortet das spezifisch Menschliche deutlich in den Energien des menschlichen *Geistes* zur Formung resp. Symbolisierung.[64] Für Cassirer ist der Mensch ein besonderes *Tier*, nämlich das zur Symbolisierung fähige *animal symbolicum*, mit der Konsequenz, dass das Mensch-sein eine je erst zu vollbringende *Leistung* der Mensch-Werdung ist. Der Möglichkeit nach könnte der Mensch auch Tier bleiben (nämlich dann, wenn er sein Vermögen zur Symbolisierung nicht realisiert) – und de facto ›gibt‹ es dann Exemplare der Gattung, die diese Leistung nicht, nicht mehr oder noch nicht erbringen. Plessner dagegen argumentiert in einer Herderschen Traditionslinie. Für ihn ist das spezifisch Menschliche nicht eine Zugabe zu einem Gemeinsamen von Tier und Mensch, sondern eine grundsätzliche Änderung seiner Natur, die nunmehr im prinzipiellen Unterschied zu Tieren

62 M. Frischeisen-Köhler: *Leben* [1921], 130-136.

63 Ebd., 133.

64 Vgl. C. Möckel: *Urphänomen*, 182f., 196, pass.

als Geist-Natur vorliegt. Exzentriker sind nicht besondere Tiere, sondern gelten als Lebewesen sui generis. Folglich ist exzentrische Lebens*führung* eine »absolute Antinomie«: sich zu dem, was man schon ist, erst machen.

Zur Klärung der Spezifik, der Leistungsfähigkeit und der Leistungsgrenzen der lebensphilosophischen Hermeneutik ist daher der Vergleich mit Cassirers Projekt einer *Philosophie der symbolischen Formen* herausragend geeignet. Möckel hat die Auseinandersetzung Cassirers mit dem Begriff des Lebens und mit den Lebensphilosophien und die zentrale Rolle dieser Auseinandersetzung für Cassirers Symbolphilosophie jetzt akribisch nachgezeichnet.[65] Diese Auseinandersetzung kulminiert in der Rolle der Ausdruckswahrnehmung. Und hier liegt in klarster und in am besten operationalisierbarer Weise ein Ort der Gemeinsamkeit (u.a.) zwischen Cassirer, Plessner, Misch und Klages vor; und genau deshalb lassen sich wohl hier am besten und klarsten die Unterschiede herausarbeiten. Sie liegen unter dem Strich exakt darin, dass Cassirer in dieser Dimension der Ausdruckswahrnehmung lediglich eine weitere Dimension von *Vermitteltheit* sieht, die er (genau wie Misch und Plessner) gegen eine (etwa von Klages) postulierte bzw. beschworene *Unmittelbarkeit* des Ausdrucksgeschehens festhält. Oder besser gesagt: Cassirer bezweifelt in Bezug auf das Ausdrucksgeschehen gar nicht die (vermeintliche) Unmittelbarkeit des Erlebens, aber er hält energisch daran fest, dass jede Verständigung über dieses Erleben durch eine Vermittlungsleistung konstituiert ist. Demgegenüber beharren Misch und Plessner darüber hinaus schon auf einer Vermitteltheit des Ausdrucksgeschehens selbst; auch hier reden sie gerade nicht von Unmittelbarkeit, sondern betonen einen grundsätzlichen Unterschied in der Art und Weise der Vermitteltheit. Cassirer ist eine solche Logik einer *vermittelten* Unmittelbarkeit ganz fremd. Für Cassirer ist etwas entweder vermittelt *oder* unmittelbar, bestenfalls je abhängig von der jeweiligen Entgegensetzung: Was im einen Zusammenhang als vermittelt gilt, kann in anderem durchaus als unmittelbar gelten.[66] Der konzeptionelle Vergleich zwischen Cassirer einerseits und Misch/Plessner andererseits könnte, die Kontrastfolie Frischeisen-Köhlers nutzend, zur weiteren Klärung dessen beitragen, inwieweit sich Cassirers Symbolphilosophie durch die Lebensphilosophie hat herausfordern lassen, das Projekt des Kritizismus zu überschreiten, oder aber eine Mischung von Warnung und Unverständnis hat sein lassen, seine Kulturphilosophie strikt weiter als ein Projekt des Kritizismus zu betreiben. Umgekehrt liegen mit der Philosophie Plessners und den aus dem Nachlass herausgegebenen Vorlesungen von Misch konkrete Prüfmöglichkeiten vor, ob bzw. in welchem Sinne

65 Ebd.

66 Vgl. ebd., 153, 178.

ein ›ontologisches‹ Überschreiten des Kritizismus zwangsläufig ein vorkritisches, sprich: schlecht-metaphysisches Unternehmen wird. Der entscheidende Schachzug – und damit die zu beurteilende Gratwanderung zwischen »zwei Fronten« – liegt dabei darin, weder in affirmativer noch in kritischer Absicht in dem vermeintlich »unmittelbar Gegebene[n]« ein »bloßes ›Erlebnisgewühl‹« bzw. ein »bloßes ›Chaos‹«[67] zu sehen, sondern eine grundsätzlich andere Weise von Geordnetheit, die gleichwohl, so die Emphase von Misch, logisch relevant und bedeutend ist.

Die Betonung solcher systematischen Unterschiede sollte nicht verkennen, dass dies strategische Unterschiede in der Abwehr eines gleichen Gegners sind. Plessner und Cassirer sind sich völlig einig in ihrer Ablehnung von Irrationalismen, die geistesgeschichtlich den Boden für den Faschismus bereitet haben, und sie teilen auch die Diagnose, dass solche Irrationalismen in der Beschwörung von vermeintlich *unmittelbaren* Mensch-Mensch-Welt-Beziehungen wurzeln. Sowohl Plessners *Grenzen der Gemeinschaft* und *Verspätete Nation* als auch Cassirers *Myth of the State* belegen das hinreichend. Aber ihre Strategie im Umgang mit solcherart Unmittelbarkeitsbeschwörungen ist eine andere. Hier ist Cassirer durch und durch klassischer Aufklärer, der gleichsam den sich anbahnenden braunen Sumpf trocken legen will bzw. »das ›Dunkel des Irrationalen‹ bekämpft«,[68] indem er es vollständig und ohne Rest ausleuchten will. Plessner (und faktisch auch Misch) dagegen spielen gleichsam mit dem Feuer und bewegen sich hart am Rande des braunen Sumpfes. Sie suchen systematisch jene Orte auf, die in suggestiver Weise jene Unmittelbarkeitsbeschwörungen nahe legen – z.B. das all unser Wissen fundierende Ausdrucksgeschehen, wo selbst Cassirer in *einer* Hinsicht die Rede von Unmittelbarkeit akzeptiert und reproduziert –, und versuchen dort, diesen Phänomenen eine andere Interpretation zu geben, die dem Unterschied im Modus ihrer Vermitteltheit gerecht wird bzw. diesen überhaupt herausstellt. Dahinter steht die Grundüberzeugung, dass *jede* Philosophie aus logischen Gründen, und nicht aus Gründen von Inkompetenz, ihren je eigenen blinden Fleck hat, der gar nicht ausgeleuchtet werden kann, insofern er die notwendige Bedingung ist, die Welt vermittels dieser bestimmten Philosophie zu sehen. In diesem Sinne hat auch die Aufklärung ihr Geheimnis,[69] denn sonst wäre sie sozusagen Alles und Nichts, aber könnte nicht das sein, was sie ist, nämlich *Aufklärung*.

67 M. Frischeisen-Köhler: *Leben* [1921], 134.

68 C. Möckel: *Urphänomen*, 394.

69 Vgl. Volker Schürmann: »Das Geheimnis der Aufklärung«, in: Klaus Garber u. Klaus H. Gustav (Hg.), Die Wunde der Geschichte, Köln, Weimar, Wien 1999, 157-164.

5.2.2 Im Vergleich zu Schopenhauer

Nimmt man Schopenhauers Philosophie als Lebensphilosophie, dann kann man anhand dieser Philosophie vielleicht am klarsten aufzeigen, welche Art von Lebensphilosophie Plessners Anthropologie gerade nicht ist. Man kann, Haucke hat dies getan, Schopenhauers Philosophie so rekonstruieren, dass sie im »Pessimismus« gründet.[70] So gelesen, ist Schopenhauers Philosophie geradezu die Inkarnation des »unglücklichen Bewusstseins«, was selbstverständlich keine Aussage zu den (psychischen) Gründen ist, aufgrund derer Schopenhauer diese Philosophie vertritt, sondern eine Charakterisierung der von ihm vertretenen Philosophie. Diese Philosophie erwartet, so Haucke, vom Glück im Leben, völlig ungetrübt sein zu sollen, um dann zu »quengeln« (Hegel), dass solch ungetrübtes Glück in irdischen Gefilden nicht erreichbar sei. Schopenhauers Philosophie ist damit unterlegt durch ein Verständnis *unbedingter* Freiheit, das menschliches Glück zum einen als Superlativ – als am meisten größtes Glück – und zum anderen rein aktivisch – als im menschlichen Handeln herstellbares Glück – denkt.[71] Diese Vorstellung muss zwangsläufig scheitern: Wäre Glück ein Superlativ, gäbe es sofort ein noch größeres Glück, nämlich dieses Glück auch zu erreichen, und rein aktivisch gedachtes Glück ist nichts anderes als narzisstischer Kontrollwahn, der nicht wahr haben will, dass man Glück haben muss, um zum Glück zu gelangen. Schopenhauers Philosophie aber ist diejenige Philosophie, dieses Scheitern der Welt anzulasten, um so diese Vorstellung von »Sehnsuchtsglück« statt »einem tätigen Glück« auch weiterhin »richtig« zu finden.[72] »In einer selten anzutreffenden Konsequenz lässt sich an Schopenhauer die verheerende Dialektik der modernen Freiheitsemphase studieren. In der Erbfolge des Theismus stehend schwankt die menschliche Freiheit zwischen Omnipotenz und Ohnmacht, Indeterminismus und Determinismus. Und es ist dieses ständige Verfehlen einer bedingten, darin menschlichen Freiheit, das Unheil bringt. [...] Prekär wird damit jenes liberale Verständnis, in dem Freiheit gerade Moment individueller menschlicher Bedürftigkeit und Schwachheit ist, aus denen heraus unveräußerliche Rechte begründet werden können. Denn nur derart verletzliche Wesen brauchen den Schutz durch Moralität und Recht.«[73]

70 Kai Haucke: Leben & Leiden. Zur Aktualität und Einheit der schopenhauerschen Philosophie, Berlin 2007.

71 Vgl. ebd., 7-39.

72 Ebd., 26, 34.

73 Ebd., 13f.

In dieser Hinsicht ist die Philosophie Plessners schlicht das direkte Gegenteil. Die im Theorem der Positionalität mitgesetzte passivische Gesetztheit ist in Feuerbachscher Traditionslinie eine radikale Absage an die Vorstellung unbedingter Freiheit; insofern ist Plessners Philosophie die Ausarbeitung des »liberalen Ethos der Würde«.[74] Dies war oben gemeint: Der Gegensatz zwischen Plessners Philosophie und *diesem* Schopenhauer dürfte einer der klarsten sein: Wer es mit unbedingter Freiheit hält, der »[will] nach Hause, in die Heimat, in die Geborgenheit [...]. Wer es aber mit dem Geist hält, kehrt nicht zurück.«[75]

Nun gibt es aber in der Philosophie Schopenhauers einen »Fremdkörper«,[76] nämlich eine Leibphänomenologie als Gegenbewegung zu jenem Verständnis von unbedingter Freiheit.[77] Es mag lohnend sein, vor diesem Hintergrund dann auch nach Gemeinsamkeiten beider Philosophien zu fragen.

Wohl wissend, dass Plessner selbst sich nicht auf Schopenhauer beruft, hat Beaufort einen sachlichen Vergleich beider Philosophien vorgelegt.[78] Er kommt zu dem Ergebnis, dass es die Gemeinsamkeiten beider Ansätze »kaum zweifelhaft erscheinen [lassen], dass Plessners Programm der Lebensphilosophie zuzuordnen ist«.[79] Beaufort arbeitet klar zwei gravierende Unterschiede heraus – Plessner richte sich gegen den Entlarvungsgestus und gegen die *egozentrische* Konstitution der Natur Schopenhauers –, aber das sprenge nicht den gemeinsamen lebensphilosophischen Grundansatz.

Schopenhauer setze an »bei einer Kritik der Vorstellung« als allgemeinster Erkenntnisform eines »Zerfallen[s] in Subjekt und Objekt«.[80] Diese Grundform ermöglicht zum einen den für Schopenhauer zu kritisierenden Erkenntniszugang rein vom Objekt her, der die »immer schon vorausgesetzte Beziehung auf das Subjekt außer Acht« lasse;[81] zum anderen aber liefert der Ausgang von der Vorstellung bereits die Möglichkeit der kritischen Überwindung solcherart Objektivismus qua Einsicht in die prinzipiell »doppelaspektive Konstitution alles

74 Kai Haucke: Das liberale Ethos der Würde. Eine systematisch orientierte Problemgeschichte zu Helmuth Plessners Begriff menschlicher Würde in den ›Grenzen der Gemeinschaft‹, Würzburg 2003.

75 H. Plessner: *Stufen* [1928], 342.

76 K. Haucke: *Leben und Leiden*, 9.

77 Vgl. ebd., 15.

78 J. Beaufort: *Lebensphilosophie.*

79 Ebd., 71.

80 Ebd., 59.

81 Ebd.

Realen«.[82] Daraus resultiere eine »Einstellungsänderung« gegenüber dem Objekt, von denen Schopenhauer nun zwei verschiedene – »Vorstellen und Wollen« – kenne. Der springende Punkt liege darin, dass der Erkennende der Welt nicht einfach gegenüber steht, sondern qua Leib selbst in der zu erkennenden Welt verankert ist. Und dann ist ein doppeltes Verhältnis zu diesem Leib möglich: Zum einen erscheint er als »Objekt der Vorstellung wie alle anderen anschaulichen Dinge auch«, und zum anderen als Gegenstand des Wollens.[83] – Beaufort parallelisiert diese Unterscheidung wohl zu Recht mit der Plessnerschen Unterscheidung von Leibsein und Körperhaben. »Diese Begriffe decken sich natürlich nicht exakt mit Schopenhauers Wollen und Vorstellen – aber zumindest lässt sich sagen, dass alles Wollen ein Leibsein und alles Körperhaben ein Vorstellen ist.«[84]

Beaufort charakterisiert den Unterschied beider Einstellungen nun dezidiert als Unterschied von Vermitteltheit und Unmittelbarkeit – und zwar sowohl für Schopenhauer als auch für Plessner. Beim Körperhaben sei der Zugang zum Leib durch eine Vorstellung vermittelt; beim Leibsein liege ein unmittelbares Verhältnis vor.[85]

Dass Leibsein als ein Verhältnis von Unmittelbarkeit gedacht ist, scheint mir in Bezug auf Schopenhauer korrekt,[86] nicht aber in Bezug auf Plessner – was von einiger Relevanz ist.[87] Der springende Punkt ist, dass Plessners Exzentriker nie rein entweder im Verhältnis des Körperhabens oder des Leibseins leben, sondern immer schon in ein Verhältnis zu dieser Verhältnisdifferenz gesetzt leben. Exzentriker *führen* eben ihr Leben und leben es nicht einfach. Damit ist keineswegs die Andersgeartetheit des Leibseins gegenüber dem Körperhaben bestritten, aber dieser Unterschied ist ein solcher von Vermitteltheit und vermittelter Unmittelbarkeit. Noch anders ausgedrückt: Auch das Leibsein ist auf zwar grundsätzlich andere Weise als das Körperhaben, gleichwohl aber in *dem* Sinne ein gegenständliches Verhältnis, als es die Individuierung eines Etwas ist: *meines* Leibes. Die lebensphilosophische Hermeneutik bedenkt konsequent, dass *jedes* Individuieren eines Gegenstandes (in einer Situation) immer schon ein Indi-

82 Ebd., 60.

83 Ebd., 61.

84 Ebd.

85 Ebd.

86 Vgl. auch Christof Kalb: Desintegration. Studien zu Friedrich Nietzsches Leib- und Sprachphilosophie, Frankfurt/M. 2000; K. Haucke: *Leben und Leiden.*

87 Vgl. Andreas Arndt: Unmittelbarkeit, Bielefeld 2004; V. Schürmann: *EnzPhil-Vermittlung.*

viduieren im Rahmen einer individuierten Situation ist – die je konkrete Situation des je konkreten Lebensvollzuges ist dort nicht gedacht als Induktion über alle Entitäten *in* dieser Situation, sondern die individuierte Situation ist das Lebenselement, das Medium aller Individuierungen situierter Gegenstände[88] – und also ist die individuierte Situation auch noch Medium des Leibseins. Dieses Moment ist besonders nachdrücklich von Misch herausgestellt worden, der jedes ›gegenständliche‹ Ausdrucksverhalten in einem ›vor-gegenständlichen‹ wurzeln lässt.[89] Aber auch für Plessner ist diese Sache klar, wie exemplarisch sein geradezu euphorischer Verweis auf die »atmosphärischen Sinne« Tellenbachs belegt.[90]

88 Vgl. V. Schürmann: *Hermeneutisches Sprechen*, 269-274; s.o., Kap. 1.1.

89 Vgl. Georg Misch: *Aufbau Logik*, insbes. 138ff.

90 Vgl. Helmuth Plessner: »Anthropologie der Sinne [1970]«, in: ders., Gesammelte Schriften, Frankfurt/M. 1980-1985, Bd. 3 (1980), 317-393, hier: 393. – Der Oralsinn als Sinn für das »Atmosphärische« ist für Tellenbach der Grund aller sinnlich vermittelten so genannten Subjekt-Objekt-Verhältnisse, insbesondere der Grund seiner selbst im Sinne des Riechens und/oder Schmeckens *von etwas*. Mit großer Klarheit formuliert Tellenbach den entscheidenden Unterschied: »Wissenschaftliche Untersuchungen der oralen Sinnlichkeit können von zwei Gegensatzpaaren ausgehen. Vom Gegensatzpaar Subjekt – Objekt her kann gefragt werden, wie ein mit dem Vermögen des Riechens begabtes Subjekt ein duftgebendes Objekt (bzw. einen Duft als Objekt) in der Wahrnehmung erfasst, in welchen Qualitäten sich das Objekt darbietet und an welche quantifizierbaren Verhältnisse ein solcher Vorgang gebunden ist. Die hier auf das Objektivieren des *Objektes* gehende Einstellung kehrt sich um, wenn nach den Wirkungen gefragt wird, die das duftgebende Objekt [...] ausübt. [...] In beiden Akten ist das Objekt *unipolar*. Das zweite Gegensatzpaar, von dem die Untersuchung ausgehen kann, ist das von Subjekt und Welt. Von dieser Gegenüberstellung her stellt sich die Frage: Wie ist das Welthafte dem Subjekt in der Rezeptivität des Oralsinns gegeben und wie das emanierende Subjekt der (Mit-)Welt. Zeigt allein schon die Vergegenwärtigung dieses Fragens, dass eine mit allem Objektivieren zwangsläufig angestrebte Vereinzelung [...] nicht durchführbar ist, so macht die Tatsache der in der oralsinnlichen Wahrnehmung immer mitgesetzten *Bedeutung* eine disjunktive Einstellung schlechthin unmöglich. ›Das Riechen‹ oder gar ›das psychotisch gestörte Riechen‹ lässt sich auf dem Hintergrund einer objektivierenden Vereinzelung von Subjekt und Welt nicht thematisieren. Anders als bei den Objekten der höheren Sinne, auf die sich viel eher Prinzipien einer Teilbarkeit anwenden lassen, ist das Riechbare immer homogen.« (Hubertus Tellenbach: Geschmack und Atmosphäre. Medien menschlichen Elementarkontaktes, Salzburg 1968, 19f.)

Plessners Umstellung von Unmittelbarkeit auf vermittelte Unmittelbarkeit – generell, und hier zunächst in Bezug auf das Leibsein – hat somit systematische Konsequenzen. Es ist ein feiner Unterschied, der tatsächlich Unterschiede macht. Im exzentrischen Lebensvollzug liegt nämlich nunmehr ein dreifaches Verhältnis vor: Exzentriker sind noch einmal in ein Verhältnis zu jener gegenstandskonstitutiven Doppelaspektivität gesetzt. Es ist diese *Drei*heit, auf die Beaufort selbst eindringlich hinweist:[91] Dem Exzentriker »ist der Umschlag vom Sein innerhalb des eigenen Leibes zum Sein außerhalb des Leibes ein unaufhebbarer Doppelaspekt der Existenz, ein wirklicher Bruch seiner Natur. Er lebt diesseits und jenseits des Bruches, als Seele und als Körper *und* als die psychophysisch neutrale Einheit dieser Sphären. Die Einheit überdeckt jedoch nicht den Doppelaspekt, sie lässt ihn nicht aus sich hervorgehen, sie ist nicht das den Gegensatz versöhnende Dritte, das in die entgegengesetzten Sphären überleitet, sie bildet keine selbständige Sphäre. *Sie* ist der Bruch, der Hiatus, das leere Hindurch der Vermittlung, die für den Lebendigen selber dem absoluten Doppelcharakter und Doppelaspekt von Körperleib und Seele gleichkommt, in der er ihn erlebt. Positional liegt ein Dreifaches vor: das Lebendige ist Körper, im Körper (als Innenleben oder Seele) und außer dem Körper als Blickpunkt, von dem aus es beides ist. Ein Individuum, welches positional derart dreifach charakterisiert ist, heißt *Person*.«[92]

Das Einnehmen dieses »Blickpunkts« ist für Exzentriker keine *Option*, die sie ergreifen können oder auch nicht, sondern exzentrische Positionalität *ist* es, dreifach positioniert zu sein. Und insofern ist für *Exzentriker* auch jenes Leibsein kein Verhältnis der Unmittelbarkeit, denn im Vollzug *aller* ihrer Mensch-Mensch-Welt-Verhältnisse gucken sich Exzentriker gleichsam selbst zu. – Beaufort bleibt jedoch bewundernswert konsequent, und hält der Sache nach auch jetzt, nach der Einführung dieser positionalen Dreiheit, weiter an der Rede von Unmittelbarkeit fest. Denn ihm gilt nicht die Dreiheit als solche als Exzentrizität, sondern er nimmt *eines* der drei Momente – nämlich (nur) jenen Blickpunkt – als ein exzentrisches Körperhaben, während die beiden anderen Momente weiter als zentrische Verhältnisse gelten.[93]

Das scheint mir jedoch philologisch und sachlich nicht zutreffend zu sein: Exzentrizität *ist* ein Dreifaches, und im Vergleich zu (bloßer) Positionalität kommt jenes dritte Moment des Blickpunkte auf den Doppelaspekt nicht einfach hinzu, sondern es kommt auf eine solche Weise hinzu, dass es die beiden ande-

91 J. Beaufort: *Lebensphilosophie*, 70.

92 H. Plessner: *Stufen* [1928], 292f.

93 J. Beaufort: *Lebensphilosophie*, 70.

ren Momente nicht so lässt – nämlich zentrisch –, wie sie vorher waren. Um es exemplarisch an einer Konsequenz aufzuzeigen: Plessner kennt nunmehr, ganz wie Marcel Mauss,[94] keinerlei *natürliche* Bewegungen von Exzentrikern:

»Wäre unsere physische Existenz kein Existieren, d.h. ein Verhalten zu Verhältnissen, sondern ein bloßes factum brutum, dann gäbe es weder eine Hermeneutik der höheren noch der niederen Sinne. Aufgabe einer Ästhesiologie des Leibes ist es, die spezifischen Konkretisierungsmodi der Verleiblichung unseres eigenen Körpers zu erkennen, eine Realisierung besonderer Art, von einerseits elementarer, andererseits kultivierbarer Bedeutung, die für kein Kulturmilieu als eine bloß biologische Angelegenheit abzutun ist. Von der schauspielerischen und tänzerischen Verkörperung bis zur verhüllend-enthüllenden Betonung durch Anzug und Schmuck, von den Eß- und Trinksitten bis zu den Konzentrationstechniken der Selbstbeherrschung und Entkörperlichung, vom simpelsten Spiel bis zum spezialisierten Sport wird das Thema durchvariiert und bietet Ansatzmöglichkeiten für die Analyse.«[95] – »In allen seinen Möglichkeiten und Richtungen will das Verhalten gelernt sein [...]. Selbst in den primitiven, der Natur scheinbar nächsten Kulturen steht der Mensch unter diesem Gesetz einer nichttierischen Daseinsform. [...] Es ist also nicht weit her mit der menschlichen Natürlichkeit oder genauer gesagt, zu weit her, um ihr mit biologischen Begriffen gerecht zu werden.«[96]

Anders formuliert – und das scheint mir das zu sein, was auch Beaufort gerne sagen möchte –: Es gibt keine Exzentriker außerhalb ihrer Mitwelt. Die Dreiheit exzentrischer Positionalität manifestiert sich in der Dreiheit von Außenwelt, Innenwelt, Mitwelt. Es gibt (für Plessner) also keine zentrischen Tiere, die »zuweilen die Laune haben«,[97] sich zur Exzentrizität aufzuschwingen und einen Kontakt zu ihrer Mitwelt herzustellen versuchen, sondern exakt in dem Sinne, in dem Fische Wasserlebewesen sind, leben Exzentriker im Lebenselement der Gesellschaftlichkeit. Oder um einen Hinweis von Hannah Arendt aufzugreifen: »Für Menschen heißt Leben – wie das Lateinische, also die Sprache des vielleicht zutiefst politischen unter den uns bekannten Völkern, sagt – soviel wie ›unter Menschen weilen‹ (inter homines esse) und Sterben soviel wie ›aufhören unter Men-

94 Marcel Mauss: »Die Techniken des Körpers [1935]«, in: ders., Soziologie und Anthropologie, Frankfurt/M. u.a. 1978, Bd. 2, 197-220.

95 H. Plessner: *Sinne* [1970], 383f.

96 Ebd., 376.

97 M. Heidegger: *SuZ* [1927], § 12, S. 57.

schen zu weilen‹ (desinere inter homines esse).«[98] – In diesem Sinne ist die Wortwahl von Krüger – »Ausgleichsbewegungen zwischen Exzentrierung und Rezentrierung«[99] –, auf die sich Beaufort beruft,[100] problematisch: »Exzentrierung« ist nichts, was Exzentriker noch eigens unternehmen müssten und was sie auch lassen könnten (z.B. dann, wenn sie sich gerade »rezentrieren«), und die sog. »Rezentrierung« ist für Exzentriker, im prinzipiellen Unterschied zu Tieren, bereits exzentrisch formatiert.

Es bleibt also dabei: Der Vergleich Plessners mit Schopenhauer ist eine Sackgasse, die als didaktischer Umweg ihre Berechtigung hat,[101] in der Sache aber gezielter durch einen Vergleich Plessner – Feuerbach zu ersetzen ist. Bei Feuerbach ist das Beharren auf einem »passiven Prinzip«, also ein Konzept *bedingter* Freiheit, nicht nur kein Fremdkörper, sondern eingeklagtes Grundprinzip, das eine Anthropologie grundsätzlich von jeder theistischen Philosophie unterscheidet und deren Erbe offensiv ausschlägt. Als entscheidender Unterschied wird sich, bei Feuerbach und auch bei Plessner noch schwankend, ein Unterschied in der Ontologie herausstellen. Und *diesen* Unterschied nicht zu sehen, reproduziert sich dann auch noch bei Haucke. Völlig zu Recht klagt der nämlich ein, dass ein konsequentes Konzept bedingter Freiheit eine »substantielle[..] Auffassung von Individualität« verlangt[102] – letztlich deshalb, weil nur dies die Unergründlichkeit des Individuellen gewährleistet.[103] Haucke aber identifiziert eine substantielle Auffassung mit dem traditionellen Konzept einer Substanzenmetaphysik, die man im Namen einer *bedingten* Freiheit auch gegen den Zeitgeist zu verteidigen hätte. Bewahrenswert an Schopenhauer scheint ihm daher gerade, dass dieser das Substanz-Akzidens-Modell weiterentwickelt habe, weil und insofern er »die Beziehung zwischen Substanz und Akzidens, zwischen Ding an sich und Erscheinung nicht mehr kausal [versteht]«.[104] Aber Haucke führt selber vor, dass man eine substantielle Auffassung des Individuellen anders gewinnen muss, weil eine Substanzenmetaphysik kein Konzept bedingter Freiheit zulässt. Dort nämlich – und dies ist kein Lapsus, sondern nur konsequent – sind unveräußerliche indivi-

98 Hannah Arendt: Vita activa oder Vom tätigen Leben [1967], München, Zürich 2002, 17.

99 H.-P. Krüger: *LuW I*, 65f., 84, 100, pass.

100 J. Beaufort: *Lebensphilosophie*, 62.

101 K. Haucke: *Leben und Leiden*, 89.

102 Ebd., 97.

103 Ebd., 101.

104 Ebd., 94.

duelle Rechte »an ein substantielles Innen[!] gebunden«.[105] Beziehungen zum »Außen«, insbesondere Beziehungen zwischen Personen, sind innerhalb einer Substanz-Akzidens-Ontologie notwendigerweise logisch sekundär, man mag ihre *faktische* Relevanz noch so sehr beschwören. »Das liberale Individuum ist nicht sein eigener Schöpfer, noch ist es autark und frei von anderen«[106] – dies ist das Programm eines Konzepts *bedingter* Freiheit, wohl wahr. Aber dies bleibt auf der Basis einer Substanzenmetaphysik eine pure Versicherung. Plessners Dreiheit von Innen-, Außen- und Mitwelt bei Primat von Mitwelt ist auf dieser Basis nicht zu haben, und bleibt folglich in Plessners *Stufen* auch noch brüchig. Dort kann man nämlich studieren – ein didaktischer Umweg, der immerhin eine Tür offen lässt –, dass Plessner zwischen einer Substanz-Akzidens- und einer Prozess-Ontologie schwankt.[107] Nur letztere gewährleistet die *Verbindlichkeit* der Unergründlichkeit des Menschen, d.h. die konsequente Absage an die Vorstellung einer noch nicht perfekt hergestellten Ergründetheit.

5.2.3 Das Verhältnis zu Josef König

Das Verhältnis der beiden Freunde Helmuth Plessner und Josef König ist (auch) vertrackt, und das Verhältnis ihrer Philosophien ist bisher nur in Umrissen sichtbar gemacht worden. Dieses Verhältnis genauer herauszuarbeiten, kann hier nicht Gegenstand sein. Ich beziehe mich lediglich auf einige wenige bekannte Textstellen des Briefwechsels und einige Prinzipien der Königschen Philosophie, um Plessners Ansatz besser profilieren zu können.

König stimmt der Plessnerschen Formulierung, dass *exzentrische Positionalität* und *Verschränkung* strukturell übereinkommen, durchaus zu.[108] Gleichwohl hat er große Vorbehalte gegen den *natur*philosophischen Zug der Plessnerschen Philosophie (oder vorsichtiger: gegen das, was er darunter versteht). Die Problemlage scheint mir die folgende:

Zweifellos ist es so, dass bei Plessner die Naturphilosophie eine Begründungsleistung für die Anthropologie zu übernehmen hat. Damit wäre die Anthropologie gleichsam die *abhängige* Größe, und das wiederum scheint nur verständlich zu sein, wenn die Wesensbestimmung des Menschen – Exzentrizität – der naturphilosophischen Untersuchung eben nicht vorausgesetzt wird, sondern

105 Ebd., 97.

106 Ebd., 98.

107 Vgl. Volker Schürmann: Heitere Gelassenheit. Grundriß einer parteilichen Skepsis, Magdeburg 2002, 107-116.

108 Josef König u. Helmuth Plessner: *Briefwechsel*, 168.

deren *Ergebnis* ist. Genau das suggeriert auch sowohl der Titel als auch die konkrete Darstellung des Plessnerschen Buches – *Die Stufen des Organischen und der Mensch*: *Von* der offenen Positionalität *über* die geschlossene Positionalität hin *zur* exzentrischen Positionalität. Dagegen erhebt sich der, z.B. von Heidegger formulierte, gewichtige Einwand, dass auch eine naturphilosophische Untersuchung Menschenwerk ist. Ein Zugriff etwa auf die offene Positionalität kann niemals ein direkter Zugriff auf die ontische Sache selbst sein, sondern ist bereits ein Blick auf diese Sache aus exzentrischer Positionalität heraus. Der in den *Stufen* dargestellte Stufengang kann der Sache nach nur eine Re-Konstruktion vom Ende her sein. Heidegger hat das auf die Formel des Primats einer Ontologie des Daseins vor allen anderen Ontologien gebracht. Und das ist auch für Plessner *klar*, ja in gewisser Hinsicht ist Plessner vielleicht der einzige Philosoph seiner Zeit, für den dieser Punkt tatsächlich nicht nur unstrittig, sondern die Grundlage all seiner Philosophie war. Die Konsequenz dieses Grundsatzes, *nirgends* einen direkten Zugriff auf Onta zu haben, ist nämlich die Selbstrelativierung des eigenen Philosophierens – und diese Konsequenz offensiv zu vertreten, ist mir niemand außer Plessner bekannt. Für Plessner war diese Konsequenz schon sehr früh exakt das, was er unter transzendentalphilosophisch-kritischer Philosophie im Unterschied zu dogmatischer Philosophie verstand.[109]

Die sachliche Vertracktheit liegt nun darin, dass Plessner Heidegger in dieser Frage kritisiert, *obwohl* auch für ihn dieser Punkt *klar* ist. Plessner formuliert ein Meta-Bedenken – und wenn man nicht aufpasst, liest man das als Bedenken gegen Heideggers sachliche Grundthese. Für Plessner ist klar, dass jede Analyse vor-menschlicher Lebendigkeit bereits exzentrisch formatiert ist. Aber Plessners Anliegen ist, dies nicht aprioristisch-konstruktivistisch zu interpretieren,[110] und d.h.: Plessners Anliegen ist, dass eine solche Einsicht in einen ›Primat‹ von Exzentrizität nicht in *der* Weise formuliert und begründet wird, dass die Traditionslinie der Rede von der Sonderstellung des Menschen *über* der Natur reproduziert wird. Es ist diese (in seiner Sicht) *Gefahr*, die Plessner sieht und die er bei Heidegger auch realisiert sieht: Auch Heidegger kenne noch einen privilegierten Zugang zum Inneren; er verbleibe noch »im Banne jener alten Tradition […],

109 »Eine Philosophie, welche der Schwierigkeit des Anfangens dadurch Rechnung trägt, dass sie ihren eigenen Sinn als Inbegriff zukünftiger Leistungen hypothetisch voraussetzt, ist kritisch; *jede Philosophie, die anders verfährt, ist dogmatisch.*« (Helmuth Plessner: »Krisis der transzendentalen Wahrheit im Anfang [1918]«, in: ders., Gesammelte Schriften, Frankfurt/M. 1980-1985, Bd. 1 (1980), 143-310, hier: 246)

110 Vgl. H. Plessner: *Stufen* [1928], 5f.

wonach der philosophisch Fragende sich selbst existentiell der Nächste« ist;[111] er sei »der Größe der Aufgabe nicht Herr geworden, weil er die Frage: was ist das Sein – für beantwortbar hält«.[112] Ein unstrittiger ›Primat‹ von Exzentrizität muss *derart* formuliert und begründet sein, dass zugleich die Sonderrolle des Menschen depotenziert ist in der und durch die Gegenbewegung, menschliche Organismen als Naturkörper wie jede andere auch, d.h. in einer Reihe neben allen anderen liegend zu konzipieren. Es geht Plessner eben darum, den Doppelaspekt von Geist- *und* Naturwesen zu wahren, und das auch und gerade in der philosophischen Selbstverständigung. Als psychophysisch indifferente personale Lebenseinheit sind geistige Leistungen des Menschen naturgebunden und natürliche Vollzüge je schon geistig formatiert: »naturgebunden und frei, gewachsen und gemacht, ursprünglich und künstlich zugleich«.[113] – Falls man dieses Meta-Bedenken als Einwand gegen *jeglichen* Primat von Exzentrizität liest, dann kann man in Plessners naturphilosophischem Ansatz nur das Programm eines *direkten* Zugriffs aufs Ontische entdecken. Das liegt dann aber nicht an Plessner, sondern daran, den Witz von Plessners Meta-Bedenken erst gar nicht mitbekommen zu haben (um ihn *dann* ggf. begründet kritisieren zu können). König gegenüber stellt Plessner diese Differenz sehr klar heraus:

»Was Sie sagen, ist mir natürlich aus der Seele gesprochen. Ich sehe die ›intelligible Zufälligkeit‹ des naturphilosophischen Ansatzes, das noch nicht innerlich Geführtsein der ›Methode‹ vollkommen und will darüber hinaus, – aber nur, um es zu legitimieren; um zu begründen, dass die exzentrische Position die Legitimation (nicht *auch* eines naturphilosophischen Ansatzes ist, wie ich es bei der Niederschrift des Buches und der Einleitung noch glaubte, sondern) *nur* eines naturphilosophischen Ansatzes ist. Denn: Exzentrizität lässt sich als ›Rechts‹grund für die Gleichgültigkeit jedes Ansatzes nachweisen – wie in ihr zugleich auch die Überwindung des Historismus gegeben ist, speziell auch des Historismus der Philosophiegeschichte. Exzentrische Mitte einnehmen heißt eben: ihr entgleiten *und* in ihr drinstehen […]. Diltheys Satz, dass alles Große vom Bewusstsein seiner Endlichkeit begleitet sein muss, erhielte so einen über Pathos und Ethos hinaus konstitutiven Sinn. Um dieser Kovarianz willen ist die Anthropologie philosophisch, aber nicht die Philosophie und nicht *die* Vorbereitung zur Philosophie. Sie ist überhaupt nicht ausgezeichnet dem Range nach oder der einzig legitime Ansatz zur Philosophie, auch sie selbst erfährt an sich das Schicksal der Exzentrizität. Hier finde ich den eigentlich schwachen Punkt bei Heidegger, der noch an einen ausgezeichneten Weg (der Ontologie) glaubt in der Rückin-

111 Ebd., V.

112 Josef König u. Helmuth Plessner: *Briefwechsel*, 179.

113 H. Plessner: *Stufen* [1928], 32.

terpretation der Frage auf den angeblich sich Nächsten: den Fragenden (als ob wir fragen könnten, wenn wir nicht gefragt wären!). Nun könnte man leicht das Gegenteil dessen zeigen, was Heidegger macht: den Primat des Seins vor der Frage (= als der *an* das Sein *gestellten* Frage). Und ich glaube, dass Sie – sicher nicht ganz mit Unrecht – mich zunächst so als Gegenspieler Heideggers sehen: kein Primat des Onto*logischen* vor *dem On*tischen, sondern des Ontischen vor dem Ontologischen; darum quasi unbekümmerte Direktheit in der Wendung zur äußeren ›Natur‹anschauung, bewusstes Überspringen des angeblich (und ja trotzdem auch wirklichen) sich vorgelagerten Existenzsubjekts! Und doch ist das nicht die ganze Weite dessen, was Natur hier bedeutet und naturphilosophischer Ansatz. Vielmehr: die in und mit der Exzentrizität gegebene Irrelevanz des Ansatzes und der Untersuchungsrichtung, die Primatlosigkeit in dieser Situation, das Gefragtsein jeder *gestellten* Frage […]. Setzen wir die Welt wieder in ihre Rechte (›wieder‹ ist gut, sie hat sie noch nie gehabt: erst lässt man sie von Gott geschaffen sein, später vom Menschen).«[114]

Heute ist es Gutmann, der Plessner jene »unbekümmerte Direktheit« zur Last legt – freilich ohne von jener »ganzen Weite« des naturphilosophischen Ansatzes auch nur irritiert zu sein.[115]

Gutmann versteht unter einer »ontologischen« Aussage eine solche, die sich hinsichtlich ihrer Geltung auf einen ontischen Sachverhalt bezieht – im Unterschied zu einer Konzeptualisierung. Seiner Ansicht nach ist es klar, dass Plessners Rede vom lebendigen Ding als ›grenzrealisierendem Ding‹ »eine Existenzaussage« sei.[116] Ganz in diesem ontischen Verständnis von Ontologie nimmt er auch Plessners Rede von Seinsunterschied, was vermeintlich einen »ontologischen«, und keinen konzeptualisierten Unterschied meine: ein *»Seinsunterschied*, also nicht nur eine methodische Bestimmung«.[117] Ganz explizit wird dann der Unterschied von indikatorischen und konstitutiven Merkmalen der Lebendigkeit als ein »ontischer« behauptet.[118] Dagegen spricht nun sehr heftig Mehreres:

114 Josef König u. Helmuth Plessner: *Briefwechsel*, 175-177.

115 Mathias Gutmann: »Der Lebensbegriff bei Helmuth Plessner und Josef König. Systematische Rekonstruktion begrifflicher Grundprobleme einer Hermeneutik des Lebens«, in: Gerhard Gamm, Mathias Gutmann u. Alexandra Manzei (Hg.), Zwischen Anthropologie und Gesellschaftstheorie. Zur Renaissance Helmuth Plessners im Kontext der modernen Lebenswissenschaften, Bielefeld 2005, 125-157.

116 Ebd., 139.

117 Ebd., 135.

118 Ebd., 141.

In erster Linie ist Gutmanns Lesart rein philologisch nicht zu halten. Gerade wenn er schon den Vergleich mit König bemüht, zeigen die oben zitierten und auch ihm bekannten Stellen des Briefwechsels, dass Plessner keine Onta beschwört. Es ist geradezu umgekehrt so, dass Gutmann sich keinen Reim auf dasjenige Anliegen Plessners macht, das sich in jener »Unbekümmertheit« manifestiert. Nicht anders ist der Befund, wenn man die *Stufen* selbst heranzieht. Es ist ganz offenkundig, dass Plessner phänomenologisch, und nicht über Onta redet. Durchgehend ist von Körperdingen *in der Anschauung* die Rede; es geht nicht um ontisches Sein, sondern um das Sein der Anschauung. Exakt am Ende gerade des Abschnitts über indikatorische Wesensmerkmale schreibt Plessner in einer Klarheit, die nichts zu wünschen übrig lässt: »Daraus irgendwelche ontologischen Schlüsse zu ziehen, ist jedoch ein sehr gefährliches Beginnen. Man sollte nie direkt aus phänomenologischen Sachverhalten in ontologische Aussagen übergehen. Das Sein, das erscheint, ist zwar auch Sein, aber nicht das ganze Sein, wie es an ihm selbst und in ihm selbst weset und ist.«[119] Und auch im Abschnitt *Formulierung der Ausgangsfrage in methodischer Hinsicht* steht explizit: »Kein postulierter Primat des Objekts.«[120] – Es mag ja sein, dass das alles nur verbale Bekundungen Plessners sind, die er im konkreten Vorgehen nicht einlöst. Aber *das* wäre dann immerhin zu zeigen, und nicht nur etwas zu behaupten, das Plessners Selbstverständnis diametral entgegensteht.

Und auch systematische Gründe sprechen gegen Gutmanns Lesart. Plessners Projekt ist das einer Transzendentalphilosophie, die ihre apriorischen Bestimmungen nicht *vor* der Erfahrung, sondern *mit* der Erfahrung platziert. Damit wendet er sich gegen das Konzept einer allgemeinen (transzendentalen) Logik, die dann auf beliebiges Material angewendet wird; hier liegt der ganze Sinn seiner Rede von »materialen Apriori«. M.a.W.: Es ist ein *transzendental*philosophischer Ansatz, und keiner, der Onta bemüht; der jedoch als *material*-transzendentalphilosophischer eine Bezugnahme auf je bestimmte Gegenstände verlangt. Verlangt ist hier also irgendeine kritisch-erträgliche Form einer Gegenstands-Ontologie, d.h. einer Kategorienlehre des je bestimmten Gegenstandes. Also das, was mit Marx »die eigentümliche Logik des eigentümlichen Gegenstandes« genannt werden kann, was Vygotskij einmal in Bezug auf die Psychologie die »Notwendigkeit eines *Kapitals*« genannt hat, und was später besonders schön von Bloch ausgearbeitet worden. In den *Schichten der Kategorie Möglichkeit* findet sich eine *Drei*teilung von Objekt, Gegenstand und Sachverhalt, und Bloch postuliert nachdrücklich eine eigenbedeutsame Dimension einer Ontologie resp.

119 H. Plessner: *Stufen* [1928], 126.

120 Ebd., 72.

»Kategorienlehre« zwischen dem Ontischen und der Erkenntnistheorie, was nicht eine unnötige Verdoppelung des Objekts sei. In solcher Sicht der Dinge folgt zwar aus einer Ablehnung ›bloßer‹ Methodologie oder auch ›bloßer‹ Erkenntniskritik der Sache nach eben eine Ontologie, aber die hat nunmehr nichts mit jenem Gutmannschen Verständnis von Ontologie zu tun.

Der Stachel von König scheint mir quer zum Vorwurf von Gutmann zu liegen. Königs eigenes Philosophieren ist gleichsam getragen von dem Impuls, die *logische* Analyse so weit als irgend möglich zu treiben – *logisch* hier im Sinne einer dialektischen Formanalyse, nicht im Sinne der formalen Logik. König geht akribisch solchen Bedeutungsunterschieden nach, die durch die *Form* des sich-Ausdrückens generiert werden. Ein bekanntes Beispiel ist die Form von All-Sätzen, denn bekanntlich sagt der Satz ›Alle Menschen sind sterblich‹ gerade nicht das, was er vermeintlich und wortwörtlich sagt, nämlich eine Induktion über alle einzelnen Menschen, sondern formuliert einen Konditionalsatz: ›Wenn x ein Mensch ist, dann ist x sterblich.‹ Und König ist gleichsam *der* Spürhund für bis dahin noch gänzlich unbekannte Beispiele solcher *logischen* Bedeutungsformatierungen. Und das richtet sich gegen zu *vor*schnelle materiale Argumentationen. So kanzelt er Heidegger (und Hartmann) geradezu ab, bereits dort einen *ontologischen* Unterschied zu bemühen, wo man hätte die logische Analyse noch weitertreiben können.[121] Die Folge sei je ein Ismus, sprich: eine Ideologie, was bei unaufgeregter Formanalyse zu verhindern wäre. Logik könnte »dazu beitragen, dass Metaphysik, wenn sie auftritt, durch die rechte Tür hereinkommt«.[122]

Richtet man diesen Stachel nun gegen Plessners Ansatz, dann wird der Impuls der *materialen* Apriori wieder fraglich. Oder besser: das *Verhältnis* jener beiden Dimensionen des philosophischen Koordinatensystems – transzendentale Logik einerseits und eigentümliche Logik des eigentümlichen Gegenstands andererseits – rückt in den Blick. Und hier scheint so etwas wie Komplementarität beider Ansätze vorzuliegen. Plakativ gesprochen: Von König her kann und muss man einige Plessnersche Unbekümmertheiten reparieren, um das anders und besser sagen zu können, was Plessner sagen wollte. Umgekehrt ist (jedenfalls bei bisherigem Stand der Veröffentlichungen und der König-Forschung) etwas unerfindlich, wo König jene Tür der Metaphysik verortet, um in *seinen* Ansatz überhaupt materiale Unterschiede einfließen lassen zu können – geschweige wo König diesseits einer ach so neutralen und anti-ideologischen *logischen* Analyse ethisch-ontologische Farbe bekennt. Oder noch plakativer: Königs Philosophie-

121 Vgl. J. König: *FS Misch* [1947/49]; J. König: *Ontologischer Beweis* [1948].

122 J. König: *Logische Unterschied* [1953ff.], 516.

ren »entgleitet« exzentrischer Mitte, während Plessners Philosophieren etwas unbekümmert vorschnell in ihr »drinstehen« mag.

Im hier fraglichen Kontext macht das die *Bedingtheit* des phänomenologischen Vorgehens Plessners kenntlich. Auch eine *phänomenologische* Beschreibung ist nicht unschuldig, sondern hat *ihr* eigenes Apriori. Der logisch-apriorische Einsatz, den eine phänomenologische Beschreibung u.a. zahlt, ist die Verrechnung der Erscheinungen auf eine Ding-Eigenschaft-Struktur. Das ist nicht nichts, und auch nicht alternativlos. König profiliert demgegenüber die Dreiheit von Substanz, Attribut und Modus – u.a. mit der Konsequenz einer vernichtenden Kritik an Plessners Rede von »Wesen«, die allzu unbekümmert die Rede von »Widersprüchen« in Kauf nehme.[123] Gerade solchen Unterschieden im

123 In einem Aufsatz von 1934 über das Wesen der Philosophie hat sich Plessner nachdrücklich dazu bekannt, dass es denkerische Situationen gibt, in denen »Widersprüche« zuzulassen und nicht per Dekret zu verbieten seien (vgl. Helmuth Plessner: »Die Frage nach dem Wesen der Philosophie [1934]«, in: ders., Gesammelte Schriften, Frankfurt/M. 1980-1985, Bd. 9 (1985), 96-121, hier: 99f.). Dem hat König ebenso entschieden widersprochen (Josef König: »ad Plessners Aufsatz ›Die Frage nach dem Wesen der Philosophie‹ [1934/35]«, in: Nachlass Josef König, Universitätsbibliothek Göttingen, Cod. Ms. 93.3; vgl. Michael Weingarten: »Philosophische Anthropologie als systematische Philosophie – Anspruch und Grenzen eines gegenwärtigen Denkens«, in: Gerhard Gamm, Mathias Gutmann u. Alexandra Manzei (Hg.), Zwischen Anthropologie und Gesellschaftstheorie. Zur Renaissance Helmuth Plessners im Kontext der modernen Lebenswissenschaften, Bielefeld 2005, 15-31, hier: 29) – Freilich ist das Wort »Widerspruch« hier hoch unglücklich, denn denkerische Situationen, um die es Plessner geht, sind *antinomische*, wie sie in den mengentheoretischen und semantischen Paradoxien kenntlich gemacht wurden, und wie sie traditionell in der philosophischen Skepsis – dies der Kontext der Plessnerschen Ausführungen – notorisch quälen, denn was soll es heißen, dass ein Skeptiker halbwegs Gewissheit vorführt in dem Wissen, dass es keinerlei Gewissheit gibt? – So ist es einerseits vielversprechend, solche denkerischen Situationen *nicht* mittels des Plessnerschen Ding-Eigenschaften-Modells, sondern mit Königs Substanz-Attribute-Modi-Modells zu rekonstruieren – wenn ›Philosophie‹ ein »hinterhergesetztes Subjekt« (König) ist, stellt sich die Frage eines »Widerspruchs« in gänzlich anderer Weise –; andererseits gibt es bei König in jenem Textentwurf keinerlei Hinweis darauf, dass er das *Anliegen* von Plessner überhaupt verstanden hätte, geschweige würdigen könne. Was insofern bestenfalls die halbe Wahrheit sein kann, weil jenes Plessnersche Anliegen – die Unbestimmtheitsrelation zum eigenen Philosophieren selbst einzunehmen – der Sache

logischen Grundansatz ist es geschuldet, dass König in Bezug auf Exzentrizität als einer »notwendigen Möglichkeit« sprechen kann, während Plessner zwar dasselbe Anliegen hat, aber nur gelegentlich den Ausdruck übernimmt, der Sache nach aber problematischerweise von Exzentrizität als einer »wirklichen Möglichkeit« redet.[124]

Dieser Aufweis von Bedingtheit zieht eine Kontingenz in den Übergang von Grenzhaftigkeit/Aspektivität und Positionalität ein. Positionalität könnte statt des Gegensatzes ›Begrenzung‹/›Grenze als Übergang haben‹ auch anders fundiert werden – z.B. durch einen modalen Unterschied der Bewegung eines Naturkörpers, wie dies etwa im Rahmen der Tätigkeitstheorie der Kulturhistorischen Schule geschieht. In der Reflexion seines Vorgehens bestreitet Plessner diese Kontingenz nicht nur nicht, sondern vertritt sie geradezu emphatisch; im konkreten Vorgehen jedoch leugnet er sie, denn ›Positionalität‹ ist dort, wo sie eingeführt wird, eine vermeintlich direkte Ableitung, ein Korollar, des besonderen Grenzverhältnisses erscheinender lebendiger Naturkörper.[125]

5.3 DER ERTRAG DER PLESSNERSCHEN PHILOSOPHIE

Der Ertrag der Plessnerschen Philosophie in und für die Lebenswissenschaften liegt zunächst einmal schlicht in ihrem Stachel: Es bedarf einer Philosophie für eine reflektierte Lebenswissenschaft, weil und insofern in jeder lebenswissenschaftlichen Analyse bereits *irgend*eine Philosophie am Werk ist. Man kann, so Plessner, eine Philosophie nicht nicht in Gebrauch nehmen, wenn man einzelwissenschaftlich argumentiert – man kann das im schlechteren Fall unreflektiert und besserenfalls reflektiert tun. Insofern könnte man erwarten, dass sich die weit verbreiteten Naturalisierungsstrategien – nach dem Motto ›Ein Bewusstseinsvorkommnis *ist* (im Wesentlichen) ein Gehirnzustand‹ – wenigstens in ein Verhältnis setzen zum Plessnerschen Grundsatz ›Erfahrung gibt sehr viel, aber nicht ihre eigene Grundlegung‹.

Freilich geht der Stachel genauso gegen (traditionelle) Philosophie: ›Wir können den Menschen als exzentrisch betrachten, aber wir müssen es nicht.‹ Keine Philosophie kann ihren je eigenen Grund-Satz eineindeutig begründen und als einzig-vernünftigen herausstellen. Exzentrizität, und jede andere Wesensbe-

---

nach übereinkommt mit jener Charakterisierung von »Ironie«, die König im *Begriff der Intuition* selbst herausgestellt hat. (J. König: *Intuition* [1926], 212)

124 Vgl. V. Schürmann: *Hermeneutisches Sprechen*, 70f., 316-325.

125 Vgl. H. Plessner: *Stufen* [1928], 129.

stimmung des Mensch-seins auch, ist in entscheidender Hinsicht eine *Deklaration*, und nicht eine Ratifizierung einer qua Gott, Natur oder Vernunft gegebenen Bestimmung. Der Grundsatz der Unergründlichkeit des Menschen schlägt eben auch auf die eigene Philosophie durch: Man kann nicht einfach fest-stellen, dass das Mensch-sein wohl unergründlich sei. Plessner hält damit konsequent an dem Grundsatz Diltheys fest, dass wir das Leben nicht transzendieren können. Es ist schlicht ein anderer Aspekt als den, den Rickert kritisiert. Auch eine Reflexion des Lebens (die, wie Rickert zu Recht festhält, über das lediglich gelebte Leben hinausgeht) wird das Leben nicht von außerhalb des Lebens reflektieren, sondern ihrerseits ein Moment des Lebens sein. »Weltoffenheit kann nur Kontingenzerfahrung bedeuten. In diesem Sinne ist die Erfahrung des Auch-anders-sein-Könnens für Plessner im Wesen des Menschen verankert.«[126]

Exzentrizität ist damit ein Dreifaches: 1. reflexiver Doppelaspekt – gewonnen in phänomenologischer Deskription und zugleich Maßstab der empirischen Analyse: *diese* Bestimmung muss immerhin empirisch vertretbar sein und den Mitteln des Naturkörpers konform; 2. ein positional Dreifaches – im Kern: die Grundlegung der phänomenologischen Beschreibung bzw. *deren* Maßstab; 3. das Moment der Deklaration; der Herdersche Zug, die geschichtlich belehrte Setzung einer Diskontinuität: ›Nie ganz als Tier‹.

Die zentrale Konsequenz lautet dann: Wir können unsere menschlichen Angelegenheiten nur selber regeln, und nichts und niemand nimmt uns dafür die Verantwortung ab. Die Zuschreibung von Lebendigkeit, von Exzentrizität, von Menschenwürde ist ein Akt des Anerkennens, und nicht ein Akt rein des Erkennens. Wann wir menschliches Leben beginnen lassen, wann wir es enden lassen, wen wir in den Kreis der Exzentriker aufnehmen oder auch nicht – diese und ähnliche Fragen, die in allen konkreten bioethischen Problemlagen auf dem Spiele stehen, können wir nur selber beantworten, und es hilft kein noch besseres Hingucken, um entscheiden zu können, ob eine befruchtete Eizelle wohl Leben oder Menschenwürde besitzt. Naturalisierungsstrategien solcher Art sind genauso ungereimt wie die einstmalige Auffassung, man könne Gott oder die menschliche Seele im All statt im Himmel suchen. Dass Naturalisierungen zudem das biopolitische Paradigma des Lagers bedienen, darauf hat Agamben eindringlich hingewiesen.

126 Bruno Accarino: »Geleitwort. Im Zeichen der Kontingenz und der Lebensphilosophie: Plessners möglicher Beitrag zur biophilosophischen Debatte«, in: Bruno Accarino u. Matthias Schloßberger (Hg.), Expressivität und Stil. Helmuth Plessners Sinnes- und Ausdrucksphilosophie, Berlin 2008, 17-24, hier: 20.

6. Ein Fazit: Lebens-Politik zwischen Biomacht und Kulturkritik

Lebensphilosophien sind ergraute Gestalten philosophischer Bemühungen. Sie waren virulent in der klassischen Moderne, insbesondere um die Wende ins 20. Jahrhundert. Heute haben wir eine weitere Jahrhundertwende hinter uns und die klassische Moderne längst verlassen, wobei offen bleiben kann, ob wir noch in der, freilich nicht mehr klassischen, Moderne oder schon nach der Moderne leben.

Nun ist bekanntlich das, was allseits bekannt ist, darum noch nicht erkannt. Dass Lebensphilosophien einmal virulent waren, heißt nicht, dass damals ihr philosophischer Gehalt auch erkannt wurde. Das Gegenteil scheint der Fall zu sein. »Der schwankende Gebrauch des Etiketts ›Lebensphilosophie‹ zeigt an, wie unverstanden die Diskurslage um 1900 ist.«[1] – Mir scheint, dass man diese treffende Diagnose heute noch einmal reflexiv potenzieren kann: Das Hadern mit dem schwankenden Gebrauch des Etiketts ›Lebensphilosophie‹ zeigt an, wie unverstanden das *philosophisch* Relevante von Lebensphilosophien auch heute noch ist.

Lebensphilosophien klagen die Unergründlichkeit des Lebens ein. Dies ist ihr zentraler Gehalt, auf den man sich einen Reim zu machen hat – auch und gerade dann, wenn typischerweise von ihm nichts oder nur kulturkritisches Geraune übrig bleibt. Lebensphilosophien standen und stehen mit diesem ihrem zentralen Gehalt in der Gefahr, ihrerseits verfügbar gemacht zu werden. Oft legen sie lediglich – in Bergsons Buch zum *Lachen* sogar affirmativ stilisiert – den Finger in die Wunde des Noch-nicht-Verfügbaren, und leisten damit dankbare Hebammendienste in jenen biopolitischen Strategien, die das Leben machtvoll

1 Petra Gehring: »Wert, Wirklichkeit, Macht. Lebenswissenschaften um 1900«, in: Allgemeine Zeitschrift für Philosophie 34 (2009) 1, 117-135, hier: 119.

als gänzlich Verfügbares inszenieren.[2] Was dann übrig bleibt, ist eine bloße Restgröße des Immer-noch-nicht-Verfügbaren, die je nach Variante pragmatisch banalisiert oder kulturkritisch ›beseufzt‹ wird.[3] Wird sie zu ungehalten beklagt, erwachen die dezisionistisch-existentialistischen Heroen-Ideologien, die ›den‹ Menschen oder einen Führer am Nullpunkt von Entscheidungen wähnen.[4] Die Position in der logischen Mitte zwischen Biopolitik und Kulturkritik ist in der klassischen Moderne mit jenen Lebensphilosophien im heiteren Ton zwar formuliert, aber nie wirkmächtig geworden. Im Gegenteil wurde auch Plessner abstruserweise noch als Dezisionist gelesen.[5]

Genau diese bloße Zweiteilung wiederholt sich auch noch in heutigen Rekonstruktionen und Kritiken der Lebensphilosophien. So legt Gehring eine instruktive und überzeugende Rekonstruktion des Diskurses über das Leben »um 1900« vor, aber typischerweise gerät nur die Dominante dieses Diskurses in den Blick, nämlich jene Varianten des Diskurses, die gegen das eigene Anliegen gerade beitragen, die Unergründlichkeit des Lebens unkenntlich zu machen.[6]

In dieser Dominante, die Gehring allein im Blick hat, wird der Topos der Unergründlichkeit des Lebens gleichsam versteckt hinter dem Topos, Leben sei »Thätigkeitssteigerung«[7] – dass das Leben über das Leben hinausgehe, und inso-

2 Vgl. exemplarisch Martin G. Weiß (Hg.): Bios und Zoë. Die menschliche Natur im Zeitalter ihrer technischen Reproduzierbarkeit, Frankfurt/M. 2009.

3 Vgl. Hegel, exemplarisch: *Werke*, Bd. 7, 419.

4 Vgl. auch P. Gehring: *Lebenswissenschaften*, 135.

5 Prominent etwa Rüdiger Kramme: Helmuth Plessner und Carl Schmitt. Eine historische Fallstudie zum Verhältnis von Anthropologie und Politik in der deutschen Philosophie der zwanziger Jahre, Berlin 1989; dagegen Norbert A. Richter: »Unversöhnte Verschränkung. Theoriebeziehungen zwischen Carl Schmitt und Helmuth Plessner«, in: Deutsche Zeitschrift für Philosophie 49 (2001) 5, 783-799, sowie Norbert A. Richter: Grenzen der Ordnung. Bausteine einer Philosophie des politischen Handelns nach Plessner und Foucault, Frankfurt/M., New York 2005, Kap. 4.6-4.9.

6 Der Verweis auf Gehring ist hier selbstverständlich exemplarisch zu nehmen. Dieses Beispiel ist freilich insofern instruktiv und nicht bloß willkürlich, als hier im Kontext aktueller Debatten um ›das Leben‹ in den Lebenswissenschaften ausdrücklich auch die Lebensphilosophien rekonstruiert werden. Um ein Gegenbeispiel zu nennen: In der Darstellung der »philosophiegeschichtlichen Grundlagen« dieser Debatte in Martin G. Weiß: »Die Auflösung der menschlichen Natur«, in: Martin G. Weiß (Hg.), Bios und Zoë. Die menschliche Natur im Zeitalter ihrer technischen Reproduzierbarkeit, Frankfurt/M. 2009, 34-54, hier: 35; 37-44 tauchen sie typischerweise nicht auf.

7 Simmel, zit. n. P. Gehring: *Lebenswissenschaften*, 121.

fern in Wert-Begrifflichkeiten beschrieben wird. »Den eigenartigen Kurzschluss beider Termini [*Leben* und *Wert*] kann man nicht ernst genug nehmen, heute wird er im Rückblick auf die Zeit um 1900 zu wenig bedacht.«[8] Die Nicht-Feststellbarkeit des Lebens, die der Topos der Unergründlichkeit betont, werde dort als rastloses Übersichhinausgehen formuliert, das als Entwicklung und insofern als Wertung und zu Bewertendes vorgestellt wird – mit der grundlegenden Ambivalenz, dass dies ›das‹ Leben schon sowieso tut, aber in Bezug auf das *soziale* Leben dann und nur dann *gestaltet* wird, wenn wir diesen ›Wertungsprozess‹ selber in die Hand nehmen. ›Leben‹ sei dort der gegensatzlose, ontologisch umfassende Begriff, der die Differenz Natur/Kultur »unterspült«,[9] weil und insofern er beides in sich aufnehmen will und muss. Einerseits sei so verstandenes ›Leben‹ natural in dem Sinne, dass jenes rastlose Übersichhinausgehen und Werten als etwas gilt, dass das Leben gleichsam von selbst und selber tut: »Der Ausdruck ›Lebenswert‹ [...] meint nicht nur einen Eigenwert des Lebens [...]. Er stellt auch das Leben als etwas vor, das seinerseits wertet, als etwas, das Kredite und Lizenzen verteilt und einzieht.«[10] Andererseits müsse dort mit jedem Biologismus gebrochen werden, weil es auf die grenzenlose Selbstmächtigkeit von Unsereinem abhebt, genauer: Auf die sein sollende Selbstmächtigkeit derjenigen, die sich qua realisierender Selbstmächtigkeit als die sozial ›Wertvollen‹ manifestieren und durchsetzen. »Im Zeichen des Lebens geht es nicht um Spielarten eines Zurück-zur-Natur, sondern um Fortschritt, um eine Kulturleistung, die errungen werden muss, wenn nicht erkämpft. [...] In der Wertfrage wartet gleichsam eine harte Wirklichkeit darauf, dass man sich ihr durch einen ethisch-politischen Kraftakt endlich stellt.«[11]

Was das von Gehring zusammengestellte Material eint, ist die Programmatik einer Art Sozialhygiene nicht im Namen eines ›unfeinen‹, ästhetisch ›niveaulosen‹ Biologismus, sondern im Namen ›freier‹ Selbstermächtigung der Starken, gepaart mit einem gehörigen Schuss missionarischem Eifer, orientiert am Leitbild des ›Sozial-Ingenieurs‹.[12] »Jeweils gilt es, sich der Wirklichkeit zuzuwenden – verstanden als eine Welt der Tätigkeiten und des Handelns. Wie das Leben formt auch die offene Handlungs- und Entscheidungsökonomie, auf die alle vier Autoren in letzter Instanz anspielen, ein Universum, das kein anderes seiner selbst mehr kennt. [...] Gleichwohl setzt das Leben ein neues Pathos frei. Dasje-

8 P. Gehring: *Lebenswissenschaften*, 125.

9 Ebd., 118.

10 Ebd., 127f.

11 Ebd., 127.

12 Vgl. ebd., 134.

nige nämlich einer ganz und gar handlungstheoretisch gefassten, existentiellen Wirklichkeit, die sich im Namen des Lebens und seiner Werte machtvoll umgestalten lässt. [...] Diese Wirklichkeit fordert Entscheidungen. Denn dem Leben geht es immer ums Überleben. Hier und jetzt steht alles auf dem Spiel.«[13]

Noch ›feinere‹ Intellektuelle werden dann auf jenen missionarischen Eifer in ihren Texten verzichten, sich nicht mehr selber die Hände schmutzig machen, sondern die starken Führer eines Volkes dafür loben, die Differenz Freund/Feind wirkmächtig zu installieren.

Es ist diese Selbstermächtigungsfigur, die die Dominante des Diskurses über das ›Leben‹ konsequent und machtvoll installiert: ›Leben‹ unterläuft den Dualismus von Natur und Kultur, aber dies um den Preis, dass ›Leben‹ kein Außerhalb mehr hat – theoretisch-philosophisch nicht und auch praktisch nicht, und »so beginnt hier das Problem einer Macht, die nur noch in sich selbst ihre Grenzen finden kann«.[14] Auch »um 2000« hat diese Selbstermächtigungsfigur ihre Wirkmächtigkeit nicht nur nicht verloren, sondern u.a. mit der ›Entzifferung‹ des menschlichen Genoms und sich sprunghaft entwickelnder Biotechnologien geradezu den Status von ›Alternativlosigkeit‹ erreicht. Sie segelt heute unter der Fahne des »Post-Humanismus« oder – noch schriller, und deshalb häufig im systematischen politischen Gehalt nicht ernst genommenen – eines »Trans-Humanismus«: Dort, wo sich jede Vorstellung einer gegebenen menschlichen Natur auflöst bzw. nur noch von »Technophobikern« (Weiß) beschworen wird, wird machtvoll plakatiert, dass wir dann wohl *alles*, was wir wollen, aus uns machen könnten, wenn wir denn (endlich) wollen würden. Die Macht dieser Figur kann man, wie mir scheint, nicht ernst genug nehmen – und zu ihrer Inszenierung gehört auch noch, den großen Bogen eines ewigen Traums der Menschheit zu schlagen: »So versprechen die Biotechnologien, den Menschen endlich zu dem zu machen, wovon schon die Renaissance träumte: zum Schöpfer seiner selbst.«[15]

Doch dieser große Bogen kann und muss historisch getaktet werden, und erweist sich dann als brüchiger als er erscheinen möchte. Der Lebens-Diskurs steht historisch in ganz unterschiedlichen Konstellationen zur jeweiligen Lebenspolitik. Im Unterschied zum Lebens-Diskurs »um 1800« ist im Lebens-Diskurs »um 1900« das Politische integriert: Es geht nicht mehr allein um naturwissenschaftliche Erklärungen des Lebens, sondern um Handlungsmaximen.[16] Das ändert auch die Dominante der Form von Politik: Es geht nicht mehr allein um Sozial-

13 Ebd., 131-133.

14 Ebd., 135.

15 M.G. Weiß: *Auflösung*, 38.

16 Vgl. P. Gehring: *Lebenswissenschaften*, 133.

technologie – um »das Ideal einer Vernaturwissenschaftlichung des Sozialen« –, sondern um Biotechnologie, d.h. um soziale Indienstnahme der Natur: »Mit dem Lebensdenken ab 1900 [...] korrespondieren die technischen Imperative des Ingenieurs.«[17] Und mit dem Lebens-Diskurs »um 2000« korrespondiert wohl, dass dieser Lebens-Ingenieur nicht mehr der Wohlfahrts-Techniker ist, dazu da, uns das gute Leben zu besorgen; wir alle nun sind Selbst-Ingenieure, freigesetzt zur und signifikant häufig gelähmt von Selbstsorge. Lebenspolitik unter der Dominanz von Biopolitik.[18]

Freilich bleibt auch das unvermeidliche Komplement jener Dominante der Selbstermächtigungsfigur – die das ganz Andere der Verfügbarkeit herbeiromantisierende Kulturkritik – immer noch präsent, und wird völlig zu Recht immer einmal wieder bloßgestellt. Thomas Steinfeld hat jüngst in der *Süddeutschen Zeitung* noch einmal ausgeholt: »Die Legende vom großen Draußen. Was tut die Kritik, wenn sie keine Kritik mehr sein will? Sie erzählt vom wilden, echten, wahren Leben. Die dümmste Abstraktion, die es gibt, heißt: das Leben. [...] ›Das Leben‹ ist, anders gesagt, ein Glaube für Spießer.«[19] Kulturkritik ist und bleibt Kritik ›der‹ Kultur; sie erspart sich damit und lenkt ab von konkreter Kritik konkreter gesellschaftlicher Verhältnisse im Hier und Jetzt der Gegenwart (s.o., Kap. 2.4).

Nun kann man die Geschichte der Kulturkritik auch anders erzählen,[20] und es mag Kontexte geben, in denen man sie anders erzählen sollte. Aber daran anknüpfenden Versuchen, den Topos der Kulturkritik vom Stallgeruch gegenmoderner Zivilisationskritik zu befreien, kann ich weder glauben noch folgen. Konersmann etwa stellt zunächst deutlich, klar und seinerseits lakonisch[21] den Kern jeder Kulturkritik heraus, in der Logik einer Ursprungserzählung eine

17 Ebd., 134.

18 Um mehr als eine solch plakative Bemerkung kann es an dieser Stelle nicht zu tun sein. Nötig wäre eine ausführliche Auseinandersetzung mit den einschlägigen Arbeiten von Foucault und Deleuze sowie daran anschließende Zeitdiagnosen (etwa Ulrich Bröckling: Das unternehmerische Selbst. Soziologie einer Subjektivierungsform, Frankfurt/M. 2007), sowie eine Meta-Kritik dieser Arbeiten, die fragt, inwieweit auch diese Diagnosen noch der Figur der »schlechten Unendlichkeit« verhaftet bleiben, die sie kritisch diagnostizieren.

19 SZ v. 23.3.2011, S. 13.

20 Vgl. Georg Bollenbeck: Eine Geschichte der Kulturkritik. Von J. J. Rousseau bis G. Anders, München 2007.

21 Ralf Konersmann: »Kulturkritik und Wiederherstellungserwartung«, in: Zeitschrift für Literaturwissenschaft und Linguistik 41 (2011) 161, 59-76, hier: 61f.

Wiederherstellungserwartung zu schüren: »Aus dem zeitlosen ›Sein‹ soll ein vorübergehender ›Zustand‹ werden, der vom Ursprung unterschieden, genauer: der von ihm abgefallen ist, aber noch immer und heute mehr denn je in ihm sein Maß findet.«[22] Doch diese Klarheit trübt sich dann durch das Herausstellen einer Verschiebung innerhalb der Kulturkritik, wie sie mit und seit Seneca zu beobachten ist, und »deren Implikationen erst heute, da ›Kulturwissenschaften‹ und ›Kulturphilosophie‹ sich gerade eben akademisch etablieren, in ihrem vollen Umfang ans Licht treten«: Das Übel der Kultur »soll nun nicht mehr geächtet werden«, und diese »in Aussicht gestellte Anerkennung der Kultur untergräbt den Mythos der Restitution«.[23] Doch dies ist seinerseits ein Mythos. Was in solcher »Anerkennung« geschieht, verbleibt auch weiterhin, und *dies* ist entscheidend, in melancholischem Ton. Gewechselt wird lediglich das Vorzeichen: Der Appell richtet sich nun nicht mehr an eine Vollkommenheit eines ursprünglichen Seins, sondern das Vollkommenheitsmaß wird in die Zukunft verlagert, freilich nicht ohne stilbildendes Zugeständnis, solche Zukunft niemals erreichen zu können. Konersmann selbst bringt es auf den Punkt: Es ist ein »Zugeständnis der Imperfektibilität«,[24] also kein Bruch mit der Logik der Vollkommenheitsunterstellungen; die »Verschiebung« im Begriff der Kulturkritik liegt einzig darin, sie ins Hamsterrad der unendlichen Annäherung zu schicken. Solche Reanimierung der bloßen Ästhetisierung von Kritik – Kritik der Kultur statt Kritik konkreter gesellschaftlicher Verhältnisse – gelingt nur, weil Hegels Ausstieg aus kulturkritischer Logik als »kryptorestitutiv« gegeißelt und somit verbogen wird.[25]

Dass jener dominante Lebens-Diskurs um 1900 und sein unvermeidliches Komplement gleichwohl philosophisch Alternativen neben sich haben, sollte mit der vorliegenden Studie gezeigt werden. Die entscheidende Operation ist das Ernst- und Verbindlichnehmen der Hegelschen Unterscheidung von schlechter und wahrer Unendlichkeit, die den Topos der Unergründlichkeit des Lebens gerade nicht an die Vorstellung eines rastlosen immer weiter über sich hinaus treibenden Lebens ausliefert. Dadurch wird die logische Mitte zwischen Biopolitik und Kulturkritik von einer Lebens-Politik besetzt, womit sich zugleich die Denkbarkeit und Chance einer Lebenswissenschaft ergibt, die nicht notorisch zur

22 Ebd., 64.

23 Ebd., 70-72.

24 Ebd., 76.

25 Ebd., 75; s. dagegen o., Kap 1.3 u. 3.3.2. – Freilich würde ich, und das mag dem Anliegen jener Retter der Kulturkritik nahekommen, zwischen Rousseau und Rousseauismus unterscheiden: Kulturkritik/Rousseauismus ist nur *eine* mögliche Form, an Rousseau anzuknüpfen – die gegenmoderne.

Magd herrschender Biotechnologisierung wird.[26] Plessners Anthropologie ist Kandidat und Vorbild einer so bestimmten Lebens-Politik. Sie ist naturphilosophisch grundiert und kennt damit, auf den Spuren Feuerbachs, gerade doch ein Anderes des sozialen Universums.[27] Sie unterläuft damit jene Selbstermächtigungsfigur, die für jene dominanten Lebensphilosophien konstitutiv ist. Es gibt sie also (schon), die Tradition einer anti-kulturkritischen Kritik an der Vorstellung eines autarken, unbedingten Ich oder Wir. Zentrales Charakteristikum einer solchen Lebens-Politik ist ein dem Geschwisterpaar von Biopolitik und Kulturkritik diametral entgegengesetztes Verständnis des Verhältnisses von Politik und Ethik. Plessner polemisiert vehement gegen ein Verständnis von Politik als »angewandter Ethik«[28] – und damit *gegen* den Dezisionismus. Sein Akzent liegt gerade nicht »auf einer Politik, welche zur Ethik ihrerseits ein instrumentell-machtförmiges Verhältnis hat« – so als könne man »mittels Ethik [auf Gesellschaft Einfluss nehmen] – und zwar im Zeichen des Lebens«.[29] Ganz im Gegenteil.

Der Befund von Große (s.o., Kap. 2, Anm. 4) ist somit zugleich zu bestätigen und zu präzisieren. Lebensphilosophien kennen das Konzept einer rezeptiven Vernunft, aber nur in ganz bestimmten Lebensphilosophien – nämlich in je-

---

26 Ein Hinweis zur Namensgebung und Schreibweise: Unter *Biopolitik* verstehe ich jenen historisch situierten Modus von Politik, der überhaupt das Leben politisch traktiert – nicht jeder Modus von Politik ist schon eine Politik des Lebens. *Biopolitik* ist, enger dann, jene Form von Biopolitik, die typischerweise mit den theoretischen Mitteln Foucaults (und Deleuze') in den Blick kommt, wodurch das Wirken einer Biomacht sichtbar wird, das sich dominant in Strategien biotechnologischer Verfügbarmachung des Lebens manifestiert. – *Lebenspolitik* ist, etwa mit Krüger (H.-P. Krüger: *Lebenspolitik*, 25-62), ein Titel, der *thematisch* dasselbe Feld bezeichnet, aber neutralisiert ist gegenüber einem Zugriff mittels Foucault, um noch fragen zu können, wie verschiedene theoretische Zugriffe – Habermas, Foucault, Plessner – dieses Feld unterschiedlich in den Blick nehmen. – *Lebens-Politik* ist demgegenüber, wenn auch sehr nahe verwandt, neutralisiert gegenüber diesem *thematischen* Feld von Lebenswissenschaften, Biotechnologien, Bioethiken, um den Akzent auf das Konzept des Politischen zu legen, das (z.B.) in jenen Lebenspolitiken wirkmächtig ist. Enger dann bezeichnet Lebens-Politik jenen Modus von Politik (des Lebens), der die Unverfügbarkeit des Lebens verbindlich nimmt – und damit Gegenkonzept zum biopolitischen Modus des Verfügbarmachens ist.

27 Volker Schürmann: *Natur als Fremdes*, 33-52.

28 H. Plessner: *Macht* [1931].

29 P. Gehring: *Lebenswissenschaften*, 123.

nen im heiteren Ton – kippt diese Rezeptivität nicht in eine Hörigkeit gegenüber höheren Mächten als wir Personen es sind. Diese Lebensphilosophien kommen damit der Sache nach etwa mit einer responsiven Phänomenologie[30] oder einer Ethik des Sich-bestimmen-lassens[31] überein. Die Besonderheit der Plessnerschen Bestimmung von Macht und Ohnmacht von Personen liegt freilich darin, dass hier von vornherein eine Lebens-*Politik* konzipiert ist: Wenn denn das Leben verbindlich als unverfügbar genommen wird, dann kehrt sich die Verhältnisbestimmung von Praxis und praktischer Vernunft um – Praxis ist dann mehr und anderes als Ratifizierung geschauter Einsichten einer praktischen Vernunft.

Mit Plessner wird gegen angewandte Ethiken eine Artikulationstheorie des Politischen formulierbar.[32] Lebens-Politik wäre dann der Artikulations-Prozess jenes gesellschaftlichen »Grenzregimes«,[33] der sich – gleichsam täglich umkämpft und umstritten – je epochal in der Auszeichnung *bestimmter* Naturkörper als Personen manifestiert. Bei emanzipatorischer Absicht wäre dabei die Errungenschaft der Moderne zu bewahren, dass die deklarierte und verbindlich gemachte Staatsbürgerschaft diejenige Form von Personalität ist, die eine Schutzfunktion der Unergründlichkeit des und der Einzelnen ist. Die »Unantastbarkeit der Würde« ist der verbriefte Schutz der Einmaligkeit der Person.

---

30 Bernhard Waldenfels: Antwortregister, Frankfurt/M. 1994.

31 Martin Seel: Sich bestimmen lassen. Studien zur theoretischen und praktischen Philosophie, Frankfurt/M. 2002.

32 Vgl. N.A. Richter: *Grenzen*; Volker Schürmann: »Würde als Maß der Menschenrechte. Vorschlag einer Topologie«, in: Deutsche Zeitschrift für Philosophie 59 (2011) 1, 33-52; vgl. auch Thomas Bedorf: »Bodenlos. Der Kampf um den Sinn im Politischen«, in: Deutsche Zeitschrift für Philosophie 55 (2007) 5, 689-715; Thomas Bedorf: Verkennende Anerkennung. Über Identität und Politik, Berlin 2010, Teil III; Ulrich Bröckling u. Robert Feustel (Hg.): Das Politische denken. Zeitgenössische Positionen, Bielefeld 2010; Christoph Menke u. Franscesca Raimondi: »Vorbemerkung der Herausgeber«, in: dies. (Hg.), Die Revolution der Menschenrechte. Grundlegende Texte zu einem neuen Begriff des Politischen, Berlin 2011, 9-11; Kurt Röttgers: »Flexionen des Politischen«, in: Thomas Bedorf u. Kurt Röttgers (Hg.), Das Politische und die Politik, Berlin 2010, 38-67.

33 Gesa Lindemann: Das Soziale von seinen Grenzen her denken, Weilerswist 2009.

Literatur

Accarino, Bruno: »Geleitwort. Im Zeichen der Kontingenz und der Lebensphilosophie: Plessners möglicher Beitrag zur biophilosophischen Debatte«, in: Bruno Accarino u. Matthias Schloßberger (Hg.), Expressivität und Stil. Helmuth Plessners Sinnes- und Ausdrucksphilosophie, Berlin 2008, 17-24.

Adorno, Theodor W.: »Erziehung nach Auschwitz [1966]«, in: ders., Erziehung zur Mündigkeit. Vorträge und Gespräche mit Hellmut Becker 1959-1969, hrsg. v. Gerd Kadelbach, Frankfurt/M. 1971, 88-104.

Agamben, Giorgio: Homo sacer. Die souveräne Macht und das nackte Leben, Frankfurt/M. 2002.

Albert, Karl: Lebensphilosophie. Von den Anfängen bei Nietzsche bis zu ihrer Kritik bei Lukács, Freiburg, München 1995.

Albert, Karl u. Jain, Elenor: Philosophie als Form des Lebens. Zur ontologischen Erneuerung der Lebensphilosophie, Freiburg, München 2000.

Althusser, Louis: »Anmerkungen zum Verhältnis von Marxismus und Klassenkampf [1971]«, in: ders., Elemente der Selbstkritik, übers. u. eingel. v. Peter Schöttler, Berlin 1975, 104-111.

Arendt, Hannah: Vita activa oder Vom tätigen Leben [1967], München, Zürich 2002.

Arndt, Andreas: Unmittelbarkeit, Bielefeld 2004.

Bachtin, Michail: Rabelais und seine Welt. Volkskultur als Gegenkultur, hrsg. u. mit e. Vorwort versehen v. Renate Lachmann [1987], Frankfurt/M. 1995.

Baumgartner, Hans Michael: Kontinuität und Geschichte. Zur Kritik und Metakritik der historischen Vernunft [1972], Frankfurt/M. 1997.

Baumgartner, Hans Michael: »Lebensphilosophie«, in: Herbert Vorgrimler u. Robert van der Gucht (Hg.), Bilanz der Theologie im 20. Jahrhundert. Perspektiven, Strömungen, Motive in der christlichen und nichtchristlichen Welt, Bd. I, Freiburg u.a. 1969, 290-296.

Beaufort, Jan: »Dialektische Lebensphilosophie. Schopenhauers und Plessners Naturphilosophie im Vergleich«, in: Schopenhauer-Jahrbuch 84 (2003), 57-73.

Bedorf, Thomas: Verkennende Anerkennung. Über Identität und Politik, Berlin 2010.

Bedorf, Thomas: »Bodenlos. Der Kampf um den Sinn im Politischen«, in: Deutsche Zeitschrift für Philosophie 55 (2007) 5, 689-715.

Bergson, Henri: Materie und Gedächtnis. Eine Abhandlung über die Beziehung zwischen Körper und Geist [1896], Hamburg 1991.

Bergson, Henri: Das Lachen. Ein Essay über die Bedeutung des Komischen. Nachwort v. Karsten Witte [1900], Darmstadt 1988.

Bergson, Henri: Denken und schöpferisches Werden. Aufsätze und Vorträge, hrsg. v. Friedrich Kottje, Meisenheim/a.G. 1948.

Bergson, Henri: »Einführung in die Metaphysik [1903]«, in: ders., Denken und schöpferisches Werden. Aufsätze und Vorträge, hrsg. v. Friedrich Kottje, Meisenheim/a.G. 1948, 180-225.

Bergson, Henri: »Die Wahrnehmung der Veränderung [1911]«, in: ders., Denken und schöpferisches Werden. Aufsätze und Vorträge, hrsg. v. Friedrich Kottje, Meisenheim/a.G. 1948, 149-179.

Bloch, Ernst: Das Prinzip Hoffnung [1959], Frankfurt/M. 1979.

Boeder, Heribert: Das Vernunft-Gefüge der Moderne, Freiburg, München 1988.

Bollenbeck, Georg: Eine Geschichte der Kulturkritik. Von J. J. Rousseau bis G. Anders, München 2007.

Bollnow, Otto Friedrich: Dilthey. Eine Einführung in seine Philosophie [1936], Stuttgart ^{2}1955.

Borsche, Tilman: Sprachansichten. Der Begriff der menschlichen Rede in der Sprachphilosophie Wilhelm von Humboldts, Stuttgart 1981.

Bourdieu, Pierre: Meditationen. Zur Kritik der scholastischen Vernunft, Frankfurt/M. 2001.

Brandom, Robert B.: Making It Explicit. Reasoning, Representing, and Discursive Commitment [1994], Cambridge, London 1998.

Bröckling, Ulrich: Das unternehmerische Selbst. Soziologie einer Subjektivierungsform, Frankfurt/M. 2007.

Bröckling, Ulrich u. Feustel, Robert (Hg.): Das Politische denken. Zeitgenössische Positionen, Bielefeld 2010.

Buytendijk, Frederik Jacobus Johannes u. Plessner, Helmuth: »Tier und Mensch [1938]«, in: Helmuth Plessner, Politik – Anthropologie – Philosophie. Aufsätze und Vorträge, hrsg. v. Salvatore Giamusso u. Hans-Ulrich Lessing, München 2001, 144-167.

Cantor, Georg: »Über die verschiedenen Standpunkte in bezug auf das aktuelle Unendliche [1885]«, in: ders., Gesammelte Abhandlungen mathematischen und philosophischen Inhalts. Mit erläuternden Anmerkungen sowie mit Ergänzungen aus dem Briefwechsel Cantor-Dedekind, hrsg. v. Ernst Zermelo, Hildesheim 1962, 370-377.

Cassirer, Ernst: Substanzbegriff und Funktionsbegriff. Untersuchungen über die Grundfragen der Erkenntniskritik [1910], Darmstadt ^{6}1990.

Cassirer, Ernst: Philosophie der symbolischen Formen I: Die Sprache [1923], Darmstadt ^{9}1988.

Cassirer, Ernst: Zur Metaphysik der symbolischen Formen. Nachgelassene Manuskripte und Texte [ECN 1], Hamburg 1995.

Cassirer, Ernst: Vorlesungen und Studien zur Philosophischen Anthropologie. Nachgelassene Manuskripte und Texte [ECN 6], Hamburg 2005.

Cassirer, Ernst: »›Geist‹ und ›Leben‹ in der Philosophie der Gegenwart [1930]«, in: ders., Geist und Leben. Schriften zu den Lebensordnungen von Natur und Kunst, Geschichte und Sprache, hrsg. v. Ernst Wolfgang Orth, Leipzig 1993, 32-60.

Chladenius, Johann Martin: Einleitung zur richtigen Auslegung vernünftiger Reden und Schriften [1742], Düsseldorf 1969.

Danz, Christian: »Unergründlichkeit«, in: Historisches Wörterbuch der Philosophie, hrsg. v. Joachim Ritter u. Karlfried Gründer, Darmstadt, Bd. 11 (2001), 147-150.

Deleuze, Gilles: Henri Bergson zur Einführung [1989], Hamburg ^{2}1997.

Delitz, Heike: »Spannweiten des Symbolischen. Helmuth Plessners Ästhesiologie des Geistes und Ernst Cassirers Philosophie der symbolischen Formen«, in: Deutsche Zeitschrift für Philosophie 53 (2005) 6, 917-936.

Demmerling, Christoph: »Den Leib zur Sprache bringen: Überlegungen zur Leib-Körper-Unterscheidung«, in: Allgemeine Zeitschrift für Philosophie 36 (2011) 1, 7-25.

Dilthey, Wilhelm: »Leben und Erkennen. Ein Entwurf zur erkenntnistheoretischen Logik und Kategorienlehre [1893]«, in: ders., Gesammelte Schriften, Bd. XIX: Grundlegung der Wissenschaften vom Menschen, der Gesellschaft und der Geschichte. Ausarbeitungen u. Entwürfe zum 2. Bd. d. Einl. in d. Geisteswiss. (ca. 1870-1895), hrsg. v. Helmut Johach u. Frithjof Rodi, Göttingen 1982, 331-388.

Dilthey, Wilhelm: »Ideen über eine beschreibende und zergliedernde Psychologie [1894]«, in: ders., Gesammelte Schriften, Bd. V: Die geistige Welt. Einleitung in die Philosophie des Lebens. Erste Hälfte, hrsg. v. Georg Misch, Stuttgart, Göttingen, ^{4}1964, 139-240.

Dilthey, Wilhelm: »Der Aufbau der geschichtlichen Welt in den Geisteswissenschaften [1910]«, in: ders., Gesammelte Schriften, Bd. VII: Der Aufbau der geschichtlichen Welt in den Geisteswissenschaften, hrsg. v. Bernhard Groethuysen, Stuttgart 1927, 77-188.

Fellmann, Ferdinand: »Leben«, in: Christian Bermes u. Ulrich Dierse (Hg.), Schlüsselbegriffe der Philosophie des 20. Jahrhunderts, Hamburg 2010, 189-206.

Feuerbach, Ludwig: Das Wesen des Christentum [1841; [3]1849], Nachwort v. Karl Löwith, Stuttgart 1994.

Feuerbach, Ludwig: »Grundsätze der Philosophie der Zukunft [1843]«, in: ders., Gesammelte Werke, hrsg. v. Werner Schuffenhauer, Berlin, Bd. 9 ([2]1982), 264-341.

Feuerbach, Ludwig: »Nachgelassene Aphorismen [1911]«, in: ders., Sämtliche Werke [1903-1911], hrsg. v. Wilhelm Bolin u. Friedrich Jodl, Stuttgart-Bad Cannstatt, Bd. 10 ([2]1960), 297-346.

Fichte, Johann Gottlieb: »Erste Einleitung in die Wissenschaftslehre [1797]«, in: ders., Fichtes Werke, hrsg. v. Immanuel Hermann Fichte, Bd. 1, Berlin 1971.

Fischer, Joachim: Philosophische Anthropologie. Eine Denkrichtung des 20. Jahrhunderts, Freiburg 2008.

Fischer, Joachim: »Exzentrische Positionalität. Plessners Grundkategorie der Philosophischen Anthropologie«, in: Deutsche Zeitschrift für Philosophie 48 (2000), 265-288.

Fischer, Joachim: »Biophilosophie als Kern des Theorieprogramms der Philosophischen Anthropologie. Zur Kritik des wissenschaftlichen Radikalismus«, in: Gerhard Gamm, Mathias Gutmann u. Alexandra Manzei (Hg.), Zwischen Anthropologie und Gesellschaftstheorie. Zur Renaissance Helmuth Plessners im Kontext der modernen Lebenswissenschaften, Bielefeld 2005, 159-182.

Fitzi, Gregor: Soziale Erfahrung und Lebensphilosophie. Georg Simmels Beziehung zu Henri Bergson, Konstanz 2002.

Fitzi, Gregor: »Zur Überwindung des Widerspruchs zwischen Intimität und ›iron cage‹. Plessners Rezeption der Lebensphilosophie Henri Bergsons«, in: Bruno Accarino u. Matthias Schloßberger (Hg.), Expressivität und Stil. Helmuth Plessners Sinnes- und Ausdrucksphilosophie, Berlin 2008, 139-149.

Flashar, Hellmut u. Lessing, Hans-Ulrich: »Melancholie«, in: Historisches Wörterbuch der Philosophie, hrsg. v. Joachim Ritter u. Karlfried Gründer, Darmstadt, Bd. 5 (1980), 1038-1043.

Fox Keller, Evelyn: Das Leben neu denken. Metaphern der Biologie im 20. Jahrhundert, München 1998.

Frischeisen-Köhler, Max: »Philosophie und Leben. Bemerkungen zu Heinrich Rickerts Buch: Die Philosophie des Lebens«, in: Kantstudien 26 (1921), 112-138.

Gabriel, Gottfried: Logik und Rhetorik der Erkenntnis. Zum Verhältnis von wissenschaftlicher und ästhetischer Weltauffassung, Paderborn u.a. 1997.

Gadamer, Hans-Georg: Wahrheit und Methode. Grundzüge einer philosophischen Hermeneutik [1960], Tübingen ^{2}1965.

Gamm, Gerhard: Flucht aus der Kategorie. Die Positivierung des Unbestimmten als Ausgang der Moderne, Frankfurt/M. 1994.

Gehring, Petra: Was ist Biomacht? Vom zweifelhaften Mehrwert des Lebens, Frankfurt/M. 2006.

Gehring, Petra: »Wert, Wirklichkeit, Macht. Lebenswissenschaften um 1900«, in: Allgemeine Zeitschrift für Philosophie 34 (2009), 117-135.

Gerhardt, Volker: Die Politik und das Leben. Antrittsvorlesung 30. Juni 1993, Berlin 1994.

Gerhardt, Volker: »Die rationale Wendung zum Leben. Helmuth Plessner: ›Die Stufen des Organischen und der Mensch‹«, in: Joachim Fischer u. Hans Joas (Hg.), Kunst, Macht und Institution. Studien zur Philosophischen Anthropologie, soziologischen Theorie und Kultursoziologie der Moderne. Festschrift für Karl-Siegbert Rehberg, Frankfurt/M., New York 2003, 35-40.

Ginev, Dimitri: »Wohin führt Georg Mischs Kritik an der hermeneutischen Phänomenologie Martin Heideggers?«, in: Deutsche Zeitschrift für Philosophie 50 (2002) 2, 299-312.

Goltermann, Svenja: Körper der Nation. Habitusformierung und die Politik des Turnens 1860-1890, Göttingen 1998.

Gramsci, Antonio: »Elftes Heft: Einführung ins Studium der Philosophie [1932-33]«, in: ders., Gefängnishefte. Kritische Gesamtausgabe, hrsg. v. Wolfgang Fritz Haug, Bd. 6: Philosophie der Praxis, Hamburg 1994, 1365-1493.

Greisch, Jean: »Das Prinzip des Unergründlichen. Mischs Weg von der Lebensphilosophie zur Logik und sein Weg in die Philosophie«, in: Dilthey-Jahrbuch 12 (1999-2000), 15-30.

Große, Jürgen: Der Tod im Leben. Philosophische Deutungen von der Romantik bis zu den ›life sciences‹, Hamburg 2008.

Große, Jürgen: »Revitalisierung der Lebensphilosophie? (Teil 1 und 2)«, in: Philosophische Rundschau 53 (2006), 12-33, 108-129.

Gutmann, Mathias: »Der Lebensbegriff bei Helmuth Plessner und Josef König. Systematische Rekonstruktion begrifflicher Grundprobleme einer Hermeneutik des Lebens«, in: Gerhard Gamm, Mathias Gutmann u. Alexandra Manzei (Hg.), Zwischen Anthropologie und Gesellschaftstheorie. Zur Renaissance Helmuth Plessners im Kontext der modernen Lebenswissenschaften, Bielefeld 2005, 125-157.

Guyau, Jean-Marie: Sittlichkeit ohne Pflicht. Philosophische Werke in Auswahl, Bd. II, hrsg. v. Ernst Bergmann, Leipzig 1912.

Hacks, Peter: »Der Meineiddichter [1977]«, in: ders., Werke, Bd.e 1-15, Berlin, Bd. 13 (2003), 258-272.

Haucke, Kai: Das liberale Ethos der Würde. Eine systematisch orientierte Problemgeschichte zu Helmuth Plessners Begriff menschlicher Würde in den ›Grenzen der Gemeinschaft‹, Würzburg 2003.

Haucke, Kai: Leben & Leiden. Zur Aktualität und Einheit der schopenhauerschen Philosophie, Berlin 2007.

Hegel, Georg W. F.: Werke: in 20 Bänden, hrsg. v. Eva Moldenhauer u. Karl M. Michel, Frankfurt/M. 1986.

Heidegger, Martin: Sein und Zeit [1927], Tübingen [17]1993.

Herder, Johann Gottfried: Abhandlung über den Ursprung der Sprache [1772], Stuttgart 1966.

Hetzel, Andreas: Die Wirksamkeit der Rede. Zur Aktualität klassischer Rhetorik für die moderne Sprachphilosophie, Bielefeld 2011.

Holz, Hans Heinz: Gottfried Wilhelm Leibniz. Eine Monographie, Leipzig 1983.

Holz, Hans Heinz: Theorie als materielle Gewalt. Die Klassiker der III. Internationale (Aufhebung und Verwirklichung der Philosophie 2), Berlin 2011.

Holz, Hans Heinz: »Das Wesen metaphorischen Sprechens«, in: Rugard Otto Gropp (Hg.), Festschrift Ernst Bloch zum 70. Geburtstag, Berlin 1955, 101-120.

Holz, Hans Heinz: »Die Selbstinterpretation des Seins«, in: Hegel-Jahrbuch (1961/II), 61-124.

Holz, Hans Heinz: »Metapher«, in: Europäische Enzyklopädie zu Philosophie und Wissenschaften, hrsg. v. Hans Jörg Sandkühler, Hamburg 1990, Bd. 3, 378-383.

Horkheimer, Max u. Adorno, Theodor W.: Dialektik der Aufklärung. Philosophische Fragmente [1944], Frankfurt/M. 1988.

Johach, Helmut: »Wilhelm Dilthey: Die Struktur der geschichtlichen Erfahrung«, in: Josef Speck (Hg.), Grundprobleme der großen Philosophen. Philosophie der Neuzeit IV, Göttingen 1986, 52-90.

Jung, Matthias: Dilthey zur Einführung, Hamburg 1996.

Jung, Matthias: »Lebensphilosophische und fundamentalontologische Kritik der Metaphysik«, in: Dilthey-Jahrbuch 11 (1997-98), 74-81.

Kalb, Christof: Desintegration. Studien zu Friedrich Nietzsches Leib- und Sprachphilosophie, Frankfurt/M. 2000.

Kant, Immanuel: Kritik der reinen Vernunft [A: 1781; B: 1787], hrsg. v. Raymund Schmidt, Hamburg 1956.

Kant, Immanuel: »Anthropologie in pragmatischer Hinsicht [A: 1798; B: 1800]«, in: ders., Werkausgabe, hrsg. v. Wilhelm Weischedel, Frankfurt/M., Bd. XII.

Kierkegaard, Sören: Der Begriff Angst [1844], hrsg. v. Uta Eichler, Stuttgart 1992.

Klages, Ludwig: Ausdruckskunde. Mit e. Einl. v. Ernst Frauchiger, Bonn 1964.

Klages, Ludwig: »Mensch und Erde [1913]«, in: ders., Philosophische Schriften, hrsg. v. Ernst Frauchiger et al., Bonn 1974, 614-630.

Klages, Ludwig: »Geist und Seele [1917/19]«, in: ders., Philosophische Schriften, hrsg. v. Ernst Frauchiger et al., Bonn 1974, 1-154.

Klages, Ludwig: »Vom Wesen des Rhythmus [1934]«, in: ders., Philosophische Schriften, hrsg. v. Ernst Frauchiger et al., Bonn 1974, 499-551.

Klages, Ludwig: »Geist und Leben [1934]«, in: ders., Philosophische Schriften, hrsg. v. Ernst Frauchiger et al., Bonn 1974, 553-601.

Klinger, Cornelia: Flucht Trost Revolte. Die Moderne und ihre ästhetischen Gegenwelten, München, Wien 1995.

Kobusch, Theo: Die Entdeckung der Person. Metaphysik der Freiheit und modernes Menschenbild [1993], Darmstadt ^{2}1997.

Kobusch, Theo: »Die Kultur des Humanen. Zur Geschichte der Idee menschlicher Freiheit«, in: Information Philosophie 38 (2010), 7-13.

Kolakowski, Leszek: Henri Bergson. Ein Dichterphilosoph, München, Zürich 1985.

Konersmann, Ralf: Lebendige Spiegel. Die Metapher des Subjekts, Frankfurt/M. 1991.

Konersmann, Ralf: »Kulturkritik und Wiederherstellungserwartung«, in: Zeitschrift für Literaturwissenschaft und Linguistik 41 (2011) 161, 59-76.

König, Josef: Der Begriff der Intuition, Halle/S. 1926.

König, Josef: Sein und Denken. Studien im Grenzgebiet von Logik, Ontologie und Sprachphilosophie [1937], Tübingen ^{2}1969.

König, Josef: Der logische Unterschied theoretischer und praktischer Sätze und seine philosophische Bedeutung, Freiburg, München 1994.

König, Josef: »ad Plessners Aufsatz ›Die Frage nach dem Wesen der Philosophie‹ [1934/35]«, in: Nachlass Josef König, Universitätsbibliothek Göttingen, Cod. Ms. 93.3.

König, Josef: »Bemerkungen zur Metapher [1937]«, in: ders., Kleine Schriften, hrsg. v. Günter Dahms, Freiburg 1994, 156-176.

König, Josef: »Otto Friedrich Bollnow, Dilthey (Rezension von Bollnow 1936)«, in: Deutsche Literaturzeitung (1938), 656-660.

König, Josef: »Der logische Unterschied Theoretischer und Praktischer Sätze und seine philosophische Bedeutung. Unveröff. Beitrag f. geplante Festschrift Georg Misch [1947/49]«, in: Nachlass Josef König, Universitätsbibliothek Göttingen, Cod. Ms. 68.

König, Josef: »Über einen neuen ontologischen Beweis des Satzes von der Notwendigkeit alles Geschehens [1948]«, in: ders., Vorträge und Aufsätze, hrsg. v. Günther Patzig, Freiburg, München 1978, 62-121.

König, Josef: »Die Natur der ästhetischen Wirkung [1957]«, in: ders., Vorträge und Aufsätze, hrsg. v. Günther Patzig, Freiburg, München 1978, 256-337.

König, Josef: »Georg Misch als Philosoph«, in: Nachrichten der Akademie der Wissenschaften in Göttingen aus dem Jahre 1967. Philologisch-Historische Klasse (1967), 152-243.

König, Josef u. Plessner, Helmuth: Briefwechsel 1923-1933. Mit einem Briefessay von Josef König über Helmuth Plessners ›Die Einheit der Sinne‹, hrsg. v. Hans-Ulrich Lessing u. Almut Mutzenbecher, Freiburg, München 1994.

Kozljanič, Robert Josef: Lebensphilosophie. Eine Einführung, Stuttgart 2004.

Kramme, Rüdiger: Helmuth Plessner und Carl Schmitt. Eine historische Fallstudie zum Verhältnis von Anthropologie und Politik in der deutschen Philosophie der zwanziger Jahre, Berlin 1989.

Krockow, Christian G. v.: Die Entscheidung. Eine Untersuchung über Ernst Jünger, Carl Schmitt, Martin Heidegger [1958], Frankfurt/M., New York ²1990.

Krüger, Hans-Peter: »Existenz als exzentrische Lebensform? Überlegungen zum Vergleich der Philosophien von Karl Jaspers und Helmuth Plessner«, in: Anton Hügli et al. (Hg.), Einsamkeit – Kommunikation – Öffentlichkeit, Basel 2004, 207-219.

Krüger, Hans-Peter: Zwischen Lachen und Weinen. Bd. I: Das Spektrum menschlicher Phänomene, Berlin 1999.

Krüger, Hans-Peter: Zwischen Lachen und Weinen. Bd. II: Der dritte Weg Philosophischer Anthropologie und die Geschlechterfrage, Berlin 2001.

Krüger, Hans-Peter: Philosophische Anthropologie als Lebenspolitik. Deutsch-jüdische und pragmatistische Moderne-Kritik, Berlin 2009.

Krüger, Michael: Körperkultur und Nationsbildung. Die Geschichte des Turnens in der Reichgründungsära - eine Detailstudie über die Deutschen, Schorndorf 1996.

Leont'ev, Aleksej N.: Tätigkeit, Bewußtsein, Persönlichkeit [1979], Köln 1982.

Lersch, Philipp: Lebensphilosophie der Gegenwart, Berlin 1932.

Lessing, Hans-Ulrich: Die Idee einer Kritik der historischen Vernunft. Wilhelm Diltheys erkenntnistheoretisch-logisch-methodologische Grundlegung der Geisteswissenschaften, Freiburg, München 1984.

Lieber, Hans-Joachim: Kulturkritik und Lebensphilosophie. Studien zur Deutschen Philosophie der Jahrhundertwende, Darmstadt 1974.

Lindemann, Gesa: Die Grenzen des Sozialen. Zur sozio-technischen Konstruktion von Leben und Tod in der Intensivmedizin, München 2002.

Lindemann, Gesa: Das Soziale von seinen Grenzen her denken, Weilerswist 2009.

Lindemann, Gesa: »Verstehen und Erklären bei Helmuth Plessner«, in: Rainer Greshoff, Georg Kneer u. Wolfgang Ludwig Schneider (Hg.), Verstehen und Erklären. Sozial- und kulturwissenschaftliche Perspektiven, München 2008, 117-142.

Lipps, Hans: »Die Verbindlichkeit der Sprache [1938]«, in: ders., Die Verbindlichkeit der Sprache (Werke IV), hrsg. v. Evamaria v. Busse, Frankfurt/M., ^{3}1977, 107-120.

Litsche, Georg A.: Theoretische Anthropologie. Grundzüge einer theoretischen Rekonstruktion der menschlichen Seinsweise, Berlin 2004.

Luhmann, Niklas: Die Gesellschaft der Gesellschaft (2 Teilbände) [1998], Frankfurt/M. ^{2}1999.

Lukács, Georg: Die Zerstörung der Vernunft [1955], Neuwied, Berlin ^{2}1962.

Marx, Karl: »Das Kapital. Kritik der politischen Ökonomie. 1. Band, Hamburg [1862]«, in: ders., Marx-Engels-Werke [MEW], Berlin, Bd. 23 (1982).

Marx, Karl: »Thesen über Feuerbach [1845]«, in: ders. u. Friedrich Engels, Marx-Engels-Werke [MEW], Berlin, Bd. 3 (1983), 5-7.

Marx, Karl: »Zur Kritik der Politischen Ökonomie [1859]«, in: ders. u. Friedrich Engels, Marx-Engels-Werke [MEW], Berlin, Bd. 13 (1975), 3-160.

Mauss, Marcel: »Die Techniken des Körpers [1935]«, in: ders., Soziologie und Anthropologie, Frankfurt/M. u.a., Bd. 2 (1978), 197-220.

Menke, Christoph: »Geist und Leben. Zu einer genealogischen Kritik der Phänomenologie«, in: Rüdiger Bubner u. Gunnar Hindrichs (Hg.), Von der Logik zur Sprache, Stuttgart 2007, 321-348.

Menke, Christoph u. Raimondi, Franscesca: »Vorbemerkung der Herausgeber«, in: Christoph Menke u. Franscesca Raimondi (Hg.), Die Revolution der Menschenrechte. Grundlegende Texte zu einem neuen Begriff des Politischen, Berlin 2011, 9-11.

Merleau-Ponty, Maurice: »Das Auge und der Geist [1960]«, in: ders., Das Auge und der Geist. Philosophische Essays, hrsg. v. Hans Werner Arndt, Hamburg 1984, 13-43.

Meyer-Drawe, Käte: Leiblichkeit und Sozialität. Phänomenologische Beiträge zu einer pädagogischen Theorie der Inter-Subjektivität, München 1984.

Misch, Georg: Der Weg in die Philosophie. Eine philosophische Fibel, Leipzig, Berlin 1926.

Misch, Georg: Lebensphilosophie und Phänomenologie. Eine Auseinandersetzung der Diltheyschen Richtung mit Heidegger und Husserl [1929/30], Darmstadt [3]1967.

Misch, Georg: Der Weg in die Philosophie. Eine philosophische Fibel. 1. Teil: Der Anfang (2., stark erweiterte Aufl.), Bern, München 1950.

Misch, Georg: Der Aufbau der Logik auf dem Boden der Philosophie des Lebens. Göttinger Vorlesungen über Logik und Einleitung in die Theorie des Wissens, Freiburg, München 1994.

Misch, Georg: »Vorbericht des Herausgebers [1923]«, in: ders., Gesammelte Schriften, Bd. V: Die geistige Welt. Einleitung in die Philosophie des Lebens. Erste Hälfte, hrsg. v. Georg Misch, Stuttgart, Göttingen, [4]1964, VII-CXVII.

Misch, Georg: »Die Idee der Lebensphilosophie in der Theorie der Geisteswissenschaften [1924]«, in: Frithjof Rodi u. Hans-Ulrich Lessing (Hg.), Materialien zur Philosophie Wilhelm Diltheys, Frankfurt/M. 1984, 132-146.

Möckel, Christian: Das Urphänomen des Lebens. Ernst Cassirers Lebensbegriff, Hamburg 2005.

Nietzsche, Friedrich: »Ueber Wahrheit und Lüge im aussermoralischen Sinne [1873]«, in: ders., Sämtliche Werke. Kritische Studienausgabe in 15 Bänden, hrsg. v. Giorgio Colli u. Mazzino Montinari, München 1999, Bd. 1, 873-890.

Oldemeyer, Ernst: Leben und Technik. Lebensphilosophische Positionen von Nietzsche zu Plessner, München 2007.

Orth, Ernst Wolfgang: »Cassirers Philosophie der Lebensordnungen«, in: Ernst Cassirer, Geist und Leben. Schriften zu den Lebensordnungen von Natur und Kunst, Geschichte und Sprache, hrsg. v. Ernst Wolfgang Orth, Leipzig 1993.

Pascal, Blaise: Über die Religion und über einige andere Gegenstände (Pensées), übertr. u. hg. v. Ewald Wasmuth [1937], Darmstadt [5]1954.

Peters, Klaus: »Über die Erkennbarkeit der Welt. Anmerkungen zur Logik der marxistischen Agnostizismus-Kritik aus Anlaß der Diskussion um die Beherrschbarkeit der Technik«, in: Dialektik 14 (1987), 143-156.

Plessner, Helmuth: Die Stufen des Organischen und der Mensch. Einleitung in die philosophische Anthropologie [1928], Berlin, New York [3]1975.

Plessner, Helmuth: »Vom abendländischen Kulturbegriff [1916]«, in: ders., Politik – Anthropologie – Philosophie. Aufsätze und Vorträge, hrsg. v. Salvatore Giamusso u. Hans-Ulrich Lessing, München 2001, 25-32.

Plessner, Helmuth: »Krisis der transzendentalen Wahrheit im Anfang [1918]«, in: ders., Gesammelte Schriften, hrsg. v. Günther Dux, Odo Marquard u. Elisabeth Ströker, Frankfurt/M. 1980-1985, Bd. 1 (1980), 143-310.

Plessner, Helmuth: »Staatskunst und Menschlichkeit [1920]«, in: ders., Politik – Anthropologie – Philosophie. Aufsätze und Vorträge, hrsg. v. Salvatore Giamusso u. Hans-Ulrich Lessing, München 2001, 47-50.

Plessner, Helmuth: »Politische Kultur. Vom Wert und Sinn der Staatskunst als Kulturaufgabe [1921]«, in: ders., Politik – Anthropologie – Philosophie. Aufsätze und Vorträge, hrsg. v. Salvatore Giamusso u. Hans-Ulrich Lessing, München 2001, 51-56.

Plessner, Helmuth: »Macht und menschliche Natur. Ein Versuch zur Anthropologie der geschichtlichen Weltansicht [1931]«, in: ders., Gesammelte Schriften, hrsg. v. Günther Dux, Odo Marquard u. Elisabeth Ströker, Frankfurt/M. 1980-1985, Bd. 5 (1981), 135-234.

Plessner, Helmuth: »Die Frage nach dem Wesen der Philosophie [1934]«, in: ders., Gesammelte Schriften, hrsg. v. Günther Dux, Odo Marquard u. Elisabeth Ströker, Frankfurt/M. 1980-1985, Bd. 9 (1985), 96-121.

Plessner, Helmuth: »Mit anderen Augen [1953]«, in: ders., Gesammelte Schriften, hrsg. v. Günther Dux, Odo Marquard u. Elisabeth Ströker, Frankfurt/M. 1980-1985, Bd. 8 (1983), 88-104.

Plessner, Helmuth: »Anthropologie der Sinne [1970]«, in: ders., Gesammelte Schriften, hrsg. v. Günther Dux, Odo Marquard u. Elisabeth Ströker, Frankfurt/M. 1980-1985, Bd. 3 (1980), 317-393.

Plessner, Helmuth u. Buytendijk, Frederik Jacobus Johannes: »Die Deutung des mimischen Ausdrucks. Ein Beitrag zur Lehre vom Bewußtsein des anderen Ichs [1925]«, in: ders., Gesammelte Schriften, hrsg. v. Günther Dux, Odo Marquard u. Elisabeth Ströker, Frankfurt/M. 1980-1985, Bd. 7 (1982), 67-129.

Portmann, Adolf: »Die Erscheinung der lebendigen Gestalten im Lichtfelde«, in: Klaus Ziegler (Hg.), Wesen und Wirklichkeit des Menschen. Festschrift für Helmuth Plessner, Göttingen 1957, 29-41.

Rambaldi, Enrico I.: »Bewegung«, in: Europäische Enzyklopädie zu Philosophie und Wissenschaften, hrsg. v. Hans Jörg Sandkühler, Hamburg 1990, Bd. 1, 378-389.

Richartz, Alfred: »Sexualität, Körper, Öffentlichkeit. Formen und Umformungen des Sexuellen im Sport«, in: Thomas Alkemeyer et al. (Hg.), Aspekte einer zukünftigen Anthropologie des Sports, Clausthal-Zellerfeld 1992, 61-81.

Richter, Norbert A.: Grenzen der Ordnung. Bausteine einer Philosophie des politischen Handelns nach Plessner und Foucault, Frankfurt/M., New York 2005.

Richter, Norbert A.: »Unversöhnte Verschränkung. Theoriebeziehungen zwischen Carl Schmitt und Helmuth Plessner«, in: Deutsche Zeitschrift für Philosophie 49 (2001) 5, 783-799.

Rickert, Heinrich: Die Philosophie des Lebens. Darstellung und Kritik der philosophischen Modeströmungen unserer Zeit, Tübingen 1920.

Rickert, Heinrich: »Lebenswerte und Kulturwerte [1912]«, in: ders., Philosophische Aufsätze, hrsg. v. Rainer A. Bast, Tübingen 1999, 37-72.

Ritter, Joachim: »Über die antinomische Struktur der geisteswissenschaftlichen Geschichtsauffassung bei Dilthey [1931]«, hrsg. v. Klaus Chr. Köhnke, in: Dilthey-Jahrbuch 9 (1994/95), 183-206.

Röd, Wolfgang: »Die Lebensphilosophie«, in: Die Philosophie des ausgehenden 19. und des 20. Jahrhunderts 3: Lebensphilosophie und Existenzphilosophie (Geschichte der Philosophie, Bd. 13), hrsg. v. Rainer Thurnher, Wolfgang Röd u. Heinrich Schmidinger, München 2002, 111-159.

Rodi, Frithjof: Erkenntnis des Erkannten. Zur Hermeneutik des 19. und 20. Jahrhunderts, Frankfurt/M. 1990.

Rolf, Thomas: Erlebnis und Repräsentation. Eine anthropologische Untersuchung, Berlin 2006.

Röttgers, Kurt: Kategorien der Sozialphilosophie, Magdeburg 2002.

Röttgers, Kurt: Metabasis. Philosophie der Übergänge, Magdeburg 2002.

Röttgers, Kurt: »Das Leben eines Autors. Was ist ein Autor, und wo lebt er?«, in: Dialektik (2005), 5-22.

Röttgers, Kurt: »Menschliche Erfahrung. Gewalt begegnet dem Text des Erzählens (Alexander und Schehrezâd)«, in: Karen Joisten (Hg.), Narrative Ethik. Das Gute und das Böse erzählen, Berlin 2007, 95-113.

Röttgers, Kurt: »Flexionen des Politischen«, in: Das Politische und die Politik, hrsg. v. Thomas Bedorf u. Kurt Röttgers, Berlin 2010, 38-67.

Röttgers, Kurt: »Derridas Doppelgänger [2010]«, online unter ‹http://www.fernuni-hagen.de/imperia/md/content/philosophie/textdokumente/doppelg__nger_mit_bildern.pdf›, abgerufen am 01.05.2011.

Russell, Bertrand: »Die Mathematik und die Metaphysiker [1901]«, in: Kursbuch 8 (1967), 8-25.

Savigny, Eike v.: »Einführung«, in: Eike v. Savigny (Hg.), Philosophie und normale Sprache. Texte der Ordinary-Language-Philosophy, Freiburg, München 1969, 7-18.

Scheier, Claus-Artur: »Ludwig Feuerbach – Denker der Ellipse. In memoriam Jacques Derrida«, in: Ursula Reitemeyer, Takayuki Shibata u. Francesco Tomasoni (Hg.), Ludwig Feuerbach (1804-1872). Identität und Pluralismus in der globalen Gesellschaft, Münster, New York 2006, 207-215.

Schloßberger, Matthias: »Von der grundlegenden Bedeutung der Kategorie des Ausdrucks für die Philosophische Anthropologie«, in: Bruno Accarino u. Matthias Schloßberger (Hg.), Expressivität und Stil. Helmuth Plessners Sinnes- und Ausdrucksphilosophie, Berlin 2008, 209-217.

Schmid, Michael: »Georg Simmel: Die Dynamik des Lebens«, in: Josef Speck (Hg.), Grundprobleme der großen Philosophen. Philosophie der Neuzeit IV, Göttingen 1986, 216-264.

Schürmann, Volker: Praxis des Abstrahierens, Frankfurt/M. 1993.

Schürmann, Volker: Zur Struktur hermeneutischen Sprechens. Eine Bestimmung im Anschluß an Josef König, Freiburg, München 1999.

Schürmann, Volker: Heitere Gelassenheit. Grundriß einer parteilichen Skepsis, Magdeburg 2002.

Schürmann, Volker: »Anthropologie als Naturphilosophie. Diskutiert anhand eines Vergleichs der Konzepte Plessners und Cassirers«, in: Enno Rudolph u. Ion O. Stamatescu (Hg.), Von der Philosophie zur Wissenschaft. Cassirers Dialog mit der Naturwissenschaft, Hamburg 1997, 133-170.

Schürmann, Volker: »Das Geheimnis der Aufklärung«, in: Klaus Garber u. Klaus H. Gustav (Hg.), Die Wunde der Geschichte, Köln, Weimar, Wien 1999, 157-164.

Schürmann, Volker: »Kultur als Mittel oder Medium. Zur systematischen Differenz der Modelle ›Gehlen‹ und ›Plessner‹«, in: Barbara Ränsch-Trill (Hg.), Natürlichkeit und Künstlichkeit. Philosophische Diskussionsgrundlagen zum Problem der Körper-Inszenierung, Hamburg 2000, 57-66.

Schürmann, Volker: »Natur als Fremdes«, in: Gerhard Gamm, Mathias Gutmann u. Alexandra Manzei (Hg.), Zwischen Anthropologie und Gesellschaftstheorie. Zur Renaissance Helmuth Plessners im Kontext der modernen Lebenswissenschaften, Bielefeld 2005, 33-52.

Schürmann, Volker: »Sinn der Bewegung - Vorüberlegungen im Anschluß an Plessner«, in: Manfred Lämmer u. Tim Nebelung (Hg.), Dimensionen der Ästhetik. Festschrift für Barbara Ränsch-Trill, St. Augustin 2005, 124-142.

Schürmann, Volker: »Positionierte Exzentrizität«, in: Hans-Peter Krüger u. Gesa Lindemann (Hg.), Philosophische Anthropologie im 21. Jahrhundert, Berlin 2006, 83-102.

Schürmann, Volker: »Sammelrezension zu Einführungen in die Lebensphilosophie (Thurnher u.a., Kozljanič, Kühn) sowie zu C. Möckel: Cassirers Lebensbegriff«, in: Philosophisches Jahrbuch 113 (2006), 468-475.

Schürmann, Volker: »Personen der Würde«, in: Personalität, hrsg. v. Frank Kannetzky u. Henning Tegtmeyer, Leipzig 2007, 165-185.

Schürmann, Volker: »Prozess und Tätigkeit«, in: Behindertenpädagogik 47 (2008), 21-30.

Schürmann, Volker: »Praxis«, in: Behinderung und Anerkennung (Enzyklopädisches Handbuch der Behindertenpädagogik, Bd. 2), hrsg. v. Markus Dederich u. Wolfgang Jantzen, Stuttgart 2009, 199-203.

Schürmann, Volker: »Logik des Ausdrucks«, in: Wissenskultur Tanz. Historische und zeitgenössische Vermittlungsakte zwischen Praktiken und Diskursen, hrsg. v. Sabine Huschka, Bielefeld 2009, 107-116.

Schürmann, Volker: »Bewegungsvollzüge verstehen. Bausteine einer Hermeneutik des Sports«, in: Zeitschrift für Kulturphilosophie 4 (2010), 55-64.

Schürmann, Volker: »Lachen«, in: Enzyklopädie Philosophie. In drei Bänden mit einer CD-ROM, hrsg. v. Hans Jörg Sandkühler, Hamburg 2010, Bd. 2, 1373-1377.

Schürmann, Volker: »Parteilichkeit«, in: Enzyklopädie Philosophie. In drei Bänden mit einer CD-ROM, hrsg. v. Hans Jörg Sandkühler, Hamburg 2010, Bd. 2, 1912-1916.

Schürmann, Volker: »Vermittlung/Unmittelbarkeit«, in: Enzyklopädie Philosophie. In drei Bänden mit einer CD-ROM, hrsg. v. Hans Jörg Sandkühler, Hamburg 2010, Bd. 3, 2886-2891.

Schürmann, Volker: »Würde als Maß der Menschenrechte. Vorschlag einer Topologie«, in: Deutsche Zeitschrift für Philosophie 59 (2011), 33-52.

Schürmann, Volker: »Plessners parteiliche Anthropologie. Aspekte eines sperrigen Verhältnisses zur Phänomenologie«, in: Journal Phänomenologie 34 (2011), 11-21.

Schürmann, Volker: »Ausdruck im Medium des Geistes«, in: Divinatio. Studia Culturologica 32 (2011), 147-167.

Schüssler, Kersten: Helmuth Plessner. Eine intellektuelle Biographie, Berlin 2000.

Seel, Martin: Sich bestimmen lassen. Studien zur theoretischen und praktischen Philosophie, Frankfurt/M. 2002.

Seel, Martin: »Am Beispiel der Metapher. Zum Verhältnis von buchstäblicher und figürlicher Rede«, in: Forum für Philosophie Bad Homburg (Hg.), Intentionalität und Verstehen, Frankfurt/M. 1990, 237-272.

Simmel, Georg: »Schopenhauer und Nietzsche [1906]«, in: ders., Gesamtausgabe, hrsg. v. Otthein Rammstedt, Frankfurt/M., Bd. 8 (1993), 58-68.

Simmel, Georg: »Der Begriff und die Tragödie der Kultur [1911]«, in: ders., Gesamtausgabe, hrsg. v. Otthein Rammstedt, Frankfurt/M., Bd. 12 (2001), 194-223.

Simmel, Georg: »Kolleghefte: Geschichte der Philosophie [1913/14]«, in: ders., Gesamtausgabe, hrsg. v. Otthein Rammstedt, Frankfurt/M., Bd. 21 (2010), 11-139.

Simmel, Georg: »Der Konflikt der modernen Kultur. Ein Vortrag [1918]«, in: ders., Gesamtausgabe, hrsg. v. Otthein Rammstedt, Frankfurt/M., Bd. 16 (1999), 181-207.

Simmel, Georg: »Lebensanschauung. Vier metaphysische Kapitel [1918]«, in: ders., Gesamtausgabe, hrsg. v. Otthein Rammstedt, Frankfurt/M., Bd. 16 (1999), 209-425.

Sokolova, Elena E.: »Leont'evs frühe Arbeiten und ihre Rolle in der Entwicklung seiner Psychologie«, in: Aleksej N. Leont'ev, Frühschriften, hrsg. v. Georg Rückriem, Berlin 2001, 11-37.

Stalin, Josef: »Über dialektischen und historischen Materialismus [1938]«, in: ders., Fragen des Leninismus, hrsg. v. Verlag f. fremdsprachige Literatur [Moskau], Berlin 1970, 647-679.

Stekeler-Weithofer, Pirmin: »Dialektik«, in: Enzyklopädie Philosophie. In drei Bänden mit einer CD-ROM, hrsg. v. Hans Jörg Sandkühler, Hamburg 2010, Bd. 1, 395-407.

Stekeler-Weithofer, Pirmin: »Explikationen von Praxisformen«, in: Allgemeine Zeitschrift für Philosophie 35 (2010) 3, 265-290.

Tanner, Jakob: Historische Anthropologie zur Einführung, Hamburg 2004.

Tellenbach, Hubertus: Geschmack und Atmosphäre. Medien menschlichen Elementarkontaktes, Salzburg 1968.

Tengelyi, László: Erfahrung und Ausdruck. Phänomenologie im Umbruch bei Husserl und seinen Nachfolgern, Dordrecht 2007.

Tosel, André: »Theorie-Praxis-Verhältnis«, in: Europäische Enzyklopädie zu Philosophie und Wissenschaften, hrsg. v. Hans Jörg Sandkühler, Hamburg 1990, Bd. 4, 585-592.

Wahsner, Renate: Naturwissenschaft [1998], Bielefeld [2]2002.

Wahsner, Renate: Der Widerstreit von Mechanismus und Organismus. Kant und Hegel im Widerstreit um das neuzeitliche Denkprinzip und den Status der Naturwissenschaft, Hürtgenwald 2006.

Wahsner, Renate: »Bewegung«, in: Enzyklopädie Philosophie. In drei Bänden mit einer CD-ROM, hrsg. v. Hans Jörg Sandkühler, Hamburg 2010, Bd. 1, 168-273.

Waldenfels, Bernhard: Antwortregister, Frankfurt/M. 1994.

Weber, Jutta: »Leben«, in: Enzyklopädie Philosophie. In drei Bänden mit einer CD-ROM, hrsg. v. Hans Jörg Sandkühler, Hamburg 2010, Bd. 2, 1377-1382.

Weber, Max: »Die ›Objektivität‹ sozialwissenschaftlicher und sozialpolitischer Erkenntnis [1904]«, in: ders., Gesammelte Aufsätze zur Wissenschaftslehre, hrsg. v. Johannes Winckelmann, Tübingen 1973, 146-214.

Weber, Max: »Wissenschaft als Beruf [1919]«, in: ders., Gesammelte Aufsätze zur Wissenschaftslehre, hrsg. v. Johannes Winckelmann, Tübingen 1973, 582-613.

Wedemeyer-Kolwe, Bernd: ›Der neue Mensch‹. Körperkulturen im Kaiserreich und in der Weimarer Republik, Würzburg 2004.

Weingarten, Michael: »Philosophische Anthropologie als systematische Philosophie – Anspruch und Grenzen eines gegenwärtigen Denkens«, in: Gerhard Gamm, Mathias Gutmann u. Alexandra Manzei (Hg.), Zwischen Anthropologie und Gesellschaftstheorie. Zur Renaissance Helmuth Plessners im Kontext der modernen Lebenswissenschaften, Bielefeld 2005, 15-31.

Weiß, Martin G. (Hg.): Bios und Zoë. Die menschliche Natur im Zeitalter ihrer technischen Reproduzierbarkeit, Frankfurt/M. 2009.

Weiß, Martin G.: »Die Auflösung der menschlichen Natur«, in: Martin G. Weiß (Hg.), Bios und Zoë. Die menschliche Natur im Zeitalter ihrer technischen Reproduzierbarkeit, Frankfurt/M. 2009, 34-54.

Westermann, Bernd: »Anschlüsse und Erfahrungen. Grenzen und Spielräume einer anthropologischen Diskussion in Deutschland«, in: Jürgen Friedrich u. Bernd Westermann (Hg.), Unter offenem Horizont. Anthropologie nach Helmuth Plessner, Frankfurt/M. 1995, 21-35.

Wolff, Michael: Der Begriff des Widerspruchs. Eine Studie zur Dialektik Kants und Hegels, Königstein/Ts. 1981.

Zimmer, Jörg: Metapher, Bielefeld 1999.